中国社会科学院学部委员专题文集
ZHONGGUOSHEHUIKEXUEYUAN XUEBUWEIYUAN ZHUANTI WENJI

底线公平福利模式

景天魁◎著

中国社会科学出版社

图书在版编目(CIP)数据

底线公平福利模式／景天魁著 . —北京：中国社会科学出版社，2013.8
(中国社会科学院学部委员专题文集)
ISBN 978 - 7 - 5161 - 2697 - 4

Ⅰ.①底… Ⅱ.①景… Ⅲ.①社会福利—理论研究 Ⅳ.①C913.7

中国版本图书馆 CIP 数据核字(2013)第 104278 号

出 版 人	赵剑英	
责任编辑	陈 彪	
特约编辑	孙 萍	
责任校对	张玉霞	
责任印制	戴 宽	

出 版	中国社会科学出版社	
社 址	北京鼓楼西大街甲 158 号 (邮编 100720)	
网 址	http://www.csspw.cn	
	中文域名:中国社科网 010 - 64070619	
发 行 部	010 - 84083685	
门 市 部	010 - 84029450	
经 销	新华书店及其他书店	

印刷装订	北京七彩京通数码快印有限公司
版 次	2013 年 8 月第 1 版
印 次	2013 年 8 月第 1 次印刷

开 本	710 × 1000 1/16
印 张	23.25
插 页	2
字 数	369 千字
定 价	72.00 元

目　　录

第三篇　福利建设应用研究

底线公平理论与民生建设研究
(代序言)

改革开放实践提出了许多重大的研究课题,本书只是集中讨论了其中的一个——民生问题,这个问题已经成为全社会关注的焦点,也是党和政府工作的重点。那么,为什么民生问题会凸显为一个焦点问题,这里面是否具有必然性?如果具有必然性,其中起重要作用的因素是什么?我们可以从中得到哪些教训和启示?怎样才能更好、更快地解决民生问题?

全面回顾以往 30 多年来的民生研究,是一项很艰巨的任务。本书呈现的只是我个人研究民生问题的思想过程,虽然远远不能代表全国的民生研究,但希望以此为个案,勉强作为窥豹之一斑,也许还可以作为批评的对象,这对于今后的民生研究也会是有益的。

一 主题是经济发展与社会公正的关系

改革开放 30 多年来,大家都亲身感受到了两个相互矛盾的现象:一方面,我国的经济以接近两位数的速度增长,称为"奇迹"也好,"崛起"也好,世界都承认,国人都高兴;另一方面,社会差距,包括收入差距、城乡差距、地区差距等越来越大,短短一二十年,我国就进入了世界上社会差距最大的国家之列。这两个相互矛盾的现象提出的一个问题,就是经济发展与社会公正的关系问题。经济发展必须以牺牲社会公正为代价吗?如果是必然的,它的根据是什么?如果不是必然的,造成这种现象的原因是什么?我们说,"发展"是时代主题之一,是"执政的第一要务",那么"发展"的含义是什么?只是经济增长吗?发展与公正是相互排斥的吗？"公正"是在"发展"之内，还是在"发展"之外？如果"公正"是在"发展"之外，它是可有可无，可先可后的吗？如果在"发展"之内，它能够如何影响和构成"发展"的本质规定性？如果说"发展"是要有代价的，什么可以作为发展的代价？社会发展是可以被牺牲的"代价"吗？人民群众的利益是可以被忽视的"代价"吗？

经济发展与社会公正的关系，并不是从特定空间（中国）、特定时间（改革开放30多年）提出的特殊问题。许多发展中国家，例如拉丁美洲一些国家，早在20世纪60—80年代就突出地讨论这些问题了；在许多发达国家，例如美国，尽管经济发达，社会公正问题却很突出；西欧国家在20世纪70—80年代，也发现尽管实现现代化了，新的贫困现象却冒出来了，不公平问题、社会排斥现象令人堪忧。这样看来，经济发展与社会公正的矛盾是普遍存在的，那么，二者之间的必然联系是什么？我们现在有了一些描写和测量不公平的办法，如基尼系数；也有一些刻画其变化趋势的办法，如库兹涅茨倒U形曲线。但是总的说来，我们对于经济发展与社会公正的关系仍然需要做更深入的探讨。

"发展"与"公正"的关系，看似一个抽象的、宏观的问题，但它却不仅与我们关心的那些大问题息息相关，也与我们不能不面对的具体问题密切相连。

二 追问社会保障制度的理念基础

1996年，我主持研究中国社会科学院重大课题——"中国社会保障体系研究"，如果我没有记错的话，这个课题可能是中国社会科学院最早设立的一项专门研究社会保障体系的课题，它要求从宏观上、总体上研究制度体系，当然也不脱离养老、医疗、工伤、就业等具体制度问题。该项研究的一个重要成果是提出了"基础整合的社会保障体系"[①]。在此之前，在以"中国社会保障体系研究"课题组（执笔者除我之外，还有中国社会科学院社会学所的杨团、唐钧，香港浸会大学的莫泰基、施育晓）名义

---

① 见景天魁主编《基础整合的社会保障体系》，华夏出版社2001年版。

发表的"中国社会保障制度改革：反思与重构"① 一文中，提出了"以民生为本的社会保障制度"的概念，认为"尽管社会保障制度在各个国家有不同的模式，但是将其共同的本质抽象出来，仍然只能是为适应基本民生需求而确立的民生目标的保障。在中国，以民生为本的社会保障制度具有三个基本特征：基础性、综合性和多元性"。

这几年，大家都在谈"民生"，对我们当年提出"以民生为本的社会保障制度"这个概念会感到困惑：社会保障制度就是解决民生问题的，为什么还要提出"以民生为本的社会保障制度"呢？殊不知，当年这样提是有很明确的针对性的。当时流行的提法是要求社会保障服务于市场化改革，服从国有企业改革的需要，做市场经济的辅助工具和配套工程，并没有真正"以民生为本"。在此文之前，"民生"被看作一个"老词"，正式文件中一般使用"人民生活"的提法。我们这篇论文提出"民生为本"，在当时还很新鲜。

那么"基础整合"，到底"基础"是什么，怎么"整合"？我在"'基础整合的社会保障体系'的概念框架"一文中曾从"基础整合"的目标、要求和意义这三个方面作了阐述。当时的感觉是，只对"基础整合的社会保障体系"作制度设计，好像所依据的只是制度和政策层面的事实和经验，尽管感受和判断是正确的，但还说不清楚更深一层的理论根据。而对事实和经验，其实从不同角度可以各有各的理解，但是谁也拿不出一套道理说明为什么现行的社会保障制度改革会出现不尽如人意的问题，而对"基础整合的社会保障体系"虽然赞成的人也不少，但也不明白它的内在机理。翌年，那本书由华夏出版社正式出版以后，我的这种感觉愈发强烈，终于吸引我去追问中国社会保障的理念基础。

2002 年 6 月，我应邀到吉林大学社会学系演讲时，把"基础整合"概括为 6 个"基础"和 6 个"整合"：（1）以最低生活保障线为底线，整合多元福利；（2）以卫生保健为基础，整合多层次需求；（3）以服务保障为基础，整合资金、设施、机构、制度等多方面保障；（4）以就业为基

---

① "中国社会保障体系研究"课题组：《中国社会保障制度改革：反思与重构》，《社会学研究》2000 年第 6 期。

础，整合多种资源；（5）以社区为基础，整合政府作用和市场作用；（6）以制度创新为基础，整合城乡统筹的社会保障。还把6个"基础"和6个"整合"概括为："守住底线，卫生保健；强化服务，就业优先；依托社区，城乡统揽。"① 在这里，第一次提到了"底线"和要"守住底线"，"以最低生活保障线为底线"。到今天，十年过去了，有人批评说以最低生活保障线为底线是太低了。可是在当时，还没有普遍建立起最低生活保障制度的时候，人们的感受是什么？最低生活保障线太重要了，太迫切了。如果没有它，下岗失业职工、城市贫困家庭的基本生活都得不到保障。不然，当时为什么强调要"守住底线"呢？说"以最低生活保障线为底线"，并不是说只有最低生活保障就行了。既然是"底线"，就不是全部，即使在那时，城市职工也在推行各项社会保险制度。而在当时社会保障基本上没有把农村考虑在内的情况下，就明确提出"城乡统筹的社会保障"，认为基础整合的社会保障体系正可以适合"统筹城乡经济社会发展的需求"，也说明"底线"概念的提出，一开始就是从中国国情出发的，是为了推动整个社会保障制度建设的发展，而不是主张只实行"最低水平的社会保障"。该演讲提出"社会公正是我们提出的基础整合的社会保障体系的理念基础"。但是，当时对于"社会公正"的具体特点，怎么体现，还缺乏清楚明确的认识。

三 "作为公正的发展"

2002—2003年间，我致力于探索如何通过加强社会保障建设，发挥社会保障制度的社会功能，促进社会公正的实现；从另一方面说，也同时是对怎样把社会公正体现到社会保障制度中的探索。此时，有几个因素促使和启发我提出"作为公正的发展"这一概念。一是1998年诺贝尔经济学奖获得者阿马蒂亚·森（Amartya Sen）的名著《以自由看待发展》出版了中译本②。这本书对于我这样一个长期研究社会发展问题，并正在苦苦

① 景天魁：《中国社会保障的理念基础》，《吉林大学社会科学学报》2003年第5期。
② 阿马蒂亚·森：《以自由看待发展》，任赜、于真译，中国人民大学出版社2002年版。

思考社会公平问题的人来说，主要启发在于这样两个方面：一是对于"发展"的理解，森提出的命题是"发展是自由的扩展"。其中又包括两个子命题：第一，"自由是发展的首要目的"；第二，"自由是促进发展的不可缺少的重要手段"。前一个命题是说，自由在"发展"的价值性方面是其内在要素；后者是说，自由在"发展"的功用性（手段）上也是其内在的要素。尽管我对森的命题有不同的理解（我将在今后有机会时再谈论我的不同见解），但这却启发我思考"公正"与"发展"的关系。森的概念也可译为"作为自由的发展"（Development as Freedom）。这启发我提出并这样规定"作为公正的发展"：（1）公正是社会发展的核心价值，（2）公正是社会发展的根本动力，（3）公正是社会发展的最佳状态。至于"作为公正的发展"与"作为自由的发展"是什么关系，是相补充、相平行的关系，还是也有相替代、相矛盾的一面？还需要专门讨论。

　　另一个启发是，森是一位经济学家，他却能冲破学科界限，把哲学研究与经济学研究结合起来，"在重大经济学问题讨论中重建了伦理层面"（瑞典皇家科学院 1998 年诺贝尔经济学奖公告），并且贯通了哲学层次、经济学层次和政策研究层次。这对我这个学哲学出身的人来说，无疑是一个典范：完全可以不把哲学研究和社会学研究区隔开来，企图在二者之间"划清界限"，而可以把它们结合起来。这个影响不仅表现在我对"作为公正的发展"的研究中，也表现在我当时发表在《光明日报》的一篇讨论社会学方法的文章①中。我在对社会公正概念演变史的考察中，发现哲学层次、科学层次、政策层次的公正概念，其实在概念史的不同发展阶段是贯通的：从"作为伦理学和价值观意义上的公正概念"，到"作为权利和社会制度意义上的公正概念"，再到"作为社会政策和社会发展指标的公正概念"。②

　　第二个促进因素是，当时按照中国社会科学院加强学科建设的要求，社会学所成立了社会政策重点学科，这个学科是由社会政策研究室和农村与产业社会学研究室共同组成的。这两个室都非常关注并长期从事城乡关

---

① 《兼容与贯通——关于社会学方法的思考》，《光明日报》2005 年 5 月 6 日。
② 景天魁：《作为公正的发展》，《社会科学战线》2003 年第 6 期。

系问题研究。为了加强这个重点学科建设，建立研究基地是有必要的，这样，我就与山东烟台市联系，发现烟台市的城乡人口比例，一、二产业结构比重，恰好相当于全国平均数，于是我组织重点学科的同仁到烟台市做了调查，开了研讨会，并出版了一本合著的《社会公正理论与政策》。①其中，我写的部分则有意探讨了城乡关系怎样成为一个社会公正问题，即用城乡关系这样一个具体的经验性、政策性问题，来验证"作为公正的发展"概念。

另外还有两个具有推动作用的因素：一是《社会科学战线》杂志隆重庆祝创刊25周年，提出要在这样重要的一期"专号"上发表我的一个专栏，包括一组照片、一篇论文和一篇学术思想介绍。这个杂志是改革开放初期最早（1978年）创刊的一家很有影响的杂志，恰好与我读研究生是同一年，我是该刊的热心读者，因此也就把"作为公正的发展"拿去发表，并由我的研究生王俊秀、邹珺、邓万春合写了一篇讲述我的学术历程的文章，题目就叫"从哲学到社会学"。还有就是黑龙江人民出版社邀我主编构建和谐社会研究丛书，其中一本就是我们重点学科的同仁撰写的《统筹城乡发展》。

以上的探讨使我意识到，这里正存在一个逻辑上的或黑格尔式的正反合：经济发展——社会公正——经济发展和社会公正的统一。一般地理解经济发展和社会公正的统一并不难，难的是到底怎么实现这种统一，能够体现这种统一的那种公平具有什么特点？在公平发展史上，有两种做法其实是最简单、最容易的——尽管其事实上也难以做到——一种是平等、均等意义上的公平，人人有份，而且平均分配，日常工作中常见这种公平，如每人一份快餐盒饭，或过节时每人发100元补贴等，容易操作，而且一般地说没有人有意见；另一种是自由主义意义上的"公平"，任由市场去决定，不做任何干预，完全顺其"自然"。不难看出，在存在着社会差距的情况下，前一种公平是有利于穷人、弱者的，后一种"公平"是有利于富人、强者的。现实社会总是有各种力量的较量、利益的博弈和得失的权衡，绝对的、极端的情形其实也难以完全做到。所以，理论上简单易行、

---

① 景天魁等：《社会公正理论与政策》，社会科学文献出版社2004年版。

逻辑上非此即彼的东西，其实不能真正解决问题。由是，经过一"正"一"反"，又会返到"统一"上来。提出"作为公正的发展"，用意是把"公正"纳入"发展"之中。那么，这时候的"公正"是怎么体现出来的呢？在这种追问中，我又从"作为公正的发展"走向了"底线公平"概念。

四　底线公平概念的提出

我在第一篇论述"底线公平"的文章①中就申明，底线公平不是"低水平"的公平，不意味着一定是或只能是低水平的社会保障。此后，也多次作过说明。我知道在中文里，"底"和"低"很容易混淆。"底线"是指一种"界限"，它是指不能含糊、不能推卸、必须坚持、必须做到的事情；在道德上，它是指与尊严、荣誉、良心能否守住攸关的言行标准和规范。

由于"底"和"低"在中文中读音相近，意思相连，很容易把"底线"理解为"低水平"、"最低的"。如果说"底"字，确有"底部"（杯底、底座等）的意思，"底线"这个词却没有这个（类同于"低"、"下"的）意思。"底线"是这样一种"界限"，划在哪里，哪里就是"底线"，不论是划在"中部"、"下部"还是"上部"，划在哪里，只要是不可含糊、不可逾越的线，就叫"底线"。与它的具体"位置"无关，只与它的性质有关。在这个意义上可以说，"底线"是表示"性质"的概念。比方一个体温计，刻度在35—42摄氏度之间。正常体温一般认为是37摄氏度左右，这就是健康不健康、发烧不发烧的"底线"，它本身无所谓"高低"，不是高点就好，也不是低点就好。至于说发烧的"程度"，那当然烧到39摄氏度就比烧到38摄氏度更严重一些，这些是衡量发烧程度的"线"，并不是健康不健康、发烧不发烧的"底线"。

在社会保障制度建设中，不是从保障水平高低的意义上确定"底线"，而是由社会政策的取向及其与经济发展的关系来确定的。所谓"底线"实际上主要是指政府责任和市场机制之间的界限、它们的结合点。哪些事情

———————

① 《论底线公平》，《光明日报》2004年8月10日。

是政府必保的，哪些事情是可以由市场去调节的，当然也可以政府、市场、家庭、个人、社会组织采取某种责任分担的方式。从机制来说，底线部分是刚性的，必须做到的；底线以上部分是柔性的，可以有差别的。例如教育，哪怕是砸锅卖铁，卖房子卖地，也要供孩子念书，这是家长的责任底线。养了孩子，孩子考上学了，无论如何也要供孩子念书，这在很多负责任的家长心中是一条必须做到的"底线"，不然有何脸面做父亲。记得前两年，确有一位父亲，儿子考上大学，自己掏不起学费，羞愧得很，自尽了。我们虽不赞同这种做法，但说明这条底线在家长心中是默认的，而且分量很重。政府也是一样，要把自己必尽的责任看得很重。前不久，杭州市长对住房困难户表态，如果不能给贫困户解决住房问题，有何脸面当官！这个表态，在网上受到群众好评。在"底线公平"中，要保"义务教育"，至于底线划在九年义务教育，还是十二年，或者像宁波市那样确定在十五年（包括小学之前的三年学前班），只要确定了，那就是政府责任的"底线"。

可以依据底线公平，理性地、科学地确定社会保障的适度水平，特别是在目前阶段，这样可以使我们有现实的、可行的办法，明确什么是与经济水平相适应的社会保障水平。但是严格说来，确定社会保障适度水平的因素与确定底线公平的因素还是有区别的。前者要看人均收入水平、财政收入和增长情况以及财政、企业、家庭与个人支付能力等，后者却只与那些具有"底线"意义的制度及其影响因素有关。所以，只能说底线公平是实现社会公平的重要基础，也是确定适度公平的重要依据，但不能说"适度公平就是底线公平"。也许在某个阶段二者相差不多，但毕竟在概念上是有区别的。我曾经从强调底线公平对确定适度公平的重要意义的角度提过"适度公平就是底线公平"，现在看来，这个说法有问题。问题在于底线公平不是在公平水平高低的意义上定义的，而"适度公平"却是指公平水平的高低。这两个概念并不是各自表示一种公平水平，也就是说，底线公平不等于"低度公平"，因此也不能如一位网友所说"适度公平怎么也应该比底线公平高"。因为如前所述，确定社会保障适度水平的因素与确定底线公平的因素是有区别的。尽管有这个区别，我还是诚心诚意地接受2007年7月22日一位网友（没有署名）的批评，他对"适度公平就是底线公平"提出了疑义。他提出，底线公平应该包括就业公平，这个问题可以讨论。我在界定"底线公平"概念时，没有提到"就业公平"，并不是"忽视"就业的重要性，就业不仅是民生之本，我还赞成"就业优先"的提法。问题在于就业保障和失业保险也是有区别的。就业保障是说要千方百计促进就业，这当然是重要的，但并不是所有重要的制度都要作为划分"底线公平"的标志。例如养老保险也很重要，但它在我国现在的制度设计中，既有"基础养老金"部分，又有个人账户部分，前者属于底线性质，后者并不属于底线性质，因此，养老保险制度不宜作为划分底线的标志性制度。就说"就业保障"，人人就业，充分就业是个目标，是要争取的，能够做到当然很好。但是，在市场经济条件下，我们不可能像计划经济那样去"安置"就业，就业主要是靠市场选择，当然也包括对就业困难者的政策扶持。但不管怎么说，较低水平的失业率难以彻底克服，而且对保持就业市场的竞争性，从而激发劳动者提高就业能力来说，恐怕还是有必要的。这样，"人人就业"就不是政府"必保"的，"充分就业"也只能去努力争取，总有少数有就业能力的人不愿就业，政府也不能强制。既然不是"必保"的，不能强制的，也就不具有"刚性"，因此它也就不是"底线"，不论它多么重要。从"失业保险"来说，又是另一回事，那是企业（用人单位）的责任，不是政府的责任"底线"。而且"失业保险"的情况比较复杂，作为一个制度很难作为"底线公平"的标志。失业保险水平如果低了，它就会接近于"低保"＋"医保"＋培训（教育），那就已经被体现"底线公平"的其他制度基本替代了；如果再单列入"失业保险"，可能接近于一个重复项。如果失业保险水平高了，那反而会降低就业积极性，就又与"底线公平"的意思相悖。况且，不论"就业保障"还是"失业保险"都有一个前提——教育，教育公平是就业公平的前提，在这个意义上，在体现底线公平的制度中包含了基础教育（教育公平），也就有助于从根本上促进"就业公平"。这些是我当时的一些考虑，不一定正确，写在这里，就教于那位网友。在本书中，我采用了最初在《同舟共进》杂志（2007年第1期）发表时的题目《底线公平：必须做到的公平》，这是责任编辑刘亚平改的，改得很好，在此特致谢意。

既然是讲"底线公平"，那它就不是指整个社会保障制度，几项作为界定底线公平的标志性制度——最低生活保障、基础教育、公共卫生和基本医疗保障，也取代不了整个社会保障制度——它除了包括以上几项制度外，还包括养老、失业、生育等社会保险、各项社会救助和面向许多群体的社会福利。我主张在底线公平基础上建构社会保障体系，绝不是说只搞那几项制度就行了。当然，因为我是在论述"底线公平"概念，可能谈那几项制度多一些，没有更多地讲底线公平与整个社会保障体系之间的关系（在我的其他文章和著作中另外谈过），但还是不应该发生误解，以为我主张的整个社会保障仅限于作为界定底线公平的那几项标志性制度，以为我要用底线公平取代整个社会公平，那就不是我的本意了。

底线公平就是使中国既能够保持发展活力，实现可持续发展，又能够实现社会公平。而且，一方面，公平的实现还会成为健康发展的动力；另一方面，经济发展也能够为保证社会公平提供条件。二者形成相互促进而不是相互抵消、相互融合而不是相互抵牾的"和谐"状态，这里的界限就是"底线公平"。

根据较早实行现代社会保障制度的那些国家的经验教训，实现上述目的，达到上述状态的关键，是找到政府责任和市场机制的界限，使二者相互补充，各尽其责。底线公平既是政府责任的底线，也是市场发挥作用的边界。

底线公平也是对个人、家庭和社会之间的责任关系的一种界定。在以往社会保障实践中，曾有过两种相反的倾向：一种是计划经济时期的"劳动保障"，个人不用缴费，享受与贡献基本脱钩；另一种是改革开放以后，改革的主要取向是加大个人、家庭的责任，减少企业（主要是外资、民营企业）和国家的责任（主要是财政负担）。总结以往的实践经验特别是教训，看来还是要找到一种责任共担的关系和机制。底线公平试图明确社会保障主体之间的责任共担关系。

总之，在以上各种意义上，底线都是一种相对关系，不是一个绝对的数字。尽管底线公平也可以有量的刻画，但它不是一个固定的量，它表示一种责任关系，一种机制，一种适度性。

五　底线公平:从概念到理论

2012 年初，我论述底线公平的专著获得中国社会学界第一个基金会——陆学艺社会学发展基金会的优秀著作奖，评委会的颁奖词言简意赅地概括了底线公平从概念到理论的过程:"《底线公平:和谐社会的基础》以中国社会结构变迁中经济发展与社会公正的关系为焦点，追问社会保障制度的理念基础，提出了'作为公正的发展'的'底线公平'的概念。以'底线公平'为认识工具，在对调整利益关系、增进社会福利、实现协调发展及和谐社会建设的经验分析中，明确论证了'底线公平既是政府责任的底线，也是市场发挥作用的边界'的论断，界定并探讨了社会保障主体之间的责任共担关系，总结出了底线公平的原则和机制，逐步使'底线公平'从一个概念发展为一个理论。"

底线公平理论是对经济发展与社会公正的关系问题所做的一个理论回应，是对于社会保障和社会福利的基础理论的一项探讨。底线公平理论的真正含义，不在于讨论保障水平、福利水平，不是讨论这个水平的高低问题，而是瞄准了一个人群——中低收入者群体。这个群体有多大?在中国的收入结构中，如按照李强教授提出的倒丁字形结构，那是人口的大多数，在 13 亿人口中，大约总有 10 亿人。在中国讨论社会保障、社会福利问题，如果不瞄准这个大多数，还能谈得到什么公平?

为此，底线公平的原则是:

(1) 全民共享原则，主要处理大福利与小福利、普遍福利与特殊福利的关系;

(2) 弱者优先原则，主要处理富人与穷人、强势群体与弱势群体的关系;

(3) 政府首责原则，主要处理政府与市场、政府与社会之间的关系;

(4) 社会补偿原则，主要处理个人与社会之间的关系;

(5) 持久效应原则，主要处理经济与社会、近期利益与长远利益之间的关系。

按照底线公平的概念和原则，社会保障和社会福利制度不再是罗列式的几大块——社会保险制度、社会救助制度、社会福利制度（"小福利"）等，而是形成一个有内在逻辑结构的底线公平制度体系。它包括：

（1）体现权利一致性的底线福利制度，主要包括最低生活保障制度、公共卫生和基本医疗制度、义务教育制度和公共福利制度等。

（2）体现需要差异性的非底线福利制度，主要包括各种形式的"个人账户"制度、完全积累制度和商业保险制度等。

（3）兼顾权利一致性和差异性的跨底线福利制度，包括医疗保险制度、养老保险制度、失业保险制度以及社会互助、社会服务制度等。

（4）每一项制度都包括基础部分与非基础部分。这样，就容易明确政府责任与市场作用的边界，便于形成多元主体的责任结构，可以实现对社会保障和社会福利运行过程的有效调节。

底线公平的运行和调节机制是：

（1）刚性调节机制。"刚性机制"强调政府在满足社会成员的底线福利需求时负有不可推卸和不能回避的"底线责任"和"首要责任"，这种责任既是一种政治责任，也是一种经济责任，还是一种道德责任。

（2）柔性调节机制。"柔性机制"强调非底线福利责任主体的多元化，充分发挥市场机制、慈善机制、互助机制、自助机制在非底线福利供给中的作用。

（3）基于反馈调节的刚柔相济机制。利用对社会福利效应的测量，依据底线公平理论，我们可以确定底线部分社会福利向量，通过对它的控制来调节社会福利状态和社会福利效应之间的关系，建构社会福利的输出反馈控制系统。以此为基础，探索"刚性机制"与"柔性机制"相互结合的条件、方法和途径，形成刚柔相济的调节机制。

体现上述概念和原则，包括上述制度体系和调节机制的底线公平福利模式，具有鲜明的特点。2009 年我在上海大学演讲时，曾经概括为以下六点：

（1）只有满足穷人的利益，才能真正满足富人的利益（一种社会变化的合理性，取决于让获益最小的群体的状况得到最明显的改善）。

（2）底线公平比"一般公平"更有利于实现社会公平。

（3）有重点的公平比所谓"全面公平"更有利于真正实现普遍公平。

需要的重点与政策供给（福利供给）的重点，如能恰好吻合，则其效果是最佳的。对发展中国家来说这是福利制度成败的关键。

（4）以增进普遍福利为目的的发展，比单纯的经济增长更有利于经济的健康和持续发展。

（5）全民共富比一部分人富裕更能够真正富裕中国。

（6）面向绝大多数人的基本需要，才能真正体现以人为本。

我名之以"底线公平理论"的这些道理，其实与现在正在实行的社会保障制度全覆盖、基本公共服务均等化、城乡一体化等政策和实践的基本精神，都是相一致、相吻合的。也可以说，底线公平理论是关于民生问题基础理论的一项探讨，或者说是一种"民生社会学"。

今后，我想借由研究福利与劳动的关系，从福利社会学研究进入劳动社会学研究，进而，也就把底线公平理论，从福利问题领域应用到劳动问题领域。这是我从底线公平的概念扩展，进一步开展理论扩展的计划。

六　底线公平与和谐社会建设

既然我对社会保障制度理念基础的研究并不局限于社会保障本身，而是从经济与社会的关系着眼的，那么，由此得出的结论也应该不仅适用于社会保障，也应该适用于整个社会建设。特别是在对社会主义和谐社会基本特征的概括中，公平正义是六个特征之一。那么，这里所说的公平具有什么特点？从 2005 年开始，我尝试通过扩展底线公平概念，将它运用于解释和谐社会建设中的一些问题，希望由此增强底线公平概念的解释力，将其发展为一个应用性更强的理论工具。

如果以底线公平为基础可以较好地调整利益结构，促进协调发展，增进社会福利，推动社会建设，那就可以证明在底线公平基础上构建和谐社会是正确的、可行的。2005 年，有几个因素共同推动我通过扩展底线公平概念，研究底线公平与和谐社会建设的关系。一个是应邀到一些部门和地区讲课，要求更切近他们的实际。这就必须超出社会保障的话题范围。第二是参加国家"十一五"规划专家委员会的工作，也促使我思考和触及更广泛的问题。第三，是年 9 月，我到阿根廷出席世界社会科学理事会会议，与拉美地区的学者，特别是著名拉美发展研究专家 Bryan Roberts 教授的讨论，与美欧学者的交谈，激发我思考：底线公平除了适用于解释中国遇到的问题之外，是否也可以用于解释中国之外的一些共同的发展问题；除了可以用于解释发展中国家面临的问题之外，是否也可用于解释发达国家的问题？这个想法，在我于 2005 年 11 月到布鲁塞尔出席欧盟经社理事会会议时，就进一步强化了。第四，2006 年 4 月在中国社会科学院社会学所，6 月在北京香山讨论会，7 月在中国社会学会年会（太原）和中央国家机关工委等，我几次讲底线公平概念的扩展，得到了积极的回应。这样，我就一步步扩展和运用了底线公平理论。

首先，关于调整利益结构。从在全国政协第十届三次全体会议上作的题为"理顺收入分配关系，建立利益协调机制"的大会发言，到 2007 年的"以底线公平为基础构建和谐的利益关系格局"① 一文，算是作了一个总结。为什么要在底线公平基础上调整现实利益结构呢？因为我们建立了市场经济体制，多种所有制并存，除劳动以外还有资本等多种要素可以参与收入分配，利益主体已经多元化，而且社会差距很大，不同的利益群体或集团都各自有不同的利益诉求，要达成共识难度很大，甚至出台调整政策的难度也增大了。正如邓小平所预言的，调整利益关系比把经济搞上去还要难得多。② 近年来，我们出台了一些政策，如提高个人所得税的起征点，试行高收入者个人申报等，力度不是很大，老百姓也不是很满意，这就表明解决分配问题还没有"破题"。

在这种情况下，一般地讲"公平"不起多大作用，或者根本做不到。而以底线公平为基础：第一，可以明确重点，即先把那些最迫切需要解决的问题解决好。事实上，这些年，社会呼声最大的也主要是贫困群体问题、"上学难、上学贵"和"看病难、看病贵"问题。进入 21 世纪以来，特别是 2002—2007 年，这些问题成了议论的焦点，各种民意调查，每年的"人大"、"政协"会议，排在前面的就是这几个问题。说明体现底线

① 载中国社会科学院社会政法学部集刊（第一卷）：《科学发展　社会和谐》，社会科学文献出版社 2007 年版。

② 中共中央文献研究室编：《邓小平年谱 1975～1997（下）》，中央文献出版社 2004 年版。

公平的那几项主要的制度——最低生活保障、基础教育、公共卫生和医疗保障，是老百姓最迫切需求的。事实上，这些也是自 1999 年特别是 2003年以来，党和政府重点解决的问题，自从提出构建和谐社会以来，它们也都是主要的"着力点"。第二，从这些年的实践看，以底线公平为基础，社会各阶层、各利益集团比较容易达成共识，因为它诉诸的是责任的底线。因而它比较容易破题，并成为进一步解决收入分配和利益调整问题的切入点。第三，体现底线公平的这几项主要的制度（其他社会保障制度也与底线公平有关或本身也有底线公平的意义），大多是要财政出钱的，这对改变前几年在民生问题上财政缺位或支持不够的偏向，促进财政支出结构的转变，具有关键意义。我较早呼吁建立面向民生的财政体制，并认为这是真正转变政府职能的实质性问题。为什么十几年都在讲转变政府职能可就是不见有明显转变，钱都抓在政府手里，行政经费占的比例、增长速度都大大高于和快于社会保障支出所占比例和速度，那政府职能怎么能有实质性转变？而以底线公平为基础，既能解决民生的重要问题，又能推动政府职能转变，还能有效改善政府形象，政府把民生问题提在前面，才能建立服务型政府，不然，即使"服务"，也不知是在为谁服务？所以这是一举多得之策。

其次，关于实现协调发展。这是科学发展观的基本要求和根本方法。我们讲"协调"，讲"统筹"，也有多年，讲"转变经济增长方式"已有16 年了，为什么"转变"这么难，"协调"难在什么地方？社会差距结构化了，在一定程度上固定化了，调整也难。2008 年，南方遭遇五十年未遇的冰雪灾害，大约有 2 亿人要回家过年，却交通受阻。为什么每年春节中国都会上演被称为"史诗般的人口迁徙"？① 这里边有文化因素，不论称为"年文化"还是"回家文化"都可以。但根本原因，真正需要解决而又难以解决的问题是地区差距和城乡差距，中西部农民工每年背井离乡，每年"候鸟"般地"流动就业"，而且合同一般只能签一年期的，只有到了春节期间，才能休息，才能与家人团聚，所以不顾冰天雪地，宁肯忍受

① 陈旭敏：《"春运"何时成记忆?》，原载英国《金融时报》（2008 年 1 月 29 日），《参考消息》2008 年 2 月 5 日转载。

滞留之苦，甘冒路途危险，也要义无反顾地奔回家。

要解决既由历史形成的，也由失衡的经济结构形成的利益关系问题，只一般地讲公平行吗？管用吗？能切中要害吗？"底线公平"可以帮助找到认识和解决问题的重点和切入点。它引导我把研究协调发展的关注点，主要放在城乡关系、经济发展与社会发展的关系、教育公平问题上。这些问题都触及了公平的底线。这些底线守不住，协调发展就谈不到。从2006年开始，中央提出"建设社会主义新农村"，也是从解决"底线公平"问题入手，中央财政重新承担对义务教育的责任，强调加强社会建设等，也都证明"底线公平"问题是实现协调发展的关键和重点。

再次，关于增进社会福利。改善人民生活，增加社会福利，本是立党执政的根本目的。那为什么民生问题却如此凸显，扩大社会保障覆盖面却如此困难？不能说我们不讲公平，问题恐怕在于只泛泛地一般地讲公平不行，要有重点，要对准目标群体，要特别关注和切实解决下岗失业职工、城乡贫困群体、老人、儿童、病弱者、残障者、失学者的基本需求问题。这件件桩桩，都触及了责任的底线、道德的底线。底线公平当然不限于解决这些问题，但是不以此为重点，为切入点，还谈得到一般公平吗？

最后，关于加快社会建设。长期以来，我们存在着"重经济，轻社会"、"经济这条腿长，社会这条腿短"的问题，社会建设欠账太多，社会事业发展滞后，社会管理也很落后。千头万绪，百事待兴，从何入手？我试图证明，要解决社会建设的关键问题——财政支出结构问题，要从底线公平入手，着重解决弱势群体的基本需求问题。要实现和谐管理，也要从底线公平入手，弱者优先，社会补偿，缓和矛盾，增加共识，社会关系才能渐趋和谐，社会紧张度才能渐趋缓和。从基层社区建设入手，动员传统的人际关系资源，发挥中国文化的凝聚作用，才能投入小，收效大，而且见效快。由此，底线公平理论就在对和谐社会建设的研究中得到了应用和检验。

从以上四个方面探讨了底线公平与构建和谐社会的关系，能否由此得出"底线公平是和谐社会的基础"这样的结论？我觉得是可以的。这里所谓"基础"，其一是说，只有先做好了与"底线公平"有关的事情，才能进一步做好其他事情，"基础"具有前提和基本条件的意思。第二是说，守住了"底线",解决了"底线公平"问题,有助于并可以促进去解决构建和谐社会所要解决的其他问题。第三,解决底线公平问题,社会共识高,经济成本低,效果好,适宜作为切入点和着力点。第四,毋庸赘言,底线公平对于构建和谐社会而言,它只是"基础"之一。我把"底线公平是和谐社会的基础"这个命题作为书名,其实是省掉了"之一"和"构建",说"底线公平是构建和谐社会的基础之一"会更好一些。从本书来说,留点疑问,有点争议,其实也好;从我的计划来说,今后我还打算涉及其他有关和谐社会的基础性的方面,不说"之一",事实上也是"之一",不提"构建",实际上也只能是在长期"构建"过程中。

2012 年 5 月,汪洋书记代表广东省委在省第十一次党代会开幕式所做的工作报告中强调:"建设幸福广东,必须强化制度保障。要以规则公平、机会公平、底线公平为导向,加强社会领域基础性制度建设。"① 这是在一个省委的重要文件中首次明确"底线公平为导向"。因为我是底线公平概念的提出者,广州日报记者在开幕式后就给我打电话。我特别高兴的是"基础性制度建设"这个提法,这就区分了"基础性制度"与"非基础性制度",不是笼而统之地讲制度建设,同样,在同一项制度中,也可以有基础性部分和非基础性部分之分。这就有了重点,也就是明确了"导向"——就制度的对象而言,"导向"就是面向大多数人民群众,他们是占人口大多数的中低收入阶层;就制度的内容来说,就是优先满足人民群众的基本需要(生存、健康、发展),就制度体系来说,优先加强基础性制度建设——这些正是底线公平理论在社会建设中最想强调的重点。

七 政策研究与建议

在 20 世纪 90 年代,社会学所社会政策研究中心创办初期,我就一再提倡学术和实验并举。作为中国社会科学院的社会政策研究中心,当然要以学术为本,但同时也要听从实践的召唤,紧跟实践的步伐,只要有机会就尽可能地参与到实践中去,获得真实情况,形成并检验自己的研究成

---

① 汪洋同志在广东省第十一次党代会开幕式做的工作报告,南方网 2012 年 5 月 9 日。

果，使得它们尽可能对解决民生问题真正有用。十多年来，研究中心的同仁先后在大连、陕北、烟台等地建立了带有社会实验性质的研究基地；近十年来，以我的学生们为主体的研究团队也开展了多项研究，为扎实地开展社会政策的实验性研究积累了经验。并以此为基础，积极参与社会政策的讨论和制定。

我从 2003 年开始，就抓住各种机会，呼吁建立城乡统一的最低生活保障制度，认为这是实现城乡统筹的"现成的着手处"①。在城市最低生活保障制度建立起来并对社会稳定和发展发挥了重要作用之后，我就起劲地鼓吹要在农村也建立最低生活保障制度。只要是适合讲这个话题的场合，我都不放过，在全国政协的会议上，在国家"十一五"规划专家委员会的讨论中，在中央马克思主义理论研究与建设工程的大会发言中，在学术讨论和讲座中，我都不遗余力地论证为什么应该并且完全有条件在农村建立最低生活保障制度（在本书的若干章节中，尽管为了避免重复，只好删去一些大体雷同的段落，但还是可以看到在 2003—2007 年间，我反反复复地谈到这个话题）。

这里我想特别提到并且特别感谢第十届全国政协社会和法制委员会在推动建立农村低保制度上所作的突出贡献。2007 年 12 月底，在十届政协五年任期届满之际，社会和法制委员会召开第六次全体会议，通过了五年工作总结。其中，关于"建立农村最低生活保障制度"的专题调研，专门写了一段话："在我国城市初步建立最低生活保障制度后，是否要在农村建立最低生活保障制度很现实地摆在我们面前。对此，有关部门和学术界存有诸多疑虑，争论激烈。我们从 2004 年就开始关注农村困难群体的生活保障问题，进行了多次调研和论证。在 2005 年全国政协举办的专题协商会上，委员会就建议在全国建立农村最低生活保障制度。2006 年在社会和法制委员会与中央党校联合举办的'建设社会主义新农村'研讨会上，我们再次呼吁建立农村最低生活保障制度。其后，又到多个省市调研，向

---

① 除在一些会议上的发言外，正式发表的文字，参见《城乡统筹的社会保障：思路与对策》，《思想战线》2004 年第 1 期；《底线公平与社会保障的柔性调节》一文所提政策建议，《社会学研究》2004 年第 6 期。

中央报送了《关于在我国建立农村最低生活保障制度的调查与建议》的报告。报告认为，为解决中国农村困难群体的基本生存问题，尽快建立农村居民最低生活保障制度，不但有实践的基础，也具备了相应的条件，建议整合农村已有的各项保障与救助资源，逐步落实加大公共财政对农村社会保障制度建设的投入，尽快在农村建立符合各地经济发展水平、低标准、广覆盖的最低生活保障制度。报告得到中央领导同志的重视，回良玉同志（前国务院副总理——引者注）批示有关部门认真研究。十届人大五次会议通过的《政府工作报告》决定，2007年在全国建立农村最低生活保障制度，2007年7月国务院正式发布《国务院关于在全国建立农村最低生活保障制度的通知》，农村最低生活保障制度在全国范围内建立，农村贫困人口与城市贫困人口一样，基本生活得到保障，成为党和政府改善民生的一大德政。"

十届政协社会和法制委员会五年中做了许多工作，办成功的事情也不止这一件。仅仅在关注民生，为构建社会主义和谐社会建言献策方面，社法委就开展了关于就业、收入分配、残疾人保障、建设社会主义新农村、统筹经济社会发展、社会福利和社会保障、民间组织在构建社会主义和谐社会中的作用、保障困难群体合法权益、城市社会救助体系建设、户籍制度改革等问题的专题调研和讨论，写出了多篇有分量的调查报告和政策建议，受到了党和国家领导人的重视和肯定，对相关的制度建设和政策制定发挥了重要作用。我作为社会和法制委员会的一个委员，也在亲身体会中逐步改变了过去以为政协只是发发言而已的先入之见。

在这里，我想特别提到第十届全国政协社会和法制委员会副主任王建伦同志，她是劳动和社会保障部原副部长，社会保障方面的专家，我参加的政协调研活动，大多是由她带队和组织的。下个月（2008年3月），第十一届全国政协就要召开第一次会议了，王建伦同志因年龄关系不再担任政协委员，在此，谨对王建伦副主任、第十届全国政协社法委各位领导和委员、社法委办公室的同志们表示敬意和感谢！

研究民生问题，从事社会政策研究，其实非我所长。我是学哲学出身的，那是一门训练和讲究抽象思维的学问，与社会政策学科的旨趣相去甚远。我之所以主动自觉地转入社会政策研究，积极地创办社会学研究所社会政策研究中心（后来升格为中国社会科学院社会政策研究中心），说得好听一点，是受责任心的驱使，我自己更愿意老实地承认是受到良心的责备。借用康德道德形而上学的术语，这是"绝对命令"。我是在农村长大的，在我的亲属和乡亲中，早些年，因饥饿而死者有之，缺医而亡者有之，近些年，因病致贫者也有之。那些养育和关心过我的长辈们无奈的、期盼的眼神深深地印在我的记忆里，不时闪现在我的眼前：作为一个学者，作为一个研究社会保障的学者，给老百姓干了什么有用的事？我之所以提到农村低保这件事情，就是因为尽管自己只是一个参与者、推动者，而且是以一个学者的有限方式、有限能力参与的，但想到有几千万贫困农民会因此过上有尊严的生活，作为一个学者的良心也就可以聊以自慰了。

景天魁

2008 年 2 月

写于北京·昌运宫

2012 年 8 月修改于北京·香山

[该文完成于 2008 年 2 月 20 日，原是应《理论前沿》杂志邀约，为纪念改革开放 30 周年而作，发表时题为"三十年民生发展之追问：经济发展、社会公正、底线公平"（2008 年第 14 期）。后作为《底线公平：和谐社会的基础》（2009 年版）的前言时，增加了第三节"作为公正的发展"、补充了第六节"政策研究与建议"，增加了第七节"致谢"。这次作为本文集的序言，又增加了第五节"底线公平：从概念到理论"，补充了第六节"底线公平与和谐社会建设"，删去了原第七节"致谢"，原第六节"政策研究与建议"变成现第七节。个别地方也有修改和补充。这样，我关于民生问题的研究过程，也就是本文集各篇文章的背景和底线公平理论的脉络，就有了一个完整的说明]

第一篇

底线公平概念阐释

底线公平与社会保障的柔性调节

一　引言

曾几何时，福利国家以其高水平、广覆盖、无差别的社会保障制度而炫耀于世。然而进入 20 世纪 70 年代，它们就陆续陷入了支付危机；80 年代则纷纷进行改革。症结何在？是保障水平太高，降不下来？是覆盖面太大，缩小不了？是公平度太强，以至于无差别发放？这些基于基本人权的问题，不容忽视。

其实问题的症结在于制度的刚性：其制度的建立过程是保障范围越来越大，保障项目越来越多，保障水平越来越高，这是一个普遍的、几乎不可逆转的发展趋势。这个趋势的必然结果是高福利逐渐达到国家财政难以支撑的程度，整个社会激励不足，发展趋缓。而此时，任何想要降低和缩小福利的努力都难以实行，如果硬要实行，就会引发社会不满和不稳。近几十年，人们在不断反思这项制度，有些国家还在政策上采取了一些应对措施，但问题并没有得到真正解决。在世界各地，尽管人们创造了不同的社会保障制度模式，但这种制度刚性却似乎是它所固有的。这项制度是否必然或迟或早、或快或慢地走向危机？它能否在社会还需要这项制度的时候继续存在，也就是社会保障制度的可持续性问题，引起了全社会的普遍关注。

最近，王诚在研究社会保障制度发展的长远趋势问题时，提出了"生命周期假说"，即各种社会保障制度形式必须经历产生、成长、高峰、衰退和消亡这 5 个阶段。[①]

[①]　王诚：《论社会保障的生命周期及中国的周期阶段》，《经济研究》2004 年第 3 期。

　　抽象地讲，任何事物都有类似的阶段。但如能找出不同阶段的特征和条件，将有助于我们实现建立这项制度时所预期的目的。正如虽然人人难免一死，但世世代代的人们还是不惜代价地投入卫生保健事业、发展医疗技术。对于社会保障制度来说，它的崩溃容易引起经济危机、社会动荡，使那些无力自救的贫者、老者、病残者、失业者以及所有原本只有依靠社会保障才能维持体面生活的人们陷入痛苦的深渊。竭力避免这种灾难，是人类良知不容推卸的责任。

　　理想的情况是：在人们还需要这项制度时，它能够继续存在；在人们准备好了条件时，它能够过渡到一项可以取代现行制度的更高级的制度。社会保障制度的这种可持续性和可过渡性是否可能？笔者认为，如要可能，关键在于解决它的制度刚性问题，使之增加一些柔性的调节机制。

　　事实上，最近 20 年来，无论是原有社会保障制度的改革，还是新的社会保障模式的探索，无论是学术研究还是制度建议，都在一定程度上自觉或不自觉地触及了制度刚性问题。如艾斯平 - 安德森 1990 年出版的《福利资本主义的三个世界》一书，被称为"重新考虑福利模式的开始"[①]；吉登斯在论述"第三条道路"时提到的"积极的福利社会"[②]，全面描述了从福利国家转型为"福利社会"的政策纲要。中国学者中，周弘 1996 年发表的论文就讨论了供给与需求的关系、社会行政的效率、私营福利的作用等问题[③]。看来，对制度或机制的讨论，不能仅仅就制度论制度，就机制论机制，还必须明确它们背后的含义以及对它们的改革和重建依据。否则，这种改革和重建就难免过分受到一时的政治倾向、价值偏好和经济形势的左右，没有一个长远的、明确的目标和准绳，出现过多的短期行为。

　　上述问题的存在表明：以往建立的社会保障制度在基本理念上是比较含糊的；在制度设计上是存在缺陷的。那么，能否提出比较明确的概念，作为具有可持续性的社会保障制度的理念基础？能否设计某种机制，使得

---

　　① 　考斯塔·艾斯平 - 安德森：《福利资本主义的三个世界》，郑秉文译，法律出版社 2003 年版。

　　② 　安东尼·吉登斯：《第三条道路——社会民主主义的复兴》，郑戈译，北京大学出版社、生活·读书·新知三联书店 2000 年版。

　　③ 　周弘：《福利的解析》，上海远东出版社 1998 年版。

过于刚性的社会保障制度能够具备柔性的自我调节能力？

当前，中国正在加速建立和完善社会保障制度，一方面对原有的、建立在计划经济体制基础上的社会保障制度进行根本的改革；另一方面，也在探讨如何建立适应市场经济体制要求的社会保障制度问题。西方国家的社会保障制度改革经验已经证明，要想在已经定型了的刚性制度中植入柔性机制，具有相当的难度且成本很高。中国的社会保障制度尚在建设过程之中，如能及早解决机制问题，将有利于保证这项制度的健康和可持续发展。而在当前，面对下岗失业、农民工权益、农村庞大群体的社会保障等压力，政府极力扩大社会保障的覆盖面，但同时养老金却出现了赤字，财政全额拨款的低保金连年翻番，如不警觉，社会保障危机大有提前不期而至的危险。在这种情况下，探讨这项制度的理念基础和内在机制问题具有紧迫的意义。

本章的基本思路是：提出"底线公平"概念，以"底线公平"为基础探讨社会保障制度的内在调节机制，并对制度设计提出一些建议。

二　底线公平的概念

2003 年中国大陆人均 GDP 首次突破 1000 美元，标志着中国的经济和社会发展进入了一个新阶段。

在这个阶段，人与人之间的收入差距明显拉大，社会分化加剧，形成不同的利益集团，利益集团之间的矛盾和冲突极易引发社会动荡。因此，在这一阶段，对公平的社会诉求将会明显增强，从而成为社会保障加速发展的推动力。在这种情况下，处理好公平和效率的关系十分重要。如果不实现必要的社会公平，社会动荡会破坏经济发展的社会环境；如果不保持一定的效率，经济发展又可能陷入停滞。那么，什么样的公平概念适合这一阶段的需要？如何确定与经济和社会条件相适应的社会公平水平？如果对此不予明确，随着人均 GDP 的上升，社会的消费结构也将从温饱型向发展型和享受型转变。对社会公平的要求将越来越高，推动社会保障的水平节节攀升，直到走上高福利的道路。

社会保障制度问题，是公平与效率的关系发生激烈争论的焦点之一。

但总的看，除了极少数如哈耶克那样的新自由主义经济学家会坚持捍卫市场自由而否定政府干预，坚持个人自由绝对化而否定"社会公正"，坚持"社会公正"只是一个"幻象"、一个"梦魇"① 这样一种极端观点以外，大多数人都认为社会公正应该成为一个社会所追求的目标。人们普遍接受的政策是，随着经济的发展，由政府对国民收入实行"二次分配"，借以实现"公平分配"，亦即主要在经济意义上的公平。而在"二次分配"中，社会保障制度又是一个得到普遍认可的制度。因此，人们自然而然地认为社会保障制度的理念基础就是社会公平。

作为社会保障制度理念基础的社会公平，它的具体含义是什么？众所周知，对于每个个人而言，对什么是公平的理解是非常不同的。制度和政策可能使一些人得益而另一些人利益受损，得益者认为公平的，受损者可能认为不公平；即使在得益者中，得益多者认为公平，得益少者也可能认为不公平。在这种情况下，通常选择的办法是所谓"民主"原则，多数人认为公平就是公平，从而否定了少数人认为的不公平。这就是所谓的"多数人的暴政"。所以严格来说，社会保障制度所依赖的公平原则，不是在个人意义上的公平，而是社会意义上的公平，即"社会公平"。所谓社会公平，是社会为了实现已经确定的目标（例如保证社会的正常运行、社会可持续发展等）而制定一系列规定，这些规定得到执行，目标实现了，就实现了社会公平。这样一来，在社会公平面前，本来是个人之间的利益损益关系，就转化为责任和权利的关系，即：个人不管损益多少，在社会意义上都是应尽的责任；个人不管受益多少，在社会意义上都是应得的权利。这样，个人之间扯不清的利益关系，就转化为社会规定了的利益和责任关系。社会保障制度就建立在权利和责任（义务）的关系之上。

"底线公平"虽然最终要落实到每个人的实际利益上，但它直接处理的并不是个人与个人之间的关系，而是社会与个人之间的关系（权利与责任）、政府与社会和个人之间的关系。

也就是说，它是全社会除去个人之间的差异之外，共同认可的一条

① 弗里德利希·冯·哈耶克：《法律、立法与自由》（第二卷），中国大百科全书出版社 2000 年版。

线，这条线以下的部分是每一个公民的生活和发展中共同具有的部分——起码必备的部分，其基本权利必不可少的部分。一个公民如果缺少了这一部分，那就保证不了生存，保证不了温饱，保证不了为谋生所必需的基本条件。因此需要社会和政府来提供这种保障。

所有公民在这条底线面前所具有的权利的一致性，就是"底线公平"。

"底线公平"不能说是最低水平的社会保障。底线公平是指社会保障制度和项目中，有些是起码的、不可缺少的，这些制度和项目可能意味着较低的保障水平，但也可能保障水平并不低。总之，"底线公平"不是就保障水平高低的意义而言的，而是就政府和社会必须保障的、必须承担的责任的意义而言的，它是责任的"底线"。在这条底线以上或以外的部分可以是由市场、企业和社会组织，甚至由个人去承担的，是灵活的、反映差别的部分。

底线公平是否牺牲效率？在公平与效率的关系上，通常认为差别性是对应效率的，一致性是对应公平的。但是"对应"并不是"等同"。合理的差别就是公平，这已被罗尔斯（John Rawls）所证明[1]。同样，一致也不只是意味着公平，它在一定情况下也会带来效率，而不仅仅是产生效率的外部条件，这也是我们希望证明的[2]。

所以，底线公平并不牺牲效率，毋宁说它是实现效率的必要条件。

三　底线公平的制度含义

底线公平概念不仅有制度含义，还有政治含义和文化含义。本文只讨论它的制度含义。

那么，对于"底线公平"具有指标性意义的制度是什么？第一，最低生活保障；第二，公共卫生和大病医疗救助；第三，公共基础教育（义务教育）。

为什么对底线公平具有指标性意义的制度主要指这三项？它们与其他

---

① 罗尔斯：《正义论》，何怀宏、何包钢、廖申白译，中国社会科学出版社1988年版。
② 景天魁等：《社会公正理论与政策》，社会科学文献出版社2004年版。

社会保障制度是什么关系？依据底线公平能够形成激励与约束相平衡的调节机制吗？为了回答这些问题，我们有必要讨论以下几个关系：在社会保障制度中，低保制度和社会保险的关系；在社会保险制度中，医疗保险与其他保险之间的关系；社会保障制度的合理结构问题。

（一）最低生活保障制度具有底线公平的意义

关于社会保障制度的发展过程，有一种已被普遍接受的观点，就是"阶段论"，即认为社会救助制度和社会保险制度虽可同时存在，但他们标志着两个不同的历史阶段：前一阶段以社会救助制度为主，后一阶段以社会保险制度为主，而现代社会保障制度是以社会保险为基础的。或者说，从社会救助制度发展到社会保险制度，标志着现代社会保障制度的形成。

这个观点基本符合社会保障制度演变的历史事实，特别是依据了欧美国家社会保障制度的现成经验，就此而言，无可非议。现在的问题不在于是否承认这个历史事实，而在于如何解读它。解读有两种：一是学理意义上的解读；一是时空结构差异意义上的解读。从学理意义上，我们承认社会保险制度的合理性；但从时空结构的意义上，我们必须对中国社会和西方社会的差异性有足够的估计。

发达国家的社会保险制度要求的社会成本太高。（1）要求个人收入比较透明，监督比较容易。（2）要求税收体系比较健全，公民纳税意识强。最近日本爆出的社会保险危机令人瞩目，据统计，37%的日本人目前没有按照法律规定缴纳养老保险金，其中，20—29岁的青年人中，有50%以上拒绝缴纳保险金，高达1/3以上的政府要员也欠交保险金，其中竟包括首相和各部大臣。（3）要求经济持续稳定增长。

欧洲国家的高福利主要是由于20世纪70年代完成工业化后，经济水平较高，因而对经济的支撑能力估计过高。1974—1975年发生的经济危机，使经济出现负增长，社会保障水平却由于刚性作用而继续正增长，从而导致了社会保障制度危机。如联邦德国的经济增长率由1973年的4.8%突降为1974年的－0.1%，1975年的－1.3%，而同期社会保障水平增长率却由1.2%上升为1.9%和3.8%。法国和英国也发生了类似情况。这说明社会保险制度会起到放大和加剧经济危机，并延长经济衰退期的作用，这是发展中国家必须警惕的。（4）福利国家在推进社会保险制度时，经济全球化的程度并不高，而现在资本在世界范围内的流动极为容易，这给高税收制度的维持和发展中国家税收水平的提高带来了困难。中国的社会经济条件难以支付以上社会成本。经验已经证明，在中国全面推行社会保险遇到了很大困难。

虽然政府经过长达 20 年的努力，到目前为止社会保险制度也仅能覆盖 10% 的总人口（参加养老保险的有 1.2 亿人，参加医疗保险的有 1 亿人），这两年大力"扩面"，但速度不快，其原因应从制度上做根本的反思。

中国的社会保障制度应以最低生活保障制度为基础。因为这项制度被实践证明是花钱最少、效益最好的社会保障制度。近几年，中国政府加快最低生活保障制度的建设，保障对象和资金规模连年翻番：从 2001 年开始，中央财政承担当年最低生活保障支出 42 亿元中的 23 亿元，约占 55%，其余由地方财政配套支出。自此以后，中央财政低保金支出连年翻番，2003 年纳入低保的人数已达 2246 万人，各级财政支出低保资金 151 亿元，其中仅中央财政就支出 92 亿元。

这几年许多人在问：中国的基尼系数已经突破了警戒线（2003 年为 0.46），城乡差距为世界之最（报道为 3∶1，实际为 5∶1 或 6∶1），下岗失业人数达 2000 万人，流动就业人数在 1 亿人左右。如按世界许多国家的经验，按许多得到公认的理论推断，中国社会将会出现危机。但是，中国却一直保持了社会的整体稳定，即使在经济大起大落、发生通货膨胀、经济过热的情况下，仍能"软着陆"，社会并没有发生大的动荡。这是为什么？显然，这里起作用的原因很多，可做的解释也很多，不能归于一个原因，也不能定于一家之说。但其中，社会保障特别是最低生活保障制度有一份功劳。因为，如果说有些制度在造成富者愈富、穷者愈穷的社会分化，即使社会保险制度也只是达到富者亦（照样）富、穷者亦（仍然）穷的结果，而低保制度针对的对象却十分明确：使贫穷者生活有所改善或能走出贫困。它能够最明显地起到缩小社会不公平程度的效果。

（二）公共卫生和医疗救助制度对实现底线公平具有关键意义

毋庸赘言，生命权利对每一个人来说具有绝对的优先性。对生命有直接保护作用的因素是：卫生、保健和医疗。在医疗保险的制度框架下，医疗被置于优先地位。研究证明，卫生对人的健康和寿命的影响最大而花费最小。其次是保健，也是花钱少而受益大。以预防为主，搞好公共卫生，对广大人群构成威胁的传染病、流行病、地方病等就可以减少甚至消除；中华民族健身传统证明，只要具有良好的处世态度、生活方式和饮食习惯，危害大规模群体的疾病，如糖尿病等"富贵病"和艾滋病等病症就可以避免。

这些都可以降低保护生命的社会成本。在卫生保健之后的手段才是医疗。但由于现代医疗技术的发达和医疗费用的提高，只能依据不同情况选择不同的医疗保障制度。从社会医疗保险的情况看，几乎所有实行这项制度的国家包括发达国家都出现巨大的赤字。发展中国家对此只能量力而行。目前，中国正在农村地区试行由中央、地方和个人三方出资以大病统筹为主的合作医疗制度，以及早已开始实行的由政府出资的医疗救助制度，意图都是在目前经济条件下，在医疗方面守住公平的底线，让困难群体能够看得起病。

（三）底线公平对于社会保障制度体系的意义

底线公平对于各项社会保障制度的设计思路都会发生相当的影响。例如，对于养老保障来说，一个老人依靠最低生活保障加上卫生保健和医疗救助，就可以获得最基本的社会保护，这是政府的责任。如果再有企业养老金和个人养老储蓄，以及有巨大发展余地的社会服务，并且充分发挥家庭的养老功能，那么就可以保障他体面的老年生活。这后一方面，主要是社会组织和个人的责任。

对于失业者来说，依靠最低生活保障加上卫生保健和医疗救助，就可以维持基本生活。

如果辅以积极的就业培训、就业服务和社会互助，他就不仅可以获得体面的生活保障，还可以尽快重新就业。

　　仅从以上两个方面即可看出，在社会保障制度体系内部有层次的关系，底线公平是基础层次，这是由政府来负责的。其他制度可以置于底线公平的基础之上，这是通过社会、个人并通常可以采取市场机制来实现的。前者属于雪中送炭，是必保的，硬性的；后者属于锦上添花，是灵活的，可调控的。这样，社会保障制度体系就有了一个合理的内部结构，底线公平是这个结构的基础。中国社会科学院社会政策研究中心在2000—2001年发表的论文和著作中，提出了"基础整合的社会保障体系"概念和制度框架，此后一直在不断完善这个制度设计，并在大连、延安和杭州等市分别作了相关的社会实验，收到了良好的社会效果，得到了中国政府部门和联合国教科文组织的赞扬。其他一些非政府组织如香港宣明会，在中国大陆建立了数十个扶贫和卫生医疗试验点，也积累了宝贵的经验。

　　需要说明的是，底线公平概念并不限于社会保障制度本身，其他制度如公共基础教育制度也是体现底线公平的重要制度。限于篇幅，这里暂不论及。

四　底线公平的作用和相关机制

　　福利国家的社会保障制度大多建立于经济增长较快的时期，一方面，当时对于 GDP 与社会保障水平之间的恰当比例关系并没有清楚的认识，对于福利支出的承受能力估计过高，因而它们不是寻找社会保障的底线，而是在不断冲击高线，没有底线公平的概念，反而热衷于比富、夸富，造成社会保障水平居高不下。另一方面，在政党竞选中，社会福利成为拉选票的手段，造成社会福利水平节节攀升。总结以往的经验教训，发展中国家在建立社会保障制度时，要形成一种富有弹性的调节机制：在建立社会保障制度的过程中，这种机制能起到激励作用，推动社会保障制度的发展；在制度建立起来以后，它又能起到约束作用，以便把它限制在一个合理的范围之内。底线公平正是形成这样一个调整机制的基础。

（一）底线公平对调节幅度的影响

　　近年来，国内外学术界对社会保障水平与经济发展水平的相关性、对社会保障支出在财政支出中应占的比例、对税收与社会公平的关系做了一些研究，取得了一批有价值的成果。依据这些成果，我们可以比较科学地掌握对社会保障水平的调节幅度。

从欧洲国家的历史经验看，20世纪50年代社会保障支出占GDP的比重一般在6%—10%之间，平均值接近8%；70年代中期在20%左右；80年代中期在20%—30%之间，平均值在24%左右（见下表）。

欧洲部分国家社会保障水平与经济发展的比较

国家	1950 年		1975 年		1985 年	
	SSL（%）	人均GDP（美元）	SSL（%）	人均GDP（美元）	SSL（%）	人均GDP（美元）
英国	5.7	2757	19.5	5210	24.5	10900
法国	11.3	2641	22.9	8438	28.6	13043
德国	7.3	4011	27.2	9704	23.4	14689
意大利	9.3	1349	19.6	4210	11.2	12019
丹麦	5.8	2902	24.8	10146	29.1	17729
平均	7.9	2926	22.8	7542	23.4	13676

据杨翠迎、何文炯分析[①]20世纪五六十年代，欧洲各国社会保障水平与GDP的比重在10%及其以内时，失业率较低，经济发展速度较快，社会经济处于繁荣稳定状态。到70年代，当社会保障水平所占比重在20%及以上时，各国普遍出现巨额财政赤字、失业人口增多、企业竞争力下降、劳动者积极性锐减等问题，发生了社会保障危机。这样看来，10%应为社会保障（占GDP）的适当水平。此说不管准确与否，总算是一种规律性的认识，应予重视。但各国发展情况不同，发展阶段不同。以欧洲国家来说，10%的水平仅存在于工业化高速发展时期，而在工业化基本完成以后，经济发展速度普遍较慢，社会保障水平已稳定在20%—30%之间。尽管此时普遍进行了社会保障制度改革，但比重已不可能回落到10%左右了。那么，在工业化完成以后的适宜水平应该是多少？所以，虽然在理论

---

① 杨翠迎、何文炯：《社会保障水平与经济发展的适应性关系研究》，《公共管理学报》2004年第1期。

上应该存在一个社会保障的适宜性水平，但在工业化发展时期和工业化完成以后，这个水平可能差别很大。

引入底线公平概念有可能改善这种情况。底线公平所关涉到的社会保障支出是社会保障总支出的一部分，这部分支出有什么特点呢？主要是比较稳定。低保水平虽应随着经济发展而有所提高，但既然是最低生活保障，它的水平波动主要受物价因素影响，提高的幅度应该是很有限的，否则就不是最低生活保障了。不管经济水平多高多快，得大病重病的人数总是有限的，这个比例不太可能随着经济发展水平的提高而提高。它不同于门诊医疗，门诊医疗中的许多所谓富贵病（如高血压、糖尿病等）是随着经济水平的提高而有明显增长的。所以比较而言，底线公平的社会保障支出虽也与经济水平相关，但相关性不够灵敏、不够直接，因而比较稳定。可预测、可控制性也就较强。从理论上说，底线公平的社会保障支出，在计算上不应有太大的困难，只是因为我们这方面的制度还没有完全建立起来，尤其是在广大农村还存在着较大的制度空白。因此，对这部分支出我们只能去估计，而拿不出实际的数据。

穆怀中按照人口结构理论和柯布－道格拉斯生产函数构建了适度社会保障水平测定模型[①]：

$$S = \frac{S_a}{W} \cdot \frac{W}{G} = Q \cdot H \qquad (1)$$

其中，S 为社会保障水平；S_a 代表社会保障支出总额；W 代表工资收入总额；G 代表国内生产总值（GDP）；Q 代表社会保障支出总额占工资收入总额的比重；H 代表工资收入总额占国内生产总值的比重。

我们只要将 S 换成 B（底线公平的社会保障水平），B_a 为底线公平的社会保障支出总额，Q 改为代表底线公平的社会保障支出总额占工资收入总额的比重，就不难得出：

$$B = \frac{B_a}{W} \cdot \frac{W}{G} = Q \cdot H \qquad (2)$$

---

① 穆怀中：《社会保障适度水平研究》，《经济研究》1997 年第 2 期。

（二）底线公平与对社会保障增长速度的调控

与社会保障的增长幅度相区别，社会保障的增长速度的调节也有特殊的困难。通常总是讲，社会保障的增长率要与经济发展的增长率相一致。但实际上却往往正好相反：当经济增长速度加快时，失业率就低，公众的预期就好，投资于扩大再生产的回报率就高，因而社会保障的增长反而较慢；越是当经济增长缓慢时，失业问题可能越严重，或者有严重的通货膨胀，对社会保障的需求趋于强烈，政府为了稳定社会，可能加大对社会保障的支出。

不管是正向调节还是反向调节，理想的状态是社会保障支出增长率与GDP增长率之比为1。中国经济正处于转型时期，从发展阶段说，大约相当于工业化的中期，而社会保障制度则处于快速发展时期。由于中国人口总量大，转型成本巨大，对社会保障的需求也很大。1992—2001年间，我国的社会保障平均年增长率相当于GDP平均年增长率的1.46倍，总体增长速度偏快。其中，城市社会保障水平提高更快，有的年份，如1992年城市社会保障费用支出比1991年增长了85.8%，这种情况在中国目前的发展阶段事实上很难避免。如何调控社会保障总体支出水平，使之接近理想状态？从底线公平的角度看，就是在社会保障总支出增长水平相当于经济增长水平的前提下，改变社会保障不同项目的优先增长顺序。事实上，我们过去对社会保障项目的出台顺序重视不够，往往是基础性项目还没出来，枝节性项目先出台了或者造成部分重叠，或者造成部分冲突。目前的优先顺序拟可调整为：抑制养老金的增长速度，加大最低生活保障金的财政支付力度；总体抑制医疗费用过快上涨，但适度增加对大病补助的财政支持；抑制对高等教育的财政支持，增加对公共基础教育的财政支持，尤其是加大对中西部农村和进城农民工子女义务教育的支持力度。

（三）底线公平与社会保障多元主体的协调

调控增长幅度，调控增长速度，都是一些理性的目标，其中也许包含了一些规律性的认识，但关键是由谁来调控。社会保障发展本身是刚性的，如果调控者只是政府，而政府的调控行为又是刚性的，那么柔性的调节机制还是体现不出来。引入底线公平概念的重要作用就是要把社会保障的刚性部分限定在一个范围内，让出更大的部分给柔性机制的发展留出空间：激励和支持非政府组织、企业、社区、家庭和个人在社会保障中担当重要角色，实现社会保障主体多元化。这些多元主体的共同特点，是花自己的钱办个人、家庭、社区和社会的事。花钱心痛，而不像那些不负责任的政府那样，是慷公共资源之慨。

非政府的社会保障主体的预算是硬的，而机制是软的，可调性很强。中国的社会保障制度建设不能只走政府办社会保险这一座独木桥，而要走多元主体协调互动的路，一旦非政府的保障主体形成了自己的活动空间，政府即使想拉选票，其活动空间也有限，再想侵入非政府保障主体的活动空间就会受到强烈的反弹和限制。这样，某种健康的调节机制就可能形成。

具体地说，这里包括以下几个机制：

第一，责任共担和责任分担的协调机制。社会保险的基本原理就是责任共担，覆盖面越大，参保人数越多，缴费率越高，社会保险的抗风险能力就越强。但是，如果缴费和给付脱节，甚至为了追求公平而实行无差别发放，那就要求参保人必须有很高的责任共担意识，甚至是理想的社会责任承担者。否则的话，人人希望多索取，人人只想少缴费，甚至逃避缴费，那就成了酿成危机的根源。为避免出现这种情况，就必须寻求责任共担与责任分担的平衡。

经验表明，划分责任共担和责任分担的界线是非常困难的，特别是中国，在长期的计划经济条件下，实行国家保障模式，国家在实行低工资制度的同时，也就承诺了对个人养老、医疗等的保障责任。在实行市场经济以后，历史的惯性仍然延续下来：老一代要求对他们有所补偿，新一代又不愿承担既为老一代缴费又为自己积累的"双重责任"。国家为了推行改革，为了社会稳定，对下岗职工承诺"三条保障线"，对离退休职工承诺养老金"足额发放"，对低保对象承诺"应保尽保"，对社保基金承诺国家"财政兜底"。话说得很满，大包大揽。企业见状，乐得趁机往后缩，逃避缴费，致使企业年金制度建设进展迟缓；非政府组织想参与进来也难以插手；个人则埋怨"改革就是要个人缴费"。如此一来，事情竟成了这个样子：好像所有人都不欠国家的，只有国家欠每一个人的。这样的责任结构就有很大的问题了。在这种责任结构基础上建立起来的社会保障制度必将是世界上最刚性的，也就是可持续性最差的，一旦政府治理体系出现问题，它就只剩下走向危机之一途了。

到底哪些责任要共担，哪些要分担？在一项制度中哪些属于责任共担部分，哪些属于分担部分？从不同的利益权衡和观察视角看，有不同的分法。"底线公平"概念提供了一个明确的界限：底线及其以下部分是政府的责任，同时也是全社会人人都要共担的责任，这是没有选择余地的，通常是法定的、强制的；底线以上的部分，企业负企业的责任，个人和家庭以及非政府组织等也要各负其责。给予自主选择的权利，同时也就等于承担相应责任的义务。

政府的责任主要是监督和宏观控制。不过，这里所说的分担并不是绝对的。有的要个人和企业共担，有的要个人和非政府组织共担，而在社会保险中仍然存在必要的共担部分，即使在底线以上部分也有共担的问题，只不过其强制的程度不同于底线以下的部分。尽管如此，加入个人和家庭的选择自由和责任，加入市场因素，加入非政府组织的作用，也就是加入了柔性机制。

第二，激励和约束的互补机制。在缴费和给付的关系上存在一个固有矛盾：越是缴费能力强的，参保积极性可能越低。对于巨富者来说，不参加养老保险，晚年生活也可无虞；不参加医疗保险，照样看得起病，而且可以自由选择医院和医生。而越是贫者、病者、老者、失业者参保积极性越高，缴费能力却低。如不跟进必要的激励和约束机制，社保基金的入不敷出必成定局。

这里的问题可以看作是一个逆向选择问题。如果社会保障的参保人只限定为中上收入者，那么按他们的缴费能力是可以保证保障基金的可持续性的。但这样一来，也就不是什么社会保障，不过是搞了一个富人俱乐部。如果参保人只限定为中下收入者，那么保障能力低到连起码的生活需要都难以满足的地步，这样一来，费用倒是节省了，但不过是搞了一个穷人互助社。所以，所谓社会保障制度的激励和约束问题，归根到底是一个社会公平度的问题，是一个阶层关系问题：在多大程度上让中上收入阶层的人自愿去解决中下收入阶层的基本生活需要。而这个问题正是社会保障制度的关键和精髓。在以往的文献中，在以往的实践中，人们创造出了许多激励方法和约束手段，法律的、经济的、道德的等，而社会政策的实质就在于如何去选择。

什么是激励和约束的均衡点？这要看实行什么样的社会政策。换言之，在不同的政策倾向下，选择可能非常不同。实行"收入均等化"政策的北欧国家，平均税率很高，但低收入阶层的缴税率仅在3%—6%，而高收入阶层的缴税率却在40%左右，可见调节力度是很大的。与此相反的政策取向自然也可以找到理论根据。例如，信息经济学就证明，由于信息的不对称，最高收入的边际税率应该为零，也就是对最高能力的人的边际收入应该不征税。只有这样，政府才可以得到最大税收。① 可见，对于缴费和给付到底实行什么样的激励和约束，实际上取决于政策选择。

底线公平是为在中国当前情况下，寻找适当的激励和约束提供一个均衡点。它提示，底线以下和以上部分，在激励和约束的强度、方式和方法上，应该有明显的区别。

首先，应加大对高收入阶层缴费的激励力度，以优先满足最低收入阶层的底线公平以下的基本需求。这可以明显地提高社会公平度。因为中国目前税收制度的局限性，中等甚至中下收入阶层是纳税的主体，高收入阶层特别是巨富阶层对于缓解贫困、救济弱势群体的作用并不明显。而对高收入阶层的缴费激励主要不是方法问题（这方面的方法多得很），而是政策偏向导致了激励不足。事实上，例如引导高收入阶层为贫困阶层建立救济基金，可以有效地改善富人们的社会形象，从长远看他们也可以有较好的收益预期。

其次，应对财政兜底之类的政府行为有较强的约束，这往往是混淆了政策性行为和制度性行为的结果。对下岗职工的生活保障属政策性行为，养老金的发放属制度性行为。动辄财政兜底，制度不能独立运行，何来可持续能力？

---

① 张维迎：《詹姆斯·莫里斯教授与信息经济学》，载《詹姆斯·莫里斯论文精选》，商务印书馆1997年版。

　　第三，对养老保险待遇和失业保险待遇的适当约束是国际趋势。中国是老龄人口大国，又是就业竞争激烈的发展中国家，不宜过分提倡养老社会化，而应尽量保持家庭的养老功能；不宜鼓励企业把失业包袱甩给社会。社会在哪里？在社会组织没有发育之前，所谓社会化其实还是"政府化"。

　　第四，需求与供给的平衡机制。这也是一个老问题，并且可能是一个永远不可能得到最终解决的老问题，这里也只限于讨论底线公平对于解决这个问题的作用。有两个问题需要区别开：一是需求与供给谁决定谁，何者处于优先考虑的地位；二是前边提到的那个难题：越是经济不景气、供给能力弱时，社会保障的需求越强烈；而在经济增长强劲时，社会保障需求增长倒可能趋缓。那么，如何调节才是适当的？

　　对于前一个问题，社会民主主义倾向于需求决定论，社会保障需求被它称为基本人权，当然决定供给。例如在斯堪的纳维亚国家，虽然高福利导致财政巨大赤字，但社会需求的决定地位仍不可撼动。在瑞典，人们就缩减福利开支争论了 20 年，但福利水平并没有降下来，福利支出在 GDP 中的比例虽然有所下降，但也只下降了百分之一[①]。在芬兰，也曾有过要求减少税收的呼声，但要减少税收就要相应地降低福利水平，政府为此搞了公民投票，结果多数人还是赞成宁肯多缴税，也要维持现有的福利水平。[②]

　　而自由主义和保守主义则主张供给决定需求，从画在华盛顿饭店餐巾纸上的"拉弗曲线"，到美国里根政府和英国撒切尔政府削减福利开支计划，都对这种主张做了或则抽象或则具体的说明。但对社会保障制度而言，需求和供给之间的决定关系并不是非此即彼的。底线公平概念在这个问题上的贡献在于，它使两种决定关系在同一个制度的不同层面可以共存，并且相互补充：在底线以下部分，需求决定供给；在底线以上部分，在一般情况下，可以让供给决定需求。底线以下的需求可以由前述模型（2）确定。由于底线公平的社会保障支出（B_a）只是社会保障总支出

---

①　景天魁：《访问北欧三国报告》（2002 年）。

②　Hietaniemi, Marjukka, 2002, "The Finnish Pension System in Brief"。

（S_a）的很小一部分（S_a 的绝大部分由养老金和医疗开支组成），即使将来在农村普遍推行最低生活保障制度，B_a 在 S_a 中所占比重也不会太大。底线以上部分可以从模型（1）中求得。如按穆怀中的测算，目前中国的社会保障适度水平（S）应在 10.06—11.93 之间，那么底线以上社会保障支出（$S_a - B_a$）的供给也就应控制在模型（1）和（2）所确定的限度之内。

对于后一个问题，底线公平也可以起到稳定和平衡的作用：由于 B_a 较少受经济状况好坏的影响，而（$S_a - B_a$）又主要受个人和家庭、企业和非政府组织等的制约，预算约束比较硬，这就有可能使得社会保障的总支出水平不论在经济快速增长期还是在经济增长趋缓或负增长期，都能相对地在一个合理的幅度内浮动，总体上保持一个比较平稳的水平。这样，社会保障的支出既可能不成为引发经济危机的原因，由其他原因形成的经济危机也可能不至于把社会保障制度拖入难以维持的境地。这项制度的可持续性自然就大大增强了。当然，这是一个很复杂的问题，还需结合具体条件做进一步的研究。

五　建议和结论

提出"底线公平"概念，就是为了确立社会公平的基点，明确政府责任的"边界"；寻找全社会可以共同接受和维护的价值基础，确定当前实际可以达到的起码的公平。

从底线公平出发，前面已随文提出相关建议，这里再补充几点：1. 当前社会保障制度建设的重点应放在进一步完善调节机制上，特别是在面对社会保险的扩面、扩项压力的情况下，更应该明确地把机制建设放在首位。特别是要清醒地把握需求与供给的平衡，在大力推进社会保障制度建设的同时，防止社会保障支出总水平在短时间内增长过快。应进一步完善责任共担和责任分担的机制，并适当掌握激励和约束的强度。2. 目前社会保障制度存在的主要问题是制度结构不合理，其中最主要的是城乡二元体制。这与底线公平的关系最大。建议尽快在农村普遍建立最低生活保障制度。3. 在中国这样一个其长远发展主要靠提升人力资本，而又存在严重的地区差别等原因，致使公共基础教育难以确保的情况下，政府应将公共基础教育纳入社会保障范围之内。这不仅事关底线公平，更关乎国家前途。

总而言之，中国社会保障制度建设，只有确立适当的理念，形成一套完备的刚柔相济、协调互补的调节机制，并适时调整制度建设的重点和顺序，才可能增强可持续性，为这项事业开辟乐观的前景。但这无论在学术研究上还是在政策实践上，都还有大量艰巨的工作要做。

参考文献

安东尼·吉登斯：《第三条道路——社会民主主义的复兴》，郑戈译，北京大学出版社、生活·读书·新知三联书店 2000 年版。

高书生：《社会保障：我们该走哪条路》，《中国证券报》2004 年 1 月 13 日。

海闻等：《"大病"风险对农户影响深远》，《学习时报》2004 年 2 月 9 日。

黄安年：《当代美国的社会保障政策》，中国社会科学出版社 1998 年版。

金双华：《理顺收入分配关系的财政支出作用研究》，《数量经济技术经济研究》2002 年第11 期。

景天魁：《访问北欧三国报告》（2002 年，未发表）。

景天魁等：《基础整合的社会保障体系》，华夏出版社 2001 年版。

景天魁：《社会公正理论与政策》，社会科学文献出版社 2004 年版。

考斯塔·艾斯平·安德森：《福利资本主义的三个世界》，郑秉文译，法律出版社 1990 年版（2003 年重印）。

罗尔斯：《正义论》，何怀宏、何包钢、廖申白译，中国社会科学出版社 1988 年版。

穆怀中：《社会保障适度水平研究》，《经济研究》1997 年第 2 期。

王诚：《论社会保障的生命周期及中国的周期阶段》，《经济研究》2004 年第 3 期。

王延中：《中国企业年金的制度设计与政策选择》，《经济管理》2003 年第 22 期。

杨翠迎、何文炯：《社会保障水平与经济发展的适应性关系研究》，《公共管理学报》2004年第 1 期。

张维迎：《詹姆斯·莫里斯教授与信息经济学》，载《詹姆斯·莫里斯论文精选》，商务印书馆 1997 年版。

周弘：《西方社会保障制度的经验及对我们的启示》，《中国社会科学》1996 年第 1 期。

Hietaniemi Marjukka，2002，The Finnish Pension System in Brief.

Leibfried，Stephan & Paul Pierson，1995，European Social Policy THE BROOKLINGS INSTITU-TION Washington，D. C. .

（原载《社会学研究》2004 年第 6 期。收入本文集时，个别地方做了修改）

再论底线公平

一   创新制度建设的理念①

20 世纪的一个辉煌亮点，是普遍的福利理论和广泛的社会保障制度的建立。这是人类理性力量的一次充分显示。我们由此看到：依靠人类理性的设计——社会政策，相互冲突的利益是可以协调的，稳定和繁荣是可以实现的。

但是，20 世纪也留下了一个巨大的疑团：尽管实行了这样或那样的社会保障制度，在世界范围内，贫困依然存在，贫富差距总体上是在扩大而不是在缩小。毛病在哪里，出路在何处？原因当然不全在社会保障本身。人们又常常把改革社会保障当做解决问题的良方。众所周知，当前，大凡实行了社会保障制度的国家都在寻求改革，而且人们首先想到的是改革和完善制度。但是，制度往哪里改？改成什么样就算好，就算完善了？要说清楚这个问题，恐怕不能只局限于制度本身，根子在于制度背后的理念。

就中国而言，有 13 亿人口，又是发展中国家。我们要用并不充裕的财力，办世界上最大规模的社会保障；我国正处于难得的发展机遇期，经济快速增长，这既为社会保障提供了物质条件，又给社会保障划了一条界限——不能拖经济发展的后腿。这样一来，社会保障所固有的发展与福利、效率与公平的矛盾，在我们国家就表现得尤其突出。怎样用有限的资源去满足近乎无限的需求？这道难题显然不但要靠政策制定的理性计算，还要靠政策理念的不断创新。社会保障制度到底应该建立在什么样的理念

---

① 本节曾发表于《中国社会保障》2005 年第 3 期。

基础之上？

对此，我们首先要思考的问题是：在中国，可能实现什么样的社会公平？公平乃人人所欲，但人人所欲皆不同。怎样达成社会公平的共识？唯一可能的共识是满足人们最起码的生活需要。这就是"底线公平"。进一步要回答的问题是：怎样在发展与福利、公平与效率之间寻求均衡？按照底线公平的概念，那就是确保底线部分，放开底线以上部分；底线是刚性的，底线以上是弹性的；底线部分主要是政府的责任，底线以上主要是社会、家庭和个人的责任；底线部分靠非市场机制，底线以上可以引入市场机制。以上两层意思，构成了"底线公平"理念。

最近，国内学者从美国引入了"资产建设"的理念，"资产建设"不是新词，但它的创新意义在于：第一，它关注平等，并且从传统的只关注收入不平等转向关注资产不平等，认为穷人也是可以积累资产的，而传统上认为有资产积累就不是穷人；第二，着眼于发展，通过建立"个人发展账户"，给穷人的存款以配额补贴，帮助穷人提高脱贫和发展的能力；第三，着眼于机会公平，例如建立儿童储蓄账户，让穷人的孩子也享有发展的机会。总之，"资产建设"也是着眼于基础层面，而它的要旨是把社会保障从被动地接受给予（收入保障）转变为主动地通过资产积累增强发展（脱贫）的能力。这恰恰与"底线公平"不谋而合。

21世纪的社会政策必须鼓励理念创新，必须依靠理念创新。从根本上说，这是因为社会政策的背景发生了时代性的变化。与20世纪社会政策所依据的工业化背景不同，今天我们所处的全球化、信息化和后工业化时代，自然要求新的社会政策理念。中国既然在办世界上最大、最难的社会保障，我们当然有资格依据自己的丰富实践进行理念创新，并与世界上各种新理念进行平等对话，共同开创社会政策理念创新的新时代！

二 底线公平：必须做到的公平[①]

对于社会公正，过去主要是从社会伦理、社会价值的层面去理解的。

---

① 本节曾发表于《同舟共进》2007年第1期，此处文字做了修改。

自罗尔斯提出"作为社会公平的公正"① 以后，社会公正落实到了经济利益调节和补偿、社会差距的缩小和社会机会的平等这样一个更具体的可操作的层面。社会公平的研究也就和社会保障研究直接贯通了。最近10 多年来，更具体发展出了许多测量社会公平的指数和方法。但是，对于像中国这样一个人均收入较低，总体并不富裕的人口大国，什么是适合我国国情的社会公平水平？这决定着我国社会保障制度的选择，并最后决定着社会保障体系的形成。在更广泛的意义上，这决定着我国全部社会政策的模式选择。

从世界各国的情况看，不同的社会保障制度类型，在实现社会公平的能力和作用方面具有明显的差别。一般地说，越是健全的社会保障制度越是具有较强的实现社会公平的能力和作用。所以，选择什么样的社会保障制度，在一定程度上，取决于选择什么样的社会公平。而选择什么样的社会公平却是一个复杂的问题，它要受一个国家政治、经济、文化和社会诸多因素的影响。从社会发展看，不能笼统地讲公平。事实证明，公平水平问题不能抽象地谈，离开具体的社会历史情况和经济发展水平，用几个指标在不同国家之间横向比较，那是说不清楚的。在这个意义上可以说，并不是越公平越好。绝对的公平是从来没有的，片面追求公平倒可能适得其反。正确的提法应该是公平和效率的统一和兼得，是社会发展与社会公平的均衡和协调。

最近，常常见到这样的提法：2005 年，我们国家的财政收入已经超过了3 万亿元人民币，不是没有钱。好像有了3 万亿，就什么问题都可以解决了。三百六十行，行行都觉得自己重要，教育、卫生、农业、交通、国防、社保等都有足够的理由要求财政拨款年增长率高于 GDP 或财政收入的年增长率。但都高于平均增长率是不可能的，让谁低于平均增长率呢？

可见在科学研究中，在政策设计中，"度"是多么重要。没有"度"就没有科学，就没有政策。

在美国的判案惯例中，离婚案的家庭财产怎么在夫妻间分配才算公平？当家庭财产总计不超过 1000 万—1500 万美元时，康涅狄格州的法官

---

① 罗尔斯（1971）：《正义论》，何怀宏、何包钢、廖申白译，中国社会科学出版社 1988 年版。

判夫妻均分财产；但当财产在 1000 万—1500 万美元门槛以上时，则将判给家庭财产的主要贡献者。我的理解是：在财产总计为 1000 万—1500 万美元以下时，均分可以保证双方今后都能过上体面的生活，因而不应过多考虑哪一方对这些财产的贡献大。同样，一个国家，政府和社会的责任是确保每一个公民，当他的自我保障能力不足时，不至于沦为贫困、无法就学和不医而亡，也就是保持作为一个公民的起码的体面和尊严。

在我国，至少在目前乃至未来一个较长的历史阶段，底线公平是确定适度公平的基础，底线公平是社会保障制度的基本理念。

"底线公平"是一个确定和描写社会公平度的概念。这个"度"怎么确定？依据社会保障的基本理论，从我国的基本国情出发，从老百姓（最大多数人民群众）最迫切、最基本的需要出发，可以划出一条线。我们通常是讲"基本需要"。但从确定社会公平度的要求看，"基本需要"会随着经济发展而有较大幅度的变化，它对经济发展水平比较敏感，伸缩性较大，因而不够稳定，也不太容易定义。确定一条线正如打地基一样，应该找到最稳定的基础。应该并且还可从"基本需要"中找出更具稳定性的"需要"——"基础性需求"，它包括：（1）解决温饱的需求（生存需求）；（2）基础教育的需求（发展需求）；（3）公共卫生和医疗救助的需求（健康需求）。这就是人人躲不开、社会又公认的"底线"。

"底线"划分了社会成员权利的一致性和差异性。底线以下部分表现"权利的一致性"，底线以上部分体现权利的差异性。从而，底线公平可以定义为：所有公民在这条"底线"面前所具有的权利的一致性。

这就是区别，区别就是"度"，区别就是政策。在经济水平比较低时，政府要守住底线公平这条线，以确保每个公民都有基本的生活保障，过上有尊严的生活。在经济水平提高以后，政府仍要守住底线公平这条线，以防止社会保障水平继续刚性上升。那么在底线以上，政府就没有责任了吗？有。但政府的责任是调节贫富差距，加强税收能力，而不是搞"福利国家"政策。就市场机制而言，底线以下不是市场机制发挥作用的领域，而是公共财政确保的领域，底线以上要靠市场调节。怎么解决福利刚性问题？在福利国家，政府为了维持政权等原因才不肯降低过高的社会保障水平；只有不缴费或少缴费，而享受高福利的群体才反对社会保障的柔性调节。企业、家庭和个人在市场调节下有足够的动机去依据经济水平和社会实际需要调节社会保障水平。所以，解决政府调节和市场调节的关系是解决社会保障刚性问题的关键。底线公平，不仅适用于经济水平较低的发展阶段，而且适用了经济水平较高的阶段。或者说，它应该是确保社会保障健康持续发展——在现在，走向社会保障扩面和促进社会公平；在将来，防止过度公平和过度福利的——最关键的机制。这就是"柔性调节机制"："底线"以下部分，是政府和社会的责任，是必保的，刚性的；底线以上的部分是可以用市场机制由企业、社会组织和个人去承担的，是柔性的。

底线公平的概念并不意味着是最低水平的公平，它是有重点的公平：在现阶段，重点在"底线"上，即优先解决在市场经济发展中那些处于弱势地位的群体的需要，那些在普遍走向富裕的时候更为显眼的贫困问题；那些为了现在和将来的发展必须重视的教育和医疗问题。这些是底线，是公平的底线，也是责任的底线。在这个意义上，底线正如"道德底线"一词中所表示的意思一样，是必须的，不能含糊的，要优先保证的意思。不是"低水平"的公正和"高水平"的公正的意思。以上那些问题解决了，在目前阶段，在社会主义初级阶段，这种真正能够做到的、可操作的"公平"叫底线公平，它也是现阶段"适度水平"的公平。难道我们在现阶段能够保证免费义务教育，这不是"适度水平"的公平吗？如果能做到让城乡所有居民都能享受基本医疗保障，那就是"适度公平"了。

底线公平特别强调政府的转型、政府的责任，"底线"就是政府责任的"底线"，在市场经济条件下，政府必须管的事情。如果总结这些年教育改革、医疗改革和社会保障改革的经验教训的话，那就用得着邓小平常说的话："政府要管该管的事情"，这些事情就是上述"底线公平"的那几件事。

底线公平最符合以发展为第一要务的执政理念。我国在一个很长的历史时期里都要坚持把发展放在第一位，但我们追求的发展是科学发展，和谐发展，和平发展。什么样的公平水平是与这样的发展相匹配的？显然，不公平不利于发展，过分公平也不利于发展，底线公平是最有利于健康而可持续的和谐发展的。可以证明，最低生活保障的提供，能够最大限度地转化为即期消费，从而促进基本生活资料的生产发展并促进就业；教育保障和健康保障是公认的提高人力资本的最有效的途径，这已经被大量的科学研究和经验事实所证明。所以，底线公平不仅一般地有利于促进经济增长和实现社会和谐，它还可以成为科学发展的不竭的动力。

总之，底线公平是最容易做到，最必须做到，最能够显著提高社会整体的公平水平的一种"公平"。就其"最容易做到"而言，它适合作为构建和谐社会的起点和着力点；就其"最必须做到"而言，它应该成为构建和谐社会的工作重点；就其"最能够显著提高社会整体的公平水平"而言，它也值得作为全社会重视的主要关注点。

（本文第一节原载《中国社会保障》2005 年第 3 期；第二节原载《同舟共进》2007 年第 1 期，此处文字做了修改）

底线公平概念和指标体系

——关于社会保障基础理论的探讨

引言

社会保障和社会福利并不仅仅是有关养老、医疗、失业以及贫困救助等事务性工作，在学术上，社会保障和福利问题涉及社会学一系列最基本的问题。如国家与社会、政府与市场、经济与社会、个人与社会等基本关系问题在福利领域都表现得非常突出、有时也非常尖锐。如果说社会保障和社会福利的改革和发展也要"摸着石头过河"，这个"石头"就是基础理论。基础理论缺失，或者不明确、摸不着，事务性工作就不知该怎么做，就难以避免掉到河里去的危险。

基础理论不是抽象的，更不是远离现实的，恰恰相反，它必须直面和回答自己国家的实际问题。世界上现有的福利模式各有不同，根源在于它们背后依据的基础理论是有区别的。有一种误解，以为各国社会保障和社会福利的区别主要体现在一些具体制度和政策规定上，其实不然，更深层的区别是在基础理论上。正如中医与西医，在药品和治疗手段上当然有区别，但更深刻的区别是在于思维方式以及对于医疗本身的理解。诚然，既然是社会福利的基础理论，总应该有其共通之处，但它们之间的区别，却往往首先在于核心概念不同。

"底线公平理论"是从中国问题出发所做的关于社会保障和社会福利的基础性理论探讨，但它又是针对具体的现实问题的。本文拟结合现实问题，阐释底线公平概念的问题背景、基本含义、测量方法和指标。①

一 为什么要讲底线公平

底线公平概念最初是 2002 年我在吉林大学演讲时提出来的。2004 年第 36 届国际社会学大会在北京召开，我作了"论底线公平"的大会发言，正式发表了关于"底线公平"和"社会保障的柔性调节机制"的主要见解。提出这个概念的背景，主要是世纪之交也可以说是改革开放以来社会保障制度的演变和发展情况；当然，在这个概念提出以后，我也不断地在扩展和运用它，也就是说，这个概念所针对的问题，直到现在仍然以不同的形式存在着。所以，要回答为什么要提出底线公平概念这个问题，就必须从不同角度触及概念的背景和赋予它规定性。

（一）实践背景

改革开放以来，特别是 1992 年确立"市场化"改革方向以后，实践上发生的最突出的一个问题，就是在社会福利和社会保障领域，政府责任与市场作用的边界模糊了、混乱了，以为福利责任也可以推给市场。政府在主要的社会保障问题上推卸责任的现象相当严重，致使出现了"看病难、看病贵""上学难、上学贵"问题。到世纪之交，社会呼声已经非常强烈。为什么在经济快速发展的同时却冒出了严重的社会问题？即使在计划经济时期，经济水平那么低，也很少发生失学、辍学现象。农村里，学校还挨村动员女童上学，有困难的，发给助学金；当时的农村合作医疗，虽然水平较低，但是，依靠一根银针、一把草药、生活在农民群众之中的"赤脚医生"，初步解决了农村缺医少药问题，曾被世界卫生组织称赞为一大奇迹。可见，"看病难、看病贵""上学难、上学贵"问题的出现，与经济发展水平没有直接的必然关系。在经济以接近 10% 的平均速度增长 20 年后，居然发生贫困孩子辍学，考上大学却因贫不能入学；得了病因贫不能就医的严重问题，是何原因？不论搜罗出什么理由，政府责任都是不

---

① 李炜对测量指标提供了改进意见，特此致谢！

可开脱的。根源可以归结为在义务教育和卫生医疗领域政府责任和市场作用边界没有划清，责任失守，底线失守，底线责任失守。实践要求我们搞清楚：在实行市场经济的条件下，政府在经济领域的职责与在社会领域的职责有什么不同；在社会领域，哪些基本民生问题的解决是政府必须承担责任的，哪些是可以交给市场去运作和解决的。这样，"底线"在实现社会公平中的极端重要性就凸显出来了。可以说，将"底线"和"公平"联系起来组成一个概念是我完成的，而底线公平问题是实践提出来的。底线公平概念的第一个规定性——政府责任与市场作用的边界，是实践警示的。

（二）制度背景

由于城乡分割，"一国两策"[①]，致使我国的社会保障和社会福利制度建设存在着两个难以克服的缺陷：一是长期以来，养老保险、医疗保险、失业保险、生育保险等制度，只在城市内部并且只在有城市户口的职工内部转圈，无法扩大到广大农村，农民工同城不同待遇，企业内职工和劳务工身份差距拉大。面对着身处圈子外边亟须社会保障和福利的七八亿农民和 2 亿农民工，制度建设难以突破。直到 20 世纪初，每年社会保障部门都花很大力气扩大覆盖面，但进展仍然相当迟缓，城镇职工各项社会保险每年新增参保人数难有大的增长，养老保险、医疗保险也就新增 1000 万左右，失业保险等只新增几百万人左右。如果中国的社会保障建设按照这个速度进行，那恐怕要 100 年以后才能实现普遍覆盖。怎么才能有所突破？靠农民自己缴费参保，农民收入低，缴不起；让农民工缴费参保，农民工流动性大，缴费能力也不强。要想打破僵局，只有财政出手，可是财政能力也是有限的。所以，在制度设计上，必须区分基础部分和非基础部分，各级财政主要负担基础养老金、公共卫生和基本医疗、最低生活保障、义务教育，以及公共服务等；非基础部分，由社会、家庭和个人，由基金会、企业补充保险、商业保险来承担。在机制上，前者是刚性的、必

---

① 陆学艺：《走出"城乡分治，一国两策"的困境》，载《陆学艺文集》，世纪出版集团、上海辞书出版社 2005 年版。

保的，后者是柔性的，可以由多元主体、通过市场机制来实现的。

2003年开始，在广大农村实行新型农村合作医疗，农村缺医少药、农民因病致贫的难题开始得到缓解，并随着筹资水平的逐年提高而有所扭转；2007年开始在农村实行最低生活保障制度，并在短短三年时间迅速普及全国；2009年又开始实行新型农村养老保险。这样，在社会保障和社会福利领域的城乡壁垒很快被打破，覆盖全民的社会保障体系基本形成，成为民生建设的一大亮点。① 但是，这一伟大的历史成就却伴随着另一个难以克服的缺陷：制度"碎片化"。制度是依据不同的身份群体建立起来的，如医疗保障，就分城镇职工医疗保险、城镇居民医疗保险和新型农村合作医疗，还有公费医疗等几种制度，而保障水平和具体规定，依据各地和各个身份群体情况而千差万别，新农合更是一个县一个标准。养老保险就更是五花八门，公务员、事业单位、企业各不相同，干部内部又有离休与退休的区别，再加上城镇居民养老保险和新型农村养老保险，造成了制度分设、管理分离的局面，带来了身份固化、矛盾多发、不平等加剧等诸多社会问题。

要解决"碎片化"问题，就必须实行制度整合。怎么整合？制度整合不是搞成平均主义"大锅饭"，也不是简单化的"大一统"。而是要随着经济社会的发展，逐步实现制度结构的完善和制度体系的提升。制度整合也必须有统有放，有同有异，统一的、共同的部分就是各项社会保障和社会福利制度中的基础部分；差异的、放开的部分，就是各项社会保障和社会福利制度中的非基础部分——这也就是底线公平概念的第二个规定性。

（三）政策主旨和导向

社会政策是做什么的？它所关注的重点就代表了它的主旨和导向。如果声称社会政策没有重点，不偏不倚，一视同仁，那其实就是维护强势群体的利益。譬如5个饿汉环顾3个苹果，政策是：没有倾向性，一视同仁，谁先抢到手就算谁的。这样貌似公允，其结果必定是强汉抢到手，老

① 温家宝总理2012年4月24日在瑞典谈到执政十年来的主要政绩时，把"经过多年努力已形成基本的社会保障体系"作为"做得比较出色"的两件大事之一。中国新闻网2012年4月25日。

弱病残干瞪眼。显然，社会保障和社会福利政策的重点应该在哪里？答案是社会弱势群体和中低收入阶层。社会保障制度是干什么的？是帮助人们抵御个人无法抵御的风险的。中低收入者和弱势群体是抗风险能力最差的群体。因此，社会保障和社会福利政策应当旨在惠及抗风险能力差的群体。2008年金融危机中，欧盟主席巴罗佐说，金融危机对欧洲经济有冲击，但是对社会无冲击。因为他们有健全的社会保障，金融危机中没有人因此而吃不上饭，社会有危机而无恐慌。社会保障，Social Security 又译社会安全，它是可以给人们带来安全感的。有趣的是，这几天的欧洲杯足球比赛，倒是深陷债务危机的国家把经济状况较好的法国、德国打败了。在杀进四强之后，德国人发现他们陷入了欧元区拖后腿国家的围剿当中，经济弱势的意大利、葡萄牙和西班牙这次要在球场上讨回面子。这种情况或可理解为深陷债务危机的国家并没有发生社会危机，饭照常吃，球照常踢。

社会政策必须着眼于保护大多数人的基本利益。任何一个政党、政府，如果得不到大多数人的支持，都难以掌权。而如果搞得贫富差距太大，任何阶层都没有安全感，都不满意。所谓社会保障，如果谁交费就保谁，谁交费多就保得多，那就类同商业保险了。所以，底线公平并不是主张社会保障"低水平"，而是主张优先关注底层群众。

以上三点都是实践方面的，底线公平还有学术上、观念和方法上的含义。

（四）学术焦点

在学术上，到底"发展是硬道理"和社会公平之间是什么关系？是不是追求经济发展就一定要牺牲社会公平，能否实现二者的均衡？这个问题搞不清楚，就难免出现以上所说的实践上、制度和政策上的偏差。然而，由于"发展是硬道理"在相当长的时间里，仅仅是指"经济增长是硬道理"，其他的都是软性的，都是排不上日程的，都是要为经济让路的，因此，经济增长与社会公平长期无法均衡。不均衡，就首先或主要是损害谁的利益？富人的利益损害不了，非但损害不了，他们还能在不均衡中谋得更大利益。越是经济增长快，富人的钱包越鼓。没有用多少年，中国就迅速造出了一个富豪阶层。

另一端，也造出了一个庞大的底层社会——利益受到损害的中低收入阶层。据北京师范大学李实教授课题组研究，在 2007 年中国基尼系数已经达到 0.48，"2010 年，估计已经达到 0.50 的水平"。① 随着经济快速增长，中国不但没有走向橄榄型社会，反而走向了李强教授所说的⊥字型社会，② 中低收入者占了大多数。处于社会底层的，不仅包括通常所说的弱势群体，也包括本应进入中产阶层而未能进入的庞大社会群体。一个重要原因，就是社会收入分配的调节是逆向的。"在发达国家，个人所得税、遗产税等针对富人的税收制度非常健全。我国……由于税收征管体系和个人财产信息制度的不健全，使大量富人可以规避这些税收，中低收入者反而成为纳税主体。"③

怎样才能将社会收入分配从逆向调节（损贫济富）转变为正向调节（抑富济贫），让财富在各社会阶层间合理分配？基础条件就是用财政力量确保中低收入者的基本需要，优先保证生存权利公平、健康权利公平、发展权利（受教育权利）公平，这样，底层群众才能向上流动，中产阶层才可能扩大，社会结构才可能趋于合理，社会才可能稳定。可见，底线公平直接调整和改善的是社会保障和社会福利状况，但它能够促进经济发展和社会公平之间的均衡，尽管这不是单靠社会保障和社会福利就可以实现的，但底线公平可以发挥应有的作用，帮助我们找到经济发展与社会公平的结合点和均衡点。历史经验已经证明平均主义走不通，西方福利国家道路在中国走不通，原有的"小福利"局限性已被突破的情况下，走底线公平的福利道路是可行的选择。

（五）方法难点

从社会公平角度研究社会保障和社会福利，在方法上遇到的一大难点就是公平问题很难进行精确测量。不用说公平不公平有很多主观和客观的

① 崔烜：《报告称我国十年未公布基尼系数》，《时代周刊》2012 年 1 月 5 日。
② 李强：《"丁字型"社会结构与"结构紧张"》，《社会学研究》2005 年第 2 期。
③ 吴秋余：《富人的财富呈现几何式增长 财富雪球为何越滚越大》，人民网 –《人民日报》2012 年 4 月 23 日。

不同标准，就是一些完全客观的变量，比如要计算社会福利总量是多少，也是非常困难的事。一是总体的范围难以确定，二是每个项目都时有变化。新型农村合作医疗，我国每个县的标准都不一样；新型农村养老保险，目前正在推行，今天是这样，明天就变了，包括制度和政策都不断在调整，要准确统计出我国的社会福利有关变量，实在困难。

如能找到最可靠、最确定、最易于计算的变量，并能找到它们与其他变量之间的关系，就可能打开一条更科学地研究社会保障和社会福利的途径。而在各种社会福利项目及其变量中，底线部分福利是最确定的、最稳定的，易于获得，也易于比较。如能由此避免研究和实践中的模糊性和随意性，底线公平概念和原则就具有重要的方法论意义。

(六) 公平观的分野

底线公平理论真正的发现，就是底线公平要比一般公平更有利于真正实现社会公平。尤其是在中国这样的各种社会差距巨大的复杂国情下就尤其如此。这是需要特别强调的关键之点。

为什么要强调底线公平呢？在公平理论中，占主导地位的是所谓"一般公平"。它的一个重要特点就是强调以"平等"为前提，并常常与"平等"相混同。而"平等"的政治含义是指地位平等、权利平等，这确实通常是公平的前提。但"平等"在经济上和数量关系上却常常指"均等""平均"。可是，"均等""平均"不一定就是公平，甚至可能是不公平，否则，平均主义大锅饭就该"万岁"（绝对正确）了。"一般公平"的另一个特点，就是抽象性、绝对性，好像普遍如此，没有差别。其实，这根本做不到，而且恰恰会造成更大的不公平。比如2007年金融危机爆发时，香港的策略之一是无论穷富，每人都发给同等数量的货币，结果证明没有用处。因为比如每人派发1000元，富人不管用，穷人不够用，基本不能解决什么问题。自从17、18世纪提出一般公平理论（观）以来，这个世界的不公平反而越来越严重，这说明一般公平甚至在某种程度上加剧了不公平程度。现实表明，"一般公平"无法解决甚至会加剧穷国与富国之间的不公平，无法解决甚至会加剧一国之内不同阶层之间的不公平。总结历史经验，我们有必要探索和建构一个不只是形式上，而是实质上能够真正发挥作用的公平形式。

要区分无差别的公平与有差别的公平。底线部分福利，因为是满足社会成员基本的生存需求、健康需求和发展需求，应该没有大的差别，至少从目标上说，应该努力做到基本没有差别，这是一种公平，无差别的公平；非底线福利，因为是满足享受型需要和面向少数人的发展性需要的，应该有差别，当然也要把差别保持在合理的范围内，这是另一种意义上的公平，有差别的公平。

从以上六个方面，我们可以把底线公平概念的规定性概括为：

第一，底线公平首先强调政府的责任底线——政府责任与市场作用的边界，强调建立政府、社会、家庭和个人之间合理共担的责任结构。第二，政府责任和能力也是有限的，为此，就必须建立这样一种制度结构，即区分基础部分和非基础部分，也就是由底线部分福利制度、跨底线福利制度以及非底线福利制度，构成多层次的福利制度体系。第三，社会政策的重点应是关注大多数人的基本利益，优先满足弱势群体和底层群众的迫切需要，最符合全社会包括富裕阶层在内的根本利益。第四，底线公平因其能够最直接地改善社会福利状况，最明显地收获福利改善的社会效益，而成为经济发展和社会公平的结合点。第五，底线部分福利因其具有基础性、确定性和稳定性，而有助于降低和克服福利实践和福利研究中的模糊性和随意性。第六，将公平区分为无差别的公平和有差别的公平，可以有效地增强社会包容度，协调贫富各方利益，促进社会团结。

二　怎样确定底线

所谓确定底线，不是确定社会保障水平高中低的标准线，按照以上所说的底线公平的规定性，是要确定政府责任与市场作用的界线、社会保障和社会福利中基础部分与非基础部分的界线、社会政策的重点和次序、无差别的公平与有差别的公平的界线。这些界线不是保障水平高低问题，而是社会保障和社会福利中一些基础性的问题——福利（含社会保障——下同）占比、福利责任、福利分配、福利调节问题。因此，要确定底线，就不能只是找几个数据，或者用国内的数据与国外的数据做个简单的比较，就能完成的。必须依据对那些基础性问题、基本关系的深入研究。不然的话，慢说是确定底线，就连比较社会保障水平的高低都很难得到可靠的结论。

要确定底线，就要找到有标志意义的"量"。可是社会保障和社会福利制度都有那么多具体制度或项目，每个制度或项目都有一些可以标志以上基本关系的"量"，要想用所有这些"量"为标志，把底线画出来，可能是极其繁杂的。为此，我们先确立一个原则，就是科学上的简要性（亦称简单性）原则。

（一）简要性原则

科学上的简要性原则，是考虑到任何一个科学问题其影响因素都是非常多的，而科学研究要在这些因素中选择有重要意义的、关键性的因素，删除那些可化约的，影响微小的因素。社会公平包括诸多变量，变量列的越多，说明对研究对象看得越不清楚，越说明没有弄清楚变量中哪些是规定性的、关键性的，哪些是可以省略的。而这很可能根源于所做的研究和分析原本就是无的放矢，没有抓住要害的。

在科学史上堪称典范的简要性（简单性）原则应用就是爱因斯坦的狭义相对论。爱因斯坦最初列出的公式所用变量很多，但是他自己后来回忆说，他对那个公式不满意，因为觉得它不美，他认为科学的也应该是美的。于是他思考如何精炼公式，最终得出著名的公式：

$E = MC^2$（质量乘以加速度平方等于能量），那么复杂的关系，就这么简洁地刻画了。

另外一个简要性原则应用的典范，就是联合国开发计划署制定的人类发展指数（HDI）。[①] 测量人类发展这么复杂的事情，如果用罗列法可以列出无穷的相关变量，如何从其中找到最少的最有代表性的变量来刻画人类发展？他们主要选择了 3 个指标：人均 GDP、人均受教育年限和平均预期寿命，分别反映了人的生活水平、教育程度和健康水平，就非常简单而公

---

① 联合国开发计划署（UNDP）：《人类发展报告 1994》，牛津大学出版社 1994 年版，中国国家计委社会发展司 1995 年翻译出版。

允地把全世界差别巨大的各个国家的经济社会发展状况测量出来了。

（二）底线公平的三个特征性指标

人类发展指数测量的是人类发展状况，底线公平直接测量的是社会保障和社会福利状况。虽然二者测量内容有别，但在原则上、在方法上有相通之处，那就是简要性原则。按照简要性原则，人的需要很多，最基本的需要是什么？每个人需要保障的权利很多，最必须确保的权利是什么？是生存权利、健康权利和发展权利。底线公平就应该包括生存权利公平、健康权利公平和发展权利公平。确保了这三个权利的公平，就可以满足人们的基本需要——吃得上饭、看得起病、上得了学。我们可以把保障这三项权利，作为底线，既是基本需要的底线，也是政府和社会责任的底线。①

底线只是为了确定界限，不能代表或代替社会保障、社会福利的全部内容。运用这条底线，我们可以把社会福利划分为：底线部分福利、非底线部分福利以及跨底线部分福利。

那么，这三个指标是否能够充分体现底线公平的特征？有人说，养老保障很重要，为什么不纳入衡量指标？因为养老所涉及的问题、人群以及需求层次很多，很复杂；而且，养老需求也很难界定，如五保户的生存性养老需求和富人的享受性养老需求有很大差别，这无法用同样的指标来衡量；同时，养老需求既有底线以下的部分，也有底线以上的部分，因此，养老保障不宜作为底线公平的特征性指标。住房也是人们非常重要的需求，但是，在某种意义上讲，住房需求最低需要层次与生存权重叠，而从享受性需求来看具有无法确定性，甚至根本不属于社会保障和社会福利的范围，不同阶层、不同地域、不同群体的情况差别太大，很难用一个变量（例如住房面积——农村草屋面积很大但家徒四壁、城市豪宅极度奢华但面积未必很大）来刻画。

我们选择的刻画生存权、发展权、健康权的指标不能代表社会保障的全部内容。它们只是用来划定"底线"使用的，划分底线的标志量应该越少越好。吃得上饭、看得起病、上得了学，是政府的首要责任，是要财政

---

① 景天魁：《底线公平与社会保障的柔性调节》，《社会学研究》2004 年第 6 期。

出钱或兜底的。那么划定底线的意义就在于分清政府责任和市场责任界限、基础部分与非基础部分的界限、无差别的公平与有差别的公平的界限。

（三）相应制度和代表性指标

选择什么指标来测量生存权利公平、发展权利公平、健康权利公平？具体而言，生存权、发展权、健康权，是由相应的制度来体现的。毫无疑问，这些权利既然属于基础性权利，它们每一个都不是只靠某个单一制度来保障的。不光是社会保障和社会福利制度，其他的包括许多政治制度、经济制度、文化制度等，都对上述三项权利及其公平状况发生影响，有些制度的影响程度可能不次于社会保障和社会福利制度。甚至也不光是制度，其他社会条件、发展环境、意识形态等非制度因素也具有或大或小的影响。但是，我们进行的只是一项社会保障和社会福利学科范围内的研究，我们对于底线公平的界定也仅限于这个范围，因此，我们对于指标的选择，也只局限在这个范围内，即选择和确定对于生存权利公平、发展权利公平、健康权利公平具有直接的、决定性影响的社会保障和社会福利制度（当然是在我们主张的"大福利"的概念范围内[①]）。

在目前中国的制度体系中，我们选择最低生活保障制度作为对于生存权利公平具有指标意义的制度，选择义务教育制度作为对于发展权利公平具有指标意义的制度，选择公共卫生和基本医疗保障制度作为对于健康权利公平具有指标意义的制度。

选择这三项制度的理由是：第一，它们在政府责任和市场作用的界限上都比较清楚；都属于底线部分福利，与非底线部分福利没有重叠、交叉、跨界的情况。最低生活保障制度、义务教育制度、公共卫生和医疗救助制度都是由财政承担的。只是基本医疗保障制度目前没有清晰的界定，但考虑到这项制度对于保障人民的健康权利非常重要，或者说，仅靠公共卫生和医疗救助制度——尽管它们的财政责任非常明确，对于保障人民的

[①]　景天魁、毕天云：《从小福利迈向大福利：中国特色福利制度的新阶段》，《理论前沿》2009年第 11 期。

健康权利还是不够的，所以，我们还是把基本医疗保障制度作为一项标志性制度，相信随着我国医疗保障制度的完善和定型，这个界限是会得到明确的。

第二，作为制度，它们都没有排斥性，在权利面前是人人平等的。虽然实际享受低保的只是少数人，但任何人只要在收入水平等方面符合规定，不论民族、地域、城乡、职业尽可申请和得到低保待遇。同样，尽管只有适龄儿童和青少年才能享受义务教育，但这项权利对于任何人都是平等的。卫生医疗保障制度也是一样。

第三，实践证明，这三项制度对于保障社会成员的基本需要具有无可替代的作用，而且，它们对于其他社会保障和社会福利需要的满足具有基础性意义。例如，低保制度可以解决贫困老年人的后顾之忧，健康状况改善了，也可以提高养老的生活质量；义务教育和医疗保障都可以提高就业能力，等等。

由于以上原因，上述三项制度适合作为划分底线的代表性指标。

三　底线公平的具体测量指标

公平问题研究，最困难的就是测量。你说你公平，我说我公平，到底谁公平，很难说得清。在确定了上述三项具有指标意义的制度以后，我们的所谓测量，其实就可以限定为找到经由这三项制度所体现的底线公平的具体指标。在这里，我们仍然遵循简要性原则，就是不必反映三项制度的全面情况，而是找出最能表示底线公平状况的具体指标。简单地说就是能用一个指标就不用两个指标，或者说，如果有多个指标，它们对底线公平状况的表示情况是可以化约的，那就尽量简化，这就需要认真去研究，去筛选。

（一）生存权利公平性的测量指标

我们用最低生活保障制度作为划分底线的一个标志，并不是因为它的公平水平"最低"，而是因为它对于保障生存权利最为基本，也最为关键，同时也因为它是由财政出资的，完全体现政府责任，在底线的划界上没有

"跨线"的情况，不会造成模糊的问题。那么，从最低生活保障制度怎么进行生存权利公平情况的测量？最低生活保障制度确定的量化水平较为容易获得。世界各国和各个地区都有自己的测量贫困的方法，都有明确的贫困线，都有行之有效的测量办法，比如家计调查等。我们选择以下三个具体指标：

1. 应保尽保率

在最低生活保障制度中，最能够反映生存权利公平性的是应保尽保率。20世纪90年代中期，最初建立的最低生活保障制度是由各省自行负责，标准在全国不统一，各地差别非常大。1997—1998年，国有企业大举改革，减员增效，全国在几年时间里就有几千万国有企业职工下岗，而下岗多的地区，也恰是省级财政最困难的地方。即使有低保制度，地方财政无力负担，造成最需要低保的地方反而最没有办法承担。于是，从1999年开始，中央财政开始承担最低生活保障支出，2000年，国务院作出重要决策，从2001—2003年，中央财政负担的低保经费连续翻番。于是，从2000年的8亿，增加到2001年的23亿，2002年的46亿，再到2003年的92亿，2004年的105亿。困难地区由中央出大头。

城市最低生活保障制度覆盖面的扩大，从1996年至2004年有两个高峰：一是1998年迫于当时的"下岗洪峰"，地方财政投入由3亿元激增到12亿元，是上一年的4倍，保障人数由88万人，增加到184万人，是上一年的2倍多。二是2001年保障人数由403万人，首次突破千万，达到1171万人，2002年，达到2065万人，此后，在2000万以上逐年稳步增长，到2009年达到2346万人，基本上做到了应保尽保。[1]

如果单从城市低保的应保尽保率来看，一是变化迅速，数值到2009年以后才基本稳定下来；二是它所反映的仅仅是只占人口总数不到40%（2011年城市人口才超过50%）的城市居民的情况，而占人口总量多数的农村居民情况则有很大不同。在20世纪90年代中期创立城市低保制度的过程中，农村最低生活保障的问题就被提出来了。但长期采取的是由各地

[1] 王海燕、修宏方、唐钧：《中国城乡最低生活保障制度：回顾与评析》，《哈尔滨工业大学学报》（社会科学版）2011年第2期。

自主进行的办法，所谓"有条件的地方，要探索建立农村最低生活保障制度"，这就难免造成各地制度不规范，保障率很低，而且"人均补差"（低保标准减去低保家庭人均收入后的差额）其实普遍很低，难以真正保障基本生活。到 2003 年，有 15 个省份 1037 个县市建立起农村最低生活保障制度，低保对象为 404 万，仅占农业人口的 0.4%，估计当时农村适合"低保"人数约在 6000 万左右，如此算来，当时的应保尽保率只有区区 6.6%。

直到 2007 年 3 月"两会"的政府工作报告才提出要在全国范围建立农村最低生活保障制度。当年 6 月底，全国 31 个省（自治区、直辖市）都迅速建立了农村最低生活保障制度，覆盖了 2068 万人，当年年底，享受低保的农村居民上升到 3500 万人左右。自此，覆盖面以每年增加 500 万人左右的速度急速扩大，2008 年超过 4300 万，2009 年超过 4700 万，2010 年已经超过 5200 万。农村低保支出也是一样，2007 年是 100 亿元上下，此后是每年以超过 50 亿—150 亿元的幅度增加，2008 年超过 200 亿元；2009 年接近 350 亿元；2010 年则已突破 400 亿元。可以预计，在今后一段时间内，城市低保对象的规模将稳定在 2300 万人左右，农村低保对象可能会超过 5500 万人。[1] 至此，城乡居民最低生活保障的应保尽保率不仅达到了在现行政策下的较高水平，而且数值比较稳定。

但是，随着经济的发展和人均生活水平的提高，低保标准肯定要相应地逐步提高。目前我国的低保标准（社会救助标准），不仅与发达国家相比还相当低，就是与许多中等发展水平国家相比也明显偏低。而在每一次提高低保标准之时，应保尽保率都必然明显下降。

2. 低保标准的城乡之比

如果只看 2010 年以来的城乡最低生活保障的应保尽保率，那么，在现行低保线不做较大提高的情况下，应保尽保率是较高的，但如果考虑到低保标准的城乡差距，测量结果就会发生明显的变化。2004 年时，农村低保的标准只相当于城市的 36%，补差的水平农村相当于城市的 47%，平

① 王海燕、修宏方、唐钧：《中国城乡最低生活保障制度：回顾与评析》，《哈尔滨工业大学学报》（社会科学版）2011 年第 2 期。

均下来，农村一年人均补差只有33元。从2007年以后，全国农村普遍建立了最低生活保障制度，城乡低保标准连年大幅提高，到2011年后，不论低保人数还是低保标准都趋于稳中缓升。从这个过程看，低保标准城乡差距从2007年的2.6∶1，逐年缩小到2.01∶1，公平程度是有明显改善的。（见表1）

表1　　　　　　　　　　　**低保标准的城乡差距**

年份	2007	2008	2009	2010	2011
城市	182	205	228	251	288
农村	70	82	101	117	143
城乡差距	2.6∶1	2.5∶1	2.26∶1	2.15∶1	2.01∶1

资料来源：基础数据采自唐钧《"十一五"以来社会救助发展的回顾及展望》一文（《社会科学》2012年第6期），"差距"由本文作者计算。

　　尽管如此，差距仍在2倍以上，而城乡生活必需品的价格差距却远远不到两倍。在统一市场条件下，工业制成品（包括食油等食品）的价格在城乡之间没有什么差别，农村因为运费较高，有些食品比城市并不便宜；农户自己可能生产的蔬菜和鸡蛋之类在"补差"中已经被扣除了，除此而外，城市居民的水电气等比农村居民多开销的部分一般也有福利补贴。虽然目前城乡人均收入差距还在3倍以上，但低保标准的城乡差距本来就应该小于城乡人均收入差距，因为低保仅仅保的是起码的生活需求，因此目前高于2倍的城乡差距应该认为还是相当大的。其对公平程度的贡献是偏低的，从对底线公平的测量看，低保标准城乡差距的影响仍然是关注的重点。

　　因此，我们将"农村低保标准∶城市低保标准"作为测量指标，其目标值为1（即农村∶城市＝1∶1），当下的比值在0—1之间。随着城乡低保标准的差距逐步缩小，这一指标也逐步趋近于1。

　　3. 低保标准的地区之比

　　在地区差距中，又有不同地区的城市之间的差距和不同地区的农村之间的差距。从2011年年底城市低保标准的绝对金额看，上海和北京在500

元以上；天津和浙江在400—499元区间；江苏、西藏、内蒙古、山东、辽宁、河北、江西、陕西和海南9个省（自治区）标准在300—399元，其余18个省（直辖市、自治区）在300元以下。由于存在着中央财政巨额转移支付等政策因素的影响，各地的低保标准与经济发展水平并不一致，因而与我们通常所称的东中西部地区的划分也不一致。例如，西藏是西部边陲，但它的低保标准比东部经济大省广东还高，西藏2011年城市平均低保标准是356元，广东仅有286元，西藏与东部经济发达省份江苏（386元）属于一个低保档次，而在经济上，广东与江苏属于一个档次。同样，东部地区的山东（314元）、辽宁（312元），低于属于西部地区的内蒙古（344元）。尽管属于低保标准最低档次的多数是西部省区（新疆200元，甘肃207元，青海236元，四川242元，宁夏244元，云南248元），但多数西部省区仍高于属于中部的河南（233元）、湖南（243元）。当然，城市低保标准处于最高档次的仍然出自东部省市（上海505元，北京500元，天津480元，浙江429元），处于最低档次的还是西部省区，但西东之间、西中之间、东中之间交叉、"异位"情况，与通常所说的东中西部的划分出入较大。

农村低保标准的地区差距情况，与东中西部的经济发展水平分布情况更接近一些。处于最高档次的都出自东部地区（北京383元，上海360元，天津330元，江苏300元），低保标准低于100元的全都出自西部地区（西藏81元，甘肃、新疆91元，宁夏95元）。但交叉、"异位"情况也是存在的，如，广东（196元）低于内蒙古（199元）。其他省份之间的差距也很明显，中部地区的河南（105元）、湖南（114元）低于西部地区的贵州（121元）、云南（122元），而四川（110元）仅相当于海南（216元）的一半稍多一点。

这种地区之间的所谓交叉、"异位"情况，说明低保标准的地区差距小于地区之间经济发展水平之间的差距。这种情况表明中央财政的转移支付和各地政府在保障民生方面所做的努力，在促进生存权利公平性上是发挥了积极作用的。

但是，东中西部低保标准的差距总体上仍然严重存在，交叉、"异位"情况并未表明低保标准的差距与经济发展水平的差距已经"脱钩"了，而且实际上也不可能脱离经济发展的基础条件。因为在城乡之间和地区之间，造成低保标准差距的原因有所不同。城乡差距的原因更多地是制度性的，如城乡分割、长期实行的工农业产品剪刀差、"一国两策"等；而地区差距的原因更多地是历史性、地理性的，归根到底，地区之间的差距要靠经济发展的历史过程去解决，不是主要靠提高低保制度公平性就能够完全解决的。

尽管如此，地区差距却总是影响低保标准公平性的重要变量。我们将最低低保标准地区内低保标准平均值：最高低保标准地区内低保标准平均值"作为测量指标。其目标值为 1（即最低地区：最高地区 = 1:1），当下的比值在 0—1 之间。随着地区之间低保标准的差距逐步缩小，这一指标也逐步趋近于 1。至于是在省（直辖市、自治区）之间比较，还是在县（市）之间比较，取决于研究的需要和能否取得可用于比较的相关数据。一般地说，单位越大，其平均值越容易掩盖单位内的差距，并且缩小单位之间的差距。

由此，在最低生活保障制度范围内，我们选取应保尽保率、低保标准的城乡之比和地区之比作为测量生存权利公平性的具体指标。

（二）发展权利公平性的测量指标

毋庸赘言，影响发展权利公平性的并不仅仅是教育，也不仅仅是义务教育，如前所述，我们的理由是在于义务教育的公平性对于发展权利的公平测量具有指标性意义。而在义务教育中，也有许多指标对于公平性具有影响，我们仅仅选取以下三个具体指标：义务教育完成率、义务教育经费的城乡差距、义务教育经费的地区差距。

1. 义务教育完成率

义务教育完成率是一个受到学界重视的指标，例如，李琳在 1998 年论述过这一指标的计算方法，[1] 沈百福、王红对 2000—2002 年我国义务教育完成率做过专门研究。他们发现，这一期间，虽然我国小学净入学率已经达到99%，但是以 2002 年全国 12—14 岁年龄组人口数为分母，以 2000—

---

[1] 李琳：《在"普九"验收中怎样正确计算入学率和完成率》，《青海教育》1998 年第 6 期。

2002 年三年小学毕业生数为分子推算同龄少年儿童人口的小学毕业率仅为 89% 左右，两者相差近 10 个百分点。虽然初中毛入学率达到 90%，但是初中毕业率仅为 76% 左右，两者相差近 14 个百分点。这三年，全国 9 年义务教育完成率只有 77%，每年有 500 多万学生在完成 9 年义务教育前辍学。① 2003 年曾国华提出应将"九年义务教育完成率"作为衡量和评价新阶段义务教育进展状况的核心指标。以此指标计算，1994—2003 年间，我国义务教育完成率从 51% 提升到 80%，显示出十多年来义务教育的发展；同时，这一指标也揭示了普及九年义务教育的质量和效率有待进一步提高以及各地区义务教育发展并不平衡的现实状况。②

曾国华给出的计算公式是：义务教育完成率 = 初中毕业生数 ÷ 九年前小学招生数 ×100%。

从底线公平的观点看，更倾向于选择义务教育完成率指标，因为不能完成义务教育的，主要是西部和农村贫困家庭，尤其是女孩，都是教育公平必须特别关注的弱势群体。这一指标，比起小学和初中毛入学率，更能够反映教育公平的实际情况，并且在义务教育普及率逐渐接近极限的情况下，义务教育完成率更具有敏感性。

以上文献使用的义务教育概念，均指九年义务教育，目前全国还没有正式提出普遍扩大义务教育年限。但是，笔者多年来一直鼓吹将义务教育扩大到 12 年，至于是往后延伸到高中 3 年，还是往前延伸到学前 3 年，可做不同尝试。笔者特别赞赏浙江省宁波市几年以前就在全国率先扩大到 15 年，也特别佩服一些并不富裕的地方挤出有限的财政资金扩大到 12 年，湖南省吉首市属于武陵山贫困地区，2011 年 12 月 25 日，从该市传来振奋人心的好消息，吉首市将在"十二五"期间逐年实现市级财政补贴实行 12 年免费义务教育，将义务教育范围扩大到高中三年，即高中阶段学生免收学费。还有陕北等西部地区县市，早两年也扩大了义务教育范围；另外，浙江省教育厅宣布，到 2012 年底，适龄三类（视力、听力、智力）残疾儿童少年义务教育入学率达到 90%；2015 年底，适龄三类残疾儿童

---

① 沈百福、王红：《我国义务教育完成率和经费问题分析》，《教育发展研究》2003 年第 9 期。
② 邱国华：《义务教育完成率："普九"新阶段的核心指标》，《教育发展研究》2005 年第 4 期。

少年九年义务教育入学率基本达到普通儿童水平。这些地区的政府，应该得到特别的尊敬，他们很有见识，深谙什么对于地方发展，大而言之对于民族复兴，是真正有价值的。提高人均受教育年限，被世界公认是支持发展的决定性因素。

"十一五"期间，义务教育普及巩固水平进一步提高，2010 年全国初中三年巩固率达 94%。这是巨大的成就。如果义务教育年限普遍扩大到 12 年，巩固率或完成率可能会下降，但这种指标"下降"，可能是更大的历史成就。

2. 义务教育生均经费的城乡之比

城乡差距在我国是一个相当突出的问题，并且主要是由政策原因造成的。本来，应该通过促进教育公平特别是义务教育的公平，推动城乡整体差距的缩小，但义务教育的差距之大却反过来成为拉大城乡差距的一个重要原因。根据国务院发展研究中心的调查，无论是生均教育经费还是生均教育事业性经费支出，农村小学和中学所拥有的资源均低于城镇的 40% 以上，由此可见，我国城乡教育事业发展极不平衡。究其根源，主要是在农村义务教育的投资比例中，中央政府负担的部分为 2%，省市负担 11%，县乡合计负担 87%。在县级财政困难、赤字日益扩大的情形下，这种低重心的教育投资体制给基层地方财政造成严重压力，导致农村义务教育经费困难重重。[①]

正是重城轻乡的投入结构，使得即使在财政状况很好的大城市，城乡义务教育的经费差距也很大。据北京市政协的调查，2004 年，在所调查的十个远郊区中，只有三个能达到北京市统一制定的公共经费定额标准。所调研的乡（镇）中，预算内生均公用经费最高的 1620 元，最低的仅 182 元，相差近 8 倍。京郊的特级教师与学生的师生比为 1:6.76 万，而市区为 1:0.37 万。远郊区（县）骨干教师及学科带头人真正在农村中小学任教的只有不到 50 人，占所有市级骨干和学科带头人的 4.96%。而郊区教

---

① 参见中国人民大学招生网《教育管理——城乡义务教育财政支出中的差距》，发布时间：2011 年 8 月 31 日。

师流失严重的原因主要是工资待遇偏低，培训、进修机会少。[①]

在中部地区，城乡教育差距同样严重。据2011年蚌埠市政协调查，以蚌埠市区（不含下辖的县）近三年高考的情况看，三本以上录取率，城市户口的学生达到参加高考城市户口学生的27.69%，而农村户口的学生仅达到参加高考农村户口学生的12.6%，差距为2.2∶1。[②]

当然，从全国平均数看，2000—2004年，全国农村义务教育生均预算内事业费，小学由413元增加到1014元，年均增长25%，初中由534元增长到1074元，年均增长20%，均高于城市6个百分点。[③] 此后，这一差距总的趋势也基本上是逐步缩小的。

在目前城市生均经费标准普遍高于农村的状况下，我们以"农村义务教育生均经费∶城市义务教育生均经费"为测量指标，其目标值为1（即农村∶城市 = 1∶1），当下的比值在0—1之间。随着义务教育的城乡差距逐步缩小，这一指标也逐步趋近于1。

3. 义务教育生均经费的地区之比

世界上大多数国家的基础教育经费特别是义务教育经费基本上由政府承担，政府的投入一般都在85%—90%以上。但长期以来，从我国义务教育生均经费的构成看，财政拨款占的比例相当低，老百姓的义务教育经费负担率较高。而中央财政不恰当地过分退出，使义务教育主体供给责任过度地依赖地方政府，在"以县为主、省级统筹"的管理体制内，义务教育是主要由县级政府负担供给的公共产品，这样一来，地区之间的经济发展差距就最为明显地反映到义务教育经费投入上来。2001年，中、西部地区的农村小学生均预算内公用经费仅为东部地区农村小学的21%和36%，中、西部地区的农村初中生均预算内公用经费仅为东部农村的初中的18%和30%（表2）。2001年，我国小学生均预算内教育经费最高的直辖市（3634元）是最低的省份（356元）的10倍；初中生均预算内教育经费

[①] 北京市政协调研组：《京郊义务教育生均经费差异悬殊》，2004年9月24日。

[②] 蚌埠市政协：《加快推进城乡义务教育均衡发展》，中安在线2011年5月31日 http://ah. anhuinews. com。

[③] 国家教育督导团发布《国家教育督导报告2005》，中新网2005年2月23日。

最高的直辖市（3438 元）是最低的省份（518 元）的 7 倍。[1]

表 2　　　　　　　2001 年东中西地区农村中小学生均预算内公用经费

地区	农村小学	农村初中
东部平均（元）	115	208
中部平均（元）	24	38
西部平均（元）	41	63
中部/东部	0.21	0.18
西部/东部	0.36	0.30

　　资料来源：沈百福、王红：《我国义务教育完成率和经费问题分析》，《教育发展研究》2003 年第 11 期。

　　《国家教育督导报告 2005》称，2004 年，初中生均预算内事业费东部地区平均为 1874 元，西部地区为 1017 元，东、西部地区（各自平均值）之比为 1.8:1。初中生均预算内公用经费东部地区平均为 304 元，西部地区为 121 元，东、西部地区（各自平均值）之比 2.5:1。令人堪忧的是，与 2000 年相比，初中生均拨款东、西部地区之比均有所扩大。小学情况也与之类似。到 2004 年，全国尚有 113 个县（区）的小学、142 个县（区）的初中生均预算内公用经费为零，其中 85% 以上集中在中、西部地区。[2]

　　据中国教育科学研究院 2009 年基于我国 42 个县（市、区）的调查研究，县际间生均教育经费存在严重的不平衡。其中，最高值 20% 的县与最低值 20% 的县比较，小学、初中生均事业经费的差距分别为 5.1 倍、4.51 倍。[3]

　　2012 年由中国扶贫基金会在北京主办首届贫困地区小学校长论坛，邀请 55 位校长与会。贵州赫章山区小学校长聂章林计算过孩子上学时到底

　①　沈百福、王红：《我国义务教育完成率和经费问题分析》，《教育发展研究》2003 年第 11 期。
　②　国家教育督导团发布《国家教育督导报告 2005》，中新网 2005 年 2 月 23 日。
　③　武向荣：《积极缩小区域义务教育经费差距》，《中国教育报》2012 年 5 月 17 日。

走了多少崎岖的山路。他说："我仔细算过，小学三年级毕业时，孩子就走完25000里长征了，累都累得长不大！"来自贵州的校长郭昌举感慨："我们村离县城至少差20年，县城离北京又差了50年。"[①] 这位校长依据亲身感受得出的判断应该是贴谱的——消除县域内义务教育的城乡差距至少需20年，消除东西部地区之间义务教育差距需70年！

　　义务教育生均经费的地区差距，同样可以用"最低地区义务教育生均经费：最高地区义务教育生均经费"的方式加以测量。其目标值为1，当下的比值在0—1之间。随着义务教育的地区差距逐步缩小，这一指标也逐步趋近于1。

（三）健康权利公平性的测量指标[②]

　　卫生服务一般分公共卫生服务和医疗服务，医疗服务又分基本医疗服务和非基本医疗服务，公共卫生服务也可有基本和非基本之分。政府责任范围应该优先保障的是基本公共卫生服务和基本医疗服务。公共卫生服务的内容比较确定，因此可以做出基本公共卫生服务包；而医疗服务种类庞杂，而且处于剧烈变动之中，每种服务又对应有多种治疗方案，要划分基本医疗服务在技术上有很大的难度。

　　面对"基本医疗服务"缺乏统一的共识的情况，我们曾认为，基本医疗服务的范围更接近"适宜服务"的含义，它是指在医学技术上成熟的、常规的、可靠的，在经济上成本效益比相对较优、个人和医保可以承受的医疗服务。这是保障"病有所医"的必要内容。如果用"底线公平理论"来分析，公共卫生和基本医疗属于卫生方面保障"底线公平"的部分，应该按照需要给每个人提供；无论贫富贵贱，不管是生了什么病，应不分病种和人群，都可以获得适宜的治疗，这就是实现"病有所医"。[③]

---

　　① 陈倩儿：《乡村校长谈城乡教育鸿沟：贫困山区离北京差70年》，中国新闻网2012年8月29日。

　　② "健康权利公平性的测量"是在卫生部卫生经济研究所邹珺副研究员的鼎力相助下完成的，特此深表感谢！

　　③ 景天魁、邹珺、湛志伟、潘屹、王锡国：《公立医院的公益性及其实现形式研究报告》，国务院医改办内部报告，2011年8月。

分析卫生服务利用的障碍，最初从 Accessibility、Availability、Affordability（简称"3A"）角度进行分析。从词源上看，accessible 指易于接近的；available 指有效的、可得的；affordable 指负担得起的。Accessibility 主要针对服务机构的地理可及性，Availability 主要是针对合格服务的可得性，Affordability 指的是经济上的可负担性。患者要获得合适的治疗，三者缺一不可：首先要有易于接近的机构或人员；其次，该机构要能够提供合适的服务；再次，这种服务的费用是患者家庭可以承担的。如果没有机构，有机构却没有能力，有机构有能力但是患者却没有支付能力，任何一种情况，都难以满足患者的就医需求，实现"病有所医"的目标。①

"底线公平"与"病有所医"目标一致，测量底线公平实现的程度就是测量"病有所医"的实现程度。因为基本医疗服务的不确定性，直接测量"病有所医"状况操作性比较差，那么，反过来，测量"病无所医"，也就是应治疗而未能治疗，却是有效性较好的选择。可选择的指标如两周患病而未就诊的比例、应住院未住院的比例，如果测量到这个比例越高，就说明底线公平的实现程度越低。

"可及性""可得性""可负担性"，基本上与本文所关注的地区差距、城乡差距、收入差距相切近，我们就借用这三个指标测量底线公平意义上的健康权利公平性。

1. 卫生医疗可及性

提高基本医疗服务可及性，意味着扩大卫生服务地理覆盖面，确保基本医疗服务人人可及，加强基层医疗服务机构的基本建设，配备必要的设备和人员，培养适宜的基层人才队伍，从而使机构有能力提供合格的服务。发展中国家在基层服务体系建设中必须弘扬初级卫生保健的基本理念，建立完善的城市社区卫生服务体系和农村三级卫生服务网络，建立起"小病在社区，大病到医院"，"分级诊疗，双向转诊"的整合型服务提供模式，重点加强基层卫生人员队伍建设，从而将有限的医疗卫生资源优先用于保障普通公民的基本医疗卫生服务。这是符合成本效益要求的选择。

---

① 后来，卫生经济学家也使用 Accessibility 来指需方经济上的可及性，这时等于替代了 Affordability 的含义。现在，Accessibility 同时包含了地理的、经济的可及性，而很少使用 Affordability。

近年来，各地提出了居民实现 10 分钟（如江苏赣榆、山东潍坊、陕西宝鸡）、15 分钟（如上海松江、安徽芜湖）"就医圈"的目标，包括城乡急救、居民门诊就医、大医院候诊等待都不超过特定时间。对于偏远的西部农村，有些地方"30 分钟就医圈"都可能难于实现，这主要是由于地理可及性和服务可得性难以保障：当地人口居住极其分散，交通不便，很难按照急救要求布局医疗机构；而由于缺乏吸引、留用和培训医疗服务人员的条件，基层医疗服务人员的能力普遍不足，也就是说合格的医生很少，去了也看不了病。由于政府支持下建立了新型农村合作医疗制度，大大提高了可及性。2011 年，15 分钟内可到达医疗机构住户比例为 83.3%，其中农村地区达到 80.8%。

2. 卫生医疗可得性

卫生医疗可得性与财政资源配置直接相关。以 1998 年为例，财政对医疗的拨款用于农村的比例不足 16%。从大中小医院比例来看，重大轻小，三级甲等医院补助比一级医院的补贴高出 100 多倍。这些都导致医疗资源的配置出现两个 80%：一是 80% 的医疗资源集中于大城市，在大城市中又有 80% 集中于大医院。

近十年来，城乡卫生医疗改革和建设加快步伐，城乡居民卫生医疗可得率大幅提升。2003 年，中国城乡居民基本医疗保障覆盖率分别为 55% 和 21%，到 2011 年分别增至 89% 和 97%。城乡居民健康指标差距逐步缩小，孕产妇死亡率城乡之比由 2005 年的 1∶2.15 缩小为 2010 年的 1∶1.01；婴儿死亡率城乡差距从 7.2 个千分点下降到 5.9 个千分点。

截至 2011 年，职工医保、城镇居民医保、新农合参保人数超过 13 亿，覆盖率达到 95% 以上。新农合人均筹资标准从 2003 年的 30 元提高到 2011 年的 246 元，受益人次数从 2004 年的 0.76 亿人次提高到 2011 年的 13.15 亿人次，政策范围内住院费用报销比例达到 70% 以上，补偿封顶线达 8 万元。

3. 卫生医疗可负担性

由于我国当前贫富分化严重，要想切实保障广大居民无论贫富都有享受基本医疗卫生服务的均等机会，必须大力建设和完善医疗社会保障制度。"医改"比较成功的一个方面，是卫生总费用发生了结构性变化。

2002 年，中国卫生总费用中个人卫生支出比重高达 57.7%，政府预算卫生支出和社会卫生支出分别占 15.7% 和 26.6%。2011 年个人卫生支出的比重下降到 34.9%，政府预算和社会卫生支出的比重分别提高到 30.4% 和 34.7%。政府卫生支出由 2008 年的 3593.94 亿元增加到 2011 年的 7378.95 亿元，年均增速为 21.68%，明显快于同期卫生总费用和财政支出的年均增速。

卫生筹资公平性，可选择以下几个方面指标进行测量：

（1）居民个人支出（OOP）：指卫生总费用减去政府卫生支出和社会卫生支出（后两者合称公共筹资）的余数，其占卫生总费用的比例与公平性密切相关。OOP 占总费用的比例不超过 30% 的国家或地区筹资公平性较好。我国近 10 年来，由于政府卫生投入不断增加，2011 年 OOP 所占比例已经下降到 34.9%①，估计 2020 年之前将接近 30%。

（2）Kakwani 指数：Kakwani 指数是反映筹资公平性的重要指标，如果小于 0 则表示穷人在健康方面付出的更多，财富和卫生筹资的累退关系显示目前的筹资方式是"劫贫济富"，显然是不公平的；反之，如果为正，而且数值越大，则说明富人在卫生筹资方面付出了更多，财富和卫生筹资之间的关系是累进的，至少不公平程度在降低。

（3）总体医疗保障水平：公共卫生之外，医疗的社会保障水平是一个重要的筹资公平性指标。医疗保障覆盖面、补偿水平和补偿内容相当于"保障容量"的长、宽、高。以"保障容量"不低于某个标准（例如 70%）作为底线。在保障覆盖面相差不大的情况下，保障水平、保障内容决定最终的差异。

"病无所医"可以用两周患病未就诊比例、应住院未住院比例来测量。公平性研究也可以利用这些指标。尤其是因经济原因未治疗（不包括自我医疗）或未住院的比例，能反映筹资的不公平性程度：如果这一比例太大，就突破了公平的"底线"，底线公平程度较低。

我们可以将门诊和住院两个方面结合起来，构造一个综合指数 BiE 作

---

① 卫生部介绍近十年来中国医疗卫生事业发展状况，中央政府门户网站 www.gov.cn，2012 年 8 月 17 日，来源：卫生部网站 http://www.gov.cn/gzdt/2012 – 08/17/content_ 2206117.htm。

为底线不公平指数，表示"病无所医"的程度。

$$BiE = \alpha pX + \beta(1-p)Y - \delta$$

X 表示两周患病未就诊的比例，α 表示因为经济原因未就诊的比例。Y 表示应住院未住院的比例，β 表示因为经济原因未住院的比例。p 表示门诊情况的权重，$1-p$ 表示住院情况的权重。δ 是一个余数，在制度条件最理想的情况下应该为 0。

BiE 最小为 0，表示不存在底线不公平；最大为 1，表示不公平程度很高。如果用 BE 表示底线公平程度，则：

$$BE = 1 - BiE$$

需要说明的还有两点：

（1）p 值的大小还有待确定，如果能从理论上推导最佳，最不济的是采取某种专家咨询方法，但是同一次测量应该是一个常数。

（2）余数 δ 经验上为了对评价对象的底线公平程度进行评价，可以参照发达国家的平均水平，或者参照英国、香港等情况最好的国家或地区的情况作为基准（benchmark），获得的相对值就可以进行比较。余数 δ 的测量也一样需要大规模调查。

四　总结

总的看来，以上三级指标，九个具体测量指标，具有以下共同特征：第一，只认底线，不认差别。在底线面前人人平等。第二，无歧视。目前我国的社会保障制度是包含歧视的，非户籍人口不能参保、不能入学，多交费就多得保障，从概念上就是对于平等权利的蔑视。第三，基于以上基础的社会保障具有普惠性。底线公平体现的是社会保障实现普惠性的基础。换言之，"底线公平"概念凭借它所具有的普惠性特点，而成为整个社会保障制度的理念基础。

以上每个具体指标，都有明确的目标值。底线公平理论既然主张在底线福利部分要坚持权利一致性，那就是最终没有什么差别，是无差别的公平，只在底线以上部分才承认有差别的公平。当然，所谓"无差别"是概念上的，实际上由于各种并非出于政策歧视方面的原因而不能不长期存在的差别，还是不得不承认，不过要坚持长期不懈的努力，尽量去缩小差别。所以，原则上，这些目标值都可以等于或接近于极限值，如应保尽保率、义务教育完成率、卫生医疗可得性和可及性尽可设定逼近或等于100%，其他各种差距最终目标亦可设定逼近于零。卫生医疗可负担性是一个筹资合理性概念，可以设定一个标准值。而各个具体指标都有简便的测量方法，这样，由实测值和目标值（标准值）的比值，以及各个指标所得比值的加总平均，或加权平均，就可以得到底线公平度。

我们把一级指标设定为特征性指标，二级指标设定为代表性指标，三级指标设定为具体测量指标，于是得到以下指标体系：

表3　　　　　　　　　　　底线公平指标体系

一级指标	二级指标	三级指标
生存权利公平性	最低生活保障	应保尽保率 低保标准的城乡之比 低保标准的地区之比
发展权利公平性	义务教育	义务教育完成率 义务教育生均经费的城乡之比 义务教育生均经费的地区之比
健康权利公平性	公共卫生和基本医疗	卫生医疗可得性 卫生医疗可及性 卫生医疗可负担性

因为在满足社会成员的基础性需求上，底线公平主张权利的一致性，就是基本没有差别，或只有因历史的、自然环境等非制度性原因，一时难以消除的差别，因此，底线公平所选取的目标值较为严格——在这里，可以明显看到，所谓底线公平并不是出于对字面意思的误解所想象的"低水平的公平"，在底线公平概念确定的指标性制度（体现基础性需求）上，底线公平要求差别相对最小，要求最严格，也就是说，用底线公平指标体系所测得的公平程度一般会低于用其他公平指标所测得的数值。

当然，我们的目的，并不是追求哪个公平性测量所得数值更高或更低，因为并不是更高或更低就好，而是越逼近客观实际，越能反映问题的本质，越有助于解决实际问题越好。运用底线公平指标所做的测量，其结果更确定，方法更简易，还有可能更准确。我们之所以预计底线公平指标所测结果与其他有些指标相比，在同一种社会状况下所测得的公平度可能偏低，因为底线公平概念非但没有掩饰，而是揭露并对准了公平问题上的要害和根源。科学研究并不在意对误解的澄清和辩驳，而是关心能否得到经得起检验的结果。

正是在这个意义上，我们乐于承认：第一，我们所选择的指标是相对的，目标值的设定是可以准确修正的。而且，当中国进入更发达的阶段时，或者从不同的研究视角出发，某些指标可能要被更换，实际上，联合国的人类发展指数，其测量指标也是经过更换的。第二，自不待言，任何一种简化方法，都是有利有弊的，我们不拒绝增加指标以便获得更全面更精细结论的任何建议。第三，底线公平指标体系测量值可能偏低，是理论视角本身所使然，不是我们故意为之。必须承认，我国在上述指标所涉及的每一领域都取得了长足进步，尤其进入新世纪以来，在改善民生方面的成绩是辉煌的，但是，由于我国尚处于发展中国家的行列，特别是收入差距、城乡差距和地区差距还处于高位，而这些与底线公平指标有最直接的关系，因此，所得测量值不论高低都是可以理解的。就我国目前所达到的公平程度来看，要想逼近底线公平所要求的目标值，就大多数指标而言，可能还需要二三十年甚至更长的时间。

参考文献

陈倩儿：《乡村校长谈城乡教育鸿沟：贫困山区离北京差 70 年》，中国新闻网 2012 年 8 月 29 日。

崔烜：《报告称我国十年未公布基尼系数》，《时代周刊》2012 年 1 月 5 日。

景天魁：《底线公平与社会保障的柔性调节》，《社会学研究》2004 年第 6 期。

景天魁：《底线公平：和谐社会的基础》，北京师范大学出版社 2009 年版。

景天魁、毕天云：《从小福利迈向大福利：中国特色福利制度的新阶段》，《理论前沿》2009 年第 11 期。

李琳：《在"普九"验收中怎样正确计算入学率和完成率》，《青海教育》1998 年第 6 期。

联合国开发计划署（UNDP）：《人类发展报告 1994》，牛津大学出版社 1994 年版，中国国家计委社会发展司 1995 年翻译出版。

邱国华：《义务教育完成率："普九"新阶段的核心指标》，《教育发展研究》2005 年第 4 期。

饶克勤、刘远立、陈育德、肖庆伦：《农村居民门诊服务利用影响因素及其政策研究》，中华医院管理杂志 1998 年 2 月第 14 卷第 2 期。

沈百福、王红：《我国义务教育完成率和经费问题分析》，《教育发展研究》2003 年第 9 期。

唐钧：《"十一五"以来社会救助发展的回顾及展望》，《社会科学》2012 年第 6 期。

万泉、赵郁馨、张毓辉、陶四海、黄结平、王丽：《卫生筹资累进分析方法研究》，《中国卫生经济》2004 年第 7 期（总第 257 期）。

王海燕、修宏方、唐钧：《中国城乡最低生活保障制度：回顾与评析》，《哈尔滨工业大学学报》（社会科学版）2011 年第 2 期。

张大勇、单杰等：《潍坊市基本医疗卫生服务可得性建设的主要做法》，《中国初级卫生保健》2011 年第 1 期（总第 301 期）。

Timothy Evans，Margaret Whitehead，Finn Diderichsen，Abbas Bhuiya，Meg Wirth 编著：《挑战健康不公平——从理念到行动》，参见内部研究报告 2003 年 8 月。

　　[本文是从作者 2006 年 4 月 11 日在中国社会科学院社会学所、2009 年 11 月 4 日在上海大学、2011 年 6 月 21 日在哈尔滨工业大学、2011 年 11 月 1 日在中国社会科学院金融所等单位所作演讲中选取同类内容归纳整理而成的。拟发表于《哈尔滨工业大学学报》（社会科学版）2012 年第 6 期]

构筑社会和谐的机制

对于当前中国经济社会发展的特点，我们有两个基本判断：第一个判断是我国经济进入了高速增长期，第二个判断是我国社会进入了矛盾凸显期。所谓矛盾凸显期是说在一个国家实现现代化的过程中，往往会观察到这样的共同点，当人均 GDP 达到 1000—3000 美元的时候，社会矛盾比较集中和突出。当然这仅仅是一种统计性的结论，并不尽然。我们看到世界上也有一些国家，比如阿根廷，1980 年它的人均 GDP 已经达到 7793 美元了，照样在 1982 年陷入严重的经济危机和债务危机；巴西人均 GDP 在 1980 年就超过 4000 美元了，① 照样不断地产生社会动荡。还有一些国家，人均 GDP 并不高，社会却比较安定。所以，一种统计性的结论未必是必然的。但从我国的具体情况来看，从 2003 年人均 GDP 超过 1000 美元以后，社会矛盾确实比较突出，有时还趋于激化，也出现了过去少有的情况，例如这些年的群体性事件急剧上升。群体性事件的发生很大程度上是出于一种很难避免的情况：要实现现代化就要搞城市化、工业化，而要搞城市化、工业化就得征地，城市就得拆迁。现在很多事件就是征地、拆迁引起的矛盾。由此可见，我们现在很多社会矛盾是很难避免的，就是说我们的社会发展到这一步，确实需要很好地研究社会矛盾的主要特点是什么，在这个阶段政策的关注点应该在哪里，如何保证我们的社会能够比较协调、持续地发展，使得我们大家都希望看到的现代化前景，不至于像世界上很多曾经有过很好的发展前景的国家那样被延误了。在这种背景下，提出了构建和谐社会的问题。和谐社会理论的提出，并不是回避现在的社会矛盾，恰恰是承认这样一种发展阶段社会矛盾的不可避免性。

---

① 联合国开发计划署：《2000 年人类发展报告》，中国财政经济出版社 2001 年版，第 176 页。

在和谐社会研究以及当前实践中，大家比较看重构筑和谐社会的一些硬件，例如在社区建设中，强调每个社区要有 80 平方米—120 平方米的活动用房，经济条件比较好的地方还提出每个社区要有 200 平方米的活动场所等等。这些当然都是很必要的。在学术研究中，也比较关注相对比较硬一点的那些制度性的建设，这当然也都是很重要的。但是，和谐社会建设还有相对比较软，其实又是极其重要的机制建设。制度的建立以及制度的运作，特别是制度要有效的运作，达到预期目标，还需要有好的机制。机制是保证制度正常运行和有效发挥作用的设置。社会机制分析是比较新的前沿性领域，最近获得诺贝尔经济学奖的也是从经济学角度研究机制问题的。

促进社会和谐的机制有很多，如果简单地分类的话，第一类是寻求共同性的机制；第二类是寻求均衡点的机制；第三类是寻求协调的机制。在一种社会发展的状态下，如果能够尽可能地增加社会各方的共同性，那么达到社会和谐的可能性就会增大，倒不是说有了共同性就必定会和谐，但是它可以使和谐的实现具备了较好的基础。在不能够形成共同性的情况下，例如，经济与社会不同、生产和消费不同、内需和外贸不同，但可以寻求它们的均衡点，使各方面能够比较平衡一点，不至于太偏重于某一个方面。在不能够达到均衡的情况下，应尽可能地通过统筹兼顾各方利益和关切，使得各方能够达致某种协调，改善关系，相互包容，合作共处。

一　寻求共同性的机制

什么是寻求共同性的机制？所谓"求同存异"的一"求"一"存"就是一种机制。当前，社会群体之间的共同点不是在增加而是在减少。由市场来配置基本的社会资源，市场机制是优胜劣汰，要选择，就要寻求差异，拉开差距，人们之间的共同利益就会减少。在这种情况下，增加人们之间的共同性特别是共同的利益基础就非常重要。比如，年轻人谈恋爱就可以看作一个寻求共同性的过程，如果两个人合得来，找到共同的爱好，共同的信念，共同的兴趣，这样慢慢就走到一起了。共同性达到一定的程度，就可以结婚了。如果结婚以后，发现共同性在逐渐减少，他（她）喜欢的是她（他）讨厌的，差别性越来越大，到一定程度，大概就要离婚了。共同性的寻求是日常生活中的常见现象，共同性对于维系一些关系起到基础性的作用。

社区建设其实也是一种寻求共同利益、共同关切、形成共同规则的过程，特别是文化方面的认同。比如，北京市冒出来一个韩国城。如果问韩国人，你们在北京为什么要聚集在一起，韩国人就反问那你们中国人为什么在全世界到处搞唐人街？聚集在一起就是寻求共同性，有了共同性最起码有安全感。像温州人、宁波人，在世界各地有宁波帮、温州城，就是共同性把他们凝聚在一起。可见，社区建设主要的着眼点就是寻求共同性。

社会保障制度建设也是在形成共同性，大家都面临着共同的风险——养老的风险、医疗的风险、失业的风险，如果由每一个人单独应对这些风险，超出了个人能力的范围。社会保障就是大家共同应对这些风险，共同缴费，合作共济，有了风险大家分担。

农村建立专业生产合作社，像养鸡、养鸭、种西瓜，都有专业合作组织，也是通过合作的办法增强共同性。可见，寻求共同性是一种增强实现和谐的可能性的基础。

按照马克思主义理论，共产主义就是消灭私有制。消灭私有制的结果就是可以使共同利益最大化，因为都是公有制，当然共同利益也就最大。所以，按照这样的理解，共同性最大的共产主义社会应该是最和谐的社会。

扩大共同性还表现在世界事务中。我们把亚洲和欧洲作比较就可以看出，欧洲为什么能够形成欧共体？首先基于反思两次世界大战的教训，它们努力形成共同的利益，建立统一的货币，也要搞共同的外交。当然，欧共体的建立还有其他条件，它们有共同的资本主义经济体系，在宗教和文化方面也有不少共同性。相比之下，亚洲现在还不能够建立起像欧洲那样的共同体，因为建立共同体的前提就是设法增大共同的利益，扩大共同性，这是走向共同体的基本的途径。

二　寻求均衡点的机制

我们不可能到处都能找到共同性，有一些事情本身就是很不相同的。差异性常常多于共同性。比如，经济和社会之间，一方面经济要发展，另一方面社会也要发展，从总体上讲二者是一致的。然而，具体地看情况就不同了，比如政府的投资，投向发展经济，就不能投向社会建设，一个多了，另一个就少了。城乡之间也是这样，过去是农村的财富流向城市，支援城市建设，现在提倡反哺农村。城市和乡村各是利益主体，在不能够形成共同利益的时候就要使它们之间能够达到一种均衡的关系，不至于畸重畸轻。地区之间，中央财政搞转移支付，也是要寻求均衡。

三　促进协调的机制

第三种机制是针对这样的情况，共同点不多，均衡点又难以找到，这种情况不论是在经济发展中还是社会发展中都大量存在。那么怎么办？就要去协调它。比方劳动和资本之间，劳资矛盾的形成，也是利益关系失衡的结果。多年来，在初次分配中过多地向资本一方倾斜。GDP 增长速度很快，但是劳动所得在初次分配中所占的比例却在逐年下降。在劳动和资本之间，一方面要承认劳动的地位，另一方面也要承认资本的作用，既不可能用劳动代替资本，也不可能用资本代替劳动。那么，这二者的和谐只能是去寻求它们的均衡。可是，怎么就叫找到它们的均衡点了呢？很难说。但在达不到均衡的情况下，可以把它们协调一下，像西方国家大量采用工资谈判机制缓和劳资矛盾。在收入分配方面，建立三次分配体制：第一次按生产的直接参与要素来进行分配；第二次是福利、社会保障等；第三次分配就是慈善、捐赠等。其目的都是在承认差别、没有办法消灭差别的情况下使利益各方之间能够相对比较协调一些。在解决社会矛盾方面形成的调解机制、仲裁机制等，都是调节人们利益的。还有一种就是协调人们之间的权利关系的，像不同群体之间的沟通、协商，为了达到共同目的而在一定限度内让渡权利，代表制、委托代理制，都是权利的一种让渡。此外，结构方面的协调，常见的就是第一、二、三产业之间的关系，工农之间的关系，城乡之间的关系等等，都可以通过协调机制使之达到比较和谐的状态。

上述三种机制，有的需要有比较充分的条件，可能找到共同性，可能找到均衡点，而实际上，特别是在矛盾比较突出的社会阶段，我们不大容易或者不大可能像我们希望的那样找到足以保证和谐的共同性，或者均衡点，实现协调的难度也大。比如，地区差别、城乡差别、收入差别很大，在一个相当长的时间内，我们不可能取消这种差别，也还得承认这种差别，而又要在存在这种差别的情况下，使我们的社会，使我们的经济，能够持续健康发展。在这种情况下，第一类机制发挥作用就受到很大的限制，甚至可能失灵，因为我们很难找到很多的共同性。第二类机制也可能在一定程度上失灵，因为利益各方很难达到均衡。

当前，通向和谐的途径往往是要在"两难"中寻求的。一方面，我们不能消灭资本，不能不让资本家发财；另一方面，又要保护农民工权益，不能让劳动者吃亏。一方面要适当保持对经济的投入，保证我国经济又好又快发展；另一方面又要顾及到社会的需求，推进社会保障事业，增加社会福利。一方面要增强社会发展的活力，另一方面又不要让社会关系绷得太紧。我们发展到现阶段，大量问题是"两难"性的，就是不可能舍掉一面只要另外一面。那么，面临着这样大量的问题，怎么去实现一种和谐的状态？

四　底线公平机制

我这几年做的研究就是提出底线公平机制，探索在上述情况下一种实现和谐的办法和途径。如果很容易找到共同点，很容易找到均衡点，那么达致和谐就不是很困难，当然也不是就必然达到和谐。但是，在社会矛盾凸显期，往往是共同性很难实现或者很难增强，均衡点找不到，协调又很难实现，社会紧张度增强，面临的矛盾就比较复杂。面对这种情况，我们应该采取什么样的思路，制定什么样的政策和措施，促使社会舒缓紧张，趋于和谐？在较难实现和谐的情况下，怎么能够促进达到和谐的状态？底线公平机制就是在难以找寻共同性和均衡点，也难以实现协调的情况下，能够最大限度地增加找到共同性和均衡点的可能性，促进各方协调的一种机制。因而它具有很强的促进和谐的作用。

为了说明底线公平的具体含义，我想从社会保障讲起，当然，底线公平理论可以运用到许多领域。社会保障之所以特别需要考虑底线公平的机制，是因为我们搞了这么多年社会保障的制度建设，主要注意力都集中在怎么建立制度，很少考虑这种制度怎么能够有效运行。而以往 30 年的改革和发展证明，我国选择一个好的经济模式大概用了 14 年的时间，从 1978 年开始改革，到 1992 年基本上确定了我们经济改革的目标模式就是社会主义市场经济模式，但是直到现在我们到底应该选择一个什么样的福利模式仍然是不明确的。可见，选择一个好的福利模式并非易事。在我看来，主要是社会福利的好的调节机制难以寻觅。不但在我国如此，发达国家也没有形成好的调节机制，所以在它们的福利发展到一定程度时，没有办法解决福利刚性问题，福利水平越来越高，高福利、高税收难以为继。尽管发达国家的福利制度很完善，但机制不行，缺乏有效的调节机制。也就是说，到目前为止，不论是发达国家的经验，还是我们这样发展中国家的经验，不论在理论还是在实践上，没有能够找到一个调节福利、解决福利刚性的办法，福利水平上去以后下不来。大家看到，2006 年，英国和法国连续发生大的社会骚乱，起因都与试图调节偏高的福利待遇有关。英国是因为要降低一部分公务员的福利待遇，法国是在就业制度上，想要增加一些就业的弹性，允许企业解雇工人。这两个起因都是福利方面的，稍微有一点变动，社会就动荡，很难做哪怕是较小的变革。当初建立制度的时候只注意制度设计没有注意机制设计，没有办法去调节它，使它能够适应经济社会的具体状态，这是一个重要教训。

我国的情况则从另外的角度提出同样的问题。我们这么多年一直在加强社会保障建设，但是社会保障建设的步伐远远不能适应老百姓的要求。现在，各类社会保险覆盖的人群占总人口的比例仍然非常低，城市职工养老保险覆盖大约只有 1.7 亿人，医疗保险覆盖大约 1.4 亿人，参加工伤保险的也只有 1 亿人。这两年，中央开始提出对城市居民要搞医疗保障，在农村从 2003 年起逐步实行新型合作医疗，到 2007 年全面实行最低生活保障制度，使社会保障覆盖面大幅提高。但是由于制度和机制没有配套，已经建立起来的制度也暴露出了本身的问题。比如，城市职工的养老保险制度建立起来了，但养老金的缺口每年在以 1000 亿元的速度增加，现在已经达到 8000 亿元了，若干年以后养老金缺口就可能吞掉财政收入的增量。我们没有像发达国家那样的经济水平，但是却像发达国家那样建立起了一个缺乏机制、没有调节能力的制度。

这几年议论比较多的"看病难、看病贵"问题，也不仅仅是制度问题，也还有机制问题。现在我们建立新型农村合作医疗制度，试图探索一种新的机制，就是怎么能够使得政府也愿意掏钱，农民也愿意掏钱，大家都愿意以某种合理分担的机制来筹集经费，维持这个制度的持续运转。可见，机制的探索是非常重要的。

而且在我们这样的发展中大国，从世界上找不到任何一个现成的模式，拿到中国来就能解决问题。现在世界上，福利模式主要有三种：一种是"普惠型"的，由国家通过税收的办法集中资金解决每个人的福利需求；第二种就是"补缺型"的，个人必须缴费，但是政府对某些群体比如老人、残障者、单身父母家庭等有一定补助的这样一种制度；第三种就是"积累型"的，完全是靠个人缴费实现积累，基本没有相互之间的共济。这三种模式，如果照搬照套，都不适合解决中国的问题。普惠型模式我们搞不起，我国 13 亿人口的福利需求极其庞大，不要说现在的财政能力，就是再过多少年也不可能完全由国家财政来解决所有老百姓的福利问题。像美国那样的补缺型模式，也很难在我国行得通。它的特点是要求人均收入水平比较高，美国现在人均医疗费用在全世界是最高的，光靠"补缺"也不行，这种模式事实上造成了严重的社会不公平。像新加坡那样的完全积累型模式，它的前提是大多数人都有工作，有钱可积累。新加坡是城市国家，而我国到目前为止还有大约 7 亿多农民，农民的主要问题是平均收入低，筹资困难，一家一户收钱，管理成本太高。所以，尽管我们可以研究世界很多国家的经验，借鉴它们的经验，但是实际上没有一个现成的福利模式是能够完全适合解决中国问题的。

底线公平理论的假设是，在底线公平基础上可以最大限度地形成共同性，找到均衡点，提高协调的效果。底线公平并不是最低水平的公平，它的主要含义是机制性的。"底线"的意思是责任的底线，就是最终由谁来负责，特别是在政府责任和市场机制之间找到一个界限，使得政府能够承担它必须承担的责任，市场又能够发挥它可以发挥的作用。让这两大机制，各得其所，而又相互结合。就是到底政府调控应该管什么，市场机制应该管什么，各自的职责是什么，必须守住的底线是什么，可见，它实际上是一个机制的概念，不是一个水平的概念。所以，底线公平不意味着保障水平一定低，因为保障水平是由经济水平的变化而逐渐调整的，它不应该是固定的。但是，政府和市场之间的责任底线是相对固定的。这看起来是政府和市场之间的分工问题，实际上是利益的归结性问题。前面谈到的问题之所以处理得不好，很大程度上就是政府和市场之间责任底线不明确。头痛医头，脚痛医脚，根据眼前的情况怎么能够变通得了就怎么干。比方说，新型农村合作医疗，2003 年提出每个参加合作医疗的农民每年30 元的筹资标准，其中，中央财政出 10 元，地方财政出 10 元，农民自己出 10 元。后来一看，30 元的标准不足以吸引老百姓积极参加，到 2006 年就提高到 50 元的标准，就是中央财政给每个参加合作医疗的农民出 20元，地方财政出 20 元，农民自己出 10 元，这样一来，财政和农民之间的出资比例就成了 4∶1。4∶1 是不是一个可以长期持续下去的比例？大家知道，合作医疗每人 50 元是根本不够的，按照这个标准，农民真要得了大病顶多只能报销住院费的 30%，也就是说实现不了这个制度的预期目标，就是防止因病致贫、因病返贫，如果得了大病花了几万元，只能报销 30%的话，另外那几万元农民还是交不起。这样，政府出资和农民缴费之间的比例，原来 30 元时是 2∶1，50 元时变成 4∶1 了，都是没有经过严格论证的，2∶1 的根据是什么，4∶1 的根据是什么？那么，4∶1 的比例是否可以持续？可以肯定地讲长期持续不了。现在是人均 50 元，而真正要解决问题的话人均水平应该不断提高，现在上海市人均达到 400 元了，400 元其实也不行。城市职工的医疗保险现在是人均 1000—2000 元，农民合作医疗筹资水平在将来还要逐步大幅提高，如果成倍地往上翻的话，财政根本承受不起。这表明，新型农村合作医疗的筹资机制问题并没有真正解决。作为探讨，是否可以考虑，在目前，加大对医疗救助的投入，重点面向穷人；在以后，随着农民收入水平的提高，并且从农民内部收入差距其实很大的实际情况出发，政府的医疗补助可以分等级，按人头平均发放效率是低的。按人头平均发放也许只适用于新型农村合作医疗制度的初期，从机制讲，它是抽象公平的机制，不是底线公平的机制。

找到底线性的东西，是制度能否持续、能否健康运行的关键。底线怎么确定？就社会需求而言，有三个方面是政府要保的：第一项需求就是生存的需求，衣食住行的基本生活需要；第二项需求就是教育，教育是发展性的需求；第三项就是公共卫生和基本医疗，健康的需求。这三个方面，不论政府的能力强弱，都应该负责保证，当然由政府负责保证不见得完全由财政出资，筹资体制是个更复杂的问题。而保证人民的生存权利、教育权利和健康权利是政府不可推卸的责任，在保住了这三个基本权利之后，其他的大量的需求如个人自主发展的需求、享受的需求，这些方面的满足和提供是有差别的，可以通过市场机制，也可以通过政府和市场机制的合作来实现。这样，就解决了一个西方福利国家的所谓福利刚性的问题。就是福利水平只能越来越高，国家责任无限大，财政责任越来越重，最终达到难以承受的程度。如果建立起一种政府和市场责任的底线，它就可以形成一种柔性的机制，基础的部分政府保住了，剩下的那些部分可以承认差别。这就与抽象公平理论有了明显的差别："底线公平"既承认权利的无差别性，也承认权利的有差别性，也就是说，在政府保的这部分基本权利方面人人都应该是无差别的，主要由市场来调节的那些需求，是可以有差别的，也就是说钱多的人、钱少的人、不同职业的人、不同地区的人可以承认差别。底线以下是无差别的公平，人人必保，是刚性的；底线以上是有差别的公平，是柔性的。我们现在如果只讲以平等为前提的公平，不承认有差别的公平，实际上也做不到。在这条底线上所形成的各种各样的机制，就是底线公平的机制。

五　说明和结论

第一，在底线公平基础上，当面对生存需求（最低生活保障）、教育需求（义务教育）和健康需求（公共卫生和基本医疗）的时候，各种利益主体——不论是政府、企业、社会机构（学校、医院等）、民间组织、家庭和个人，各个社会阶层和群体——不论是富有者、贫弱者还是中间阶层，最容易达成一致，取得共识，找到共同点；虽然也有利益博弈，但比较容易达到均衡，也比较容易协调。因为摆在面前的其实是责任的底线，道德的底线；虽然也有理性的计较，但毕竟是在接受良心、同情心的拷问。如果此时此刻还有什么盘算和选择的话，那其实是在还要不要社会公正、要不要社会安定、要不要共处共存、要不要继续执政的关口做最后的决断。因此，对于底线公平机制是最大限度地找到共同点、均衡点，达致协调的机制，其实是不难证明的。

第二，抽象公平和底线公平的区别，是前者不问实际条件和可能，平均分配，人人有份，其假设条件是社会差别可以忽视；而在实际上存在着较大的收入差距、城乡差距、地区差距的条件下，那样做不仅效果必然很差，还往往会适得其反，加大社会不公平。底线公平从存在着较大的社会差距的实际出发，强调要有重点，主要面向弱势群体，面向老百姓最现实、最直接、最迫切的需要，这样就可以做到成本小而效益大，其结果是能够有效地促进实现公平公正。

第三，最近几年的实践证明，体现底线公平的制度建设进度快，效果好，老百姓欢迎，财政承担得起，有助于激发社会活力，有助于社会稳定，有助于促进经济又好又快发展。先是在城市，现在在农村建立的最低生活保障制度，从 2003 年以来，在农村开始建立的新型合作医疗制度，加大教育投入，特别是支持义务教育，尤其是中西部农村义务教育的一系列制度和政策，深得民心。实际上成为社会保障制度建设最成功的部分，成为改善民生的重点，成为社会建设的亮点。十七大报告强调社会保障体系要以基本养老、基本医疗、最低生活保障制度为重点，有重点才有政策，才有好政策，这是对几十年实践经验的正确总结。

第四，底线公平机制是使得经济发展和福利发展能够相互保持一致的机制，一方面随着经济的发展福利水平也能够提高，另一方面福利水平提高本身不是成为经济发展的包袱，而是成为经济进一步发展的动力。这对于我国这样一个发展中国家来讲尤其重要。有些政府官员还担心发展福利、发展社会事业，加快社会建设，好像就是纯粹的消费开支，可能影响经济发展。这是依据陈旧的理论形成的一种看法。按照底线公平理论，我们可以找到社会福利的增加、社会事业的发展反回来能够更好地促进经济全面可持续发展的途径。而这一点恰恰是我们当前发展阶段最需要的。从理论上，我们没有根据得出福利水平的提高必然会影响经济发展的结论，同样，也没有根据证明经济水平提高了福利水平也一定能提高，甚至找不到福利水平提高了社会就一定能够稳定的根据，也不见得，它们之间的关系是相当复杂的。重要的是，我们要在经济发展、社会发展和社会稳定之间，找到一种机制，调整它们的关系，使经济和社会能够达到一种和谐的状态。依靠这样一种机制比较好地化解种种矛盾，像农村征地、城市拆迁中的矛盾，尽管我们没有足够的力量在经济上满足所有人的需求，但还是要努力追求成本最低而效益最好的理想的结果。即使一时达不到，也是科学研究和政策研究必须不懈坚持的目标。

［本文根据作者 2007 年 6 月在日本福祉大学、10 月在重庆市西南大学、西南政法大学的演讲记录稿整理而成，曾作为《底线公平——和谐社会的基础》第七章发表（北京师范大学出版社 2009 年版）］

第二篇

社会福利模式探讨

社情人情与福利模式[*]

——对中国大陆社会福利模式探索历程的反思

一　基本社情与人情

一个福利模式，要想能够顺利建立起来，并且能够健康地、持续地运行，发挥预想的作用，就必须考虑社情人情的基本特点。过去我们在探索社会福利模式时，重视经济条件和社会福利的关系，这固然是基本的方面，但不是唯一重要的方面。没有一定的经济条件当然难以建立现代福利制度，但并非经济条件越好，福利模式就一定越好。福利是为了人的，它既要满足人的物质需要，也要符合人的主观感受。一个好的福利模式其实应该是最适合它所面对的人的特点的模式。要以人为本，既不是以经济为本，也不是以福利为本，不是福利越多越好，而是越适合人的需要越好，正如美味不是越多越好一样。所谓"适合"，表现为四个方面：一是适度性，这主要是与经济发展水平相协调，否则难以持续；二是适应性，主要是要适应市场化和城市化这样的社会情势；三是适用性，主要是适合人的生活方式、生活态度；四是适当性，适合人伦、人情，具有道德上的正当性。

60 多年来，海峡两岸在社会福利模式上各自进行了艰辛的探索，积累了丰富经验，虽然制度情形有所不同，但两岸同文同种，人文特点相同。

＊　本文是国家社会科学基金重大招标项目"普遍型社会福利体系的基础和设计研究"（批准号09&ZD061）的成果之一，并作为 2011 年海峡两岸社会福利学术论坛的主题演讲稿宣读过，作者谨向出席论坛的两岸社会福利专家致谢！

台湾学者较早发出了"建立本土社会福利体系的呼声"，[①] 为此，就要从大陆称为"国情"，实际包括政治、经济、社会、文化、生态等诸因素出发，詹火生教授把它们归纳为情境因素（情境的偶发因素）、结构因素（政治结构、经济结构、社会人口结构等）、文化因素（政治文化和一般文化）、环境因素（社会的外在因素）[②]。如能既从经济角度，又从人文角度总结两岸社会福利基本经验，就有可能探索出最适合中国人特点和需要的福利模式。果能如此，那我们就可能在西方人为人类贡献了虽然各具特点但有明显共性的西方福利模式之后，也创造出适合中国人的福利模式。

（一）基本社情三大特点

1. 经济总量大，人均收入低——民间福利需求大，而自供能力弱，需求与供给错位，"社会福利"成为"财政福利"。

中国大陆刚刚制定了 2011—2015 年的经济社会发展规划（"十二五"规划），这期间，强调民生优先，只有真正从片面追求 GDP 转变到重视民生问题，才能真正实现高质量的可持续的发展。但是解决民生问题，要比发展经济更为复杂。经济体制改革，任务固然艰巨，但从国际上说，搞市场经济已经有了比较成熟的经验。而解决民生问题需要一些基础性条件，需要探索民生建设的基本规律，才能把改善民生这一美好愿望建立在科学的、理性的基础之上。

现在很多人讲，我们的国民生产总值已经跃居世界第二位，完全有能力解决民生问题了，福利模式也要从补缺型转变为"适度普惠型"了。确实，我国的财政能力已经今非昔比了，应该并且能够在新的发展阶段，满足人民群众提高生活品质的新期待。但是，这种认识并不全面，特别是忽略了民生问题的特殊性。民生问题与经济问题有一个重要区别，就是后者更依赖经济总量。发展经济，只要经济总量大，就可以集中力量办大事：修高速铁路、研制大飞机，上重大项目，13 亿人，每人省几块钱，就可以

---

① 古允文：《不确定的年代——走在钢索上的国际社会福利发展》，见詹火生、古允文编《社会福利政策的新思维》，台北财团法人厚生基金会 2001 年版。

② 詹火生：《台湾社会福利发展的政治、经济、社会、环境分析》，詹火生、古允文编《社会福利政策的新思维》，台北财团法人厚生基金会 2001 年版。

造航母。民生问题却是更依赖人均收入水平。生活需要是按个人说的，吃饭、看病、上学，别人都代替不了。而大陆基本经社情况的最大特点，恰恰是经济总量大、人均收入低，大到总量占世界第二，低到人均大约排世界第 100 名。经济总量大，固然是一大优势，例如中央财政有较强的转移支付能力；经济总量大可以解决最低生活保障问题，因为处于最低生活保障线以下的人口毕竟所占比例不太高，虽然低保金要完全由财政负担，中西部地区甚至完全由中央财政负担，这在经济总量增大的情况下是可以承受的。但是，是否生活保障和社会福利的所有问题都可以靠经济总量大就可以得到解决？不能。对于社会福利问题，与经济总量相比，人均收入水平更起决定作用。福利的需求，主要是就个人而言的。福利需求有特殊与普遍之分，现代意义上的福利是人人都需要的，清新的空气，清洁的水，顺畅的交通，起码的居住空间，都是福利。教育，是发展权的重要组成部分，现在讲究终身教育，从小到老，都有受教育的需求，这些福利需求是普遍化的。因此，我们主张从小福利迈向大福利。① 许多福利问题是可以靠经济总量大来解决的。

但是，养老、医疗等等需求是无限的，而且既有政府的责任，也有家庭和个人的责任，纳入"大福利"框架内的各项社会保险，个人是要缴费的，人均收入水平低，个人缴费能力就弱，很容易形成对财政的依赖，形成债务危机的风险就大。自 2003 年开始试行以来，在广大农村普遍实行的新型农村合作医疗制度，各级财政和农民个人的出资比例是 4∶1（2011年筹资水平是每人每年 150 元，其中，财政出 120 元，个人出 30 元），基本不具备可积累性，基本起不到调节收入分配的作用，制度自生能力弱，可持续性堪忧。从 2010 年开始在农村推行的养老保险制度，基础养老金完全由财政负担，现在仅为每人每年 660 元的标准，财政尚可承受，以后还要持续提高，如何承担？基本国情的这一特点，给我们提出了一个严峻的问题，就是人均收入居世界第 100 位左右的国家，能否照搬人均收入居世界前 10 位的国家的社会保障和社会福利制度？显然不能。经济总量大、

---

① 景天魁、毕天云：《从小福利迈向大福利；中国特色福利制度的新阶段》，《理论前沿》2009年第 11 期。

人均收入水平低这个特点，严重制约了我们对福利模式的选择。但光说不能也不行，因为我们毕竟经济总量大了，应该担负起解决民生问题的责任。那么，如何在经济总量较大而人均收入水平又很低的国情条件下，走出中国特色的民生之路，让古老中国也能进入现代福利社会？世界上没有这种现成的经验，需要我们去探索、去创新。

2. 城市化落后于工业化，福利需求主要集中在农村，而供给能力主要集中在城市，需求与供给脱节，导致"一国两策"[①]。

虽然我们已经进入工业化中后期，吸纳劳动力能力较强的制造业产值居世界第一，但农村人口仍占大多数，在 13 亿人口中还有 7 亿多是农民。这种情况也会严重制约着福利模式的选择。工业化使人口迅速集中到城市，原来的家庭和社会的某些联系被割断，但是工业化、城市化也创造了一种条件，即工资性收入，而且这种收入一般是连续的，只要有工作，这种收入就是可预期的。这种条件恰恰使社会保险制度的诞生成为可能。可以按周、按月领工资，就可以定期定额缴费，费用的征缴和发放就是可计算的。并且工资形式还使运作成本可以降得很低，参保人数越多，制度运行平均成本就越低。而农民的特点却是收入不稳定，而且不是连续的。到年终才能得到货币收入，不像工资那样形式化，而且收入先进入个人腰包，要征缴，就有了讨价还价的余地，征缴多少，很难计算，并且无法预期。这样，制度运行成本就很高。更何况广大农村民生需求极大，而地方财力，特别是农民个人的缴费能力很低。现在的新型农村合作医疗制度就遇到这个困难，一年收费一次，可以自愿，根本不能形成积累。

发达国家的福利制度，是在工业化、城市化程度较高的情况下才普遍推行的。美国在 1920 年城市人口就超过农村人口，但到 30 年后的 1950 年，即《社会保险法》颁布 15 年后，才将农业工人和家庭佣工纳入养老保险覆盖范围。[②] 人口中的大多数是城市人口，有缴费能力，而且有比较稳定的缴费能力，这是社会保险制度得以建立和运行的重要条件。发达国

---

① 陆学艺：《走出"城乡分治，一国两策"的困境》，载《陆学艺文集》，上海辞书出版社 2005 年版。

② 胡务：《美国城乡社会养老保险接续模式的演变》，《中国社会保障》2011 年第 4 期，第 35 页。

家有缴费能力人口与无缴费能力人口之比值远远大于中国。这就给我们提出了又一个难题：我们在有缴费能力人口远远少于无缴费能力和只有较弱缴费能力人口，而且前者主要集中在城市，后者主要集中在农村，城乡分割、一国两策的国情条件下，如何能够建立起让 13 亿中国人都能过上有尊严的生活的现代社会福利制度？这是对中国智慧的严峻挑战。

3. 地区差距、城乡差距、居民收入差距很大。制度分设，资源分割，碎片化严重。

发达国家城乡差距很小，一项制度，几乎没有只能在城市实行、不能在农村实行的问题，很少有不同地区存在着不同利益诉求的问题。而我国的城乡差距在世界上是很高的，仅城乡居民收入差距就达到 3.3∶1，加上广大农村地区交通和水电等条件较差，文化教育水平偏低，卫生医疗条件欠缺，导致城乡之间的实际差距很大，一般认为可能达到 5∶1 或 6∶1。这就造成了一个严峻的问题，同样是养老和医疗，城市与农村制度分设，农民工的社会保险关系难以接续，养老关系难以转移。积累下来，就形成所谓制度"碎片化"的情形。

制度碎片化的形成，基础的原因是三大差距，城市一套制度，农村一套制度。拿养老来说，公务员、事业单位、企业职工各有一套制度，城镇职工和城镇居民又有不同制度；医疗保障，看起来是三大制度——城镇职工医疗保险、城镇居民医疗保险和"新农合"，但细致一看，也是五花八门，各县不同，各市不同，甚至不同人群也不同。企业内部，国有企业一套，集体企业一套，私营企业、个体企业也各不同，而且标准千差万别。北京市城市职工医疗保险人均筹资水平 2200 多元，而"新农合"今年刚提到 150 元，相差十几倍。制度之间不能兼容，没法协调，更没法统一。而且相互割裂，各自封闭。

（二）目标性问题

以上三大特点的存在，是短期内无法回避、难以解决的问题。尽管这些基本特点会逐渐有所改变，人均收入将会明显增长，城市化率会逐年提升，社会差距会趋于缩小，但要发生根本性的转变还要经过一个相当长的时间，例如二十年、三十年或者更长。显然，我们既不能无视这些基本特点的存在，去设计理想的福利制度，也不能等待这些基本特点消除后再去着手建设社会福利体系，而必须踏踏实实地从这些基本特点出发，不但要建立起好的福利制度，还要通过福利制度的建立，促进人均收入的提高、推动城市化进程，缩小社会差距，这就有极大的难度。不能简单地以为只要增加了福利支出，就一定有助于那些特点的消除，如果制度设计考虑不周，有时可能事与愿违。例如，新型农村合作医疗，在大病住院报销比例低于50%的情况下，贫苦农民依然不能就医，也就不可能在"新农合"中得到财政的医疗补助。财政补助是被较富裕的农民得到了，因为他们交得起住院预付款。这不就形成了富者愈富、贫者愈贫的情况吗？这种结果难道是实行新型农村合作医疗的初衷吗？这项制度本来是要解决农民看不起病的问题，结果只是帮助富裕农民去看了病，实际上帮助扩大了收入差距。可见，在存在着巨大社会差距的情况下，福利制度的设计初衷在实践中会发生扭曲和偏离。

这样，我们就需要提出一个总的问题——目标性问题：在经济总量大、人均收入低、城市化滞后于工业化、存在着严重的三大差距的基本国情下，如何让中国人也能过上能够满足基本生活需要的有尊严的生活？有没有可能以及如何在中国建立起适合自己社情人情的福利社会？

二　通往福利社会的途径问题

（一）西方福利模式三大警示

能不能以及如何设计适合中国的福利模式，首先需要研究现代福利模式已有的经验。我们不考虑各个福利国家具体的差别，不论它们是什么模式，民主主义的、保守主义的、自由主义的，它们的共同优点至少有两条：第一，降低了发生社会冲突的几率，缓解了社会矛盾，延续了资本主义的生命。19世纪直到第二次世界大战以前，欧美国家经常发生大罢工、大游行，社会冲突不断。自从第二次世界大战以后，欧美国家普遍实行了较高水平的福利制度，游行示威之类的社会冲突大大减少了。这种变化不一定完全是实行福利制度的结果，但是人们有饭吃，即使失业了，也有较高的生活保障和福利待遇，社会矛盾也就不至于太激烈。第二，社会结构逐渐向着有助于稳定的定型结构演变。实行较高的福利制度，首先会使绝对贫困人口大大减少，中等收入阶层也就不容易降为贫困者。同时，城乡差别、工农差别在实行较高福利的国家也很容易缩小。

但是，从20世纪70年代以来，福利国家制度越来越暴露出一些很难克服的缺点或者称为福利危机。

第一是失业率居高不下。许多人想方设法请病假、休假，不上班，长期依赖失业保险金，不愿意再就业，OECD国家失业率一般在7%—10%，较低的荷兰、日本等，失业率也在5%—6%（见图1）。这成了福利国家的一个顽疾。

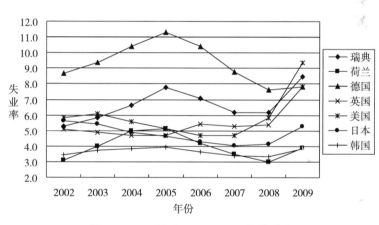

图1　OECD国家2002—2009年失业率

Source：Labour market statistics：Labour force statistics by sex and age：indicators，OECD Employment and Labour Market Statistics（database）

更为严重的是，发达国家的失业有长期化的趋势，12个月以上的长期失业率，德国占失业人口的一半，其他国家都达到20%—30%、30%—40%（见图2）。

第二个问题是公共债务。2008年以来的国际金融危机，暴露出发达国家政府金融负债率太高。美国政府、公司和私人累计欠债总额已高达200万亿美元左右，如果按照美国现有人口3.05亿来计算，人均欠债约为70万美元，每个家庭（按每户3.1人）欠债217万美元。欧盟各成员国政府债务占 GDP 的比例在 2010 年提高到 79.6%, 预计 2011 年将提高到 83.8% 。而欧元区 16 国当中, 有 12 国到 2011 年政府债务占 GDP 的比例仍将超过《稳定与增长公约》规定的 60% 的红线以上, 其中希腊、意大利和比利时高居 100% 以上。截至 2010 年 12 月底, 日本的国家债务余额已高达 919 万亿日元, 日本国民的人均债务负担已增至 721 万日元, 超过日本 GDP 比重的 100% 。

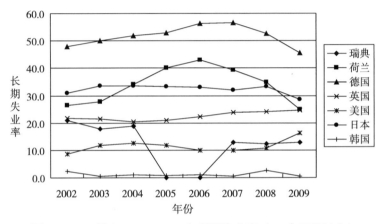

图 2　OECD 国家 2002—2009 年长期失业率（12 个月及以上）

Source：Labour market statistics：Unemployment by duration：incidence，OECD Employment and Labour Market Statistics（database）

　　债务危机的形成原因很多, 各国情况也很不同, 但福利制度总是一个或多或少的原因。日本经济在走下坡路的时期, 福利却往上升, 这样持续一二十年, 债务就迅速增至目前世界最高（见图 3）。

　　第三个问题是贫富分化的全球化。发达国家国内收入差距缩小, 是以造成国际贫富差距拉大为代价的。发达国家国内的基尼系数不是太高, 它们引起世界范围贫富差距拉大, 靠的是国际垄断资本的作用。沃勒斯坦的现代世界体系理论揭露了财富向核心国家集聚, 贫穷向边缘国家发散的趋势。

　　根据联合国《2005 年人类发展报告》数据, 现在世界上最富有的 500人的收入总和大于 4.16 亿最贫穷人口的收入总和。2007 年 9 月 12 日英国

《卫报》报道：现在，世界上最富有的 225 人的收入与最贫穷的 27 亿人的收入相等，相当于世界所有人口收入的40%。2007 年，美国最富有的 1%家庭占有了全美家庭43%的金融财富，20%的家庭所拥有的家庭金融财富占美国家庭金融财富总额的93%。比尔·盖茨、巴菲特、保罗·艾伦三人总资产比世界上最不发达的 43 个国家 GDP 的总量还多。

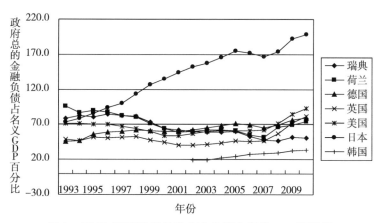

图 3　OECD 国家政府总的金融负债占名义 GDP 百分比

Source：OECD Economic Outlook 88 database. Source：OECD Economic Outlook 88 database.

　　到底福利国家的高福利有多大比例是国际垄断资本带来的，各国情况不同，难以一概而论。但少数国家内部高福利与全球范围贫富分化加剧同时存在，却是国际经济格局的整体性现象。从这个全球视角观察在少数国家实行的福利模式，可知它是特殊历史过程的产物，它的存在是需要高昂代价和特殊条件的。它对我们的启示在于：中国过去和将来都不会有那样的特殊条件，即使有，也绝不是我们可以选择的道路。正如近来有人在谈到所谓"G2"（美中共治）时所说，中国人不怕当世界第二，美国人害怕当不成世界第一，因为它的许多利益是靠霸主地位维持的。由此可以理解，西方福利模式是现有世界体系的一个组成部分，一定程度上是依赖现有不合理的、不公平的世界体系的。

　　同样，即使我们无法准确计算出西方福利模式在失业率高企、债台高筑中所起的作用，但它足以警示我们：对于我们这样一个人力资源大国来说，主要优势不是资本，不是技术，尽管他们在未来的经济发展中的贡献率会稳步提升，但我们长期的优势在于劳动贡献率。不论出于多么美好的愿望，任何导致福利依赖，造成失业率升高的政策，都将把我们的最大优势转变为最大劣势，最丰富的资源转变为最沉重的包袱。

遗憾的是，这种危险在中国是非常容易发生的。我们远没有实行多么高的福利，仅仅搞了一个最低生活保障制度，就出现了"吃低保"的问题。在一些城市，只要低保金水平达到或接近最低工资标准的1/3，按一家三口人计，低保金总额再加上附着在低保户资格上的种种福利优待，就高于就业可能拿到的工资，一些低保金水平偏高的城市，失业率就要偏高。我们这个人口大国，不要说10%的失业率，就是失业率每增加一个百分点，把农村劳动力也统计在内的话，失业人口就将达到800万人（2010年末大陆城乡就业人员接近7.9亿人，据估算，劳动年龄人口在2014年将达到最高峰9.97亿人），再加上他所抚养的家庭人口，新增的需要救济的人口就将超过台湾总人口（2300万人）。如果失业率再增加一到二个百分点，再大的经济总量也将消耗殆尽。

中国经济活力的主要源泉，一是廉价劳动力，并且劳动参与率高；二是政府负债率低，投资能力强。劳动力廉价，不能也不应长期保持，但较高的劳动参与率却必须长期保持；政府投资比例大不应长期保持，但政府负债率低，从东亚一些国家的经验看，无疑是一大长处。例如，韩国、新加坡在2008年以来的金融危机中的表现，与欧美明显不同。它们的公共债务水平较低，政府投资能力强，经济回升就快。这与它们的福利支出占GDP的比例只有6%左右不无关系。另外，这些国家的公众对福利的依赖程度较低，自立能力较强，就业率高于欧美，也是一个重要原因。

当然，由此不能得出结论，福利支出占GDP的比例低，经济就一定有活力。世界上这一比例更低的国家还有很多，它们的经济未必就发展快。我们可以得到的启示是：

第一，在目标问题上，韩国和新加坡的经验超出日本的地方，就是告诉我们，不要以为只能设定与西方福利模式相同的目标，不要只是因为目前条件不具备，无法照搬，而是目标模式就可以有区别，要想办法避开或者解决西方福利模式难以避开或解决的问题。

第二，在途径问题上，西方模式的三大教训，正是中国的三个优势最容易转化为三大劣势的关键点。如果照着西方模式走，不但走不通，还会把优势丧失殆尽。这些并不是我们在建设中国福利社会的道路上可以踌躇不前的理由，但确实是我们必须认真对待的警示：选择好的福利模式，选择恰当的路径，攸关中国的前途！

（二）途径性问题

我们依据已有福利模式的经验和教训，就可以把前面提出的总的目标性问题分解为四个途径性问题：

第一，福利模式的适度性问题：怎样找到经济发展与社会福利的均衡点？经济发展和社会福利如何处于一种动态的均衡状态？

第二，怎样明确政府和市场的界限？无非是两个极端，一个是政府干预主义，一个是市场放任主义。例如，这几年房地产搞成这个样子：计划经济时期统统是福利分房，完全没有市场作用；住房商品化以后，又走向另一个极端，政府什么都不管了，不论穷富，统统去买商品房。这两种倾向，在福利政策上是一大教训。说明在福利政策上明确政府和市场的界限也像在经济政策上一样是一个关键问题。

第三，怎样确定政府、社会和个人的责任？自20世纪80年代中期以来，我们在教育问题上吃的亏就说明这个问题的重要性。本来基础教育主要是政府管，包括"文化大革命"期间，都没有听说哪个小孩因为家庭困难连小学都上不了。1985年以后，财政陆续就不管了，义务教育让乡、村两级管。在农村实行家庭联产承包责任制以后，集体经济解体了，义务教育就只能是靠父母出钱了，那还能叫义务教育吗？

第四，什么是在福利问题上应该抱持的公平观？在以往的福利理论中，越平等越好，越公平越好，否认差别，认为有差别就是不公平。出于我们的基本国情，各种差距那么大，短期内不可能消除，搞绝对拉平那是"大锅饭"，历史证明是行不通的。要找到一种新的公平标准，既不是效率主义，也不是平等主义，实行有差别的公平。就是我说的"底线公平"，[1]

---

① 景天魁：《底线公平：和谐社会的基础》，北京师范大学出版社2009年版。

底线公平就是希冀解决这四个途径性的问题。

三　现实途径就在脚下

古允文教授曾经形象地称西方福利发展是"走在钢丝上"。[①] 发达国家比较而言，人均收入高，城乡差别小，收入差距一般也不比我们大，因而经济社会发展比较平衡，即使这样，它们的福利制度还在空中走钢丝，我们的经济社会发展存在着上述基本特点，归结起来就是不平衡，那就根本不能在空中走钢丝，否则就极容易摔下来。我们必须脚踏实地，这个"地"，就是中国社会和人文的基础——基本的社会结构、家庭结构、生活方式、人伦人情以及人文精神。

60 多年来，两岸是在各自独立地探索通向现代福利之路，并且，由于历史的、意识形态的、政党政治的原因，从主导思想上都是尽可能表现出区别来。但是，在刻意追求区别的情势下，还免不了出现的共同点，那就是中国根深蒂固的基础性的东西。我们把这些想变而变不了，想殊途而不得不同归的东西找出来，那就是中国的根，就是中国福利制度的基础，就是适合中国人的福利模式的精髓。

中国人历来讲究中庸，中庸不一定是"中间"，也是兼顾、包容、协调。既不是效率的最大化，即福利越低越好，也不是福利最大化，即保障水平、福利水平越高越好。这就冲击了以往福利研究的基本假设：不论是福利经济学还是其他学科，过去的基本假设或者判断标准，就是福利水平越高就是越好，越值得向往，但是现在我们把它给改变了。因为按照以往那种思路，在我们这种基本国情下就无路可走。实行高福利制度，在人均收入水平如此之低的情况下，实行得了吗？可是，也不能滑向另一个极端——效率越大越好，如果说效率越大越好，那么对经济发展就越有利，用于投资经济的钱就越多，在这种偏向下，福利只能是"剩余型"，标准被压得很低，或者只搞一点点救济。很显然，这两条路在现在都走不通，

---

① 古允文：《不确定的年代——走在钢索上的国际社会福利发展》，见詹火生、古允文编《社会福利政策的新思维》，台北财团法人厚生基金会 2001 年版。

更没法通向中国特色的福利社会。所以，已有的基本的假设和思维定式就全冲击了，我们不是追求那种最大化，而是追求适度、适当、均衡。

这样一来，我们设定目标模式的标准和路径选择的思路，都转变到了中国文化的基础上来：不追求最大化或最小化这两个极端，而追求"适合"（适度、适应、适用、适当）。我们处处离不开、脱不掉基本国情那三大特点，适合那三大国情特点的福利模式，就是中国人的现实可行的福利道路。

（一）福利模式的适度性

一般认为，所谓福利模式的适度性，主要是指福利水平要与经济发展水平和状况相协调。在体制上，主要指标是福利支出占 GDP 的比重。对于发展中国家来说，还要重视福利支出增长率与 GDP 增长率的相对均衡性。均衡的标准是什么？经济增长 7%，福利也增长 7% 就是均衡吗？不能完全画等号。标准就是两条：第一，经济能支撑和持续，福利增长没有超出经济的支撑能力。也许有一段时间，可能福利增长速度超过经济增长速度，只要经济能够承受就可以。往往在经济增长下滑的时候，为了解决失业等生活问题，要求更多的福利支出。第二个标准，福利增长不仅不是经济增长的负担，反而能够成为刺激经济增长的动力。这样的福利模式就高明了。一定的福利增长，可以增强居民的消费能力，当经济增长迫切需要提高消费需求的时候，适时提高福利支出，企业能够生存，生产能够发展，对经济增长就有正效应，但如果消费已经过度，超出了经济的支撑能力，再去继续提高福利，增加消费，那就只能阻碍经济发展。

进一步说，所谓"适度"，不仅仅是个经济问题，也是社会人文问题。适度与否，也不能只看福利水平是否与经济发展水平相适应，还要看福利需求本身是否适度；不能认为只要经济承受得了就是适度的，适度性还要有社会的、人文的标准。现在的世界，一会儿是货币危机、债务危机、经济危机，一会儿是核爆炸、核泄漏、核污染，一会儿是股市泡沫、房市泡沫、资产泡沫。人类已经制造出了福利危机，也制造了"福利泡沫"。抽象地说，人类对幸福的追求是无止境的，现实地说，它又必须是有止境的、有限度的。

　　所以，"度"不仅来自外在的限制，也来自内在的合理性。生活充裕就好，但不是钱越多越好，社会上有很多生活堕落的人都是在有了很多钱之后，开始沉溺于赌博、吸毒等违法犯罪的事情；医疗有保障就好，但不是药越多、越贵、越新越好；美味偶尔尝尝挺好，吃多了就与毒药的效果类似。韦伯说资本主义是理性化的，但资本主义也是最疯狂的。幸福是永无止境的，福利既可以是人类进步的动力，走偏了，无节制地耗费资源，无休止地争夺利益，无所不用其极地施展手段，人类最终就只有走向万劫不复的结局。那就不是选择福利模式而是选择毁灭模式了。

　　"度"就是界限，相对于人来说，既有外在的界限，也有内在的界限。相对于福利制度来说，经济条件是外在约束，制度本身要有内在约束。这样，"度"就很难确定。底线公平理论就是想在经济发展和社会福利之间找到均衡点。为什么要确定一条底线？一些人以为底线公平就是主张低水平的保障、低水平的福利，这是望文生义。所谓底线是社会成员在基本需求面前权利的一致性，是处理以上几个关系的平台，不是一个福利水平高低的问题。什么是底线的标志？我们要找到容易把握的、能够明确以上关系的界限。第一是最低生活保障线。并不是说只要搞最低生活保障就可以了，而是因为低保完全是政府的责任，以此画线比较明确。第二是公共卫生和基本医疗，这也是政府的责任。基本医疗，例如新型农村合作医疗中政府出资的部分，例如艾滋病、白血病、肾透析，这些会给一般家庭带来难以承受负担的病种，政府和社会要提供保障。第三，义务教育。教育是人人需要的基本的发展需求。吃得上饭，看得起病，上得起学，这是政府不可推卸的责任，是一条责任的底线。为什么不用养老作为画线的标志呢？养老问题很重要，但也很复杂，它是多样化的需求，既有豪华型的养老，也有维持基本生活的养老，不都是政府的责任，在很大程度上是个人和家庭、社区和社会的责任。这样画线和联合国的人类发展指数是差不多的。人均收入、平均受教育年限、预期寿命，这主要来源于阿玛蒂亚·森的理论。这样就便于测量人类发展水平。

　　用底线公平的办法确定福利模式的适度性，只能是间接的。但在实践上却是有用的。第一，它有助于在社会福利制度的建立过程中，明确重点。由于存在巨大的社会差距，福利制度的重点必须面向中低收入群体，这是人口的绝大多数。不能重点保富人，更不能越富越保，这不符合我们的基本国情。前几年社会保障扩面为什么推不动？每年讲扩面，就是扩不大，养老保险、医疗保险，每年只能新增 1000 万人左右，以这样的速度，要覆盖全民就得 100 年。原因在于七八亿农民收入水平低，缴费能力弱，几亿非职工的城市居民也缺乏缴费能力。近几年突破僵局，关键是改变思路，把重点放在中低收入群体，中央财政出大头，个人出小头，新型农村合作医疗、农民养老保险、城镇非职工居民的医疗和养老保险，都是以财政资金支持和补贴个人缴费，带动社会资金。不能越是有钱就越保，越是有钱的看病越省钱，越享受优惠，这样搞下去，大多数人的问题能解决吗？重点一定要明确，绝对不能把 80% 的医疗资金投给城市，其中又有 80% 投给大城市，其中又有 80% 投给大医院。资源分配严重不公平，那就根本谈不到适度与否的问题。

第二，我们的基本国情，要求社会保障和社会福利发展只能循序渐进，而在有序推进的过程中，底线公平有助于明确次序。福利国家的社会福利"从摇篮到坟墓"，无所不包，名目繁多。儿童津贴、单亲母亲补贴等，应有尽有，要都搞，我们搞不起。一定要根据自己的发展阶段，老百姓最迫切的需求，分出轻重缓急，有步骤地推进。我们搞得最成功的，是从 1999 年开始，以中央财政为主建立城市最低生活保障制度，当时每年只花了几十亿，一百多亿，在几年时间里，迅速建立起城市低保制度，使得在发生几千万国有企业职工下岗失业的严峻情况下，没有出现社会动荡。这是在最恰当的时候干了最恰当的事。这表明，正确的次序是先解决吃饭问题、就业问题，基本生活保障问题。在农民看病问题最迫切的时候，以中央财政出资为主建立新型农村合作医疗，老百姓说是"政府掏钱给我们看病，过去从来没有过"。这个次序就是人民群众在发展过程中的迫切需要，也就是底线公平所说的低保、公共卫生和基本医疗、义务教育（吃饭、看病、上学）一定要优先保障，而且要用财政的力量来确保。去年，国家颁布了 2010—2020 年教育发展纲要，发展教育，继基本生活保障和医疗保障之后，成为"十二五"乃至"十三五"期间的重中之重。把人才资源大国变成人才强国，具有战略意义。底线公平就从理论上解释了在实践上为什么要保基本、有重点、讲次序。其他方面的福利需求，可以在保基本的前提下，采取多种方式有步骤地加以解决。

实践中的重点、次序问题，虽然不直接就是福利模式的适度性，但它们却是适度性应有的效果。当然，我们应该进一步从中找到它们之间的一些内在关联的量，也许可以更直接地对适度与否作出刻画。

（二）福利模式的适应性

中国大陆发生了从计划经济向市场经济的转轨，同时也在发生从农业社会向工业社会的转型，不论是从社会结构变动的深刻性、身份转变的剧烈性以及人口流动的规模和职业变动的速度而言，都是史无前例的。在这种大转变的时代，要建立相对稳定的福利制度谈何容易，就连本以为确定的西方福利模式都进入了"不确定的年代"，我们又如何能够建立比较确定的福利模式呢？关键是要增强它的适应性。适应市场化所带来的社会结构和职业的变化，适应城市化所带来的大规模的人口流动和身份转变。为此，首先要解决的就是所谓制度刚性问题。

发达国家福利制度之所以发生支付危机，主要是由于制度刚性。而制度刚性主要来自"越界"：一是保基本和非基本的界限，二是政府与市场的界限。哈耶克曾批评社会主义是"致命的自负"，现在看来，至少在福利问题上，福利国家也是致命的自负，在经济快速发展的时候，高估了财政支付能力，越过了贝弗里奇划定的保基本的红线；为了意识形态斗争的需要与苏联东欧社会主义在搞军备竞赛的同时，大搞"福利竞赛"，社会主义声称消灭了失业，福利国家就把失业保险金搞得比苏东国家的工资还高。

汲取已有的经验教训，我们在福利制度改革基础上建立的各项制度都明确划分为基础部分和非基础部分。财政保基本，例如，农村养老保险，财政给每一个 60 岁以上的老人每月 55 元，一年 660 元，这显然只能保障基本生活。高于基本生活保障的养老需求，应该依靠个人积累的养老保险金、一生劳动的积蓄、家庭和儿女尽孝来满足。这里有基本的部分，有非基本的部分。二者之间的界限就是底线，底线只是明确了各方的责任，不是限制福利的水平，而恰恰是便于实现合理的福利需求。

在农村医疗问题上，我们走过了曲折道路。20 世纪 80 年代，由于人民公社的解体和集体经济的式微，农村合作医疗失去了经济的支撑，除在山东招远、广东高要、江苏苏州等地的少数农村一直坚持了合作医疗制度之外，在广大农村都无法实行了。90 年代初，中央政府曾试图恢复农村合作医疗，但财政无力支持，乡、村两级没有能力，只好无果而终。一直到 21 世纪初，七八亿农民的卫生医疗需求积累成巨大的负担，"看病难、看病贵"成为社会舆论的焦点，主要还是农村医疗问题。不仅是农民收入低看不起病，农村医疗体系在不少地方已基本瘫痪，村里没有卫生室，乡镇卫生院有的转制、有的解体、多数难以支撑，部分农民即使有钱也得跑到城里去看病，这就从一个侧面进一步扩大了城乡差距。面对这种局面，政府必须担起责任，财政必须出手。2002 年经过试点，2003 年开始实行农村新型合作医疗制度，主要特点是财政出大头、农民出小头。最初人均筹资水平仅为 30 元，中央财政出 10 元，地方财政出 10 元，农民个人出 10 元。随后，筹资水平逐步提高，财政投入所占比例，也由 2∶1 提高到 4∶1（在人均筹资 50 元时，各级财政出 40 元，农民个人出 10 元；人均筹资 100 元时，各级财政出 80 元，农民个人出 20 元；2011 年，人均筹资提高到 150 元，各级财政出 120 元，农民个人出 30 元）。虽然筹资水平仍然不算高，但财政出资比例已经很高；虽然住院报销比例只达到 40% 左右，但广大农民看病难、看病贵状况已有明显缓解；虽然这项制度在很多方面还需要进一步健全和完善，但到目前为止没有人能发明出比它更可行、更管用、更得到农民认可的制度。在这个意义上，新型农村合作医疗，就是目前最能体现"经济总量大、人均收入低、城乡差距大、农民缴费能力弱"这个基本国情特点的制度。

为了扩大社会保障覆盖面，重点要解决人口流动、非正规就业、非职工居民的参保问题。社会保险的一套硬性制度设计，必须软性化，增加灵活性，增强包容度。缴费和给付要分档次，既可固定缴费，也可一次、随时或集中缴费。为了适应人口流动，既可以带走个人账户部分，也可以带走基础部分，即统筹部分，对于促进人员从高收入地区向低收入地区流动，财富也随之转移，对于促进缩小城乡之间、地区之间差距是有益的。

在制度设计上，刚性与柔性相结合；在参保、缴费问题上自愿与强制相结合，在运作机制上政府与市场相结合。适应了现实国情，创造了新的经验。

（三）福利模式的适用性

社会福利是面向人们的切身需要的，正所谓南甜北咸，西辣东鲜，适用与否的主要影响因素是生活方式和文化习惯。按照我们的"大福利"概念，除养老和医疗之外，还要包括就业、教育、住房、安全等。各国统计口径不一样，难以用数据比较。但不论哪种福利模式，养老和医疗都是大项，我们就以这两项讨论适用性问题。

2009 年底，中国大陆 65 岁以上老年人口 1.67 亿人，其中 80 岁及以上的高龄老人 1900 万人，失能老人 1000 多万人，半失能老人 2100 多万人。按国际平均每千名老人占有床位 50 张计算，约需床位 900 万张，如都进入养老机构，需要护理人员 2000 万人。而目前大陆养老机构仅有 22 万护理人员。

而据北京市调查，90% 的老人希望居家养老，愿意在社区养老的占 7%，愿意到机构养老的只占 3%。当年，英国最初搞养老福利时，也曾实行集中养老，很快发现不仅财政难以支撑，老人们也不习惯，纷纷跑回家了。考虑到老人们对养老方式的选择意愿，北京市制定方针是：以居家养老为基础，以社区养老为依托，以机构养老为补充。

首先，要为居家养老创造条件，每年春节，几亿在城市工作的子女回农村老家看望父母，规模之大，旅途之难，成为世界一大奇观，每年可以为交通运输部门增加大量 GDP，但比起能够"常回家看看"来说，却有别样的辛酸。应考虑允许高龄农村老人（70 或 75 岁以上）随子女迁移进城，享受城市老人的老年津贴，在积极推动城乡居民养老和医疗制度整合的基础上，这是可以办到的。对于那些不愿进城的老人，农村里应该发扬乡情亲情，鼓励和支持邻里互助、开展社区照护服务。

大力发展城乡社区公共服务，既可以解除上班职工特别是外出打工者的后顾之忧，又可以解决上亿低技能人员就业问题。城乡都要大力发展公益性社会服务组织，开展服务技能的专业化培训，提高社区福利服务能力。

中国大陆现有 7 亿多农民，农村人口最多时达到 9 亿，卫生医疗需求之巨大，即使不说是天文数字，也是令世界上任何一个政府都望而生畏的。20世纪六七十年代，湖北、山东、广东等地农民自己创造的合作医疗和赤脚医生制度，靠一根银针、一把草药，开辟了农民通往健康之路，虽然水平不高却很方便管用。这一经验在全国大力推广后，创造了被世界卫生组织称道的一大奇迹。当然，限于当时经济条件，合作医疗对于缓解农民医疗需求的作用是很有限的。但它却让广大农民第一次感受到了通过合作途径，依靠社会福利解决看病问题的曙光；同时，也让政府领悟到依靠本乡本土资源解决单靠政府难以解决的社会问题的希望。

合作医疗还有一个启示，就是国民健康不仅是一个医疗体制问题，还是一个就医文化、医疗模式问题。我们现在讲中西医结合，回避了体用之争，从就医文化和医疗模式而言，中医的"治未病"思想、整体观念、辩证施治原则，更具有"体"的资格，而西医的价值则主要在于"用"（方法技术）。如果搞颠倒了，那就技术统治体制，其结果正如现在所看到的，抗生素一代一代地频繁更新，病菌也道高一尺、魔高一丈，终于出来超级病菌，将来还会"培养"出超超级病菌，这种医疗模式是颠倒了医学科技与医疗服务的关系，医疗服务被医学科技绑架，成了新药试验场。如此下去，再高的医疗投入，再庞大的医疗体系都无济于事。看看那些长寿乡，基本上靠人与自然的和谐共处，山好水好，生活方式好，心态平和，百病不生。即使现代人难以回到那种天人合一的状态，也要努力遵循天人合一的道理。人类要不要在自己的生命问题上、幸福问题上，像搞军备竞赛一样，无休止地争斗下去？争斗的对象是自然界，是精神世界！在最终价值问题上，跟自己过不去，跟天（上帝）过不去，就只能自讨苦吃了。

台湾在福利提供适用性方面有一条值得重视的经验，就是大力发展福利服务。适用不适用，不是单看资金投入多少，更主要是看有效性，福利对于民众的可及性、可得性。这就有个福利提供方式的问题。在台湾，几乎所有的景点、公共活动，都靠志愿者提供服务，公益性服务组织、慈善组织比较发达，成为福利服务的主力军。同时，政府购买服务，在台湾的福利支出总量中，福利服务仅次于社会保险支出，占到第二位，这一比例比许多发达国家都要高（见图4）。

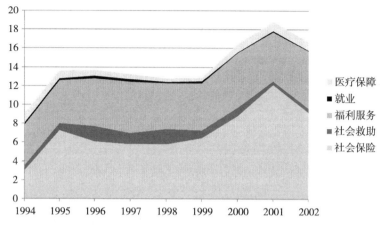

图4　台湾社会福利支出占财政总预算的比例（%）

资料来源：张嘉仁，《政治、社会结构的变迁对社会福利支出的影响》，"民主政治与社会福利"学术研讨会论文。

（四）福利模式的适当性

所谓"适当性"，主要是从权利和道德的层面而言的。不论哪种福利模式，防范道德风险都是很棘手的事情。我国自古就有自强不息的君子之风，但直到现在，许多人面对福利还是存有"不要白不要"的心态，已经脱贫了，不愿摘掉贫困户、贫困县的帽子，甚至于绞尽脑汁骗保骗费。这里主要涉及两个问题，一是权利，二是责任。

当前，正在城市居民中推行养老保险和医疗保险制度，社会保险在"福利国家之父"贝弗里奇那里，非常明确，"所有处于工作年龄段的公民都需要根据自己的保障需求缴纳相应的费用，已婚的妇女则由其丈夫替其缴纳。""社会保险待遇应当是缴费的回报，而不是政府提供的免费午餐。"[1] 这体现了权利与义务一致的原则。可是，我们在实践中，为了扩大覆盖面，为了吸引居民参保，基础养老金、医疗保险金的主要部分，是财政出资，实际上相当于养老和医疗的福利津贴。那么，对于那些有劳动能力而不就业的人要不要给予这种福利待遇？如果按照一般人权、普遍人权

---

[1]　W. H. 贝弗里奇：《贝弗里奇报告——社会保险和相关服务》，中国劳动社会保障出版社2004年版，第9页。

原则，要给。在英国，不但只要是人就享有福利权，哪怕他天天躺在公园里晒太阳，就连他的狗也有福利。在一些欧洲国家老年社会支出占到 GDP 的 10% 甚至更多，而在韩国，这一比例只占 1.5% 左右（见图 5）。

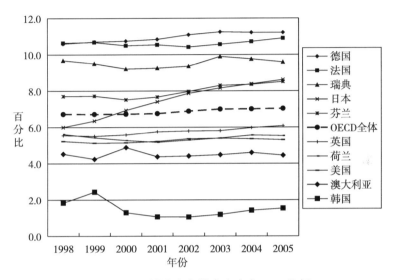

图 5　OECD 国家老年社会支出占 GDP 比例

韩国（东亚其他一些国家和地区在一定程度上也有类似性）与欧洲一些高福利国家在福利制度上差异很明显，背后的文化差异也很明显。韩国的原则是"生产第一，福利第二"，强调"不劳动者不得食"（当然是对有劳动能力者而言），强调福利接受者的自强自立。为此，它的主要福利支出并不在养老方面，而在教育方面，1970—1993 年韩国预算支出中，教育费占 12.7%—18%，而社会保障及福利费只占 4.3%—9.3%。[①] 政府对大众教育的关注极大地提高了韩国的人口素质。

我们在计划经济时期，有平均主义"大锅饭"，但要吃上"大锅饭"，必须劳动（挣工分或工资），现在，如果既有平均主义的福利，又可以不劳而获（对有劳动能力者而言），那就会极大地助长福利依赖。目前虽然

---

① 顾俊礼、田德文：《福利国家析论——以欧洲为背景的比较研究》，经济管理出版社 2002 年版，第 342 页。

低保水平不高，但在一些大城市已经出现了甘愿吃低保，不愿就业的情况。福利模式的可持续性不完全在于福利支出占 GDP 的比重，如果机制不对，内在活力减低了，即使福利支出占比不高，也可能难以持续，甚至会出现财务危机。

确实，由于工业化、城市化的快速推进，家庭的结构和功能发生了深刻变化，任何福利模式选择都必须正视这一客观趋势；一代一代人，观念变化很大，传统文化受到极大冲击，人们的价值观念已经多元化了。正因为如此，我们要加快社会福利制度建设，积极应对各种风险。但是，即便如此，也有个问题值得思考：社会福利建设怎么适应工业化、城市化？是主动帮助工业化、城市化力量瓦解基础社会结构、割断天然社会联系，还是努力维护它们，使之转型，增强它们的适应能力，同时尽可能发挥它们在新形势下的作用？毕竟我们不能低估中国基础性社会结构和文化基础的坚固性和适应能力，2008 年国际金融危机中惊现的一幕就是证明。当时我国有 2000 多万农民工失业，但社会安然无恙，他们哪里去了？回到了农村，回到了家庭，他们多数在农村还有土地，可依靠家庭维持基本生活，积蓄发展能量，家庭仍是他们最可靠的避风港。

工业化和城市化在瓦解家庭，削弱家庭功能，社会保障和社会福利制度就要维护家庭、增强家庭功能，这样，社会才能取得平衡。一些富裕起来的农村，在用农民的传统智慧给我们做了示范：北京市草桥镇花香村年终分红，年龄越大奖金越高，90 岁老太太得 4 万元，儿子劳动一年得 2 万元奖金，孙子就更少了，老太太自然是众星捧月，儿孙争相孝顺。"华夏第一村"江阴市华西村，谁家有 90 岁以上的老人，年终给每个子女奖励 1 万元，有一个老人有 23 个子女，就得到 23 万元奖金，这样的激励，这样的导向，自然就起到了安定社会的作用。这是农民教给我们的策略：你要化解养老危机吗？就请尊重老人吧！

再强大的福利制度也要强调家庭和个人的责任，何况我们这样一个有着自强自立的文化传统的国家？更要强调权利与责任的结合，发挥我们优势资源的作用。如果自己养了孩子不尽孝，难道别人的孩子一定有义务替你的孩子尽孝吗？把养老责任完全推给社会，就相当于要求别人的孩子替你的孩子尽孝。诚然，一些个人可以自愿这样做，社会也可以动员这样做，但这不完全是社会的责任，个人要承担没有教育好自己孩子的责任，孩子要承担赡养父母的责任，这是道德责任，也是法律责任，即使国家财力充足，也不应该包办、替代这种责任，因为这会引起社会固有的深层结构的最终解体。

养老本不应有什么危机，危机是人自己造成的，即使有了，也是可以化解的；医疗本不应有什么危机，危机是人自己造成的，也可以由人来化解。生老病死、世代更替本是自然之道，越是顺应它，越能延年益寿，越违抗它，越是自食苦果。

四　结　论

在我国三大基本国情下，我们主张选择补缺型与普惠型相结合、刚性与柔性相结合、强制与自愿相结合、政府与市场相结合、差别与一致相结合、权利与责任相结合、整体协调与多方共担相结合的福利模式，这样一种综合的、包容的、多元的、协调的福利模式，既符合中国兼容的融通性思维方式，也符合中国国情、社情、人情，也许，还能更符合世界上广大后发展国家的情况和需要。

依据中国历史文化、中国固有的家庭结构、社会结构和人文精神，依靠经济持续繁荣和政治民主昌明，就可能创造出中国人需要的，世界人民希望中国人创造的福利模式，这种模式是能够化解老龄化危机的养老保障和福利制度，是能够化解卫生医疗支出危机的健康模式，是能够激励人们积极就业、努力创新、讲求贡献、不多索取的幸福模式。而不是消费越多越好、消耗越大越好、人类难以满足、地球不堪重负的福利模式。

参考文献

[丹麦] 考斯塔·艾斯平 – 安德森：《福利资本主义的三个世界》，郑秉文译，法律出版社
　　2003 年版。

[英] W. H. 贝弗里奇：《贝弗里奇报告——社会保险和相关服务》，中国劳动社会保障出
　　版社 2004 年版，第 9 页。

顾昕、方黎明：《自愿性与强制性之间：中国农村合作医疗的制度嵌入性与可持续性发展

分析》，《社会学研究》2004 年第 5 期。

古允文：《不确定的年代——走在钢索上的国际社会福利发展》，见詹火生、允文编《社会福利政策的新思维》，台北财团法人厚生基金会 2001 年版。

古允文：《东亚福利研究的发展与对台湾的启示》，豆瓣读书网 2010 年 10 月 18 日。

景天魁：《中国要创造一个好的活法》，"岭南论坛" 2007 年。

景天魁：《底线公平：和谐社会的基础》，北京师范大学出版社 2009 年版。

［德］弗兰茨 - 克萨韦尔·考夫曼：《社会福利国家面临的挑战》，王学东译，商务印书馆 2004 年版。

陆学艺：《走出"城乡分治，一国两策"的困境》，《陆学艺文集》，上海辞书出版社 2005 年版。

苏振芳：《构建与我国社会福利事业相适应的福利模式》，《福建论坛》2006 年第 10 期。

王正：《机会与平等：社会福利财源筹措与分配之探讨》，见詹火生、古允文编《社会福利政策的新思维》，台北财团法人厚生基金会 2001 年版。

杨玲玲：《韩国社会福利模式的特点、问题及对我国的启示》，《中国党政干部论坛》2009 年第 9 期。

詹火生：《贫富差距下的社会福利政策省思》，台湾《中华日报》2002 年 8 月 31 日。

詹火生、古允文编：《社会福利政策的新思维》，台北财团法人厚生基金会 2001 年版。

（原载《学习与探索》2011 年第 6 期）

文化传承与福利模式[*]

　　观察中国，可以从了解中国社会福利着眼；发展中国，可以从推进中国福利建设着手。简言之，福利反映中国，福利塑造中国。这个说法本身，就是一个巨大的"观念"变化。过去长期流行的潜意识和明规则是：社会福利仅仅是经济增长和社会结构变化的结果。因此，要了解福利，必先了解经济；要增进福利，必先发展经济。现在，这个观念发生变化了，在某种场合甚至颠倒过来了——经济建设要服从于增进福利的需要，社会发展的基础和目的是社会福利的发展。因此，本文尝试"从福利看中国"。

　　社会福利可以分为思想、制度和实务三部分。在以往的福利研究中，或许出于"实际"的需要，或许出于"实证"的追求，我们研究制度（包括政策）和实务（包括服务）比较多，而认为对思想观念的研究，比较"虚"，难以实证。本文也想倒过来试试，看看对福利观念的演进能否梳理出一个"顺序"来，能否由此加深对制度变革和实务工作的理解。

　　而一提起"福利观念"，人们往往想到的是工业革命以来西方发达国家的各种社会福利政策、福利模式以及相应的各种观念论述，似乎"福利"是西方发达国家的专利，好像只有它们才拥有最有价值的福利观念。其实，"福利"这个概念在中国古已有之，而且内容极其丰富。演变至今的中国福利观念可谓源远流长，成分复杂，形式多样，变化巨大。所以，我也倒过来，不是从西方寻找福利观念的源头，而是从考察中国现当代福利观念的历史渊源开始。

---

　　* 本文原为作者于 2011 年 10 月 29 日在韩国社会福利学会的讲演稿。此次发表前又做了补充修改。趁此机会，感谢韩国社会福利学会的盛情邀请，并向在会上提问和评论的韩国社会福利专家表示谢意！

一　中国现当代福利观念的历史渊源

（一）福利观念的滥觞

汉语"福利"这个概念是由"福"和"利"两个字组成。按照《说文解字》的理解，"福，佑也。以示畐声。"① 事实上，古人高明的地方，是在于从一开始就认识到"福"是相对的，与"福"相对而紧密相连的就是"祸"，老子说过"祸之，福之所倚；福之，祸之所伏"。后来，"福"进一步被引申为"神降吉祥以助人获取幸福"。

古人另一个高明的地方，是一开始就意识到"福"是多方面的，从不同的角度、对不同的人，含义既有共同性，也有所侧重。《尚书·洪范》中讲过与"六极"相对应的"五福"，"一曰寿，二曰富，三曰康宁，四曰攸好德，五曰考终命"②，考，通老。考终命：老而善终也，即努力达到长寿、富裕、健康安宁、遵行美德、高寿善终等五种幸福。把"福"的形式与内容具体化为"天下第一福"的则是清朝康熙皇帝。康熙皇帝为孝庄皇后 60 大寿写的"福"字构思独特，寓意深刻。一个"福"字包含了"多子、多才、多田、多寿、多福"五种寓意。这也广为今天的人们所接受。"福利"这个词最初却来源于"福祉"并与"福祉"相互使用。《易·大有》篇中讲"赐我福祉，寿算无极"③。西汉初年的燕国人韩婴在《诗》中提到"是以德泽洋乎海内，福祉归乎王公"④。这里的"福祉"就包含着物质和精神两个层面上的好处。"福利"这个名词最早出现在《后汉书·仲长统列传》中，该著作收录了东汉末年仲长统的《理乱篇》一文，其中便有"使奸人擅无穷之福利，而善士挂不赦之罪辜"的论述⑤。在这里，"福利"主要就是指物质层面上的"幸福和利益"，这也成为今

---

① ［汉］许慎：《说文解字》，上海古籍出版社 2007 年版，第 3 页。
② 闫红卫：《四书五经简注》，山东友谊出版社 2004 年版，第 664 页。
③ 焦延寿：《焦氏易林》，中华书局 1985 年版，第 49 页。
④ 赖炎元：《韩诗外传今注今译》，台北，商务印书馆股份有限公司 1980 年版，第 99 页。
⑤ 王先谦：《后汉书集解》，中华书局 2006 年版，第 579 页。

天"福利"含义的一部分。①

(二) 福利思想类型

中国学者萧仕平在《福利社会学》（景天魁等著）中，把中国传统福利思想概括为六种类型：儒家型、道家型、墨家型、法家型、儒道混合型和农民型。

儒家福利观集中体现在它的创始人孔子的养民、保民、利民思想中，他倡导"尊五美"、"屏四恶"：

> 子张问于孔子曰："何如斯可以从政矣？"子曰："尊五美，屏四恶，斯可以从政矣。"子张曰："何谓五美？"子曰："君子惠而不费，劳而不怨，欲而不贪，泰而不骄，威而不猛。"子张曰："何谓惠而不费？"子曰："因民之利而利之，斯不亦惠而不费乎？择可劳而劳之，又谁怨？欲仁而得仁，又焉贪？君子无众寡、无小大，无敢慢，斯不亦泰而不骄乎？君子正其衣冠，尊其瞻视，俨然人望而畏之，斯不亦威而不猛乎？"②

儒家型社会福利思想主张"德政"，要求统治者予取有度，以利于民众福祉，同时主张严格的等级秩序。这种社会福利思想对中国历代封建统治者实行轻徭薄赋、救济、救灾等政策和措施产生了重要的影响。

道家型福利观集中体现在老子"小国寡民"的自为思想中，其有关"甘其食、美其服、安其居、乐其俗"的提法，指出了"福利"应有的四种生活目标。老子提出的"天之道损有余而补不足"，主张均富，使百姓尤其是那些穷困孤独者能够拥有基本的生存权利等思想，成为后世所有的公平性福利主张的最经典的依据。

墨家型福利观以"兼相爱"、"交相利"为思想原则，墨子提出具有

---

① 高和荣：《福利社会学基本概念》，见《福利社会学》（景天魁等著）第一章，北京师范大学出版社 2009 年版，第 4 页。

② 转引自萧仕平《社会福利思想（下）》，见《福利社会学》（景天魁等著）第三章，北京师范大学出版社 2009 年版，第 97 页。

鲜明"爱民"、"利民"特色的社会福利思想，他反对苛税重役，主张轻徭薄赋，要求统治者给人民以饱暖和歇息的满足。

法家型社会福利观的基调是反社会福利的。它从维护君主绝对专制出发，反对国家为百姓提供基本的社会福利。这一思想的代表人物韩非以人性自为论为理论基础，以贫富分化合理论和反"足民"论为主要内容，提出了非常具体的、系统的反社会福利观。

所谓"儒道混合型福利观"主要是指宋、元、明时期一些思想家，他们儒道混杂，融合儒、道以及佛学的一些社会福利思想，提出了混合型的福利主张。例如，邓牧在老子小国寡民思想基础上，设想一个健全福利的社会；李贽提出"童心论"，论证为百姓提供基本生活保障的合理性等。

农民型福利观是基于平等主义的福利主张，古代农民追求的理想社会是"太平"世界，"等贵贱，均贫富"是其理想目标。例如，太平天国农民起义领袖洪秀全就提出建立"有田同耕，有饭同食，有衣同穿，有钱同使，无处不均匀，无人不饱暖"的理想社会。

(三) 福利观念的传承

中国古代社会福利思想不论分为多少类型，都表明福利问题无一例外地是各个学派都要思考和回答的重要问题，而他们所作出的回答，几乎囊括了有关福利可能给出的各种主张的雏形，因而成为中华民族福利思想的丰富源泉，对现当代福利思想具有深刻影响。

这种深远影响集中体现在"大同理想"的强大感召力。"大同理想"的经典表述，见于《礼记·礼运》篇："大道之行也，天下为公，选贤与能，讲信修睦。故人不独亲其亲，不独子其子。使老有所终，壮有所用，幼有所长。矜寡孤独废疾者，皆有所养。男有分，女有归。货恶其弃于地也，不必藏于己。力恶其不出于身也，不必为己。是故谋闭而不兴，盗窃乱贼而不作。故外户而不闭，是谓大同。"[①] 这一论述，确立了福利是一种理想社会，是一种道德的高度、执政的高度、价值的高度（好人、善人），

---

① 《礼记·礼运》（汉·戴圣记），引自蔡汉贤、李明政、徐娟玉编著《中华社会福利经典选析》，台北松慧有限公司2011年版，第44页。

给予社会福利崇高的历史和社会地位。从此以后，所有的社会福利思想观念的演变、所有的福利观念和制度的进步，都与这一思想有着明显的渊源和继承关系。或者说，都是这一思想的坚持或者变形，发挥或者运用。

自汉代以来，这一思想不仅表现在各种观念中，也体现在救济和慈善行为中，程度不同地表现在制度和法令规定中。如，家庭津贴、家族互助、工赈救荒、义仓、义学等制度和规约。尽管在社会实际上，大同社会仍然只是理想，但它却代代相传，生生不息，自有很多志士仁人不顾条件所限，或者稍有条件，都要积极去试验、去实行，去推动这一思想的实现和发展。

直到近代，戊戌变法的领导人康有为著《大同书》，对于各种福利制度做了非常具体的设计，对于救济、居住、交通、衣食诸项均有细致的规划。其中，关于医疗的设想，就很接近现代的医疗保障制度："大同之世，每人日有医生来视一次，若有病则入医院，故所有农牧、渔场、矿工、作厂、商店、旅馆，处处皆有医生主焉，以其人数多寡为医生之数。凡欲食之品，皆经医生验视而后出。——大同之世，人无所思，安乐既极，惟思长生。而服食既精，忧虑绝无，盖人人皆为自然之出家，自然之学道者也。"[1] 台湾学者蔡汉贤等认为："《大同书》除了受西方资本主义进化论学说和空想社会主义思想的影响外，还依据《春秋》公羊三世说和《礼运》中的'小康'、'大同说'，表述了人类历史的三个阶段，即由'据乱'进为'升平'（小康），由'升平'进为'太平'（大同）。……《大同书》中追寻的理想社会，是一个既有中国社会理想特色，又有西方空想社会主义色彩的世界。"[2] 这一评论，其实道出了直至今日中国社会福利思想的一大特点：自近代以来，对西方社会福利思想的引入，其实都是结合在中国传统的社会福利思想之中，都在一定程度上"本土化"了，只不过"本土化"的程度、方式不同而已。至于孙中山《建国方略》中的社会建设纲要，更是以"天下为公"为最高理念，体现了厚重的历史脉络和精神

---

① 康有为：《大同书·去苦界至极乐》，引自蔡汉贤、李明政、徐娟玉编著《中华社会福利经典选析》，台北松慧有限公司2011年版，第63页。

② 蔡汉贤、李明政、徐娟玉编著：《中华社会福利经典选析》，台北松慧有限公司2011年版，第63页。

传承。我们今天，也要从这样深厚的历史渊源，来理解中国现当代社会福利思想。

二 中国现当代福利观念面面观

中国现当代福利观念可以区分为三种类型：特殊福利观念、福利改革观念、普遍福利观念。每种类型又包括若干种福利观念，这些福利观念的不同组合，也许可以在一定程度上反映福利观念演变的历史过程或阶段。

（一）特殊福利诸观念

在长期的历史过程中，社会福利主要是特殊性的。属于特殊性的福利观念具有顽强的生命力，尽管沧桑巨变，这种观念几千年来一直绵延不断，至今仍然具有很大的影响力。所谓特殊性福利观念，主要包括：认为福利是恩赐、是救济、是特权、是白得。

1. 福利是恩赐

中国长期处于封建社会，"溥天之下，莫非王土；率土之滨，莫非王臣"。所有的好处都与皇权结合在一起，慢说是获得福利，就是被皇帝赐死，也必须跪拜在地，谢主隆恩。所以，福利一般是作为恩赐之物，福利的赐予是君与臣、君与民关系，以及推及所有官民关系的主要形式。再推及民间，富人对穷人、家族对族人、父母对子女、师傅对徒弟、教师对学生的各种接济、赠与、教导、关怀，都是恩赐，因而都是"福利"。这样，"福利是恩赐"不仅是一种观念，它还广泛渗透到政治制度、阶级关系、社会伦理、血缘亲情之中，深深地扎根于中国社会的基础结构，从物质层面到精神乃至心理层面无不有所表现。

即使封建社会已经被推翻一百年了，"福利是恩赐"的观念在现代社会仍有表现。前些年，每到过年过节，各地官员走访看望贫、弱、残、灾的民众，怀里掏出红包，尽管里面装的都是公家的钱，受苦受难的老百姓还是千恩万谢。这几年，改变了形式，采取"社会化发放"，或者通过银行直接划到受众的账户上，改变了官民之间直接赠送的形式，"恩赐"观念就逐渐淡漠了。其实，知道感恩并没有什么不好，知恩图报是应该提倡的美德，问题是这种观念如果与官民关系结合在一起，就既扭曲了这一关系，也偏离了"福利"的本质。

2. 福利是救济

救济既是一种福利提供方式，也是一种福利的性质。作为一种福利观念，在中国历史上早已有之。至宋代程颐已经总结出"赈济论"，对于救济的原则，对象如何甄别，方法如何讲究，怎样运用有限资源救济更多的人，都有深入的论述。宋代富弼甚至具体总结出救荒煮粥事宜十七条，对人员、物料、分配、顺序以及管理制度等皆有论及，足见当时累积的经验已经非常丰富。① 但是，从古至今，这种社会福利主要表现为对困难群体的社会救助，不仅救助对象局限于鳏、寡、孤、独、废、疾者，救助内容仅限于最基本的物质供养以及最简单的疾病医治，救助层次相对比较低下，社会福利所设定的目标自然也就比较低，往往仅限于为特殊群体提供最基本的物质生活资料。

基于此形成的福利观可称为"补救性的小福利观"。其特点：一是福利供给对象的选择性，二是福利水平低下，三是大多针对已经存在的社会问题进行"事后补救"，没有预防性，四是一般主要依赖政府承担首要的福利供给责任。因此，这种所谓"福利"只是"雪中送炭"。

3. 福利是特权

以上所说的"福利"，不论作为"恩赐"，还是作为"救济"，无非是一种选择，而选择就具有排斥性。首先，选择是一种权利，谁来选择？其次，选择的结果是排斥了谁？如果是把大多数人都排除在外了，那么，剩下的是什么人呢？一种是前述救济对象，不救济他们，社会就要失序、失稳；另一种，就是掌握权力、靠近权力的另一类特殊群体。他们获得的福利，是一种特权的产物。

如果从"平权"的观念看，作为特权的福利都是要否定的，但是迄今为止，还没有一个社会阶段能够完全取消作为特权的福利，可见，它在某些方面是得到社会认可的，在另一些方面是得不到社会认可的。只要福利

---

① 蔡汉贤、李明政、徐娟玉编著：《中华社会福利经典选析》，台北松慧有限公司2011年版，第140—145页。

是由政府提供的，那么就会有一个部分是特权福利，只不过在不同的社会制度下，享受特权福利的特殊群体不同而已。

基于此，一般不把前述救济性福利看做是特权福利，尽管那种福利具有特殊性、选择性，而只把掌握权力或权力庇佑的特殊群体所获得的福利看做"特权福利"。这里的一个重要区别，是特权福利所满足的需求层次是更高的。

4. 福利是白得

这种观念与福利的供给方式有关。在特殊福利的情况下，由于福利的获得只基于身份认定，无需获得者的付出或交换（缴费、付费等），这就明显区别于社会保险，而把社会福利仅仅从获得方式上局限为"免费获得的利益"，认为只有免费供给或无偿供给的才是社会福利。这种认识还会加剧或助长社会成员视福利为"免费午餐"的意识。

"福利是白得"的观念既是特殊福利制度的产物，又能反过来加固一些社会成员的身份意识，从而支持了特殊福利制度。这种福利观念的狭隘性，势必使绝大多数社会成员被排斥在社会福利的范畴之外，导致相当数量的社会成员产生社会福利权利上的被剥夺感或"相对剥夺感"。

（二）福利改革诸观念

随着经济和社会的发展，任何把绝大多数人排斥在外的观念和制度都难以维持，福利观念就更是如此。在改革中必然碰到的就是福利与经济、福利与政治的关系，因而就有了认为福利是负担（消费）、是动力（投资）、是政绩、是战略的种种观念。

1. 福利是负担（消费）

如果把经济增长当做唯一的目标，或者置于至高无上的地位，就很容易把福利支出看做纯粹的消费，因而就把福利看做社会的负担。所以，在相当长的历史时期内，西方社会福利在自由主义经济理念支配下，认为政府提供社会福利必定会增加经济发展的成本，削弱国家的经济竞争力，社会福利长期被局限在济贫与慈善的范围内。

中国在改革开放的前期，也曾经从否定计划经济时期的平均主义"大锅饭"式的社会福利，走向了另一个极端——大幅缩减甚至在有些方面基本取消了社会福利：企业从"国家福利"，变为"单位福利"，随着大批国有和集体企业效益下降甚至倒闭，职工福利大幅减少，大批职工领不到养老金，报销不了医疗费。农村随着人们公社制度的解体，合作医疗制度也失去了经济支撑，农村缺医少药，农民被"看病难、看病贵"问题严重困扰；农村养老保险试点被迫叫停，占全国老年人口大多数的农村老人面临养老危机，甚至许多农村养老院都一度难以为继。20 世纪 80 年代中期，还一度大幅减少财政对义务教育的经费支出，一些地方的农村小学教师难以足额领到工资，一些困难家庭的孩子被迫辍学，一度发生严重的"上学难、上学贵"问题。这一段历史教训，来自在市场经济条件下，如何处理经济发展与社会福利的关系的错误认识，其中核心的观念就是认为福利是社会的负担，是发展经济的包袱，是为了发展经济可以舍弃的可有可无的消费。

其实，认为福利是负担这一观念是普遍存在的。例如，据有关资料，韩国在社会福利观念上也有被称为"生产主义"的取向。1994 年福利社会学家霍利廷（Ian Holliday）在概括韩国社会福利模式的特征时曾经提到：政府倾向于使社会政策从属于经济政策；把社会福利事务看做是市民社会的事务，而不是政府的责任；国家在社会福利的提供上主要是规制的制定者，而不是福利的供给者。① 当然，"负担论"表现形式是多种多样的。

"福利是负担"这一观念背后的经济发展与社会福利的关系问题，是社会福利的一个基本的理论问题。我们的目的不是评论，而是总结、反思、探讨，本文稍后还要讨论这一问题。

2. 福利是动力（投资）

与"福利是负担"相对立的观念，就是强调福利对于经济和社会发展的支撑和促进作用，认为福利是经济发展的动力。这种观念一般发生在纠正片面强调经济发展，忽视民生问题的时候。大力改善民生，提高劳动所得在国民收入中所占的比重，发展社会保障和社会福利事业，既可以增强

---

① 杨玲玲：《韩国社会福利模式的特点、问题及对我国的启示》，《中国党政干部论坛》2009 年第 9 期。

居民消费能力，拉动经济发展，也能够缓解和消除社会矛盾，为经济发展提供良好环境。从而在消费和投资的均衡中，使福利成为经济和社会发展的动力。

促进就业、发展教育、增进人民健康，既是福利，又是投资，而且是支持经济长期持续发展的可靠动力。

东亚国家人力资源丰富、劳动力素质较高，优先发展以出口为导向的制造业，便于解决就业问题，发挥比较优势，支撑了 20 世纪后期的"四小龙"的经济起飞和此后 30 年来中国经济的快速发展。提高劳动力素质，就科学文化方面而言，主要是发展教育；就身体条件而言，就要靠发展医疗卫生事业增强人民体质。就业、教育和医疗，是最积极的福利，或者称为"积极的福利"、"社会投资型国家"（Anthony Giddens），或者称为"发展型福利"（James. Midgley）。

据 2000 年国际统计年鉴资料，东亚次发达地区和国家在社会发展支出上与发达国家较为接近，其主要原因在于对教育的投入水平较高，均占政府开支的 15% 以上，而发达国家则占 2%—6% 左右。[1] 韩国经济快速发展的一个成功经验，也是实行以工作为取向的福利改革，坚持生产第一，福利第二，[2] 而且高度重视发展教育，提高劳动者技能和素质。1970—1993 年韩国预算支出中，教育费占 12.7%—18%，而社会保障及福利费只占 4.3%—9.3%。[3]

3. 福利是政绩

社会福利既然主要是由政府推动和实施的，那就总会表现为政绩。在选举政治中，福利甚至可以转化为选票。例如，台湾每到大选的时候，两个主要政党就要炒作老年津贴问题，反对党会提出大幅增加的要求，今年就提出给每个老人增加 1000 新台币，一来可以赚取老年人的选票，二来

---

[1] 郑秉文、方定友、史寒冰：《当代东亚国家、地区社会保障制度》，法律出版社 2002 年版，第46 页。

[2] 杨玲玲：《韩国社会福利模式的特点、问题及对我国的启示》，《中国党政干部论坛》2009 年第 9 期。

[3] 顾俊礼、田德文：《福利国家析论——以欧洲为背景的比较研究》，经济管理出版社 2002 年版，第 342 页。

可以让执政党难堪，因为执政党实际是要从财政掏钱的，太多了，掏不起，今年就只能每人增加 316 元。在选举政治中，这种场景司空见惯，在福利问题上喊价，是政党争斗的主要话题之一。美国奥巴马总统的医疗改革法案、最近提出的向富人增加征税 1.5 万亿美元的议案，都在两党之间吵得一塌糊涂。

即使不谈选举政治，福利仍然是政绩，照样会引申为政治话题。例如，指标攀比：中国城乡居民的最低生活保障金标准是由各个城市自行确定的，于是，一些城市之间就相互攀比低保金水平，不是依据物价和基本生活资料需求做科学测定，而是看左邻右舍，竞相抬高或影响低保金水平。新型农村合作医疗筹资水平、报销比例由各县市确定，更容易搞得五花八门、各显神通。

再如，形象工程：一窝蜂地建养老院、老年活动中心、公共服务大厅，这个样板工程，那个创新基地。这些固然是顺应了客观的需要，但同时也有炫耀政绩的意图。

4. 福利是战略

福利作为执政者的战略，古已有之。春秋时期齐国政治家管子提出"九惠之教"（一曰老老、二曰慈幼、三曰恤孤、四曰养疾、五曰合独、六曰问病、七曰通穷、八曰振困、九曰接绝），亦即九种福利政策，认为是"立国之要、治国之必、安国之需"，就是国家发展战略。[①]

其实，不用说古代，就是现代福利制度，从诞生之日起就打上了作为政治策略、国家战略的烙印。1881 年，德皇威廉一世在黄金诏书"德国社会政策大宪章"中坦承，社会恶害的矫正只靠镇压社会民主党的煽动骚扰是不够的，还要逐渐寻求办法，积极增进劳动者的福祉。[②] 俾斯麦关于劳工的三种社会保险法是与"社会党镇压法"几乎同时颁布的。这位铁血宰相之所以搞社会福利，不是发什么善心，而是一种政治策略。但我们不能因此就否定社会福利的社会历史作用。

---

① 《管子·入国》，转引自蔡汉贤、李明政、徐娟玉编著《中华社会福利经典选析》，台北松慧有限公司 2011 年版，第 10—11 页。

② 和春雷等：《当代德国社会保障制度》，法律出版社 2001 年版，第 53—54 页。

福利作为一种战略，只是福利的一种社会属性，并不是它的全部属性。更不是所有人、所有政治势力都只是把它作为政治战略或政治手段。即使把它作为战略，也有与人民群众根本利益一致的战略，有与人民群众根本利益不一致的战略。如果把增进人民福祉作为执政的宗旨，把改善民生作为发展的目的，那就把目的和手段统一起来了。在应对 2008 年以来的国际金融危机的时候，我们就可以看到增进福利与国家战略的高度一致性。在金融危机面前，中国政府高度关注民生问题。2007 年 10 月提出以民生为重点的社会建设，2008 年 11 月出台 4 万亿元刺激经济计划，其中近 1 万亿元直接与民生工程相关；2009 年 3 月的"两会"上，温家宝总理在政府工作报告中提出，为保证新医疗改革的顺利实施，今后三年将投入 8500 亿元的财政支持。2009 年 3 月，中共中央和国务院根据新的社会经济形势以及广大人民群众的医疗卫生服务需求，在《中共中央国务院关于深化医药卫生体制改革的意见》中，提出建设覆盖城乡居民的公共卫生服务体系、医疗服务体系、医疗保障体系、药品供应保障体系，形成四位一体的基本医疗卫生制度；2009 年 6 月 24 日，国务院常务会议决定 2009 年在全国 10% 的县（市、区）开展新型农村社会养老保险试点；2009 年 7 月，卫生部、财政部和国家人口和计划生育委员会等 3 个部门联合颁发《关于促进基本公共卫生服务逐步均等化的意见》，提出 9 项国家基本公共卫生服务项目，为发展和推进新型城乡基本公共卫生服务提供了基本框架；2009 年 9 月，国务院发布《关于开展新型农村社会养老保险试点的指导意见》，这是一项发展农村社会保障事业，惠及几亿农民的制度建设。这一系列密集发布的制度和政策，在中国社会福利发展史上前所未有，是具有里程碑意义的。它们既顺应世界潮流又立足于中国国情。社会福利制度是以民生为本的社会制度，以应对国际金融危机为契机，大力推进福利事业的发展，既是应对和抵御金融危机的重大战略之一，也是民生为本的执政理念的体现。

（三）普遍福利诸观念

坚持福利的普遍性是现代福利的基本观念。它既是对特殊福利的否定，又是对特殊福利的扩展；既是福利改革的原则和宗旨，又是福利改革的结果。普遍福利观念包括：福利是权利、是责任、是制度、是心态。

1. 福利是权利

普遍福利观认为福利是公民的一项基本权利。按照马歇尔的讲法，公民权利由民事权利、政治权利和社会权利组成。社会权利是公民权利的最高形式，它的实现以社会福利制度的发展为条件。社会权利包括哪些内容？表述最完备的当属欧洲共同体 1989 年通过的《共同体基本社会权利宪章》，其中列出的以下 12 种权利基本上都是福利权利：改善生活和工作条件的权利，自由迁徙的权利，就业和取得报酬的权利，得到社会保障的权利，自由选择职业和参加集体谈判的权利，接受职业培训的权利，妇女得到和男人一样的平等待遇的权利，得到信息与咨询及工人参与管理的权利，得到医疗和安全保障的权利，儿童和青少年得到保障的权利，老年人得到生活保障的权利，残疾人得到生活保障的权利等。[①]

我国在改革开放以前，人们基本上避谈福利权利，好像福利完全是一种享受，而享受在那时候是必须忌谈的。改革开放以后的一段较长时间里，人们也很少谈福利，由于只强调发展经济，福利也不是作为一种公民应该享有的权利，而是作为一种社会关怀、社会照顾来看待的。好像只有发展才是硬道理，谈福利就有影响经济发展之嫌。从 20 世纪末，特别是进入 21 世纪以来，随着人们的法律观念、权利观念的逐步增强，福利是一种基本权利这样一种观念才明显地凸显出来，人们从过去那种忌谈福利、避谈福利、少谈福利的状况，走向视福利为权利、为基本要求、为发展目的这样一种新认识。主要表现是：因城市拆迁、农村征地引发的维权事件明显增多，过去也搞拆迁、征地，补偿标准其实很低，但群体性事件很少，而进入 21 世纪以来，由此引起的各种冲突大幅上升，几乎成为维护社会稳定的重头；近年来，企业退休职工、退伍转业军人、一些自觉到利益受损的群体，要求提高退休金等福利待遇的事件频繁发生；医患纠纷、环保纠纷、食品药品安全事件，明显增加。凡此种种，表明把福利看做基本权利的观念在迅速增强。

但是，权利有抽象的、有实在的，能实现的权利才是具体的、现实

---

① 彭华民：《社会福利与需要满足》，社会科学文献出版社 2008 年版，第 80 页。

的。权利分无条件的和有条件的，分无差别的与有差别的。其中有条件和有差别的部分，是与责任对等的，所以，当把福利看做一种权利时，不可回避它的另一面——作为责任的福利。

2. 福利是责任

实际上，只要一提福利，就有一个谁来承担、谁来提供、谁来负责的问题。当得到福利的人认为这是他的权利时，提供福利的人就认为这是他的责任。问题只在于权利与责任能不能分开？如果权利与义务可以分离，那就必定有一些人只享受福利而不承担责任，那么，责任由谁承担？如果权利与义务不能分离，要享受权利，就要承担义务，承担责任，那么，责任如何分担？也就是责任结构问题。其实，"福利权利论""福利需要论"，都是割裂了权利与责任、需要与供给之间的关系，而这种关系是不能割裂的。"天上不会掉下馅饼"，世上也没有"免费午餐"，总是要有人"买单"的。在这个意义上可以说，福利的责任承担和责任结构，是福利制度的实质所在。

然而，既然是承认普遍福利，就总会有一些人因无承担责任的能力，而需要并可以享受福利，否则就谈不到福利的普遍性。其实，在特殊福利的制度下，福利的获得与福利的供给一般都是分离的。那么，哪些人可以不承担福利责任而有权获得福利呢？无承担责任能力的人群。这在特殊福利制度下本来是很明确的。但按照普遍主义福利观念，福利必须扩大到每一个公民，当然就需要覆盖占人口大多数的有承担福利责任能力的群体。这样就有两个问题无可回避：第一，在有承担福利责任能力的群体中，是否也有人可以将福利权利与福利责任相分离？如果不可以，那么总会有一些人，例如失业者、疾患者会来冲击福利权利与福利责任之间的不可分离性；如果可以，那么，总会有一些有承担福利责任能力的人，会利用这种可分离性，不承担福利责任而获取福利。第二，在有承担福利责任能力的群体中，是否要坚持福利权利与福利责任的一致性？多尽责任的多获得，少尽责任的少获得？如果坚持一致性，那么这种福利制度将缺乏共济能力，减弱对于收入分配的调节功能；如果不坚持一致性，总会有一些有较强承担责任能力的人试图少承担多获得；另一些只有较弱承担责任能力的人甚至会把少承担多获得当做自己应有的权利。

从实践经验看，只要实行单一责任主体，由政府负全责，就总会有一些具备承担福利责任能力的人群，试图利用只在无承担福利责任的人群那里才适用的福利权利与福利责任的可分离性，而不承担责任却获取福利，或者少承担责任多获取福利。不论是由于这种情况根本无法彻底避免，还是由于即使能够避免却成本太高，总之，福利依赖成为不可避免的伴生现象。区别仅在于程度不同而已，随着福利病的蔓延，政府公共债务就越积越高。改革的办法，就是从单一的责任主体向多元的责任主体转变，让社会组织、家庭和个人承担各自的责任，建立政府、社会、家庭和个人的合理的责任结构。

总之，福利责任结构是否合理，对于福利制度的健康运行乃至能否存续具有决定性的作用。

3. 福利作为制度

现代社会福利的一个突出特点，就是它越来越以制度的形态出现，人们习惯于认为，越是完备的成熟的社会福利，就越要"制度化"。在学术上，也通常把现代社会福利定义为"国家和社会为实现社会福利状态所做的各种制度安排"。① 于是，所谓社会福利建设，就是建立越来越多的制度，让制度管住每一种需求（养老、退休、医疗等），让制度管住每一个人（不论老少、男女、阶层等）。于是，福利国家都建立了庞大的社会福利制度体系，并且这个体系还与相应的法律体系、政治体系、文化体系相结合，形成一种国家体制或国家形态。

制度化，的确是现代社会福利的一大优势。因为特殊福利有强烈的选择性，容易受主观意志、政治情势的影响，与此不同，普遍福利把福利制度化了，它基本上排除了随意性和临时性，具有了稳定性和可预期性。因而，普遍福利有可能表现为一种良好的社会状态——安定、有序。在这种社会状态中，福利表现为一系列规定好的制度体系，它确定了每个社会成员在社会利益结构中的位置，确定了个人与社会之间风险共担、利益共享关系。詹姆斯·米基利把社会福利看成是"当社会问题得到控制时，当人

---

① 尚晓援：《"社会福利"与"社会保障"再认识》，《中国社会科学》2001 年第 3 期。

类需要得到满足时，当社会机会最大化时，人类正常存在的一种情况或状态"①，他其实就是指的这种高度制度化的情形。

但是，制度化也有缺点，就是固化、硬化。一项福利一旦制度化了，再要想调整就相当困难，在一些福利制度被认为已经定型化的国家，福利制度的调整和福利待遇的改变，常常会引起利益受损群体和阶层的不满和抗议，甚至引发社会动荡。而社会福利又确实需要随着经济条件、人口结构等情况的变化而作出调整，这样，制度化在具有稳定性优点的同时，也丧失了应变性，这是它存在的一个内在的矛盾。制度化的另一个缺点，就是容易造成"见物不见人"，只见制度不见人的情况。人人都面对制度，而不是面对人，这固然使福利具有了客观性、外在性的优点。但是，福利毕竟还是具有主观的、情感的一面，特别是福利服务，需要人与人之间，问寒问暖、关怀体贴，面对面、手拉手地进行语言和感情交流，这就不是制度化所能代替的了。

4. 福利作为心态

正如吉登斯所言："福利在本质上不是一个经济学的概念，而是一个心理学的概念，它关乎到人的幸福。"② 普遍福利不仅是制度体系，它还是一种心理感受。福利的提供不仅可以让广大人民普遍从经济发展中获益，及时提高生活品质，它还可以在主观方面，提升人们的生活满意度和幸福感。

迄今为止，各国建立的以各项社会保险制度为主的福利体系，主要提供的是资金保障，是物质福利。而福利既有物质的方面，也有精神的方面，特别是随着物质需要的基本得到满足，精神方面的福利需求会日益突出。例如，养老，不仅是解决老年人的吃饭问题，还要满足他们的精神需求，帮助他们克服孤独感、恐惧感，使他们安享晚年、乐享晚年；医疗，也不只是解决缺医少药的问题，还要提倡健康的生活方式，由被动的医疗模式转变为主动地预防疾病的身心健康模式。就业保障，也不仅是在遭遇

① Midgley, James, 1997, *Social Welfare in Global Context*, London: Sage.

② 安东尼·吉登斯：《第三条道路——社会民主主义的复兴》，郑戈译，北京大学出版社、生活·读书·新知三联书店 2000 年版，第 121 页。

失业以后被动地发放保险金，而是在有劳动能力的生命阶段，不断地主动加强培训，形成培训—就业—培训提高的良性循环，将失业风险化解在贯穿生命全程的学习过程之中；社区，也不仅仅是居住场所，而应该是通过各种服务纽带联结起来的温馨的生活共同体。总之，社会福利将越来越凸显出作为一种美好的社会心态的性质和功能。

三　总结：福利中道论

纵观以上对于中国社会福利观念发展脉络的梳理，我们可以看到，中国现当代的社会福利观念并不完全是西方福利观念的简单移植，而在很大程度上是中国福利观念历史演变的一个新阶段。现当代的各种福利观念都与社会经济发展的不同方面有关，并且都有深厚的历史渊源。

中国现当代的福利观念是多种多样、复杂多变的，把它归结为任何一种或几种都难免是简单化的。这些观念，有的来自历史观念的延续与变形（如恩赐、特权、救济等），有的来自外来观念的引入和变形（如权力、制度、责任等），有一些是在中国现当代的发展过程中形成的，当然，国外也有类似的观念，但中国有自己的特色（政绩、负担、动力等）；有的与经济因素关系更直接（负担、动力、救济等），有的与政治因素关系更密切（恩赐、特权、政绩、权力等），有的受文化因素影响更显著（白得、心态、责任等）；其中有些观念，在某些阶级和阶层那里表现更明显一些；有些观念，在某个或某些阶段表现更浓厚一些；或者在某种场合会成为主要的观念。

以上 12 个观念，分为 3 个类型或者 3 个阶段。横向上它们是两两对等的；纵向上它们是有序演进的。我们不仅可以运用这 12 个观念描述中国的福利发展，也可以通过分析这些观念的关系和顺序，厘清中国社会福利发展的趋势。我们确信：福利既可反映中国，福利也可塑造中国。中国某一时期的福利观念形态，无非是其中某些观念的某种组合或特殊结构。而社会福利的演变，可以表现为这些观念的替代和结构变化。

作为中国源远流长的社会福利观念演变过程的延续和新的开展，中国当代福利观念正处于深刻变革和探索创新的过程之中。这是中国正在进行的以民生为重点的社会建设的实践过程的观念反映。在当代中国，正在展开空前宏伟的社会福利建设，党的十七大明确提出，到 2020 年，我国将基本建立覆盖城乡居民的社会保障体系，人人享有基本生活保障，"努力使全体人民学有所教、劳有所得、病有所医、老有所养、住有所居"①。很明显，我们今天致力于实现的目标，基本上就是对古代以来延绵两千多年生生不息、仁人志士不懈追求的大同理想的回应。在古老的中华大地上，8 亿农民在 2003—2011 年短短 8 年之内，就建立了人人可以获得基本医疗保障的新型合作医疗制度；在 2009—2012 年短短 4 年之内，就建立起普惠性的养老保险制度；以每年几千万人的速度，正在实现由农民向市民的大转变、由农村向城市的大迁移；全国的义务教育完全由财政承担，每年大学招生规模达到六百万人以上；每年新创造 1 千万以上的就业岗位；2011 年一年的保障性住房建设规模就达到 1 千万套，今后还会延续大体相当的建设规模，很快就将实现真正的"住有所居"。所有这些，不论是从规模还是从速度看，在中国历史上是开天辟地第一回，在世界历史上也是盛况空前的！

更为重要的还不在于规模和速度，而在于制度和机制的创新。有中国特色社会主义的福利体系，不同于"福利国家"和"高福利"制度，它不追求所谓"福利最大化"，不片面强调福利水平，而是从中国的具体国情出发，既保持经济发展的强大活力，又让广大人民普遍从经济发展中获益，及时提高生活品质，提升生活满意度和幸福感；它不追求绝对平等和抽象公平，而是追求底线公平，即在追求基本公共福利和公共服务均等化的同时，承认个人、群体和阶层之间依贡献等合法因素的不同，而导致的合理的、适度的福利差别，目的是激励每个人积极性、创造力的充分发挥，并视此为保持社会健康永续发展的前提；它不追求片面的、不计长远后果的经济增长，而是坚持经济、政治、文化和社会的协调发展，维持生态平衡，通过提倡健康的、体现中国文化特点的生活方式，实现人与自然的和谐。

在福利观念的创新上，我们既确立社会发展的目的是增进人民福利，

---

① 《中国共产党第十七次全国代表大会文件汇编》，人民出版社 2007 年版，第 36 页。

但又不是福利水平越高越好，或者越低越好，而是科学处理福利与生产的关系，福利支出占国民收入的比重，福利的增进要有利于激发社会活力，让福利成为社会发展的动力。一句话，中国正在推进福利的普遍化，但也正在探索和追求福利的适宜化、科学化。

那么，在中西古今的反复激荡、冲突、吸收、融合和创造中，在中国这样一个具有悠远的福利文化传统，丰富的福利思想积淀的基础上，在占世界人口五分之一的东方大国宏伟的社会福利实践中，将会形成什么样的现代社会福利理论呢？客观上，一些新的社会福利理念正在并必将在丰富的实践基础上提炼出来，从而进一步丰富和发展中国传统的社会福利观念。我们把这些新的社会福利理念称为"福利中道论"，它是既延续了中国福利观念的传统，又吸取了西方福利发展的经验，并且适合中国现实国情的福利理论。

福利中道论，首先要破除的就是不顾和脱离实际条件，搞极端主义——或者主张福利水平越高，就是越先进、越现代，简单地用福利水平的高低作为衡量福利模式的唯一标准；或者认为福利水平越低，就是政府越少干预，个人和社会就越自由，因而越有活力。

中道就是主张什么都要适当、适合，秉持自古以来关于福利的中国智慧：增进福利是发展的宗旨，但福过分了，就是"祸"；利泛滥了，就是"灾"，就是"害"。

中道就是中庸之道，主张顾及两端，而不走极端；允执其中，而协调各方；追求均衡，而保持各自优势。

福利中道论的根据，就是福利性质上的两面性（福的另一面即是祸），福利作用上的兼顾性（既要公平也要效率），福利影响上的双向性（福利影响经济，经济也影响福利）。中道就是坚持福利特殊性与普遍性的统一，福利作为负担与作为动力的统一，福利作为权利与作为责任的统一，社会福利对于实现社会公平与促进效率这两种作用的统一，社会福利形态作为社会制度与作为社会心态的统一。

福利中道，容易被理解成在福利上坚持中等水平，其实，正如"底线公平"不是讲的公平水平，而是讲的"关系"，它是对政府与市场、个人与社会、公平与效率等基本关系的一种理解；福利中道，更不是讲福利水平，而讲的是"关系"，就是在处理有关社会福利的各种关系时，不走极端，不是不顾条件地增加福利，也不是有了条件也不增加福利，而是在经济与福利、劳动与福利、公平与效率之间求得均衡、协调、适当。中道就是均衡，通过协调达到均衡，均衡状态就是适当福利。

中国思维传统不是非此即彼，而是亦此亦彼；不是二元对立，而是多元包容；不是走极端，而是兼顾两端，允执其中。福利是好东西，但搞过分了，不适当了，就会成为坏东西——降低社会活力，影响经济发展，导致社会矛盾，引发社会动荡。反之，忽视福利，压低福利，有经济条件也不适时适度地增进福利，同样会导致社会矛盾，引发社会动荡，阻碍经济发展。鉴于社会福利的两面性，社会福利与经济发展之间影响的双向性，坚守中道，就是坚持科学性。

参考文献

［英］安东尼·吉登斯：《第三条道路——社会民主主义的复兴》，郑戈译，北京大学出版社、生活·读书·新知三联书店 2000 年版，第 121 页。

［英］保罗·皮尔逊：《拆散福利国家——里根、撒切尔和紧缩经济学》，舒绍福译，吉林出版集团有限责任公司 2007 年版。

［英］保罗·皮尔逊编：《福利制度的新政治学》，汪淳波、苗正民译，商务印书馆 2004 年版。

蔡汉贤、李明政、徐娟玉编著：《中华社会福利经典选析》，台北松慧有限公司 2011 年版，第 140—145 页。

顾俊礼、田德文：《福利国家析论——以欧洲为背景的比较研究》，经济管理出版社 2002 年版，第 342 页。

［德］弗兰茨—克萨韦尔·考夫曼：《社会福利国家面临的挑战》，王学东译，商务印书馆 2004 年版。

［韩］金渊明主编：《韩国社会保障论争》，中国劳动社会保障出版社 2010 年版。

景天魁等：《福利社会学》，北京师范大学出版社 2009 年版。

景天魁主编：《当代中国社会福利思想和制度》，中国社会出版社 2011 年版。

［英］莱恩·多业尔、伊恩·高夫：《人的需要理论》，汪淳波、孙宝莹译，商务印书馆 2008 年版。

［挪威］斯坦恩·库恩勒等编：《北欧福利国家》，复旦大学出版社 2010 年版。

杨玲玲：《韩国社会福利模式的特点、问题及对我国的启示》，《中国党政干部论坛》2009

年第 9 期。

郑秉文、方定友、史寒冰：《当代东亚国家、地区社会保障制度》，法律出版社 2002 年版，第 46 页。

《中国共产党第十七次全国代表大会文件汇编》，人民出版社 2007 年版。

朱民阳主编：《幸福江阴——科学发展观在江阴的实践与探索》，江苏人民出版社 2008 年版。

朱明国：《社会建设扎实推进　幸福广东阔步前行》，载 "加强社会建设 新社会管理" 年会论文集（2011 年，北京）。

（本文删节稿以 "中国现当代社会福利观念评析" 为题载于高鉴国主编《社会福利研究》，中国社会出版社 2012 年版）

社会主义与福利模式[*]

一　社会主义制度与社会保障的完善和发展

社会保障制度是在诸多经济和社会制度中，与民生联系最为紧密的制度，也是最直接地体现社会主义优越性的制度。特别是在经济和社会制度多元化的情况下，社会保障制度更显示出维护底层群众利益，满足人民群众基本需要的重要功能。

现代社会保障制度滥觞于西方资本主义国家，而且在西方发达国家社会保障水平还可能比较高，那么，如何理解社会保障与社会主义的内在联系呢？的确，在资本主义社会和社会主义社会都可以实行社会保障制度，但是，虽然社会保障与资本主义的基本经济和政治制度有相适合的一面，从根本上说却是相矛盾的，而与社会主义的基本经济和政治制度却是相一致的。现代社会保障制度虽然诞生在欧洲，但它在资本主义制度下却存在着无法克服的内在矛盾。现代社会保障制度的经济前提，一是工业化大生产，二是基于基本利益一致的分配关系，即再分配体制。资本主义生产是按照资本的逻辑进行的，它的目的服从于资本无限扩张的本性，财富分配当然也要尽可能地向资本方面集中，这是符合它的本性的，因此，它不可能建立起基于基本利益一致的分配关系。而任何以社会的名义进行的再分配，对于资本主义生产来说都是外在的、被迫的。像社会保障这样的再分配制度，并不是资本主义生产本身所需要的，充其量也不过是维护资本主义社会秩序的一种手段，也就是说，它非但不是资本主义生产的目的，反

＊　本文原题为《如何在完善社会保障的过程中体现社会主义优越性》。

而是与资本主义生产目的相矛盾的。资本主义生产和社会再分配之间不可能建立起基本利益一致的关系，就其本质而言是相冲突的。正是这个基本矛盾决定了西方社会保障制度的演变过程。

既然社会保障与资本主义的基本经济制度相矛盾，资本主义国家为什么还要建立社会保障制度呢？第一，为了缓和阶级矛盾，维护社会的稳定。1881年，德皇威廉一世在黄金诏书"德国社会政策大宪章"中说得很明白，社会恶害的矫正只靠镇压社会民主党的煽动骚扰是不够的，还要逐渐寻求办法，积极增进劳动者的福祉。① 俾斯麦关于劳工的三种社会保险法是与"社会党镇压法"几乎同时颁布的。

第二，为了摆脱意识形态斗争中的被动地位。说来甚为有趣的是，西方资本主义国家之所以实行社会保障制度，主要动机之一是与社会主义作斗争，用劳资协调和阶级调和来"围剿社会主义"②。吉登斯在谈到福利国家这种第二次世界大战以后出现在欧洲的以实行社会保障为主要社会制度的国家形式时说道："实际上，创立福利国家的目的之一就是要驱散社会主义的威胁。19世纪末在德意志帝国创建社会保险制度的统治集团对自由放任经济学的轻视程度并不亚于他们对社会主义的鄙视。但是，俾斯麦模式被许多国家争相效仿。贝弗里奇于1907年访问德国，其目的就是学习这种模式。今天存在于许多欧洲国家的这种福利国家模式，正像民族—国家的公民身份中包含的许多内容那样，是在战争中、并且在战争的促使下产生的。"③

这就不难理解，为什么在苏联解体、东欧剧变以后，欧美国家立即掀起了批判福利国家和社会保障制度的狂潮，撒切尔夫人和里根在英美执政期间为什么敢于大力缩减社会福利支出，推动所谓的社会保障制度改革？因为苏联和东欧的社会主义失败了，西方资本主义感到没有意识形态和社会制度的竞争对手了，他们当然乐得卸下或减轻社会保障的包袱。至于拿到台面上说的什么"福利负担过重""福利依赖"云云，早已有之，为什

---

① 和春雷等：《当代德国社会保障制度》，法律出版社2001年版，第53—54页。
② 安东尼·吉登斯：《第三条道路——社会民主主义的复兴》，北京大学出版社2000年版，第116页。
③ 同上书，第115页。

么到此时拿来说事？因为社会主义的压力消失了，他们不喜欢社会保障的本意可以表露出来了。日本学者武川正吾也认为，（东欧）社会主义的崩溃降低了资本主义国家过度保护劳动者的必要性，从而导致了福利国家的衰落。[①] 可见，所谓"福利国家危机"的根源主要不是什么福利支出过重，这个问题可能存在，但根源主要是政治性的，是福利国家的内在矛盾决定的。而西方福利国家的内在矛盾并不是通过缩减福利支出就可以解决的，正如德国学者克劳斯·奥菲所说，在战后时期，福利国家曾作为社会矛盾的政治解决方式而受到广泛赞誉，但是在20世纪70年代以后，它却成了新的矛盾和政治分裂的源泉，"阶级妥协的机制自身已成为阶级冲突的目标。"[②] 而这一切，皆因其内在的基本矛盾所使然。

社会主义基本经济制度与社会保障制度却是完全一致的。卡尔·波兰尼指出，本质上，社会主义是工业文明的内在倾向。在社会主义制度下，工业化大生产自然地要受到社会的"直接调控"，市场也成为"附属于社会的制度"。[③] 社会主义生产从根本目的来说是与社会再分配相契合的。

在实行社会主义制度的发展中国家，如果说社会保障在一定历史阶段不健全，保障水平不高，那不是由于社会主义生产与社会再分配之间有根本性矛盾，而是由于生产力水平低，经济保障能力弱。

当然，社会保障制度并不能独立地体现社会主义优越性，它能否体现社会主义优越性取决于基本的经济制度和基本的政治制度。也就是说，在资本主义经济制度和政治制度下，它体现的是维护资本主义的功能；在社会主义的基本经济制度和政治制度下，它体现的是维护社会主义的功能。只是因为社会保障与社会主义生产的目的完全一致，与社会主义的基本经济和政治制度完全一致，所以，社会保障制度的完善和发展过程自然也就是发挥社会主义优越性的过程。

---

① 日本东京大学武川正吾于2007年出版了《连带与承认：全球化与个体化背景下的福利国家》一书，杨刚在为该书而写的书评中介绍了上述观点。参见杨刚《连带与承认——不容忽视的福利国家社会学视角》，《国外社会科学》2010年第2期，第145页。

② 克劳斯·奥菲：《福利国家的矛盾》，郭忠华等译，吉林人民出版社2006年版，第2页。

③ 卡尔·波兰尼：《大转型：我们时代的政治与经济起源》，冯钢、刘阳译，浙江人民出版社2007年版，第198页。

二　中国特色社会主义与社会保障的基本理念

我们肯定社会主义基本经济制度与社会保障制度的一致性，并不等于说，社会保障制度的完善和发展就必然是一帆风顺的。事实上，中国社会保障制度的完善过程是与对什么是社会主义、怎样建设社会主义的探索过程相一致的。经过新中国成立60多年、改革开放30多年以来的不断探索和改革，我们逐渐加深了对于社会主义的本质、社会主义发展规律的认识，同样，对于怎样完善社会保障制度，确定什么样的模式，怎样在完善社会保障的过程中体现社会主义的优越性，我们也经历了长期、艰苦的探索过程。

（一）完善和发展社会保障需要明确的四个基本关系

以往的探索过程表明，要想解决好怎样在完善社会保障的过程中体现社会主义优越性这个问题，就必须正确认识以下几个基本的关系：

一是怎样认识社会保障与经济发展之间的关系。以往的主要倾向是把社会保障看成经济发展的负担，或者顶多是经济发展的一个伴随物，一堆不得不处理的养老、医疗、失业、贫困等问题和麻烦。这样认识社会保障与经济发展之间的关系，就只能等财政有了余钱了，富人富得流油了，发挥点"溢出效应"，社会保障的事能办则办，不能办则不办，愿意多办则多办，不愿多办则少办，谈不上是一项基本的社会制度，也谈不上是政府必须承担的责任。而从社会主义的本质和目的而言，社会保障是反映国家性质的一项基本制度，是体现执政宗旨的一条基本责任。

从积极的角度看，社会保障不仅是经济发展的重要条件，还可以是经济持续发展的不竭动力。在2008—2009年应对国际金融危机的经历中，人们认识到，社会保障不健全是造成内需不振的重要原因，而大幅度提高对社会保障的财政投入和社会投入，不仅对扩大内需发挥了明显效果，还对刺激经济复苏、拉动经济增长乃至推动经济发展方式转型起到了无可替代的作用。现在，人们的认识有了一个巨大的提升：社会保障与经济发展是可以相互促进、相互协调的。人们不再强调片面的经济发展或者单一的社会公正，而是努力寻求经济快速发展与社会公正的平衡与统一。从我国经济社会发展的现实来看，改革开放三十多年来，我们基本上已经找到了促进经济发展的路子和办法，但对于如何实现社会公正，实现公平的收入分配，还需要进行更多的探索。现在的关键之一，就是通过完善和发展社会保障，实现经济发展和社会公正的统一。

二是怎样认识政府与市场的关系。在完善和发展社会保障过程中，政府与市场的关系到底怎么处理，政府和市场作用的界限应该怎样划分？在实践上经常出现混淆不清的问题。例如，新医改争论的焦点就在于政府和市场的关系；再如，教育尤其是义务教育就涉及政府与市场的关系问题。这个问题自 20 世纪 80 年代以来也一直存在争论。到 21 世纪初，愈演愈烈的"看病难、看病贵""上学难、上学贵"，就是政府和市场的关系没有处理好的结果。温家宝总理在谈到这个教训时说："一些大学功利化，什么都和钱挂钩？这是个要命的问题。""文化教育卫生事业的发展，基本取向应该是公益性的，决不能'一风吹'地搞产业化。"①

汲取以往的教训，我们在养老、医疗、就业、教育、住房等领域，逐渐明确了政府的责任和市场作用的边界，完善和发展社会保障的基本思路逐步理清了。

三是怎样认识公平与效率的关系。在这方面，我们的认识经过了一个不断探索的过程。人们先后提出"效率优先、兼顾公平"、"一次分配讲效率、二次分配讲公平"以及"更加注重社会公平"等诸多口号。这些提法的变化说明关于公平与效率的关系及边界问题我们还不甚清楚。特别是在社会保障领域，表现就更为突出。社会保障的职能本来就是为了维护社会公平的，正因为在市场竞争中以及由于其他原因，一些社会成员处于弱势地位，甚至利益受损，面临了个人难以承受的风险，才需要国家和社会给予保障。所以，国家和社会在社会保障问题上理应扶助弱者，补偿利益受损一方，这样才能维护公平正义。但在社会保障实践中，如果也实行市场竞争的原则，扶强不扶弱，谁缴费就给谁保障，缴费越多保障就越优厚；只给一部分人提供保障，把另一部分人排除在外，那就只能扩大社会

---

① 温家宝：《大学功利化是要命问题，须有办学自主权》，新华网，2010 年 2 月 2 日。

差别，加剧社会不公平。例如，几十年中，社会保险只覆盖城市职工，不包括广大农民；最低生活保障只在城市实行，长期不在农村实行；即使是在城市，只覆盖有城市户口的居民，不包括其他居民。这样一来，本以实现社会公平为己任的社会保障，却扩大和制造了新的社会差距，引发了新的社会矛盾，有悖于它的本分。所以，在处理公平与效率的关系上，社会保障所遵循的原则是与市场原则不同的。在社会保障问题上，要兼顾公平与效率，但效率要服从公平，不能损害公平。

四是怎样处理国家、社会、家庭与个人的责任关系。这是社会保障普遍存在的一个问题，更是有中国特色社会保障特别要处理好的一个问题。改革开放以前，我们实行过国家大包大揽，个人无须缴费的保障模式；在市场化改革的大潮中，又发生过政府从养老、医疗、教育、就业等事关民生的重大领域全线退出，把养老责任推给子女、医疗（费用）责任推给个人、教育（费用）责任推给父母、就业责任推给市场的偏向。这一个曲折的过程，严重影响了人们对于在社会保障中坚持社会主义方向的认识，不利于社会主义优越性的发挥。时至今日，我们对于如何处理公益与非公益的界限，怎样处理免费与缴费的关系，哪些是政府必须坚守的责任，哪些是家庭和个人必须承担的责任，如何培育社会公益组织，形成责任合理分担的结构，如此等等，都还需要进一步搞清楚。不然的话，不要说体现社会主义优越性，就连什么是社会主义优越性都搞不清楚，例如，是不是免费就比缴费更具有社会主义性质，是不是越是全面免费、全民免费越好？

基于中国国情和发展经验的社会保障模式的形成，必须正确认识和处理以上四个基本关系。而要正确认识和处理这些基本关系，不用说对于我们这样一个正处于转型中的社会，正在改革和发展中的制度而言，难度必然很大，就连那些自认为或被认为制度已经基本成熟的国家，其实也在争论不休。可以说，所有社会福利模式的差别、社会政策的不同取向都根源于此。这些问题在欧洲国家已经争论了上百年。即使在被认为制度早已定型化了的瑞典，对立的观点也照样存在。一种观点认为社会福利不会给经济发展带来阻碍，坚决否认瑞典存在真正意义上的"福利病"；另一种观点认为高福利不可持续，甚至断言传统的瑞典模式其实已经不存在了（著名经济学家、瑞典学派代表人物阿瑟·林德贝克即持此观点①）。当然，他们并不是从根本上否定福利制度本身，而是在经济发展与社会公正之间怎么兼得、如何均衡等问题上发生了分歧。这个问题某种意义上讲也是新自由主义、保守主义、民主社会主义以及其他理论派别争论的焦点。例如，奥巴马的医疗改革方案之所以遭到一些政治和社会势力的强烈反对，就在于这个方案无法在经济发展与社会公正之间寻求平衡，难以找到各个利益集团都能接受的均衡点。

以上四个关系归结起来，就是要我们设法找到经济与社会、政府与市场、国家与社会、公平与效率中间的界线，这是一条责任的界线，也是利益协调的界线、不同机制发挥作用的界线。明确这个界线，在社会保障或社会福利领域就成了选择什么样的社会福利模式、走什么样的社会保障道路的问题。从中国实际情况来看，西方社会保障制度有许多值得借鉴之处，但不能照搬；计划经济时代的国家—单位保障制度已经走不通；改革开放以来政府面向特殊群体实施的小福利局限性太大，需要不断地加以突破。所有这些需要我们重新思考社会保障或社会福利的理论基础。为此，我提出了底线公平理论，以此回答中国社会保障或社会福利制度建设的基础理论问题。

（二）底线公平的概念和原则

对中国这样一个人口众多、社会差距巨大、人均收入水平偏低的发展中国家来说，要寻找一种理论上有据可依、实践上行得通的社会保障发展之路，就必须从中国国情出发，在总结以往几十年经验教训的基础上，首先要找到国家与社会乃至个人的责任底线，明确划分各自的责任界限与责任范围，明确政府机制与市场机制的相互关系和发挥作用的领域。所谓底线公平，并不意味着公平程度"低"，保障水平也不一定就"低"，高低的问题是由其他一些因素决定的，其中经济发展水平起到决定性作用。底线公平是要明确以上所说的四个基本关系，它是指责任的底线，因为这些

---

① 阿瑟·林德贝克：《传统的瑞典模式已经不存在了》（刘军对阿瑟·林德贝克的专访），《新京报》2009 年 7 月 25 日。

才关乎到制度设计的原理。

底线怎么确定？所谓"底线"是指所有社会成员在满足基本需要上的权利一致性。社会保障所关涉的"基本需要"有三个：生存需要、健康需要和发展需要。通俗地说，就是吃饭、看病和上学（接受教育）。任何人都离不开这三个需要。例如，联合国采用的人类发展指数也是"人均收入"、"人均受教育年限"以及"平均预期寿命"等指标，这就把本来非常复杂的人类发展问题用非常简洁的指标加以度量。

以这样三个基本需要或者说基本权利为底线，底线及其以下部分是政府必须承担的起码责任（这并不意味着全部经费都由财政负担），底线以上部分要由社会（企业和社会组织）、家庭和个人承担直接责任，通常可以采用市场机制和各种社会机制来解决问题。底线及其以下部分是无差别的，称为无差别的公平；底线以上部分是可以有差别的，称为有差别的公平。无差别的公平与有差别的公平共同构成了底线公平。

这个"底线"并不代表社会保障或社会福利的全部内容，它只是一个界线。据此，可以明确社会保障所有主体的责任结构，也可以把所有的社会保障的具体制度划分为三种类型：

一是体现权利一致性的社会保障制度。在这里，"底线"的含义表现为权利一致性，而不是权利的差异性，对中国来说主要就是最低生活保障制度、公共卫生及基本医疗保障制度、义务教育制度等。这就是说，任何人只要他的收入低于最低生活保障线，政府有责任帮助他补到最低生活标准，这体现为权利的一致性。公共卫生和基本医疗保障制度也是如此，因为在对待人的健康或生命问题上所有人的权利应该是平等的、一致的。同样，对于义务教育制度，我们应当坚持不论城乡、不论贫富，所有适龄人口都有权利享受义务教育。除此而外，体现权利一致性的社会保障制度还包括公共福利制度，如环境安全、饮用水安全、交通安全等。在这些制度方面，所有人的权利也是一致的。

二是体现权利差异性的社会保障制度。有些社会保障或社会福利制度则要体现权利的差异性，而不是处处拉平，更不是绝对的均等。也就是说，我们可以依据个人能力强弱、贡献大小、收入高低、城乡之间以及地区之间一时难以消除的差别，来体现个人获得社会保障和社会福利待遇方面的差别。不仅商业保险以及个人储蓄等制度，是体现着权利的差异性，养老保险、医疗保险、住房公积金等制度中的个人账户部分也反映了差异性，就连最低生活保障制度也是制度统一而标准各异，城乡之间、地区之间的生活成本有所不同，实际的补差标准一时是难以拉平的。

三是兼顾权利一致性与差异性的社会保障制度。这样的社会保障或社会福利制度涉及的人群也很复杂。包括医疗保险、养老保险、失业保险以及社会互助制度等，它们既有体现权利差异性的一面，更有体现权利一致性的一面。现行的养老金待遇差别很大，公务员、事业单位与企业职工之间的基本退休金差距很大，从而带来新的社会不公平，这部分应当尽可能地趋于一致。医疗保险金以及住房公积金等制度也是如此。从长远来讲，这些制度不应该体现太多的差异性，应当逐步缩小针对社会各阶层、各行业所设置的基本养老保险、基本医疗保险以及住房公积金等制度的差距。再如，社区服务也是如此，既要规定社区必须提供基本的服务项目，也要允许各个社区根据自身情况提供优质服务，可以面向所有人提供多样化、多层次的服务，既可以是免费的，也可以是缴费的。政府提供的基本公共服务应该是均等的，不应该讲特权；企业、社会组织和市场提供的服务可以免费，也可以收费。从而既兼顾权利一致性又体现权利的差异性。

根据上述概念界定和制度安排，社会保障（社会福利）在实际运作中应体现如下五个原则：

一是全民共享原则，主要处理大福利与小福利、普遍福利与特殊福利的关系。各种社会保障（福利）制度尽管有所差别，有些制度只是针对某种特殊群体而设置的，但是，从制度的覆盖面来讲应该是覆盖全体的。例如最低生活保障制度，尽管实际上领取最低生活保障金的城乡人口也就只有5千万左右（保障线不同，这一数字会有所变化），但在制度性质上，任何人只要符合低保条件都可以享有这个权利，因此它是覆盖全民的。医疗救助制度以及其他民生制度也有类似的特性。公共福利和公共服务则必须强调均等性，才能更好地体现全民共享性质。

二是弱者优先原则，主要处理富人与穷人、强势群体与弱势群体的关系。即使是发达国家，社会福利和社会保障供给能力也总是有限的，而民众的需求则是无限的。在这种情况下，优先保证什么人的生存、健康、教育等方面的需求就是一个政策选择取向问题，因而也是判断政府及其政策价值性质的问题。社会保障（福利）制度在资源有限的情况下，应该优先保障那些在市场竞争中处于弱势地位的群体的基本生活和基础教育、基本医疗需求，使那些最没有办法、情况最危急的人及时得到保障。因此，弱者优先原则就是确保社会支出应当尽量照顾到那些贫困人口，给他们雪中送炭，从而将公共财政支出边际效用达到最大化。

三是政府首责原则，主要处理政府与市场、国家与社会之间的关系。所谓政府首责，就是强调政府在关系到民众基本的生存需求、健康需求、发展需求以及安全需求等问题上应当是第一责任者。为此，政府就要加强反贫困工作力度，加大公共卫生以及基础医疗设施的投入与监管力度，增加教育尤其是义务教育的投入与管理力度，加强公共安全的监控力度，这些民生项目要由财政兜底和埋单，以便保障社会的稳定与持续发展。而在基本的生存、健康、发展以及安全需求基础之上的那些非基本需求，则应当交给市场、社会乃至家庭或个人去自行负责。所以，政府首责，其实就是要明确政府所要坚守的责任底线。

四是社会补偿原则，主要处理个人与社会之间的关系。任何人获得更多利益都是较多地占有资源（包括机会）的结果，然而社会资源本身又是有限的，因此，那些较多占有社会资源的人就应该给那些没有占有或者较少占有社会资源的人以补偿，这是社会正义的体现。正是有了这一条基本的社会正义，社会和个人之间才能建立起一种契约关系或者叫做责任关系，这就是：社会承担对每个社会成员的责任，个人也要承担对社会的责任。这正如罗尔斯所言，应该对那些较少占有资源的人进行补偿，否则，社会和个人之间的矛盾无法调和。

五是持久效应原则，主要处理经济与社会、近期利益与长远利益之间的关系。就是说，底线公平所关注的诸如教育、医疗卫生以及安全等问题，这些项目有的一时难以见效，但却具有长期效益，它们能够保证整个社会持续、健康、安全的发展。因此，要想促进经济社会的持续发展就必须坚持社会保障（福利）制度的持久效应原则，在健康、教育、安全等方面加大投入。

总之，在社会福利与社会保障领域，底线公平主要指政府与市场、国家与社会在解决民生问题中各自的责任界限或最基本的责任范围。由此看来，当前以及今后一个时期，完善和发展社会保障体系需要着重解决的难点问题是：第一，尽快扩大覆盖面，将城乡居民尽可能广泛地纳入社会保障体系之中；第二，解决已有制度和将建制度的整合问题，尽可能消除不同制度之间不衔接、不兼容、功能错位或功能重叠，甚至相互冲突等问题；第三，增强公平性，尽可能减少不必要的差别。最近几年的实践已经证明，在收入差距、地区和城乡差距较大而又一时难以消除的情况下，只有把握住公平底线，先从满足人民群众最基本、最迫切的需要出发，才能较快实现社会保障的全民覆盖。不然的话，总是在城镇社会保险制度改革范围内兜圈子，无法扩展到农村，也无法覆盖到非职工的城镇居民和广大进城务工人员，每年新吸纳到社会保险制度内的人员不过1千万左右，远远不能满足人民群众的期待。多年来，由于存在着城乡分割和体制障碍，针对不同人群应急性地出台了各种各样的制度，形成所谓制度"碎片化"局面，而从底线公平出发，才能在最基础的部分找到共同部分，找到"交集"，不同利益群体才能达成共识，社会保障制度建设也就可以顺利向前推进。

三　努力完善和发展社会保障，充分体现社会主义优越性

党的十七大报告提出，要加快建立覆盖城乡居民的社会保障体系，"要以社会保险、社会救助、社会福利为基础，以基本养老、基本医疗、最低生活保障制度为重点，以慈善事业、商业保险为补充，加快完善社会保障体系。"① 这里，主要讨论如何通过完善社会保险、社会救助和社会福利制度，更好地体现社会主义的互利共济性、团结互助性和公平正义性，从而充分体现社会主义优越性。

---

① 胡锦涛：《高举中国特色社会主义伟大旗帜　为夺取全面建设小康社会新胜利而奋斗——在中国共产党第十七次全国代表大会上的报告》，《中国共产党第十七次全国代表大会文件汇编》，人民出版社2007年版，第38页。

（一）完善社会保险制度，体现社会主义的互利共济性

1. 在社会保险制度中一定要坚持社会统筹

社会保险制度是我国社会保障制度建设的重点和主要内容。在社会保险各项目的支出中，基本养老和基本医疗保险支出不仅总量大，而且增长速度也快，在 1999 年到 2006 年期间，就分别从 1924.9 亿元和 69.1 亿元，增长到 4896.7 亿元和 1276.7 亿元，增长了 1.54 倍和 17.48 倍。[①]

在制度设计方面，经过多年的改革和探索，城市养老保险采取了社会统筹与个人账户相结合的体制，将原有的现收现付模式，改变为部分积累模式，这是养老保险制度的一项重大的制度创新。

改革以后的社会保险制度是缴费型的社会保障制度，与计划经济时代那种依靠国家与单位保障，个人并不直接对社会保障及相关福利承担缴费义务的制度安排有重大区别。改革开放以来，在社会保障制度中采取了让个人承担责任的做法，受保障者承担缴费义务，加上用人单位或者雇主缴费与政府资助，共同构成了社会保险的筹资基础，从国家负责、单位包办全面实现了向责任分担的转变。正如郑功成所说，这种责任分担的结构，"促进了国民权利与义务的紧密结合，促使社会保障制度更加符合平等互助的原则，并且具有相应的激励功能。"[②]

经过改革的养老保险和医疗保险，都采取缴费型。其与商业保险的区别主要不在于筹资结构（后者不仅是个人缴费，也有企业或单位缴费），而在于责任关系。社会保险的责任关系有两大特点，一是社会统筹，二是国家兜底。这两条体现了社会保险的共济性，这是体现社会主义优越性的根本所在。如果只搞个人账户，或者把统筹部分统划归个人账户，即使筹资结构不变（仍为个人、用人单位和政府出资），但最终责任却完全由个人自负，这样一来，个人与社会、个人与国家的责任关系可就完全不同了，社会共济性就大大削弱了。总之，在各项社会保险中，尽管社会统筹

[①]　宋士云、李成玲：《1992—2006 年中国社会保障支出水平研究》，《社会保障制度》2008 年第 9 期，第 5 页。

[②]　郑功成：《从国家—单位保障制走向国家—社会保障制》，《社会保障制度》2009 年第 8 期，第 10 页。

部分与个人账户部分各占多大比重以及具体如何运作是可以选择的，但对于有无社会统筹就不能不慎重对待了。

2. 社会保障一定要全面覆盖城乡居民

近年来，我国努力扩大社会保障覆盖面，这既是完善和发展社会保障制度的需要，也是体现社会主义优越性的重要方面。社会保障不仅从国有单位扩展到非国有单位、从正式职工扩展到灵活就业人员，还开始了从城镇职工向城镇居民，特别是从城市居民到农村居民的历史性扩展。

2002 年，中共中央、国务院发布《关于进一步加强农村卫生工作的决定》，要求建立以大病统筹为主的新型农村合作医疗制度，2003 年开始启动试点。到 2009 年，新型农村合作医疗制度覆盖 8.3 亿人，基本实现全覆盖，中央和地方财政的投入也大幅提高。2007 年，为解决城镇非从业居民的基本医疗保障问题，国务院发布《关于开展城镇居民基本医疗保险试点的指导意见》，开展探索建立城镇居民基本医疗保险制度。

2009 年普遍建立了城市养老保险省级统筹制度，出台了包括农民工在内的城镇企业职工养老保险关系转移接续办法。在全国 10% 的县（320 个县）开展新型农村社会养老保险试点，2010 年试点范围要扩大到 23% 的县。[①] 这标志着延续半个世纪的社会保障的城乡分割已被打破，社会保障制度基本覆盖全民的历史性跨越即将实现。

（二）完善社会救助制度，体现社会主义的团结互助性

新中国成立以来，社会救助事业取得了长足进步，但制度化程度不高。以最低生活保障制度取代原有的应急性、临时性、零散性的社会救济政策，是体现社会主义优越性的一个标志性事件。1997 年国务院发布了《关于在全国建立城市居民最低生活保障制度的通知》，决定在全国建立城市居民最低生活保障制度。1999 年国务院颁布《城市居民最低生活保障条例》，对城市居民最低生活保障的保障对象、保障标准、资金来源等进行规范，并提出实现应保尽保的目标。是年，这一制度在全国城市全面铺

---

① 温家宝：《政府工作报告——2010 年 3 月 5 日在第十一届全国人民代表大会第三次会议上》，人民出版社 2010 年版。

开, 自 2002 年以来每年的救助人数都保持在 2200 万以上。

但是, 由于这一制度完全由财政出资, 长期只在城市实行, 而广大农村地区的贫困人口不论从规模还是困难程度来说都更甚于城市。这一时期, 在全国有一些省市, 陆续在农村地区主动试行最低生活保障制度, 只是大多保障标准偏低, 制度化程度不高。2007 年, 这项制度在全国农村普遍实行, 并且逐步提高最低生活保障标准, 这是对于缩小城乡差距, 促进社会公平具有标志性意义的大事。

截至 2008 年 9 月底, 城乡享受最低生活保障人数分别达到 2273 万人和 3858 万人。城乡居民最低生活保障标准分别达到月均 206 元和 82 元, 月人均补助分别达到 132 元和 43 元, 确保了低收入群体的基本生活。

同一时期, 我国城乡还普遍建立了医疗救助制度, 明显提高了农村五保户供养水平、优抚对象抚恤补助标准, 灾害救助等各种制度也不断完善, 基本建立起完整、及时、高效的社会救助体系。

作为社会救助体系的一个直接效果 (当然是在各种社会政策的综合作用下), 我国的反贫困实践取得了举世瞩目的成就。按照国家统计局公布的 2007 年人均 785 元的贫困线, 我国农村绝对贫困人口的数量从 1978 年的 2.5 亿迅速下降到 2007 年底的 1479 万, 贫困发生率也相应地从 30.7% 大幅下降到了 1.6%。如果按照世界银行的贫困标准计算, 从 1981 年到 2004 年, 我国贫困人口从 6.52 亿降到 1.35 亿, 5.17 亿人摆脱了贫困。而在同一时期, 全球的贫困人口总共减少了 4 亿, 也就是说, 如果排除中国, 全球贫困人口其实是增加了 1 亿。世界银行的一份报告惊叹, 中国在减贫方面的成就, "对于全人类来说是史无前例的"。[①]

(三) 完善社会福利制度, 体现社会主义的公平正义性

毛泽东说: "社会主义社会, 不搞社会集体福利事业还成什么社会主义"。[②]

[①]　世界银行东亚及太平洋地区扶贫与经济管理局:《从贫困地区到贫困人群: 中国扶贫议程的演进——中国贫困和不平等问题评估》, 2009 年 3 月, 第 iii 页。转引自王绍光《坚守方向、探索道路: 中国社会主义实践 60 年》, 中国人民大学中国法理网 2009 年 9 月 26 日。

[②]　毛泽东:《读社会主义政治经济学批注和谈话 (简本)》, 第 282—284 页。转引自王绍光《坚守方向、探索道路: 中国社会主义实践 60 年》, 中国人民大学中国法理网 2009 年 9 月 26 日。

毫无疑问，社会福利是体现社会公平正义的一面镜子，尽管它并不足以完全反映一个社会的公平正义状况，但通过完善社会福利制度却可以明显地体现社会公平正义。

社会福利包括许多方面，通常可以区分为"小福利"和"大福利"。"小福利"是面向弱势群体和特殊对象的福利，"大福利"是以全体社会成员的基本需求为本的福利。我们认为，最迟从 2003 年应对"非典"，推行新型农村合作医疗制度以来，"小福利"的界限已经被冲破，中国逐步进入向"大福利"迈进的新阶段。[①] 因此，完善社会福利制度可以扩展到包括满足社会成员生活和发展需要的更多领域，如教育福利、住房福利、就业支持等，这样，社会保障的概念也要有所扩展。以上在社会保险、社会救助方面我们已经讨论了养老、医疗、最低生活保障等问题，以下主要讨论在教育、住房、就业等方面进一步体现公平性的问题。

1. 教育福利

教育福利是实现教育公平的重要保障。在公平问题上，有一个非常怪诞的现象，本来应该是促进公平的手段，搞不好就恰恰成了导致不公平的根源。教育就是这样，它毫无疑问是实现起点公平的关键，唯其如此，人们就偏要千方百计地争取在起点上占得先机，结果它就很容易成为不公平的源头。尤其在义务教育上，这些年来，"择校风"越刮越盛，城乡之间、地区之间的差别越来越大。虽然政府部门采取一些纠正措施，却往往不见效果反而是火上浇油。问题的根源就在于怎么看待教育尤其是基础教育的性质。如果把教育完全看作投资——既是个人和家庭的投资，又是国家的投资，那么，投资总是要回报的，在这个意义上的公平就只能是投资与回报要成比例，其结果就是谁投资多谁获得的回报就大，这种市场化、功利化的逻辑必然导致教育不公平。如果把教育尤其是基础教育看作是受教育者人人具有的权利，是应该享有的福利，因而，教育是公益性的，那么，所谓教育不公平也就可以从根本上得到解决。然而，教育在现今社会发展阶段又不能不在一定意义上是一种投资，那么，怎样处理教育作为投资和

---

　　① 景天魁、毕天云：《从小福利迈向大福利——中国特色福利制度的新阶段》，《理论前沿》2009 年第 11 期。

作为福利的关系，才能保证做到公平呢？按照底线公平的原则，就是要区分无差别的公平和有差别的公平。基础教育和高等教育中的公共福利是应该无差别的，其他部分是可以有差别的。无差别的部分具有公益性，有差别的部分具有私利性，前者主要由公共财政负责，后者可以主要由个人、家庭和社会负责。

我国城乡之间、地区之间、学校之间差距巨大，促进教育公平的根本措施就是合理配置教育资源。首先，要把扶持农村教育作为促进教育公平的重点，要建立城乡一体化的公共教育财政体制，逐步统一城乡生均教育经费标准和办学条件标准，提高农村教师工资和福利待遇，并向条件艰苦的学校倾斜，改善农村教师的住房等生活条件，增强他们到农村任教的吸引力。除了资源配置方面的公平之外，也应该在城乡之间实行教师流动或轮岗制度，采取切实措施，鼓励城市教师到农村从教，加强农村教育信息化建设，让农村学生也能够获得优质教育资源。加强农村寄宿制学校建设，对于贫困县、山区县的小学生，离家路程较远或道路崎岖险峻的，一律免费寄宿。家庭困难，交不起伙食费的，应予减免或补助。重视发展农村学前教育和高中阶段教育，扩大农村学生接受高等教育的机会。

其次，要加大对中西部地区教育的支持力度，形成东部支援西部、东中西教育均衡发展的新局面。在教育投资、学校布局、招生政策和人才培养等方面，向中西部地区倾斜。

再次，要保障弱势群体的公平受教育机会，对于农民工子女，流入地政府要提供免费义务教育；对于残疾学生要给予特殊关照；对于农村留守儿童要保障他们平等就学，建立关爱和服务体系。同时，要加大对高校、高中等职业学校家庭经济困难学生的资助力度，不让一个贫困学生失学。

2. 住房保障

居者有其屋，是一个人能够有尊严地生活[1]的基本条件，对此提供基本保障是政府应尽的责任。把这个责任完全交给开发商，是政府的失职；住房完全商品化、市场化是错误的。实行这个政策的结果，就是不出几

---

[1]　温家宝总理在2010年春节招待会上的致辞和《政府工作报告》中关于让人民过上"更有尊严"的生活的讲话，引起了社会的强烈回应。

年，占人口大多数的中低收入家庭就被高房价挡在了商品房市场之外，每平米上万元、数万元的房价只能令他们"望房兴叹"。住房问题成了全社会关心和议论的热点，成了社会不公正的焦点。那些在这个问题上政策出了偏差的地方政府，收获了利益，失去了民心。有的城市的房地产和批发零售业已成为对新增经济总量贡献最大的行业。根据第二次经济普查结果，有的城市 2008 年地区生产总值的增量中，房地产和批发零售两大行业的增加量占 95% 以上。

在住房政策上的教训证明，如同在医疗、教育等事关民生的问题上一样，在住房问题上，也要明确政府的责任和市场的界线。按照底线公平原则，必须按照居民收入水平，分为不同层次，相应地，确定保障性住房与商品房的比例，凡是无力购买商品房的，无房或住房条件不能达到有尊严生活的基本要求的，均属于政府提供保障性住房的对象。

在 2010 年的"两会"上，住房问题成了人大代表和政协委员关注和讨论的热点。在《政府工作报告》中，温家宝总理在讲到 2010 年工作重点时，首次用整整一段文字强调要"促进房地产市场平稳健康发展"，"满足人民群众的基本住房需求"。[①] 其中很重要的一点，就是纠正片面的住房商品化倾向，政府要大规模实施保障性住房建设，仅中央财政在 2010 年就安排保障性住房专项补助资金 632 亿元，比上年增加 81 亿元，增幅达 14%，逐步使保障性住房与商品房之间达到一个合理的比例。在商品房中，也要面向购买力不强的中低收入群众的住房需求，增加中低价位、中小套型普通商品房供应。近年来，商品房价格飙升的北京市，大力加强保障性住房建设，2010 年保障性住房的开工和竣工面积计划分别比上年增长27.9% 和 82.5%。[②] 政府承诺，政策性住房建设用地占全市住宅供地要达到 50% 以上，新开工建设收购各类政策性住房占全市新开工套数要达到50% 以上。实行"政策房优先"原则，即优先供应保障性住房建设用地，优先搞好规划设计，优先保障建设资金，优先办理审批手续。[③]

---

① 温家宝：《政府工作报告——2010 年 3 月 5 日在第十一届全国人民代表大会第三次会议上》，人民出版社 2010 年版。

② 汤一原、周奇：《把北京保障性住房建成全程阳光工程》，《北京日报》2010 年 3 月 23 日。

③ 刘扬：《本市两年内解决 17 万户居民住房困难》，《北京日报》2010 年 3 月 23 日。

3. 就业福利（支持）

在就业政策上，一般只讲"失业福利"，好像不讲"就业福利"。在"失业保险""失业救济"这类意义上，可以叫"失业福利"，即只有在失业以后，才能得到的救助、扶持、补偿等等。自改革开放以来，我国的就业政策以市场化为取向，政府不再包揽"就业"，"分配工作"被自主择业所取代，市场配置就业岗位成为唯一被肯定的就业方式，计划经济时代的单一正规就业转变为市场配置的分散、灵活、多元化的就业，其中大量的是非正规就业。这从就业角度看是积极的，但从福利角度看却是消极的。这种单纯为失业者提供的福利反而可能与就业发生矛盾，特别是在失业福利水平偏高时，就业和再就业的积极性就下降。用来解决失业问题的福利救济越多，申请救济的人也就越多，主动寻找工作机会的人就越少，越有可能制造出新的失业。

随着我国就业方式从以正规就业为主向以非正规就业为主的转变，现行的这种单一的"失业福利"政策是既不利于促进就业，也不利于促进福利的。在1990—2004年间，城镇非正规就业迅速发展，年平均增长率相当于城镇就业增长率的3倍，2004年占城镇就业比重的58.9%。但是，到2006年，在城镇2.83亿从业人员中，参加失业保险的人数为1.12亿，覆盖率仅为39.5%；参加医疗保险的从业人员为1.16亿，覆盖率为40.9%；参加养老保险的城镇从业人口为1.41亿，覆盖率为49.9%。这些数字中并不包括实际在城镇流动就业的农民工，不包括城镇非就业的居民，如果将他们加到分母中，覆盖率就更低了。这说明，现行的失业保险、失业救济，虽然经过几十年的努力推广，实际的覆盖率其实很低，所谓"失业福利"的作用是非常有限的。

本文提出的"就业福利"，是把福利供给由"事后"（已经失业了，才提供失业保险和救济）前移到"事前"（增强就业能力，鼓励和促进就业）。我国是人力资源大国，而目前实行"失业福利"的国家基本上都是人力资源短缺的，在它们那里，"失业福利"不仅造成了巨大的财政负担，还不利于促进就业，如果我们也照此办理，那不仅财政负担承受不起，势必造成人力资源的巨大浪费，优势反而成了劣势。这并不是说，失业保险和救济就一无是处，它们当然是非常必要的制度，而是说，我们在就业政策上要更加积极，把"关口"前移，更加注重就业鼓励和就业促进。这是"就业福利"的实质。

在这个意义上，"就业福利"意味着在发展积极的劳动力市场，发挥市场在就业中的作用的同时，政府要积极介入就业问题，以公共财政对就业给予支持。主要内容包括：（1）大力开展职业和技术培训，特别是对广大农民工的培训；（2）支持中小企业发展，特别是支持它们的产业升级；（3）对积极创造就业岗位，吸纳就业的各类企业给以税收优惠等政策支持；（4）提供公益性、服务性岗位，特别是大力支持社区服务业、生活型服务业的发展；（5）对就业困难群体提供就业支持，特别是保证"零就业"家庭至少有一人就业；（6）提倡"工作福利"，凡是有劳动能力的人必须积极就业，以此作为享受福利待遇的前提条件；（7）福利提供要公开透明，加强社会监督，形成支持和鼓励就业的强大舆论氛围；（8）鼓励年轻一代积极就业，自主创业，防止形成对政府和社会的福利依赖，防止孳生"啃老族"，积极推动开征遗产税，继承和发扬自强不息、奋发有为的优良传统。

4. 增强福利供给的公平性

长期以来，中国社会保障支出水平偏低，已是不争的事实。发达国家在20世纪60—90年代的社会保障支出占GDP的比重在20%左右，在此期间，它们的人均GDP不过在2000—3000美元之间。2002—2006年中国人均GDP在1100—2000美元之间，社会保障占GDP的比重徘徊在5.41%—5.60%之间。2009年中国人均GDP已经达到3600多美元，社会保障支出水平也大幅提升，但仍远低于发达国家在相当GDP水平时期的社会保障支出水平。[①]

在资源奇缺的情况下，政策偏向就容易发生，社会保障支出的不公平，就成为公众诟病的焦点。据孙光德、董克用计算，1991—1994年间中国占总人口80%的农民只享有社会保障支出的16%左右，20%的城市人口却占有接近90%的社会保障费用，从人均社会保障费看，城市居民是

---

① 财政部社会保障司课题组：《社会保障支出水平的国际比较》，《财政研究》2007年第10期。

农村居民的 20 倍以上。[①] 显然,增加社会保障支出占 GDP 的比重,是增加福利供给公平性的前提。

增加福利供给的公平性是政府必须承担的责任。这里的关键是正确认识政府与市场的关系,说来这是一个老问题,但却不容易处理好。特别是在诸如教育、医疗等社会事业中,政府曾一度推给市场,在长达 20 年的时间里,淡化甚至模糊了公益事业的性质,笼统地提社会化、市场化、产业化,致使政府职能转变走偏了方向,涉及民生领域的服务提供方牟取私利。在经济体制和社会保障制度改革中,还片面强调减轻企业(国家)的社会负担、增加家庭和个人责任。结果,经过 20 年的改革,企业把办社会的包袱丢掉了,但企业的社会责任也丢掉了。经过这一番曲折,在科学发展观的指引下,重新明确了涉及民生的许多部门如教育和医疗事业的公益性质,政府承担了本应一直承担的责任,造成的新的历史欠账不得不近乎加倍偿还。

好在这一次,我们的认识已经上升到了发展观的高度,在落实科学发展观的过程中,以改善民生为重点的社会建设以史无前例的规模和强度得以大力推进,覆盖全民的社会保障体系正在形成,社会主义优越性的充分展现指日可待!

参考文献

胡锦涛:《高举中国特色社会主义伟大旗帜 为夺取全面建设小康社会新胜利而奋斗——在中国共产党第十七次全国代表大会上的报告》,《中国共产党第十七次全国代表大会文件汇编》,人民出版社 2007 年版。

贾康、王敏:《社会福利统筹与公共财政支持》,《社会保障制度》2009 年第 5 期。

景天魁:《底线公平——和谐社会的基础》,北京师范大学出版社 2009 年版。

乔万尼·阿里吉:《亚当·斯密在北京——21 世纪的谱系》,社会科学文献出版社 2009 年版。

宋士云、李成玲:《1992—2006 年中国社会保障支出水平研究》,《社会保障制度》2008 年第 9 期。

王绍光:《坚守方向、探索道路:中国社会主义实践 60 年》,中国人民大学中国法理网,

---

① 孙光德、董克用:《社会保障概论》,中国人民大学出版社 2000 年版。

2009 年 9 月 26 日。

张秀兰、徐月宾、方黎明:《改革开放 30 年:在应急中建立的中国社会保障制度》,《北京
　　师范大学学报》(社会科学版),2009 年第 2 期。

郑功成:《从国家—单位保障制走向国家—社会保障制》,《社会保障制度》2009 年第
　　8 期。

郑功成:《中国社会保障 30 年》,人民出版社 2008 年版。

(原载中国社会科学院《青年学习马克思主义基本原理辅导教材》,2010 年 4 月编印)

金融危机与福利模式[*]

一　金融危机逼出"大福利构想"

金融危机对经济和社会生活的方方面面都发生深刻影响，大多数影响都主要是"危"而不是"机"，唯独金融危机与社会福利之间的关系有点特别。尽管人们在主观上并不喜欢靠金融危机来刺激社会福利的发展，但现代社会福利制度的滥觞与扩展，却的确与经济危机之间具有某种内在的联系，至少说，欧美社会保险和福利制度的几次重大推进，都与经济危机有着密切的关联。一方面，像20世纪30年代的大萧条、40年代的困难时期迫使政府不得不对严重的贫困、失业、疾病等社会风险加强应对和干预，而最有效的干预手段就是增进福利；另一方面，福利制度不仅带来了社会安定，也充当了走出危机、发展经济的动力，这是超出预期的。这就不难理解，在此次全球金融危机中，为什么尽管美国深陷危机的旋涡，财政极其困难，奥巴马政府还是要强力推行全民医疗保障；而中国大陆的一揽子经济刺激计划，必须把扩大内需作为重点，其中的关键就是加快建立覆盖全民的社会保障制度。这样，社会保障和社会福利也就成了拉动经济、走出危机的动力。

但是，此次金融危机与以往毕竟不同，人们对经济危机和社会福利之间关系的认知也更为成熟和理性了：最重要的区别，就在于不再是消极地应对，而是积极地去构建、去创新，去争取人类福祉的历史性大发展。我的理解是，如果说，以往人们发展社会福利的目的主要是减缓和抵消经济

---

*　本文在《探索与争鸣》（2010年第1期）发表时，题目为《应对金融危机的"大福利构想"》。

危机对社会秩序和社会生活的冲击，那么，此次国际金融危机则刺激我们思考，能不能再进一步，探索这样的福利制度和福利模式：它的保护伞更大一些，防火墙更高一些，以至于在将来，金融危机和经济危机即使发生了，也不再能轻易影响到基本的社会秩序和基本的社会生活——人们不必感到恐慌，生活秩序不会遭到扰乱，生活质量不会明显下降；或者更进一步，这样的福利制度和福利模式能不能与其他配套制度和条件一起，甚至能在一定程度上减少、抵御和防范金融危机和经济危机的发生？这就是我提出"大福利构想"的初衷。

也许这个设想具有乌托邦的色彩，但我们看到，这次应对金融危机，各国采取了与以往不同的姿态和策略：纷纷采取积极的财政和货币政策，努力振兴经济；G20（世界主要经济体）峰会频繁举行，各国主动加强协调，共同应对。从效果看，已经基本可以肯定，避免了金融危机导致经济大萧条的可能，一些经济大国出现了止跌回升的势头，尽管完全走出金融危机还有一个艰苦的过程，甚至不排除有发生反复的可能，但与历史上的同类情况相比，至少可以肯定的是，经济衰退的时间可能短一些；历史上那种因经济危机而导致战争乃至世界大战的情形不会重演。不仅如此，趁应对此次金融危机之机，人们还进一步探讨形成新的国际货币体系、形成更加公平合理的世界经济新秩序的可能性。总之，那些平常情况下难于提出来讨论的问题，借危机之机就可以提出讨论了；那些平常情况下难以达成共识和共同行动的事情，现在有希望达成了。

这就给予我们一个鼓舞，我们是不是也可以不限于只是考虑如何被动地从福利角度应对金融危机，不是仅仅局限于就业和社会福利本身，我们能不能也趁机提出一些与社会福利有关，但不限于社会福利的问题？这就是我提出"大福利构想"的缘起。

二　"大福利构想"的含义和内容

所谓"大福利"，主要是指：

第一，全民普遍享有，特别是要覆盖城乡居民。

第二，跨部门、跨领域、跨地区、跨身份，即尽可能取消部门分割，实行部门合作、事业整合；削弱或者取消不同领域、不同地区之间不必要的差别；在不同群体（例如农民工）的身份一时难以取消的情况下，也要尽可能把他们纳入福利体系之中。

第三，内容上的多样化，不仅包括传统意义上的社会福利（小福利），也包括各种社会保险、社会救助以及慈善事业、商业保险在内，即社会保障；不仅包括社会保障本身，还扩展到就业、教育、住房、卫生健康、社会服务、公共福利，乃至与此有关的公共财政和税收以及与民生有关的金融体系。

第四，主体多元，政府、企业、民间组织、家庭和个人广泛参与、协同运作，各负其责，形成合理的责任结构。

"大福利"包括"大就业""大教育""大保障""大服务"和"大金融"。"大"的含义是普遍、开放、协同、整合，也就是我们早在 2001 年就提出的"基础整合"的概念，[①] 所以，"大福利构想"也就是"基础整合的福利体系"。

（一）"大就业"

金融危机对就业的影响非常严重，提出的挑战也非常深刻。解决就业问题，最根本的一点，是不能再局限于原有的"就业"概念和解决就业的思路，要跳出就业看就业，到传统就业思路之外寻求解决之道。这就是树立"大就业"观念：

1. 解决收入分配问题是真正解决就业问题的关键

我们习惯于认为，就业和收入分配是虽然有关却相互独立的两码事。我们长期撇开收入分配讨论就业问题，现在看来，不解决收入分配问题，就业问题已经无法有效解决了。前两年，南方出现的"民工荒"已经敲起了警钟。最近，南方一些城市好不容易经济回暖了，订单增多了，但是再次出现招工难，有些企业缺工达 1/3 以上，许多岗位无人来就。企业提供的职位及薪酬待遇无法吸引农民工，是导致"民工荒"的主要原因。据了解，有的城市给普通工人开出的工资在每小时 3.5—5.5 元之间，即使按

---

① 景天魁主编：《基础整合的社会保障体系》，华夏出版社 2001 年版。

最高限算，一天工作 8 小时，一个月工作 22 天，一个月的工资也就 968
元，还不到当地实施的 1000 元最低工资线。工人们为了多拿点钱，只能
加班加点干活，几乎每天都工作 12 个小时，即使这样，每个月的工资也
只有 1500—2000 元左右。[①]

　　当前，中国大陆劳动收入占国民收入的比重偏低，2003 年为 61.8%，
2005 年为 45.3%，2006 年为 44.6%。劳动要素在企业内部分配中的比重
也低，初次分配存在资本回报率不断提高、劳动力回报率持续下降的趋
势。[②]从国际比较来看，已落到了劳动收入占比最低的国家之列。国际惯
例是，自我雇佣者的收入中有一部分应该计入资本所得，而中国大陆在
2004 年前把自我雇佣的收入全部计入劳动所得，因此，劳动收入占比实际
还是高估的。[③]

　　当前，从解决收入分配问题入手解决就业问题，有两个着重点：（1）
大幅增加中低收入阶层的收入，才能真正拉动内需，刺激内需型经济发
展，从而增加就业岗位。（2）切实缩小城乡差距、地区差距，才能有效解
决就业问题。北京的大学毕业生说什么也不愿意离开北京，宁愿当"啃老
族"，为什么？涨工资北京带头涨，城市越大，收入越高，福利越好，大
学生怎么能愿意到边疆、到农村、到基层？那里有工作没人干，这里有人
没事干，这哪里是就业问题，这是收入分配制度问题。不解决收入分配问
题，怎么可能解决就业问题？慢说每年有 600 万大学毕业生，就是不扩
招，也照样会有就业困难。

　　2. 解决就业问题不能以放慢产业升级步伐为代价

　　再度出现的"民工荒"，也将产业升级及结构调整问题重新提到企业
面前，特别是那些至今仍没有完成升级换代，依然延续着以前"低成本、
低利润"的加工贸易方式的企业压力很大。在工人供不应求的背景下，企
业不得不提高工资及福利待遇，导致劳动密集型为主的企业用人成本普遍
提高，曾经的成本优势正在慢慢消失，这也迫使一些企业加快了产业升级

---

①　时娜、彭超：《"民工荒"倒逼产业升级提速》，《上海证券报》2009 年 9 月 23 日。

②　张茉楠：《中国经济复苏关键看能否破解三大失衡》，《上海证券报》2009 年 9 月 22 日。

③　陆铭、范子英：《中国出口导向路径不会有根本性改变》，《上海证券报》2009 年 9 月 22 日。

步伐。一些企业添置新的机械设备，以前需要多人完成的一组作业，现在只需一个人就可以完成，工业化程度大为提高，这对缓解"民工荒"大有帮助。在产品结构上，他们也开始逐渐加大高端产品的研发投入，毕竟高端产品的技术含量更高，更具有竞争力。①

但从解决就业问题的角度看，由于经济结构和产业结构的升级、技术进步带来资本有机构成的提高，我国经济增长吸纳劳动力的作用有所减弱，再加上中国劳动力供给长期大于需求，经济增长对资本、技术的弹性更高，而对劳动力的弹性更小。2003 年至 2007 年 GDP 年增长率均在 10% 左右，而就业人口年增长率均在 0.8% 左右，即 GDP 每增长一个百分点仅能带动 80 万人就业。经济高速增长并没有对就业产生多大拉动力，反而在一定程度上对就业增长产生了挤出作用。②

如此以来，产业升级和扩大就业之间就形成了尖锐的矛盾，能不能为了产业升级而减少就业？目前，有大约 1.5 亿外出打工的农民工，未来一二十年，正值城市化高潮，至少还将有二三亿农村劳动力需要到城市就业，就业压力如此之大，迫切需要企业提供就业岗位；反过来，能不能为了扩大就业而减缓产业升级？目前，国际国内市场竞争如此激烈，我们多年实行的低端、低价、低附加值的出口战略越来越行不通了，只有提高技术含量、提高产品档次才有出路。

这就出现了一个似乎无解的悖论：不提高劳动报酬，就不能吸引就业；提高了劳动报酬，对许多劳动密集型企业来说，就会降低竞争力；为了提供竞争力，就要产业升级，而技术含量高了，就业系数就要下降。这一升一降的循环，光靠抓就业解决不了，光靠抓收入分配也解决不了。

怎样才能打破这个循环？要大力发展中小企业，它们吸纳劳动力的能力较强；要大力发展服务业，特别是像社区服务业、餐饮业之类的大众化产业，它们的技术含量不是太高。这些都是很对的。但是，关键因素却不在就业途径本身，而在教育，在"大教育"。教育搞得不好，就业和收入分配的循环、就业与产业升级的矛盾，就会趋于双下降的恶性循环；教育

---

① 时娜、彭超：《"民工荒"倒逼产业升级提速》，《上海证券报》2009 年 9 月 23 日。

② 陆铭、范子英：《中国出口导向路径不会有根本性改变》，《上海证券报》2009 年 9 月 22 日。

搞得好，就会实现双上升的良性循环。

（二）"大教育"

前几年大学扩招，高等教育已经出现了泡沫，2009 年，大学生初次就业率仅有 67%，它本身已经造成了新的就业压力，火上浇油之际，怎么能靠发展教育来解决就业问题呢？从发展战略讲，不仅解决就业要靠教育，产业升级要靠教育，解决收入分配问题也要靠教育。一言以蔽之，教育不兴，整个现代化问题什么也解决不了。关键是能够担此重任的教育，不是传统意义上的教育，而是"大教育"。

1. 教育要向就业延伸、与就业紧密挂钩

办教育不等于只办学校，教育部门不能一发毕业证就推出校门不管，校方对未能就业的学生，要负责与企业等用人单位联系，开展就业培训；对就业率太低的专业、经过后续培训仍不能就业的专业必须及时调整。

在发达国家，教育改革总是和一个国家的经济社会发展密切结合在一起。中国的教育与社会需求之间没有紧密的对应和关联，因此，一方面企业缺乏技能人才，另一方面大学生找不到工作。在中国的企业发现中国的大学生并不具备一两种有用的技能，很多外资企业需要亲自到中国培养有用的学生。缺乏有用的人才已经成了中国产业升级和技术升级的一大障碍。[①]

2. 改革教育体系，形成素质教育、职业教育和研究型教育的合理结构

目前，教育体系的一个缺点，是从基础教育直到大学教育其实都是素质教育性质的，缺乏职业和技能教育的环节，致使不少大学生毕业后"回炉"选择就读职业教育，获得一技之长，增加就业竞争力。

而职业教育的发展受到社会各界的广泛关注，很重要的一点就是职业教育的高就业率，2005—2008 年 4 年间，我国中等职业教育的就业率一直保持在 95% 以上。2009 年，中职教育计划招生总数达到 860 万人，将赶超普通高中规模。[②] 中职教育规模与普通高中规模之间应该找到一个比较

---

① 郑永年：《中国的教育改革和教育泡沫》，《参考消息》2009 年 5 月 21 日。

② 杨国营：《教育在改革与创新中前进》，《参考消息　北京参考》2009 年 9 月 15 日。

合理的比例，在产业结构发展的不同阶段，这一比例应该不同。前一时期，初中及以下文化水平的职工是许多制造业职工队伍的主体，将来，对高端技术人才的需求越来越大，中等职业教育和高等职业教育所占比例也应该逐步上升。

3. 企业和所有用人单位也要主动与学校教育相衔接

办教育不光是教育部门的事，而是全社会的事。德国、澳大利亚等职业教育比较发达的国家，都有一套比较成熟的职业教育与更高教育层次相衔接、学校与企业和用人单位相衔接的制度。企业和用人单位不能只管用人，要把用人和培训结合起来，适当借鉴日本经验，即使不搞终身雇佣制，也要鼓励建立稳定的雇佣关系，不得随意解雇员工，如果必须解雇，也不能推出门了事，要根据被解雇人员的条件和意愿，与有关就业服务部门共同承担再就业培训责任，把这当作企业社会责任的重要内容。

4. 政府部门要打破块块分割，不能把就业和教育问题只当作个别部门的事

中国最大的资源是人力和人才，要比重视资本更加重视人，在发展思路上真正以人为本。所有财政、税收、工、农、商、学、兵等都要与就业和教育相衔接。像英国那样设立"人力服务委员会"，像美国那样颁布"就业培训合作法"，把现有的人力资源和社会保障部作为这个委员会的执行机构。

由"人力服务委员会"或"人力资源委员会"及其执行机构管理和协调的"国家就业和教育协调体系"包括：（1）支持中小企业发展的产业体系；（2）大中小、国私外均衡发展，相互竞争而又相互补充的金融体系；（3）面向民生、鼓励创业、支持中西部发展的财政体系；（4）教育和就业相结合的大教育体系；（5）就业和培训法律体系。

5. 建立国际化的人才战略，从全球视野筹划教育和就业问题

1978—2008 年的 30 年间，中国大陆共有 130 多万人出国留学，留学目的地遍及 100 多个国家和地区。部分留学人员回国后，对我国工农产业、第三产业及高新科技产业的发展起到了重要的推动作用。目前，许多企业制定了"走出去"战略，但大量缺乏外语人才、技术和管理人才，真正了解国际市场、能够熟练掌握世界贸易和经济规则的人才更是凤毛麟

角。据说，日本在境外的资产比在本土的资产还要多，中国将来也有这一天。因此，绝不是中国人多了就业就难，怕的是有事无人能干。要从全球视野统一筹划大就业和大教育，尽快实现由人力资源大国向人力资源强国的转变。

(三)"大保障"

发展"大就业"和"大教育"，背后要靠"大保障"。所谓"大保障"，主要指普遍享有，广泛覆盖，特别是要覆盖城乡全体居民。众所周知，在 2003 年以前，我们的社会保障制度仅仅限制在城市职工的范围内。改革开放以后，社会保障制度改来改去，也还在城市里打圈圈，每年即使扩大保障面，幅度也很有限，养老保险和医疗保险这两大险种，每年新增加 1000 万人左右，远远不及城市人口增加的速度。从 2003 年，在农村推行新型合作医疗制度开始，社会保障的城乡壁垒逐渐被打破，国家和地方财政掏钱给农民看病，开创了"大保障"的历史，受到了亿万农民的衷心欢迎。2007 年，开始在农村建立最低生活保障制度，解决贫困问题有了新的制度保障。2008 年，在城市推行居民的医疗保险，许多城市面向城市老年人发放养老补贴；2009 年，在农村建立养老保险制度试点，标志着真正普遍享有、覆盖城乡的社会保障制度框架基本建立了。2003 年以来，中国大陆实现"大保障"的步伐一步快似一步，与此同时，包括提高统筹层次、提高社会保障金占 GDP 的比重、解决农民工和灵活就业人员的保障问题、取消不必要的差别，促进社会公平等重点和难点问题，也纷纷提上日程。"大保障"作为"普遍享有，广泛覆盖"的含义正在充分显现。

"大保障"的另一含义是指保障的项目广泛、形式多样。中国国情复杂，政治、经济、文化差别明显，社会需要千差万别。社会保障、社会福利是最直接满足人民生活需要的，一定要五谷杂粮均备，酸甜苦辣齐全。西方只有几百万、几千万人的国家可以实行单一福利制度，我们千万不能追求制度单一，形式单调。那其实是不符合国情，不适合人民需要的。总体上，以社会保险为主，也要大力发展社会救助、慈善事业、商业保险，让它们有充足的空间去满足不同方面、不同层次、不同群体的需要。参与

"大保障"的主体也是多元的，政府、企业、社会组织、家庭和个人各负其责，合理分担，形成可持续、充满活力、运作有序的社会福利责任结构。

大保障也好，大福利也好，从根本上说，不是国家惠予的，而是人民贡献的，在基本方面，体现的是义务与权利的统一。当然，也有一部分是惠予性的。能够普惠的福利还是"小福利"，不是"大福利"。真要全民普惠，在个别事项上还可能，在所有生活与发展方面，在所有需要方面都"普惠"，不但在我们国家做不到，从西方福利国家实际情况看，也不是设计多么科学合理的制度。从效果看，降低社会发展活力，是其本身难以克服的顽疾。我们提"普遍福利"，含义是普遍享有，但享有的形式既包括给予（惠），也包括缴费（各尽其责）；既有无偿获得、也有有偿获得和低偿获得，总之，除了无劳动能力者、无缴费能力者以外，都是义务与权利统一的。这就既能实现福利共享，又能保持社会活力，从中国大陆社会保障和社会福利制度改革30年来的实践看，效果是基本肯定的。

（四）"大服务"

社会保障体系好不好，不完全取决于保障体系本身，还取决于有没有好的支撑体系。社会服务体系就是使社会保障体系能够落实并且增效的支撑体系。

社会保障主要指资金保障，但光有资金保障不能解决现代社会的保障问题，服务保障的作用越来越大。比如，城市里有的老人在家里死了也没有人知道，臭了才被发现。这个人不一定没有资金保障，可能有足够的养老金，但是为什么会出现这样的惨剧呢？我们现在重视的，比如煤矿出事故了，死人了，这有人管，那么一个老人在家里死了谁来负责啊？没有人对此负责。这说明，这类事情还没有纳入我们的保障制度。我们固然需要有以资金支撑的社会保障制度，但还一定要有一个好的制度实现的条件和环境。再比如，现在许多老年人得一些慢性病，慢性病到医院也没有多少医治的办法，光靠医疗保障制度也不行，主要在于日常的生活调理和护理，主要取决于生活服务和医务护理，即使在医院里看得很好，回到家里如果没有人管了，对他的所谓保障就实现不了，更不用说很多病是没有什么药可以解决的，病人的实际需要是靠服务来满足的。由此可见，"大保障"要靠"大服务"。这一点，也是我们当年提出"基础整合的社会保障体系"时的一个主要想法。

长期以来，在社会建设领域，公共服务建设在很多方面几近于零，以至于我们今天有必要强调公共服务对社会保障的重要性。其实，许多社会服务，例如社区公共服务体系建设可以充分发挥社区人力资源（离退休人员、邻里互助等）的作用，成本最低效果最好，是非常符合中国传统和国情的。

中国的社会保障，与西方福利国家、福利社会可以有很多区别，但其中最主要的区别应该是体现在更贴近基层群众，更便于基层群众的参与，更适合发挥我们中国的文化优势。我们可能无法与西欧一些国家来比社会保障金的水平，但是，不见得我们中国人就不可能有一个好的社会保障。这个资源主要是从我们中国的国情出发，用社会服务体系来支撑社会保障体系，就可能是一个很符合中国国情的、成本很低而效益很好的制度。比如，我们社区里有很多离退休人员，有些企业里的职工不到 50 岁就退休了。如果我们能够以社区的形式把他们组织起来，以很低成本的服务，比如五六十岁的人去照顾七八十岁的人，邻里之间开展养老护理、医疗照顾、婴幼儿看护等，很多事情都可以有人管了。而这种"管"，不需要像西方那样靠公司、靠一些专门的机构，那样的成本太高。现在，像北京等许多城市社区就是把离退休人员发动起来，给他们找点事做，他们还挺愿意，觉得被社会承认了，被社会尊重了，觉得自己还挺有用。这是一种非常丰富的资源。这样做，既能满足群众的需要，又能够增强社会团结、增强社会凝聚力，还能够帮助社会保障制度夯实社会基础。

社会服务体系建设与社会保障制度建设的关系，要放在社会建设整体布局中去研究。社会服务体系建设可能是各项社会建设的关键，当然也是真正实现和完善社会保障制度的关键。

（五）"大金融"

狭义的金融是指货币以及类货币（股票、债券等）及其有关的经济活动。这里所谓"大金融"，其实是想指支持以上所说的"大就业""大教育""大保障""大服务"的资金支持体系。因为所谓福利，总是脱不开资金支持这一重要基础的。讨论应对金融危机的福利问题，最后也不能不落脚到金融体系上来。

1. 大力支持中小企业发展，创造足够的就业岗位

2008 年金融危机袭来，一度有 1/3 的中小企业歇业和停产；2000 多万农民工返乡。中小企业的瓶颈是资金，返乡农民工、大学毕业生创业的瓶颈也是资金。必须改革金融体系，放活民间金融。现在，北京等城市出台了一些支持中小企业发展的金融政策和做法。但是，光有政府政策不行，要创造新的金融体系。大中小银行要分层次，大银行不能以其垄断地位而与中小银行争利，光捡肥肉吃，哪里利润丰厚，就到哪里霸吃霸喝。房地产利润高就涌向房地产。大银行是航空母舰，既然抗风险能力强，就应该更多地支持技术创新，支持风险大的新兴产业，支持中小企业。国家办的政策性银行，更应该像斯里兰卡的小额信贷银行那样，支持农民、农民工和大学生就业和创业，支持职业培训和就业开发。

2. 加大对教育的投入，扩大教育福利

改革教育制度，降低教育成本，也就会降低大学生的就业预期。目前大学生的家庭支付成本太高，所以对就业回报的期望也就太高。如能适时适度扩大教育福利，扩大助学金、奖学金规模，增强对就业前的技术培训和职业培训的财政支持，学生和家庭对职业的挑剔程度就会降低，回报社会的意识就会增强，相应的，就业压力就会减轻。

金融系统是运作"钱"的，趋利避害是市场经济的本性。那么，金融系统要不要以及怎样体现以人为本呢？能否做到以人为本，而不是以资本为本，以民生为本，而不是以 GDP 为本？关键就看是投资于人，还是投资于"物"；是为了人的发展，还是只为钱的增加。投资于教育，就是投资于长远发展，就是开发和扩大发展的源泉。试想，如果我们把解决就业问题当作投资的重要目标，或者在有利于解决就业问题的情况下再考虑利润回报率，以实现充分就业为途径谋取利润增加，从战略上选择就业优先增长的经济增长模式，那么，就业问题就可以得到解决，就业和经济发展就可以双赢；如果我们在要素投入上，注重通过人力资源的充分开发利用来促进经济增长，那么，在拥有 13 亿人口的国家就具有任何国家都不能

比拟的经济优势；如果在产业发展上，能选择把产业升级与扩大就业相结合的道路，把经济结构调整的过程变成对就业拉动能力不断提高的过程，把改变城乡二元经济的过程变成统筹城乡就业的过程，那么，我们就可以避免许多本来可以避免的矛盾，减少许多本来可以减少的成本和代价，我们的经济就能够保持平稳健康发展，社会也能够保持稳定，实现和谐。在这里，金融系统的目标设定，金融结构的合理化，金融动能的正确发挥，无疑具有关键的作用。

3. 财政资金要向民生倾斜，向基层倾斜

要用财政资金引导社会资源，注重解决民生问题，加快公共福利、公共服务体系建设，这对于当前启动内需、克服金融危机、发展经济，对于破解就业难题，实现社会稳定，都是一个重要途径。

总体上讲，现在存在的主要问题还是福利供给不足，就是过去财政对于教育、卫生、社会保障的投入水平很低，这是主要方面。前些年，我们在 GDP 高速增长的同时，对于卫生、医疗、社会保障的投入，在 GDP 中所占比例不是在增长而是在降低。而且这个比例，如果与日本和韩国、与世界的平均水平比，都要低得多。例如，在医疗卫生支出中财政所占比例只有17%，80%多是个人和家庭负担，这是造成"看病难、看病贵"问题的主要原因，因为势必有些中低收入的家庭掏不起医疗费，出现了一些因病致贫、因病返贫现象。所以，解决财政投入不足的问题是目前的主要问题。但是，现在也出现了福利刚性的问题。大量的医疗卫生资源配置不合理，对城市特别是大城市的投入与对农村的投入不成比例，最近几年正在努力纠正，但还需要一个较长的过程。

三　"大福利构想"的实质和意义

（一）形成社会团结的广泛基础

对一个社会来说，"大福利构想"所追求的目标，不是福利供给最大化，不是无条件地要求福利水平最高，这是要与经济发展水平相适应的，并不是可以随便设想的。但福利效益最大化是可以设想的，即在给定的福利供给条件下，使有限的（任何时候都是有限的）福利供给获得最大的社会效果。这是福利制度和福利模式研究要承担的责任。我提出的底线公平理论就是建立一个合理的公平结构：区分无差别的公平和有差别的公平。在基本生活保障方面，实行无差别的公平，政府和社会要保障满足社会成员的基本生活需要，但同时要求每一个有劳动能力的人要给社会作贡献；在基本生活保障以上要实现有差别的公平，每个人得到的福利要与其对社会的贡献挂钩，鼓励人们多作贡献，尽可能避免和消除只索取不贡献的情况，这样才能激发社会发展的活力。当然，差别多大要有限制，要根据经济发展水平和历史文化传统，确定适当的差别度，并且一般应该通过民主方式得到大多数社会成员的认可。

按照这样的公平结构建立的福利制度和福利模式，吸取了福利国家注重普惠性、平等性的优点，避免了造成福利依赖、导致社会活力下降、经济增长缓慢的缺点；吸取了实行积累制国家激发个人责任的优点，避免了社会共济不足的缺点。

中国文化传统中，人民大众接受适当差别的能力较强，而不是像西方文化那样强调抽象公平、抽象人权；另一方面，中华民族团结意识较强，个人原子化意识淡薄，所以，把无差别的公平和有差别的公平结合起来，把个人（家庭）责任和社会共济结合起来，是切实可行的。这样，既能够实现适度公平，增进社会团结，又能够保持和激发社会活力，在社会经济发展中实现发展与公正的统一。基于这种统一的社会团结是最广泛的团结。

（二）探索建设东方型福利社会

对一个地域，具体就是对东亚地区来说，探索建设东方型福利社会是很有意义的。如果说，从 19 世纪到 20 世纪上半叶，随着西方工业化、城市化以及西方式的现代化的崛起，必然出现从俾斯麦的社会保险制度到贝弗里奇的福利国家构想以及到第二次世界大战以后福利国家实践的高潮，终于形成了比较成熟的西方福利模式，那么，从 20 世纪下半叶以来的东亚崛起到 21 世纪世界发展重心向亚洲的转移，必将出现东方式的现代化模式，随之而来的将是东方型福利社会的诞生。

我在 2006 年访问日本，2007 年在北京举行的中、日、韩"寻求东亚的新范式——探索政治、社会、文化和谐的未来道路"的论坛上所作的主题发言中，都曾经探讨过这个问题。[①]

1. 东方型福利模式可以作为亚洲社会团结的基础

自从欧洲共同体成功建立以来，就给了亚洲社会一个激励：亚洲特别是东亚地区，能不能也像欧洲那样实现某种形式的一体化？许多人虽然意识到在全球化时代地区一体化是必然趋势，但是看到东亚地区经济制度差别很大，政治制度差别更大，就难免对东亚的联合或者一体化持消极态度。近年来，情况有所变化，中日韩等国，纷纷接近东南亚联盟，先后签订自由贸易协定，但东亚地区的整合仍然举步维艰。的确，经济整合虽然是一条可行的道路，但在市场经济条件下，利益纠葛也难免带来得失的盘算，乃至竞争和纷争；政治整合难度更大，利益集团的对立需要相当一个过程才可能缓和与化解。相比之下，东亚社会具有相近的社会结构，包括家庭结构、企业结构、人情关系等，相互之间容易适应和认同。是否可以在经济途径、政治途径之外，探索一条社会整合的途径，也许通过建立一个好的福利模式，可以为亚洲将来形成一个好的社会模式奠定基础。而建立社会联结，能够更容易地体现互助、合作，创造融洽的社会氛围和人文环境。

我提出的底线公平，最便于扩大社会共同性。因为它强调首先要保障每个人的三项最基本的权利，即：生存权、教育权和健康权。当个人和家庭无力保障这些基本权利时，政府要守住这条底线。当然，由于各个国家和地区的发展水平不同，情况会不一样，例如在中国内地，所谓教育权，目前主要还是指九年义务制教育，将来中国发达了，可能政府财政管的受教育年限就要长得多，这里是可以有差别的。但是这三项权利是政府必保的。而在保证这三项权利方面，首先，在每一个国家和地区内部都非常容易达成一致；进而，任何一个国家和地区的不同阶层，都比较容易承认在这三项权利面前大家应该是平等的。例如，在中、日、韩之间，虽然我们的福利制度、福利水平有很大的差别，但是保证这三项权利应该是共同的，而不管福利制度如何、福利水平如何，在这上面可以达到最大的共

[①]　景天魁：《底线公平：和谐社会的基础》，北京师范大学出版社 2009 年版。

同性。

在东亚地区如能建立这样一个福利模式，尽管社会内部差别、阶层差别比较大，我们还是可能用这个办法来增进社会团结，增加社会不同阶层、不同收入水平者、不同文化信念者之间的认同。这样，福利模式就可以作为一个平台和基础，使大家建立起一种社会共同联系的纽带。在 2008 年四川汶川大地震和 2009 年台湾南部大水灾期间，两岸同胞发自内心地相互支援、相互关怀，慷慨相助、大爱无疆。事实上冲破了政治上的种种羁绊，但那主要是靠情感，靠道德，能否在此基础上尝试建立更稳定可靠的社会共同联系的纽带？例如，两岸之间的共同约定、协定，应对经济危机和自然灾害的共同行动纲领，在福利问题上按照最容易达成社会共识的底线公平原则，建立某些半制度化、制度化的行为规范。两岸血脉相连，同宗同源，如能带这个头，推及东亚，推及亚洲，岂不是中华民族对人类作出的莫大贡献！

当然，这里的意思仅仅是模式一致，原则一致，不是制度统一，更不是福利水平统一。绝不意味着收入高的国家和地区要给收入低的国家和地区"买单"。如果在模式选择和原则确定上能够达成一致，具体做法就不难解决。而如能在模式和原则上达成一致就很有意义。例如在中国大陆，就既要解决福利投入不足的问题，也要警惕福利刚性。在日本、韩国以及其他福利水平相对较高的国家和地区，已经面临福利刚性的困扰，也出现了福利资源浪费，有些福利供给过分慷慨的情况。这就说明，在东亚的福利模式中，掌握好公平底线也是一个非常重要的共同性问题。

2. 东方型福利模式可以作为亚洲引领世界的基础

人们正在议论 21 世纪可能是亚洲世纪。不管这种说法准确性如何，我们总可以思考一个问题：亚洲拿什么来影响和引领（如果可能的话）世界？常见的说法是靠经济，经济总量大了，说话分量就大。这有一定道理，但我们也看到有的经济大国在世界上也起不到什么引领作用。再有一种说法是靠技术，在历史上确有一些技术如蒸汽、电力技术等扮演过重要角色，但科学技术发展却表明，先进技术更新越来越快，现在有些重大新技术，用不了几年就让位给其他新技术，可能风光不再了。我们可以探索一种新途径，从一个好的福利模式走向一个好的社会模式，以此影响和引领世界。为什么可以有这样的期待呢？

在东亚的经济模式中，以及在我们设想的福利模式中，在经济与社会的关系、政府与市场的关系、政府与社会的关系等方面，都具有与西方国家和福利国家制度不同的特点。我们这种共同性不抹杀各自社会的个性，东亚各国和地区之间由于社会制度、经济体制、文化之间有差异，仍然可以保留自己的个性。亚洲社会的基础，既包括要扩大共同性，也包括要包容差异性。这就使得我们建立的福利模式，一方面，与美国那种过分强调市场机制和个人主义的福利模式不同，我们比较强调社会的作用，比较强调政府和市场的合作，而不是过分地强调市场的作用；另一方面，与欧洲福利国家那种过分强调平等和国家作用的模式不同，它们在福利增长的过程中形成了刚性的增长机制，就是福利只能往上升，不能往下降，一旦涨上去了就降不下来。其实，经济的发展总是有起有降的，一旦发生了经济危机，或者经济增长趋缓，财力就支撑不起了，所以福利国家制度的改革是不可避免的，这种改革还一直延续到现在。东方型福利模式会有更大的活力，我们可以比它们保留更多的差别，实现的是有差别的公平。这样，我们的模式也会有更好的包容度，而要有更好的包容度，还需要有更强的协商和沟通的能力，这样一种能力是可能依靠我们东亚的文化来提供的。

3. 一种新社会地理学

对东方型福利模式乃至社会模式的期待，还可以找到理论的支持。按照2008年诺贝尔经济学奖获得者克鲁格曼的新经济地理学理论，资源配置范围越广，越可能优化，收益越可能递增。由于生产规模扩大带来产出的增加，从而带来生产成本的下降，各国或区域间通过发展专业化和贸易，就可以提高其收益；要素的集中是经济规模的反映，地理上的集中形成大型的聚集地区，其规模优势远远大于某一个部门或产业的集中优势，从而为地区获得竞争优势创造了前提。这个道理，我们从最近30年中、日、韩之间经济联系的加强和贸易量的扩大对地区经济优势所起的作用，从海峡两岸经济往来和合作带来的实际效益，可以明显地体会到。

如果说，克鲁格曼是从贸易理论的角度说明了这个道理，那么，早些年的诺贝尔经济学奖获得者、"欧元之父"罗伯特·蒙代尔则从货币理论的角度论证了推进大中华货币区是唯一正确的选择。他同样从经济规模扩

大则效益倍增的道理出发，力主推进人民币的国际化，建设华元区。许多
经济学家相信人民币区域将成为越来越重要的货币区，国际货币体系应将
人民币纳入到国际货币基金组织推出的一揽子货币中来，建成一个稳定的
一揽子货币体系。①

从应对金融危机的福利政策与社会政策出发，我主张一种新社会地理
学，其基本原理是：社会空间越大，资源配置越可能高效和优化；人们的
活动空间越是广阔，人的才能发挥的余地越大，人的自由越是能够充分实
现；人的自我实现程度越高，人的幸福感越强。因此，在全球化的时代，
在区域一体化的趋势下，以"独立"为标榜的画地为牢、自我封闭，无非
是对世界文明发展大势的一种抗拒，是违背时代潮流的一种愚昧；是少数
政治人物出于一己私利而对大众福祉的一种伤害。

经济和社会发展的客观法则是势必冲毁任何狭隘意识的。我们也有这
样的经验。20世纪90年代，上亿农民工进城务工，而当时正值国有企业
改革，几千万职工下岗待业，许多人担心农民工抢了城里人的饭碗，一些
城市出台了五花八门的措施，限制农民工进城。从一般见识讲，城市里岗
位有限，农民工涌进来，城里人就业就困难了，道理好像说得通。但是，
上述经济学和社会学理论超越了一般见识，空间或者规模扩大的意义是不
可否认的。实际结果证明，农民工挡也挡不住，奇怪的是，他们不但没有
抢城里人的岗位，反而开辟了许多新的就业岗位，创造了许多新的产业，
干了城里人不肯干的工作。就业岗位是有层次的，劳动分工是可以扩大的，
现在城市里许多产业根本离不开农民工，甚至城里人离开农民工就没有办法
生活了。当然，农民工的身份问题总是要解决的，但那是另外一个问题。

同样道理，美国的就业市场近年来有了不少限制，但他们也应该看到
开放的益处。在高新产业聚集的"硅谷"，我就看到有条台湾街，那么多
华人在美国，对经济社会发展起到了不可忽视的作用。2004年我到台湾，
看到当局对大陆新娘在台湾就业和生活施加了种种限制，比对越南人、菲
律宾人限制还苛刻，我在大会发言中公开表示反对。现在，这种歧视改变
了。人们的理性最终总会确信科学道理比貌似有理的一般见识更高明，任

---

① 《环球时报》2009年9月23日专版："推进大中华货币区是中国唯一选择"。

何狭隘意识最终都是站不住脚的。

其实，不仅是新贸易理论、新货币理论、新社会地理学等会支持"大福利构想"之类的见解，人的理性、人的良知也总是会支持对中国人、亚洲人、全球人的福祉增进有助益的见解和主张的。因为，按照知识发展的规律，运用科学方法得到的知识，总会逐步转化为常识，也就是说，一般见识总是要改变和更新的。

（三）构建对经济危机具有防范功能的全球社会基础

对全球社会来说，造成这次金融危机的原因，根本就不是发展中大国与美国的贸易不平衡。不平衡是有的，但这是现象不是根源。如果说失衡，最根本的是穷国和富国的失衡。从第二次世界大战以来看，世界范围的贫富两极化越来越严重，世界经济体系越来越不合理。无论是帝国主义和新帝国主义理论，还是依附理论和世界体系理论，都说明了以往资本主义一体化的历史，就是财富从边缘向中心、从穷国向富国集中的历史。美元的独霸地位会形成所谓"磁吸效应"，全世界的相当一部分财富被吸附到一个国家，甚至一个华尔街。早在此次全球金融危机之前，就有"华尔街打喷嚏全世界感冒"的说法，此次金融危机印证了华尔街危机全世界遭殃的恶果。

从根本上说，全世界面临的就是经济体系不合理、社会不公正的问题。尽管单靠福利体系建设难以解决如此艰难的问题，但福利制度的研究和建设也应该对此作出应有的贡献。"大福利构想"意在建立一个相对独立于经济体系的社会体系，它更强调社会体系包括福利体系的自稳定、自协调机制，例如，"大福利"搞得好，虽然不能避免出现失业问题，但却可以使失业给社会、给民众生活造成的冲击尽可能减少；"大教育"搞得好，可以有效增强人们的竞争能力、适应能力、应付危机和化危为机的能力；而如果有了"大保障""大服务"，即使面对各种风险和危机，人们也可以安然无恙；有了"大金融"更可能直接对抗和化解金融和经济风险。所以，"大福利"作为对经济危机具有防范功能的全球社会基础也是可以预期的，至少是有必要去争取的。

参考文献

保罗·克鲁格曼：《萧条经济学的回归和 2008 年经济危机》，刘波译，中信出版集团 2009
　　年版。

保罗·皮尔逊编：《福利制度的新政治学》，汪淳波、正民译，商务印书馆 2004 年版。

贾康、王敏：《社会福利筹资与公共财政支持》，《社会保障制度》2009 年第 5 期。

景天魁：《底线公平：和谐社会的基础》，北京师范大学出版社 2009 年版。

景天魁主编：《基础整合的社会保障体系》，华夏出版社 2001 年版。

景天魁、毕天云：《从小福利迈向大福利：中国特色福利制度的新阶段》，《理论前沿》
　　2009 年第 11 期。

克劳斯·奥菲：《福利国家的矛盾》，郭中华等译，吉林人民出版社 2006 年版。

宋士云、李成玲：《1992—2006 年中国社会保障支出水平研究》，《社会保障制度》2008 年
　　第 9 期。

Peter aylor – Gooby 等：《压力下的福利国家：变革与展望》刘育廷等译，台北松慧有限公
　　司 2006 年版。

乌日图：《医疗保障制度国际比较》，化学工业出版社 2003 年版。

中国发展研究基金会：《中国发展报告 2008/09：构建全民共享的发展型社会福利体系》，
　　中国发展出版社 2009 年版。

郑功成主笔：《中国社会保障改革与发展战略——理念、目标与行动方案》，人民出版社
　　2008 年版。

（本文原为 2009 年 11 月在台湾日月潭举行的"金融海啸下两岸社会福利与劳动保障
之展望"讨论会的主题演讲稿，原载《探索与争鸣》2010 年第 1 期）

底线公平的福利模式

　　中国的社会保障制度改革如果说是与经济体制改革同时起步的话，那么二者的进展情况却大不相同：经济体制改革经过大约 15 年的争论和探索就确定了以市场为取向的改革方向，到 1992 年党的十四大正式确定了建立社会主义市场经济体制的改革目标。也就是说，大概用了不到 15 年的时间，经济体制改革往哪里改、怎么改的问题就解决了。但是，中国的社会体制改革，特别是社会保障体制改革，不要说 15 年，直到现在将近 30 年了还是争论来争论去，一些最基本的东西都还没有能够确定下来，就是到底选择什么样的社会保障模式，到底确立什么样的社会保障政策重点，到底确定何种先后次序等，这些问题都还不够明确。这说明社会建设、社会体制改革，要比经济体制改革复杂得多。

一　关于社会保障模式的选择

　　从社会保障模式来讲，第一，中国到底是选择普惠型的模式还是选择补缺型的模式？二三十年来，总是摆来摆去的，有一段时间，多数人认为还是应该选择补缺型的，但也有不少人认为普惠型还是最终的理想目标。最近，重新引起模式之争的主要直接因素有两个：一个是在 2006 年 3 月几乎同时发生的英法大罢工和社会动荡，都是与福利制度改革有关，英法都是实行普惠型的福利国家，发生在英法的社会动荡是否说明普惠型的福利模式也不能保证社会稳定？显然，这会明显增加人们偏向选择补缺型模式的筹码。另一个就是中国的快速经济增长，特别是快速财政收入增长，2007 年上半年，GDP 增长达到 11.5%，财政收入增长达到 30%，GDP 总量年内有望超过德国，外汇储备达到 1.3 万亿美元。有专家认为，我国目前每年的经济增量部分已经与美国的年经济增量不相上下。① 而正在此时，政府大力推动以改善民生为主旨的社会保障制度建设，继在农村推行新型合作医疗制度以后，今年3月又提出在农村实行最低生活保障制度，最近又积极推动城市（非职工）居民的社会医疗保险制度，按此趋势，是否要走向普惠型？类似普惠型的观点又抬头了。而到底选择什么样的模式是至关重要的事情，但直到现在也没有确定。

第二，选择什么模式不明确，是因为对什么是确定模式选择的依据不明确。多年来，我们只有一个笼统的提法——社会保障水平要与经济发展水平相适应。但是，什么叫与经济发展水平相适应？社会保障支出到底在GDP中占多大的比重，在公共支出中占多大的比重，从来都没有明确过，直到现在也没有搞清楚。最近有个令人鼓舞的提法——让公共财政的阳光普照13亿人民。如果望文生义，以为"普照"就是"普惠"。其实，"普照"是带有文学色彩的词，与具有确定含义的"普惠型"不可混同。"普惠"，不仅指包括所有人（普遍性），还指所有人都均等享受（一致性），例如免费医疗，就是所有人都免费。这个我国做得到吗？从概念上讲，仅仅提"公共财政"或者"公共支出"也是不够的，或者没有说到根本问题。在我国，根本的问题不在于公共财政有多少，我国公共财政占GDP的比例从来就不低。问题是社会支出在公共支出中占的比例，这是个更有意义的问题。简单地说，就是花在老百姓身上的钱到底在财政支出中占多大的比例。应该说，我国这个比例是比较低的。不仅与发达国家比显然很低，就是与多数发展中国家比也偏低，很多发展中国家社会支出占公共支出的比例都在50%左右，其中社会保障所占的比例也在20%—30%。而中国的社会支出占公共支出的比例大概只有20%，其中社会保障大概占8%。我国的社会保障支出还有较大的增长空间，但是，在这个可以有很大作为的空间里，我们如何作为？在很大程度上，社会保障模式选择不仅仅取决于社会保障支出的总体水平。尽管采取普惠型模式与采取补缺型模式相比，社会保障支出占GDP（以及公共支出）的比例一般要高一些，但是社会保障模式选择的一个很重要的决定因素是社会保障制度的功能

---

① 林毅夫：《现有理论尚难解释中国"奇迹"》，《人民论坛》2007年第13期，第24页。

定位。

　　第三，社会保障的首要功能是什么？过去长期存在的一个说法，认为社会保障是市场经济的配套机制，没有把社会保障看成是具有独立功能的社会体制，致使它的主要功能也没有能够发挥出来，某种意义上讲还发挥了和它本来应该发挥的功能相反的作用。社会保障本来是应该促进实现社会公平的，但是我们这些年的社会保障，在某种程度上，不但没有促进实现社会公平，还帮助加剧了社会不公平。我国本来就严重存在的城乡差距、地区差距、收入差距，不但没有因为社会保障而减小，反而增加了。就拿城乡之间来说，过去我们的各项社会保险只限于城市，农民没有份。本来城乡差别就很大，又只在城市搞社会保险，显然进一步扩大了城乡之间的差距。也就是说，如果单纯看城乡居民的收入差距，大概是 3.2∶1，但是如果加上城乡居民社会保障等方面的差距，那么这个比例就是 5∶1 甚至 6∶1。1991 年，城乡人均社会保障支出分别为 250 元和 5.1 元，比例为 50∶1；到 1994 年，则分别为 580 元和 5.7 元，差距扩大为 100∶1；2001 年，分别为 1324 元和 13.2 元，差距比例虽然仍保持在 100∶1，但差距的数额却是 1310.8 元，相当于当年农村居民人均收入的 1/2。所以，目前的社会保障（只在城市搞不在农村搞）帮助扩大了城乡差别，这项制度的社会功能严重扭曲了。社会保障制度如果继续这样搞下去的话，它能不能得到广大民众的支持就成问题了。现在，政府部门多年来就苦于"社会保障扩面难"，为什么扩面难？本来应该是帮助老百姓解决基本生活困难的一项制度，如果越来越得不到中下收入的大多数城乡居民的认同，那就麻烦了。这个社会保障功能的错位问题，可以说是促使我从社会公平的角度研究社会保障，并提出底线公平概念的主要原因。

　　社会保障制度建设，千万不要纠缠到那些技术性的细节上去，主要问题不在那里。最近，从国务院主管部门的领导到学术界，不少人认识到社会保障研究要重新回到原点，重新回到它的理论，目标模式到底是什么，重点解决什么问题？这些问题明确了，各部门各地方自然会根据实际情况，制订出符合实际的具体政策和措施。

二　社会保障目标模式的设定

从全面建设小康社会和构建和谐社会的新要求出发，根据目前的客观条件所提供的可能性和实际需要的现实性，中国社会保障的目标模式应该满足以下三个要求：

第一，适度性——成本较低，效益最大。

中国的社会保障应该是成本较低、边际效益最大。因为我们毕竟有 13 亿人口，社会保障的需求太大了，而我们又是一个人均收入水平相对很低的国家，也就是说，总体上的缴费能力低而消费需求极其庞大。所以，我们如果搞福利国家那种普惠型的社会保障，实际上想搞也搞不起来。或者即使建立了普惠型的保障，也只能是"撒胡椒面"，想解决的问题、能解决的问题也解决不了。看起来很公平，实际上造成资源浪费。所以，第一个要求就是适度性。

即使我国的 GDP 总量进一步增大了，但因为我国的社会结构是只有少部分人缴费能力强，而大部分人缴费能力低于或大大低于需求水平，所以，在这种结构中，要想追求成本较低而又效益较大，最好的办法就是明确目标群体，把钱花在刀刃上，解决那些必须解决而又能够解决的问题，一定要避免目标偏离。这个问题是社会保障研究必须高度重视的问题。就以农村新型合作医疗来说，新型合作医疗制度的本意，它的目标群体本来主要是农村那些中下收入者、贫困者，他们看不起病，要通过实行合作医疗使他们能够看上病。但是现在这项制度实行的结果，并没有能够对准这样的目标群体。2006 年我在一些农村地区调查就发现，真正获得大额住院医疗补偿的是农村里一些较富裕的人，因为只有他们才交得起住院预付款（押金），贫困农民虽然参加了合作医疗，但如果交不起押金，还是住不了院，也就不能得到大病住院补偿。表明中央和地方财政花费巨资建立起来的合作医疗制度没有锁定目标群体，偏离了，财政的钱仍然补给了农村里那些较富有的人。这样一来，这项制度的绩效就大打折扣了，想解决的问题没有真正得到解决。

第二，适当性——覆盖面广，促进公平。

要有利于促进公平，而不是撇下那些无助的人去保那些有钱的人。我国多数人（大约60%以上）收入水平在平均线以下，大约1亿人的收入水平在贫困线上下，还有不少于1亿人即便高于贫困线也相去不远，返贫的危险仍然存在。社会保障首先要把这部分人兜得住。先保证雪中送炭，有条件再适当"锦上添花"。不能先保富人，谁缴得起钱就保谁，谁缴的钱多谁多享受，那就有悖社会保障的初衷了。

多年以来，社会保障扩大覆盖面非常难，如果我们的社会保障总像前些年那样地"扩面"的话，社会保障制度在中国要真正建立起来还得100年。现在包括在各种社会保险里面的人也就1亿多，前些年，每年新参加社会保险的不过1000万人，那么中国13亿人还有11亿多没有扩进来，按这个速度还不得100年？显然，这个"扩面"办法是不行的。

第三，适用性——机制灵活，持续性强。

"扩面难"还有一个原因就是我们的社会保险制度灵活性差。现有的社会保险制度是针对那些有稳定工作、稳定单位、稳定收入，能够每月按时缴费的那种人或群体，可现在的农民工有1亿几千万人，灵活就业人员也是很大一个群体，包括好多"白领"也是灵活就业的，他们没有固定工作，也不见得每月都能缴费，我们的制度如果是僵硬的，那就很难把这些人"扩大"进来。南方一些城市费了很大的劲把农民工纳入城市社会保险了，但很快由于制度本身的原因又纷纷"退保"。

显然，要实现目标模式的以上三个要求，就要有新思路、新理论、新原则。

三　底线公平的福利模式：基本原则

底线公平是笔者在2004年提出的一个概念，三年来，我努力想把这个概念扩展为底线公平理论。底线公平理论不单纯是一个公平理论，它还是一种制度理论和政策理论，它的用途之一就是作为构建社会保障体系的依据。

为了达到这样的目的，底线公平理论首先对可能实现的公平作出一个区分。我们不可能实现一种绝对平等的、全体社会成员都普遍享有的公平，但是我们又必须兜住那些社会中下层群体，否则，社会保障对于实现社会公平就没有什么意义了。因此就需要区分有差别的公平和没有差别的公平。所谓没有差别的公平，就是任何人的基础性需求都能够得到保障。但是在这之上的那一部分，就有差别了，可能依据收入、贡献，或其他得到社会认可的理由而承认有差别的公平。那么这条底线划在什么地方呢？划在三种需求上：生存需求、健康需求和发展需求。这三件事情应该是政府责任的底线。简单地说，第一就是吃饭，当老百姓的生存有问题的时候，政府必须保障。第二就是看病，特别是公共卫生和医疗救助。第三，目前就是九年义务制教育。底线以下的部分是财政需要管的，底线以上的部分可以通过市场的作用或通过动员社会资源、个人缴费等来解决。这样就明确了在社会保障这件事情上政府干什么，市场干什么。

在制度设计和政策实行过程中，还要通过实行四个原则，体现底线公平。第一个原则是弱者优先。就是面对相对稀缺的资源，政府在调配资源特别是再分配调节中，要优先考虑那些在市场竞争中处于劣势地位的群体。事实上，我国目前正大力推进的在农村建立最低生活保障制度、新型农村合作医疗、加大对农村基础教育的扶持力度等，都体现了底线公平的弱者优先原则。而弱者优先可以收到成本小效益大的效果。比方说，现在有100元，如果给那些月收入上万元的人和没给他是一样的，但是如果给一个面临辍学的孩子，他就可以不辍学，他就可能完成学业，将来他就可能成为对社会有用的人才。

第二是政府首责。在老百姓的生存需求、健康需求、发展需求问题上政府是第一责任者。近几年，各级财政逐渐承担了对基础教育的责任，加强了对公共卫生和城乡基层医疗机构的投入，我国的扶贫减贫也取得了很大成绩。事实上，世界上像古巴、斯里兰卡等经济水平并不比我们高的国家，在这些方面是由政府承担财政责任的。可以说，这是一个政府不可推卸的责任。

第三个原则是社会补偿。社会补偿的含义是，因为社会资源是稀缺的，因此那些优先或者较多占有社会资源的人，就应该给那些没占有或者较少占有社会资源的人以补偿，这是社会正义的体现。正是由于有这一条基本的社会正义，社会和个人之间才能建立起一种契约，就是社会承担对每个社会成员的责任，个人也要承担对社会的责任。社会和个人之间建立起一种责任关系。

第四，持久效应。社会保障就是讲究持久效应，不是短期效应。公共财政用在办教育上，十年树人；用来搞公共卫生和医疗，也是一种讲究持久效应的事情。经济和社会怎样才能可持续发展？可持续发展最终的源泉是什么？只有提高国民的教育水平、健康水平，社会进步和经济发展才可能持续。拼自然资源，资源总有耗尽的一天；靠低工资成本，工资总有涨的一天。只有提高国民的教育和健康水平，才是一个国家持久发展的基础。

四　底线公平的福利模式：主要特点

按照底线公平原则所建立的社会保障体系，与现行的社会保障体系①比较，具有不同的结构特征。

A. 现行的社会保障体系

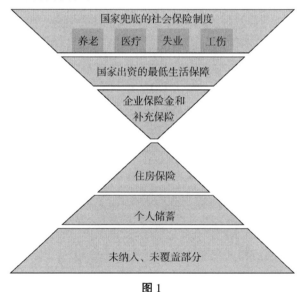

图 1

第一，现有体系是两头大中间小，它的结构是一个不稳定的结构。最

---

① 由于到 2006 年，农村已有将近一半的农民参加了新型农村合作医疗；2007 年开始在农村建立最低生活保障制度，在城镇建立面向居民（非职工）的医疗保障制度，所以，这里所说的"现行社会保障体系"，准确地说，是指 2005 年以前，经过 20 世纪 80—90 年代改革建立起来的那个体系。

上边这一块大头是现有的各项社会保险，大约覆盖了1亿人。目前的社会保险虽然依靠个人和企业缴费，但实际上，它本身并不具有自我维持能力。为了维持这些保险项目，特别是对养老社会保险和医疗社会保险，各级财政每年都要拿出几百、几千亿元资金来兜底。由于依赖国家财政兜底，中间最细的部分——企业年金就发展不起来，企业乐得把责任推给政府，推给社会。养老金的一个支柱（企业补充保险）长期缺失。底部最大的部分包括没有纳入各类社会保险的城镇居民，目前大约有2亿人，以及几乎完全没有各类保险的8亿农民。这是最大的一块，他们看病要自己掏钱，所谓"看病难，看病贵"主要是指他们。

第二，"保顶不保底"。这个体系不仅能够兜得住的人很少，而且主要兜住缴得起费的人，国家财政的钱"保顶不保底"，优先保的是那些缴得起钱的最起码是中等收入以上的人，主要是城镇已经享受到社会保障的职工。下面这一大块特别是广大农村的农民，没有纳入社会保障，就是说"不保底"。所以，这样一种结构必然出现社会保障"扩面"100年也扩不大的问题。为什么？简单地说就是"保顶不保底"，扩面的可能性当然不大，容量是有限的。

B. 基础整合的社会保障体系

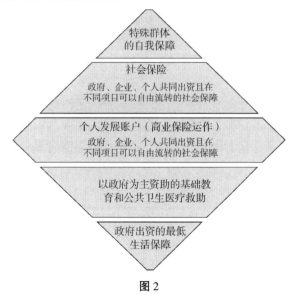

图2

　　按照底线公平理论建立起来的社会保障体系结构，和现有结构（指2005年以前的社会保障体系）比较，最主要的结构特征，第一，两头小中间大。最尖上的是特殊群体（极富阶层，具有极强的自我保障能力者）的自我保障，政府不管了，包括福利国家对这种人也是不管的。最下面这个部分是贫困群体，由政府出资提供最低生活保障。中间这大块是建立政府、企业、家庭、个人合理分担的机制，并且各项保障之间是可以自由流转的，也可以通过市场来运作，也可以通过商业保险公司来运作，把绝大部分处于中等收入水平的人兜进来。

　　第二，这种结构是"保底不保顶"。首先保穷人，保没有着落的人，保基本生活都没有保障的人，政府的资源是放在下层群众身上的。对于中间的大多数人，要"政府、企业、家庭和个人合理分担责任"，具体地说，一是资源配置要讲究公平，特别是像医疗资源配置过大的城乡差别要逐步改变；二是强化企业的社会责任，鼓励所有企业积极参与社会保障，并依法承担缴费责任；三是在目前阶段以财政力量形成导向作用，带动社会资源；四是增强各类制度的灵活性、包容性，不能各自封闭，相互排斥，而要相互打通，形成整合的保障能力；五是提高可选择性，让公众自主参与、自主选择，并承担个人责任；六是机制多元、健全，在公共服务提供方面尽量发挥市场机制的作用。

　　从效果分析，首先，按底线公平社会保障模式的财政投入看，据初步估算，即使以现有的财政投入总量，并保持现有的社会资源投入规模，如果是改变了结构，改变了投入的方向，解决了不公平的问题，那么社会保障的覆盖面就可以在现有基础上扩大一倍；如果财政在现有的基础上对社会保障的投入翻一番，并且基本保持现有的社会资源投入规模，那么社会保障就可以覆盖到全国人口的80%。基本上形成一个覆盖全民，保障水平与小康社会的总体要求相适应，有差别的公平与无差别的公平相协调的社会保障体系。

　　其次，从可持续性来看，随着中国经济的发展，人民收入水平的不断提高，贫困人口减少，依靠低保制度保护的人口就会减少，看不起病的人也越来越少，政府的财政负担也会相应减轻，而不会加重负担。所以它有可持续发展的前景。

底线公平的福利模式不是一个锦上添花的模式，而是一个雪中送炭的模式。我国在未来的三五十年内，先解决雪中送炭的问题，再逐步适当解决锦上添花的问题。这是这两种思路、两种模式的根本区别。

五　底线公平的福利模式与福利国家模式的比较

底线公平的福利模式，既不同于福利国家模式，也不是"福利社会"，而是国家、社会、家庭和个人多元协调的福利模式。与福利国家模式相比，它的主要特点是不以追求福利最大化为目标，而以经济发展与社会福利的均衡为目标。

一个福利模式的目标如何确定？历史经验表明，以追求福利最大化为目标是片面的、不科学的、不可持续的。虽然随着经济的发展，福利水平应该相应提高，但是，福利水平高，社会不一定稳定，如法国和英国2006年的社会骚乱就是明证；消费水平高，生活不一定幸福。福利水平过高，超出经济的承受能力，社会发展就会陷入停滞。这些几乎被人们普遍承认的教训，是中国这样的发展中的人口大国必须长期记取的。从学术研究的角度看，片面追求福利最大化也是粗糙的，经不起推敲的。在强调发展经济必须以增进福利为目标时，不能忘记另外一个方面，也许是更重要的方面：福利的提高必须以经济发展为基础和前提。这个道理虽然说来容易，但在确定福利模式时的偏差，会严重地偏离它的科学基础。

在目标设定上就强调经济发展和社会福利的均衡，首先要求超越关于福利目标的至高无上性的政治宣传和意识形态，而回归到关于经济发展和社会福利相互关系的科学基础。不论是片面强调经济发展，还是片面强调社会福利，不论是经济至上还是福利至上，都是脱离了，甚至割裂了二者相互关系的政治意识和政治口号，而不是二者相互关系的本来面目。经济发展和社会福利本来就是不可分割的，二者相互关系的本质趋向就是实现均衡。当然，在不同的社会阶段，在不同的经济水平上，实现均衡的可能性不同，均衡的形式不同，实现程度也不同，但是，总的趋势是走向均衡。

然而，不无遗憾的是，要对经济发展和社会福利的均衡关系得出一个确定的结论却绝非易事。也许我们可以依据统计数据找到一个看似合理的关系式（值），但却未必能解释其内在的机理。例如，我们可以依据统计数据，知道发达国家的社会支出占公共支出的比率大约在 70% 左右，发展中国家的这一比率也在 50% 上下，由此可以认为，我国目前的这一比率（大约 20%—30%）应有较大的提高空间。但对其中应然的机理未必说得清楚。或者，即使我们能够对其内在机理作出令人信服的解释，却又未必能与实践的复杂性相一致。例如，我们一般可以假设，福利水平会随着经济水平的提高而相应提高，从总的趋势看也应该如此，但在具体过程中却可能相反：越是在经济不景气甚至发生经济危机时，社会福利的相对增长比率越高，欧洲一些国家历史上就出现过这种情况；而在经济快速增长时，福利所占的相对比率甚至绝对水平都可能偏低。

总之，要想建立一个福利水平适当、机制灵活、责任共担、切实可行、持续性强的福利模式，既不同于普惠型，又不同于补缺型，而尽可能吸收它们的优点，适合中国国情，还有许多问题需要研究，需要论证。尽管如此，正如因为中国选择了市场经济体制，有了几十年的高速经济增长一样；选择和谐社会机制，包括好的福利模式，中国将有更长时间的健康发展。

参考文献

保罗·皮尔逊编：《福利制度的新政治学》，汪淳波等译，商务印书馆 2004 年版。

景天魁主编：《基础整合的社会保障体系》，华夏出版社 2001 年版。

考斯塔·艾斯平－安德森：《福利资本主义的三个世界》，郑秉文译，法律出版社 2003 年版。

郑秉文：《国外社会保障模式改革的经验与启示》，《国外理论动态》2007 年第 4 期。

（本文在《理论前沿》2007 年第 18 期发表时，题目是：《大力推进与国情相适应的社会保障制度建设——构建底线公平的福利模式》）

底线公平福利模式：经验基础与基本特征

社会保障或广义的社会福利建设，是社会安定的基础，也是最有效的基本的社会管理。一个好的福利模式所要解决的不仅仅是养老、医疗、失业、社会救助等事务性问题，它实际上着眼于基本的社会关系的平衡和社会基础的构建。而这正是搞好社会管理的前提。福利建设具有无可替代的社会功能，它可以降低社会紧张度，增强社会团结，让穷人得实惠，富人得面子，政府得政绩，社会得安宁，从而使社会管理事半功倍。正因为如此，世界上凡是发达的成功的社会，必搞完善的福利建设，差别只在于模式不同。适合国情的福利模式，是这个社会成功的社会管理和建设的奥妙所在和主要标志。

社会保障制度（Social Security System），台湾称为社会安全制度[1]，它具有化解社会和生活风险、促进社会公平、维护社会稳定的功能，它是社会管理的重要机制之一。然而，近几年的英法大罢工、希腊等国深陷债务危机却表明，弄得不好，社会安全制度倒可能带来社会不安全。这就警示我们，选择什么样的福利模式[2]具有非常重大的意义[3]。对于正在谋求可持续发展的中国来说，经济发展与福利模式之间的关系是必须破解的难题：怎样才能增进人民福利，却不发生福利危机；保障劳动权利，却不引发失业危机；进入老龄化社会，却不陷入养老危机？

与欧洲相比，我国实行社会福利的有些条件要差得多：首先，我们虽

---

[1]　詹火生、杨莹、张菁芬：《中国大陆社会安全制度》，台北五南图书出版公司 1993 年版。

[2]　本文使用的是"大福利"概念，它包括社会保障，也包括以优惠方式提供给广大社会成员的教育补助、劳动保护、公共服务、社会服务和社会工作等。参见景天魁等《福利社会学》，北京师范大学出版社 2010 年版。

[3]　郑秉文：《从福利国家走向债务国家——欧债危机对中国养老金制度提出的改革清单》，《战略与管理》第 9/10 期。

然经济总量大，但人均水平太低，而社会福利最终是要落实到人头的；其次，我国收入差距、城乡差距、地区差距很大，就是说，我们选择好的福利模式的难度和风险远比欧洲大得多①。因此，我们必须认清我国有哪些社会的、文化的因素和优势可资利用；如何扬长避短，克服西方福利模式的缺陷，从而依据中国国情和中国文化，创造出适合自己的福利模式。

一　福利模式的可靠基础

总结欧洲的经验教训，可以看到，一个福利模式会否导致福利危机，要看对四个基本关系的处理是否正确，能否保持四个基本均衡：一是经济发展与福利支出的关系能不能均衡，二是福利支出中的基础部分与非基础部分的关系能不能均衡，三是福利机制中的刚性与柔性的关系能不能均衡，四是福利责任结构中的政府与市场、家庭、个人之间的关系能不能均衡。这四个基本关系如果均衡了，那么福利制度就可以健康地运行，否则就可能发生危机。这是我们判断一个福利模式好不好的标准。

如上所述，中国的经济和社会条件如此不均衡，如何却能够使福利模式的基本关系达到均衡呢？社会福利固然有普遍性的东西，但它又有特殊性乃至主观性的一面，满意不满意、幸福不幸福与文化有很大的关系。可见，要想实现均衡，就必须为福利模式找到坚实可靠的基础。自己脚下的土地、自己土地上的实践是最可靠的。那么，我们中国的实践有没有实现这几个基本均衡的经验？

在中国大地上有一种实践，就是那些富裕了的农村所搞的集体福利。比如，江苏的华西村、山东的南山集团、青岛的后田村、河南的刘庄、北京的花乡等。它们都在走向富裕的同时，在村里搞了很高水平的福利。这些福利的特点是什么？第一，它们都把住了"底线"，就是基础福利。村里管的就是满足每家每户日常生活最基本的需要，如米、面、菜、肉、油，且不论家庭人口多少、富裕与否。第二，明确区分基础部分与非基础

---

① 景天魁：《社情人情与福利模式——对中国大陆社会福利模式探索历程的反思》，《探索与争鸣》2011 年第 6 期。

部分的界限。各家各户有了钱，自己去解决那些自己想要解决的问题，比如你要买辆宝马车，你自己买去。这就是说，它们的责任界限把握得好，虽然村里解决的是基础福利，但是每一个家庭、每一个人可以依据他们的劳动收入，来把雪中送炭转化为锦上添花，提高他们底线以上的福利水平。第三，他们特别强调劳动和就业在福利中的基础意义。每个有劳动能力的人，只有参加劳动（工作），才能获得福利，这是一个前提，绝不养懒汉。第四，他们都把教育特别是基础教育纳入福利范围，把教育福利作为消除贫困、提升福利的根本措施。令人感兴趣的是，这些村做到了较高水平的福利，但是没有发生福利危机、失业危机、养老危机，更没有像欧洲那样的债务危机。更可喜的是，这些村社会安定，家庭和睦，邻里友善，发案率近乎为零，社会管理井然有序。他们就是依据中国的传统文化，依据中国社会结构优势，例如家庭和社区的作用等，来设计他们的福利模式。这些村是否存在别的问题，它们的做法是否具有典型性，另当别论，并不妨碍我们得到启示：依据中国的传统文化和社会结构的优势，我们有可能在搞出高水平福利的同时不陷入福利危机。

上述四个特点和基本含义，与我在 2004 年提出的"底线公平"非常契合[①]。从我首次论述这个概念的文章开始就一再强调，底线公平不是说的低水平的公平、低水平的保障。尽管"底线"和"低水平"容易混淆，但它们的含义是两码事。保障水平高低，主要是由经济水平决定的。而"底线"是讲的政府和市场、政府和社会、政府和个人的关系里面的责任底线、制度底线、政策底线、道德底线。"底线公平"特别强调它的"不能含糊、必须坚持"的含义。以往几十年，我们的社会保障、社会福利建设，很大的教训就是这些界限不清，该坚守的底线没有守住。所以，吸取这个教训，我们这几年在养老保险、医疗保险等制度的改革中都特别强调了基础的部分，这是政府必须保障的；底线以上的非基础部分，可以由市场、由家庭和个人去负责。例如，在住房问题上，不能一个时期搞清一色的福利房，一个时期又全部搞商品房，不管有钱没有钱都得自己到市场上买房。现在，我们也明确了商品房和保障房要有一个恰当的比例，这里面

---

① 景天魁：《论底线公平》，《光明日报》2004 年 8 月 10 日。

就体现了政府在住房问题上的责任底线。

就社会福利的公平性来说，底线公平的实质是重点保障大多数人的利益，优先满足基本需要，重在雪中送炭，而非锦上添花。在存在着巨大社会差距的情况下，底线公平最有利于保障占人口大多数的中低收入者的利益，保障他们的基本需要。因为巨大的社会差距会形成强势的利益导向——财富分配向富有阶层倾斜，在这种情势下，如果实行所谓的"一般公平"，形式上是公平的，实质上会造成"越富越保"的逆向调节，结果却更不公平。

就社会福利的有效性来说，占人口大多数的中低收入者的基本需要属于弹性小的福利需求，例如，果腹之需总是有限的；而富有阶层的需求，特别是奢侈性消费是弹性很大的，难以满足。因此，重点保障占人口大多数的中低收入者的基本需要，福利效益最大。

就社会福利的合理性来说，像中国这样的发展中的人口大国，福利需求总量远远大于福利供给能力，政府的福利责任必须既是明确的，又是有限的。而社会差距大，也意味着福利需求层次多，底线以上的需求满足让市场充分发挥作用，不仅是重要的，市场作用的边界也是明确的。

既然底线公平可以实现社会福利的公平、有效、合理，那就可以认为，底线公平是福利模式可靠的理念基础。也就是说，建立在自己经验的基础上，建立在科学地总结自己经验的基础上，这样的福利模式才有可靠的基础。

二　福利系统的内外平衡

对于发展迅速的转型中大国而言，要达到福利基本关系的均衡很难，而要在剧烈变动中保持均衡更难。这就要求福利系统不仅能够与外部条件和环境保持平衡，系统内部也要有自我维持、自我调节、自我平衡的能力。而底线公平，有助于解决公平与效率、福利与发展的关系，将发展性要素内置于福利模式之中，实现福利系统的内外平衡，夯实社会管理的保障基础。从这个角度看，底线公平福利模式有以下四个特点。

（一）教育福利在福利结构中占据突出地位

尽管教育不一定完全是福利，但从发展性福利的观点看，教育福利具有重要意义。韩国和希腊人均收入水平基本相同，如1995年人均国民收入水平韩国为7660美元，希腊7390美元。但韩国的教育投入在财政支出中所占比重为16.8%，约为希腊（8.5%）的2倍；希腊的住宅和社会福利占财政支出的比重为14.7%，倒过来是韩国（7.2%）的2倍；医疗支出在财政支出中所占比重相差更为悬殊，希腊占7.4%，是韩国（1.5%）的5倍[①]。我们不去评判它们的福利制度的优劣，只是得出一个事实性的判断：二者的福利结构不同，且正好相反——韩国的福利结构更重视教育这一对经济发展和国民素质提高有直接促进作用的因素，希腊更重视对提高生活质量有直接作用的因素。而这两个国家在金融危机和债务危机中的表现也正好相反。虽然我们不好断定福利结构差异是其不同表现的唯一原因，但却也无法否定它是一个重要原因。

由此我们可以得到启发：不要仅仅关注社会保障和社会福利水平，更重要的是社会福利结构；不能仅仅重视提高社会福利在财政支出中的比重，更要重视财政支出的结构。我国要想在世界科技和经济发展中居领先地位，真正提高国民生活品质，先要把教育支出比重提到最高水平。我国初中文化程度及以下的劳动力所占的比重仍然很大。根据2000年第五次人口普查数据测算，初中文化程度及以下的劳动力所占的比重高达47%，这一比例在农村地区则高达近60%[②]。我们要在发挥家庭重视教育的优秀传统的同时，尽快将义务教育年限扩大到12年以上，逐步争取将人均受教育年限提高到发达国家的水平；同时，要扩展基础性的教育保障，实现学前幼儿免费教育和中学毕业生就业前一年的义务职业教育，并将儿童的营养和健康保障纳入教育保障的范畴。大量研究证明，教育福利投入具有

---

① 顾俊礼、田德文：《福利国家析论——以欧洲为背景的比较研究》，经济管理出版社2002年版，第342页；杨玲玲：《韩国社会福利模式的特点、问题及对我国的启示》，《中国党政干论坛》2009年第9期。

② 冯明亮：《从教育保障入手完善社会福利体系》，《中国发展研究基金会·研究参考》2009第17号。

很高的经济回报率，让教育福利在福利结构中占据突出地位，教育投入就可以转化为增进福利的可靠源泉。

（二）福利保护劳动，劳动创造福利

福利是普遍性的权利，但这种权利本身却不产生福利。福利要想持续，就必须激发劳动和就业的积极性。福利不是消极地应付失业，而是积极地促进就业，开展职业培训，提高劳动技能；不是被动地缓解贫困，而是主动地消除贫困；不是纯粹的消费，而是发展性投资。福利制度既要维护无劳动能力者的权利，又要求有劳动能力者必须以劳动作为获得福利的前提①。

中国要实现现代化，实现民族复兴，真正可以依赖的就是无与伦比的人力资源，我们必须对人力、人才变化情况保持高度的敏感。因此，福利与劳动的关系就显得特别重要。本来，福利制度的初衷就是保护劳动和劳动能力再生产的，福利和劳动本质上是相辅相成的。但是如果福利制度设计欠妥，二者也可能相互抵消。实践表明，并不是只有福利水平很高了，才可能产生福利依赖，高低总是相对的，即使是现在的低保，如果与最低工资标准不保持恰当的比例，也会影响就业和劳动市场，如在一些大城市，已经有一定数量的低保人员就业意愿明显下降，有劳动能力而不就业的人数显著上升。北京市社会科学院城市问题研究所的调查显示，该市有6.1%有能力就业的低保未就业人员表示"无论什么工作都不感兴趣"。其中一个原因是"与低保资格挂钩的福利政策有25项，而如果低保人员选择工作的话，其收益有可能只相当于低保收益的75%左右"②。不光是部分低保人员，有劳动能力而不就业的"啃老族"在一些大城市所占比例也很高，据中国老龄科研中心的调查显示，在19—35岁的青年中，有30%左右基本靠父母供养③。

---

① 索洛、罗伯特等：《工作与福利》，刘文忻等译，中国社会科学出版社 2010 年版；安东尼·吉登斯：《第三条道路——社会民主主义的复兴》，郑戈译，北京大学出版社、生活·读书·新知三联书店 2000 年版。

② 齐心：《低保未就业人员求职意愿及影响因素研究》，《城市问题》2007 年第 7 期。

③ 戴香智、侯国凤：《"啃老"现象的社会工作视域分析》，《社会工作》2006 年第 11 期。

固然有很多因素如战争、内乱、天灾人祸都可能阻碍一国崛起，最无可救药的就属普遍的懒惰、懈怠。一种福利制度，一旦割裂了权利与义务的联系，默许和鼓励人们只知索取，不思奉献，那对一个民族来说，福利与其说是"免费午餐"，不如说是"最后的晚餐"。[①] 因为，一旦滋生福利病，我国人力资源丰富这一最大优势就可能转化为最大的劣势。只有在初步富裕以后，仍能激励一代一代人愿意奋斗、甘于奉献，中国崛起才有希望。对于福利建设来说，发票子是人人都会的，但要发得好，有好的历史效益，却是很难的。一个好的福利模式应该能够激励劳动、促进就业，凡有劳动能力者，人人有工作，社会才好管理；人人靠劳动立世，才有基础正义和底线公平。这是福利模式好坏的又一重要标志，也是福利模式设计的最大难点。

(三) 以服务型社会化解老龄化危机

欧洲最初设计福利制度时，并没有遇到老龄化问题，如今，这个问题已经构成对福利制度可持续能力的最大挑战。而老龄化是人类的一大成就，它本身不是危机，只有应对错误才会成为危机。老龄化是社会发展进步的必然趋势，迟早总会到来，只是中国"未富先老"，陡增了应对的难度。如何把老人由负担变为财富，将老龄化社会建设成文明社会的更高阶段，考验着中国人的智慧。

导致危机的因素可能正好成为化解危机的力量。中国人多，就要发挥人多的优势，老年人多，就要发挥他们的长处。实现转化的关键是在资金保障之外，大力发展服务保障，建设服务型社会。一般而言，面向大众基本需要的服务保障是成本低廉的，不需要建大工厂，造机器人、代步车，人人都可以搀扶老人；不需要盖大医院，看医生，人人都会给老人捶捶背；就连几岁孩童，也能陪老人说说话、解解闷，这些都不需要什么资金成本，但效果极佳。这里有我们可以倚重的中国社会结构和文化的优势。如，中国人多，提供服务的能力就强；中国人代际联系紧密，家庭伦理深厚，亲属邻里守望相助，如能在政策上大力倡导社会服务，支持服务型组

---

① 原为达芬奇一幅著名画作的名称，这里只取"无以为继"的意思。

织，发展服务型产业，即可有力地推进服务型社会建设。又如，在大力支
持机构养老的同时，积极组建由不同年龄段的老人、志愿者、在校学生、
社工人员组成的养老互助组、合作社、微型社区；建立"时间银行"，用
年轻时为他人服务换取年老时享受他人服务，尤其是鼓励不同身体状况的
老人之间开展互助服务；大力发展社区居家养老，这是与中国传统比较相
符，适合老龄群体需求的新型养老模式。再如，鼓励进城务工人员进入规
范的服务产业，将生活型服务业置于与生产型服务业同等重要的地位，从
对就业的贡献率来说，生活服务业提供的就业岗位将大大多于生产服务
业；从对生活品质的贡献率来说，生活服务业的贡献远大于生产服务业；
即使就对 GDP 的贡献而言，生活服务业也可与生产服务业相比肩。由此
可期望服务型社会成为中国福利模式的最大优势。

（四）发挥中国特有优势的健康实现方式

目前人类疾病 60% 是因不良生活方式造成的，但现在的医疗支出却
90% 用于疾病的临床治疗[1]。据世界卫生组织（WHO）的一项调查发现，
在影响人的健康长寿因素中，现代医疗药物的作用只占 8%[2]。当慢性病
已经成为人类主要杀手时，醉心"高难度"技术不仅对大多数人没有什么
好处，也使医疗福利成为社会发展的陷阱。西方福利解不开的难题是医疗
"无底洞"，医疗支出凭借单一治疗的生物医学模式和高技术崇拜这两只翅
膀而成了脱缰的野马，将医疗保险拖入无法摆脱的困境。在我们的医疗卫
生保健习俗中，有重在预防的"上医治未病"的传统，有注重养生修身的
生活方式的保健传统，更有中医中药、中西医结合的医疗系统的独有优
势。这些传统、优势有利于我们探索用独特的社会医学模式超越生物医学
模式之限，有利于我们探索独特的社会医疗保障机制。

医疗保险要面向人，而不是把人只当做生物体；要着眼于大多数人的
健康，而不是极少数人的需要。要重在保基本、保基层，保证公益性。建

---

[1]　首都社会经济发展研究所课题组：《中国医疗模式应由"重病治疗"向"重病预防"转变》，
《北京日报》2009 年 7 月 7 日。

[2]　黄明达：《2012 世界健康产业大会北京宣言》，2012 年 4 月 7 日，北京。

立维护公立医院公益性的法人治理结构和运行机制，公立医院要在服务质量上立标杆，在服务态度上立榜样，在服务价格上立尺度，在服务市场上立秩序，在服务目的上立旗帜。加强农村和城市社区医疗卫生体系建设，建立全民健康计划，立法保护婴幼儿、青少年的营养供给和全民食品药品安全。从而，将单一治疗模式转换为全面健康模式，让医疗支出（药罐子）不再是"无底洞"，而能换成"甘露瓶"①——支持发展的不竭源泉。由此走出一条发挥中国特有优势的医疗保健道路，让健康中国人成为福利发展的主要象征。

综上所述，尽管我们不可能在短时间内把人均收入提高到世界先进水平，但可以通过总结国内外经验教训，发挥中国的制度和文化优势，创造适合中国的福利模式，让中国人过上有尊严的幸福生活。而教育为基、劳动为本、服务为重、健康为要，应该是中国福利模式的四大特点和优势。这是一个本身具有"造血"功能（产生福利）的福利模式，不是一个仅仅消费、消极的福利模式。它把形成福利的功能内化在模式之中，而不是作为模式的外在条件；它把福利支出转化为经济和社会发展的投入，使二者由相互抵消转变为相互促进；它把难以调节的刚性需求置于可以调控的柔性体系之中，防止陷入福利危机；它把源于西方社会的福利制度结合到中国的文化传统和社会结构之中，后者的优势不是遭到弱化而是得到发挥。由此看来，它是可以支撑中国经济和社会持续发展的福利模式。

参考文献

戴香智、侯国凤：《"啃老"现象的社会工作视域分析》，《社会工作》2006 年第 11 期。

冯明亮：《从教育保障入手完善社会福利体系》，《中国发展研究基金会·研究参考》2009 年第 17 号。

顾俊礼、田德文：《福利国家析论——以欧洲为背景的比较研究》，经济管理出版社 2002 年版。

黄明达：《2012 世界健康产业大会北京宣言》，2012 年 4 月 7 日，北京。

安东尼·吉登斯：《第三条道路——社会民主主义的复兴》，郑戈译，北京大学出版社、生活·读书·新知三联书店 2000 年版。

---

① 传说中是观音菩萨手持的宝器，只洒几滴，即可化作不尽甘霖。

景天魁：《论底线公平》，《光明日报》2004 年 8 月 10 日。

景天魁：《社情人情与福利模式——对中国大陆社会福利模式探索历程的反思》，《探索与
　　争鸣》2011 年第 6 期。

景天魁等：《福利社会学》，北京：北京师范大学出版社 2010 年版。

齐心：《低保未就业人员求职意愿及影响因素研究》，《城市问题》2007 年第 7 期。

首都社会经济发展研究所课题组：《中国医疗模式应由"重病治疗"向"重病预防"转
　　变》，《北京日报》2008 年 7 月 7 日。

索洛、罗伯特等：《工作与福利》，刘文忻等译，中国社会科学出版社 2010 年版。

杨玲玲：《韩国社会福利模式的特点、问题及对我国的启示》，《中国党政干论坛》2009 年
　　第 9 期。

詹火生、杨莹、张菁芬：《中国大陆社会安全制度》，台北五南图书出版公司 1993 年版。

郑秉文：《从福利国家走向债务国家——欧债危机对中国养老金制度提出的改革清单》，
　　《战略与管理》2011 年第 9/10 期。

郑秉文：《欧洲国家掉入"福利陷阱"了吗?》，腾讯博客，2011 - 12 - 07，09：57（http：//
　　www. nbd. com. cn）。

（原载《社会学研究》2012 年第 4 期，原标题为《创新福利模式 优化社会管理》）

社会福利模式与社会管理创新

通常认为，社会福利模式主要指一定的制度和机制的体系。这虽然确实是福利模式的主要组成部分，但却不仅仅如此。制度和机制总是要依靠相应的社会组织和人才队伍去执行、去落实，社会组织结构和人才结构也会突出地体现福利模式的特点，因而也是福利模式的重要内容。而对于现代社会管理来说，福利制度、福利组织和社工队伍，更是基础和前提，是"创新"的主要着力点。

本文基于底线公平理论，探讨体现底线公平福利模式的制度和机制的体系，与之相应的社会组织和人才队伍结构，论述它们对于加强社会管理的基础性作用。

一　以福利制度机制支撑社会管理

不同的福利理论会体现为不同的福利制度和机制。同样地，底线公平理念基础和基本特点，体现在制度和机制上，也就会形成特定的制度和机制体系。而底线公平的制度和机制对于加强和促进社会管理具有重要意义。

（一）底线公平福利模式的制度体系

与"一般公平"不同，底线公平把社会公平区分为"无差别的公平"与"有差别的公平"。底线部分福利体现"无差别的公平"；底线以上部分福利可以讲差别，体现"有差别的公平"。底线部分福利主要由政府负责，底线以上部分可以由政府、社会、家庭和个人共同负责，发挥市场机制的调节作用。这样，我们就可以把多种多样的社会保障和社会福利制度归并为三种，形成具有三个层次的制度体系。

第一种是体现权利一致性的底线福利制度。它们是满足基本福利需求的制度，主要包括：第一，最低生活保障制度。这项制度的功能是满足社会成员的生存需求，保障社会成员的生存权，对于实现底线公平具有基础意义。实践证明，最低生活保障制度是花钱最少、效益最好的社会保障制度，它能够最明显地提高穷人对于贫富差距的容忍度，缓解社会紧张，增强社会安全感，为社会稳定奠定重要的制度基础。① 第二是公共卫生和基本医疗保障制度。这项制度的功能是保障健康权。生命权利对每一个人来说都具有绝对的优先性，公共卫生和基本医疗保障制度满足社会成员的健康需求，维护社会成员的生命权，对于实现底线公平具有关键意义。第三是基础教育制度（义务教育制度）。教育对于个人发展和国家发展都具有非常重要的意义，基础教育制度满足社会成员的发展需求，保障社会成员的受教育权，对于实现底线公平具有根本性的意义。教育公平是一个连续谱，从基础教育到高等教育，教育公平性呈现出连续变化的差异性。基础教育阶段的公平性是一种无差别的公平，体现为教育的普享性、均等性和一致性。② 基础教育阶段的公平性就是教育领域的底线公平，基础教育制度（义务教育制度）就是一种底线公平制度。

最低生活保障制度、义务教育制度、公共卫生和基本医疗保障制度，保障的是社会成员有尊严地生活的基本权利：生存权、健康权、发展权，通俗地说就是吃得饱饭、看得起病、上得了学，这都是人人需要保障的基本权利，满足这三项需要是政府不可推卸的责任。因此称为底线福利制度。

第二种是部分体现权利一致性、部分体现权利差异性的跨底线福利制度。凡是惠及广大群众乃至覆盖全民的社会保障和社会福利制度，由于对象群体本身存在差别，它们的需求不同，同时，满足需求的供给能力又是有限的，相应地，在制度上就既有体现权利一致性的部分，又有体现权利差异性的部分。比如，养老保险制度、医疗保险制度都是这样。基础养老

---

① 景天魁：《底线公平与社会保障的柔性调节》，《社会学研究》2004 年第 6 期。

② 景天魁：《底线公平：和谐社会的基础》，北京师范大学出版社 2009 年版。

金部分应当体现权利的一致性，不论哪个群体，不论哪个地域，应该尽量减少差别，通过提高统筹层次体现共济性，最终实现全国统筹；个人账户部分可以体现差别。医疗保险制度中基本医疗部分也要体现权利的一致性，个人账户部分可以有差别。这种差异性是对社会成员对社会所做贡献的承认和肯定，是一种正向激励，归根结底，有利于增大社会福利，促进社会发展，有益于所有社会成员。

可见，不能简单地把养老保险、医疗保险、失业保险这三项制度以及其他的社会保障和社会福利制度都视为非底线福利制度。不仅养老保险中的基础养老金，医疗保险中的基本医疗服务，还有公共福利、公共服务中的人人共享部分等，都属于底线部分。但由于这些制度是"跨底线"的，既有底线部分，又有底线以上部分，所以尽管它们也是很重要的制度，却不能作为划分底线的标志。

第三种是体现权利差异性的福利制度。由于不同的福利需求可以分为底线福利需求和非底线福利需求两个部分，同一种福利需求可以分为底线福利需求和非底线福利需求两个层次，有一些个人和群体在发展和消费方面的需求差异很大，在我们这样一个社会差距很大的国家，把所有方面都拉平是不可能的，只能在满足基本需要部分尽可能缩小差别，在非基本需要的满足方面可以有差别。但这种差别，一是不应过于悬殊，二是需要的满足应该通过市场机制去实现，而不应或尽量少用政府财政的力量去满足。这种福利制度是非基础性的，因而可以称为非底线福利制度。它们的特点，一是面向特定对象群体，例如，劳动模范、英雄人物等群体的休养制度；二是满足特定需要，例如旅游、休闲、进修等。有一些福利需要的满足，尽管采取的是自费或减费形式，但由于利用了公共资源，或者部分符合规定的开支可以作为福利补贴在公共支出项目中列支，因而也属于社会保障和社会福利的范畴。

这样，底线公平福利模式在制度设计上，区分了基础性部分和非基础性部分，包含了底线福利制度、跨底线福利制度、非底线福利制度三个层次，是整合的而不是单一的制度体系。

这样的社会福利制度体系，反映并符合我国社会复杂多样的利益关系这一基本国情，具有包容性，可以广泛覆盖，因而能够发挥团结各方、协调关系、安定社会的作用。它既不是那种完全社会统筹的，也不是完全个人积累的，而是制度整合的。这种制度在实行中也有它的问题，例如，前一段时间农民工社会保险转移遇到困难，有的地方规定，只能带走个人账户部分，不能带走社会统筹部分，导致大批农民工纷纷退保。于是，有人提出将社会统筹部分都归入个人账户。这样可以方便转移，但也会出现另一个问题。社会保障制度的实质是共济，是风险共担，当个人面临难以应对的风险时，需要社会成员共同面对，这样风险就可以化解了。这是该项制度的精髓。社会统筹就是体现这种共济性。现在的养老保险、医疗保险都是分了社会统筹和个人账户这么两大块，这两大块在比例上如何协调，在运行中如何磨合，如何互补，还需要不断完善。

而现在的问题恰恰在于基础部分差别太大。拿养老保险制度来说，退休早的和退休晚的不一样，公务员、事业单位、企业之间差别很大，城市和农村差别很大，更不用说好多行业差别、垄断企业和非垄断企业的差别了。底线部分福利应该是权利一致的，如果不平等、不公平，就会造成大量的社会矛盾。现在，经济发展这么好，人们的生活得到了很大的改善，但是为什么人们还不满意？该体现权利一致的地方没有一致，造成了不必要的差别，是一个重要原因。

（二）底线公平福利模式的调节机制

多层次整合的制度体系，要求多种调节机制，同时也为多种机制发挥作用提供了条件。

社会保障和社会福利的固有问题就是所谓"福利刚性"，只能升不能降，只能多不能少。如果只有这一种刚性机制，那所谓要求社会保障水平与经济发展水平相一致、相协调，也就无法实现。经济发展总是有升有降的，更不用说还难免遭遇到金融危机、债务危机、经济危机，先行的福利国家最头痛的就是福利刚性问题，待遇稍有降低就游行、罢工，社会就动荡。所谓福利改革，核心问题也是解决社会福利的可调节性问题。但是，先行的福利国家的制度已经高度定型，要想植入柔性调节机制如同伤筋动骨，做大手术，极其困难。我们是后来者，社会保障和社会福利制度有的刚刚建立，有的正在改革，整个体系远没有定型，我们要抓住这个难得的

"时间窗口"，及时植入柔性调节机制和反馈机制，否则，机会稍纵即逝。

1. 刚性机制

在底线公平福利模式中，刚性机制不是像福利国家那样适用于整个福利领域，而是其作用范围相对有限制的，主要针对社会成员的底线福利需求。这一部分是必须满足的，不能含糊的，人人必保的，因而是刚性的。"底线部分福利"不是市场机制发挥作用的领域，而是公共财政确保的领域。因此，满足社会成员的底线福利需求主要是政府的责任，"底线"是政府责任的"底线"，是市场经济条件下政府必须管的事。在这个意义上，刚性机制实质上是一种政府责任机制。作为一种政府责任机制，刚性机制主要与政府责任有关，而与经济发展水平无关。"在经济发展水平比较低时，政府要守住底线公平这条线，以确保每个公民都有基本的生活保障，过上有尊严的生活。在经济发展水平提高以后，政府仍要守住底线公平这条底线，以防止社会保障水平继续刚性上升。"① 刚性机制是实现底线公平的首要机制，离开了刚性机制，就没有底线公平。根据刚性机制的要求，在建设中国特色福利社会的过程中，政府首先必须建立和完善满足社会成员底线福利需求的各项保障制度。

2. 柔性机制

柔性机制主要针对底线以上的福利需求，底线以上的福利需求具有差别性甚至偏好性，可以通过市场的作用或通过动员社会资源、个人缴费等来解决，因而是柔性的。在底线福利以上的部分，责任主体是多元的，企业负企业的责任，个人和家庭以及非政府组织等也要各负其责，政府的责任主要是制定政策、规范行为、指导监督和宏观控制。由于加入个人和家庭的选择自由和责任，加入市场因素，加入非政府组织的作用，也就加入了柔性机制。② 因此，柔性机制实质上主要是一种市场机制或者说是非政府机制。柔性机制既可以限制政府在福利供给上的负担，防止和避免完全由政府承担福利刚性的风险，同时也为市场和非政府组织发挥作用留下了足够的空间。

---

① 景天魁：《底线公平：和谐社会的基础》，北京师范大学出版社2009年版。
② 景天魁：《底线公平与社会保障的柔性调节》，《社会学研究》2004年第6期。

（三）反馈机制

刚性机制和柔性机制各有其发挥作用的范围，在各自的作用范围内，它们都是必要的、合理的。但是，每一项社会保障和社会福利制度都是一个整体，刚性机制和柔性机制发挥作用的范围又是结合在一起的，那么，刚性机制和柔性机制如何结合？在每一项制度中，基础部分与非基础部分要有恰当的比例，基础部分所占比例如果过小，政府承担的责任也就过小，刚性机制发挥作用的范围也就过小，其结果，人民群众的基本需求得不到保障，社会不平等、不公平状况就必定加剧。反之，基础部分所占比例如果过大，市场机制的作用就受到限制，政府责任就必定更大，而政府多征税、多欠债、多干预、多包揽，又会降低经济社会发展的活力，最终并不利于社会福利的可持续地健康发展。在整个社会福利体系中也是这样，如果政府承担的部分过大、免费和减费所占比例过大，刚性机制就必定过强；反之，责任过多地压在个人和家庭头上，社会不平等、不公平就会愈发严重。可见，在基础部分与非基础部分之间，刚性机制与柔性机制之间，建立信息沟通、适时调整的纽带非常重要。我们曾经利用控制论中的反馈原理建构一个反馈控制系统，依据底线公平理论，确定底线部分社会福利向量，通过对它的控制来调节社会福利状态和社会福利效应之间的关系。底线部分的社会福利支出会影响社会整体的福利状态，反过来，又会产生新的社会福利效应，形成一个反馈，然后进入下一轮调节过程。通过对社会福利运行数据的分析还可以优化输出反馈矩阵，改善系统性能，提高社会福利运行效率，改善社会整体福利状态，从而建构社会福利的输出反馈控制系统。

$$x(k+1) = A x(k) + B u(k), \qquad x(0) = x_0$$

$$y(k) = C x(k)$$

式中，$x(k) \in R^{n \times 1}$ 为社会福利状态向量，$u(k) \in R^{m \times 1}$ 为底线部分福利支出向量，$y(k) \in R^{r \times 1}$ 为社会福利效应向量（可观测向量）。A、B、C 均为参数，通过实证数据加以确定。A、B 分别为第 $k+1$ 期社会福利状态与第 k 期社会福利状态和第 k 期底线部分福利支出之间的回归系数矩阵，C 为社会福利效应与底线部分社会福利支出之间的回归系数矩阵。H 为输出反馈矩阵，是待定的。①

当然，建立社会福利的反馈控制系统是很复杂的事情，在实践中需要不断总结经验，完善机制。但不论怎样，国内外经验都证明，有这些机制和没有这些机制，以及是否预设了这些机制，是否不断完善这些机制，效果是很不同的。

同样，对于加强社会管理来说，有社会福利制度和机制作为基础的社会管理，与缺乏这一基础的社会管理，效果也是有很大不同的。就管理的性质而言，缺乏这一基础，就不可能是现代的社会管理；就效果而言，缺乏这一基础，也许能暂时维持稳定的秩序，但不可能收到团结社会、促进和谐的效果。

二　社会组织创新：社会管理和福利发展的关键环节

不论是加强社会管理还是推进福利社会建设，加快社会组织的发展和创新是关键环节。我国的社会建设进程与西方发达国家不同。一般而言，西方发达国家是首先自发地形成了各种社会组织，然后，由这些社会组织作为行动主体，开展社会服务，实行社区自治，在此基础上，政府购买服务，对社会服务和社会组织加以规范，依法实施管理。我国由于事先没有自发地形成多少社会组织，特别是缺少面向老百姓提供社会服务的公益性社会组织，但是群众的社会服务需求又特别强烈，需求增长迅猛，为了回应这种客观需求，政府只好率先出手。可是，在社会组织缺位的情况下，过多地依赖政府主导，容易造成以行政管理代替社会管理，以"打压管控"取代社会服务，社区建设行政化，把社区变成街道和乡镇政府的派出机构。把政府与社会组织平等的合作关系，搞成了社会组织对政府的隶属关系，这样，反而抑制了社会自治组织的成长和发展。而缺少社会自治组织这个主体，社会管理和社会福利发展不可避免地会形成新形式的政府包办。

---

①　参见景天魁《建设中国特色福利社会》，《社会学名家讲坛》（第一辑），中央民族大学出版社2012年版。

与社会管理和福利发展直接有关的社会组织，一是非营利组织，二是虽可营利，但从事公益的社会组织，亦称"社会企业"。

（一）非营利组织的发展和创新

到 2012 年底，我国城乡居民的社会保障基本可以实现制度全覆盖，在得到资金保障之外，对社会服务的需求爆发式增长。这种新趋势，要求我们拓展对于社会保障和社会福利的理解，充分认识社会服务、福利服务对于人民生活质量的提高、对于社会建设和社会管理的重要意义。特别是长期以来我国存在着"重经济，轻社会"、"强管理，弱服务"的政策偏向，城乡社会服务基础薄弱、设施匮乏、人才短缺、体制落后、欠账太多，社会服务的供需矛盾非常突出，在这种背景下，提高对于社会服务、福利服务的重要地位的认识就显得特别紧迫、特别关键。

社会服务、福利服务，面向的重点对象是弱势群体、底层社会，是满足人民群众基本的生活需要，这不是一个营利的或顶多在有限程度上是微利的领域，因而在市场经济中，不是一般以追逐利润为第一要务的企业所愿意涉足的。正因为如此，就让出了一个空间，就催生了一类社会组织，它们一是不以营利为目的，二是专注于弱势群体和底层社会的需要，三是以提供服务为活动方式，四是以社区为主要活动场所，这就是各式各样的非营利组织。它们在"市场社会"之中或之外，开辟了一个以人性关怀为旗帜的"非市场社会"。

非营利组织在提供社会服务方面具有特殊优势，大力培育非营利组织、发挥它们在社会服务中的作用，已经成为政府和全社会的共识。当前我国社会组织正面临着难得的发展机遇。然而，目前包括非营利组织在内的社会组织的现状远远不能适应要求，迫切需要创新。

在提供社会服务方面，非营利组织既不像政府那样具有强大的资源动员能力，又不如营利组织那样具有便利的市场运营机制，非营利组织只有靠服务理念、服务方式、服务态度的创新，才能打开一片天地。如果服务能力不强，服务质量不高，单靠为市场所不愿为，为政府所不便为，即使面对巨大的发展空间，非营利组织也恐难有很大发展。

非营利组织应是提供社会服务的基本主体，但是长期以来，由于政府包揽太多，没有很好地发挥各方面的社会力量参与社会服务。当前，要转变观念，创造条件，采取得力措施，推动非营利组织健康有序发展，积极培育引导各类社会组织（如公益性组织、社会团体、行业组织、志愿者组织等）参与和提供社会服务。

城乡社区是提供社会服务的基础和平台。社会服务要侧重基层，贴近群众，整合社区资源，建设以社区养老服务、法律服务、就业服务、卫生医疗服务、困难群众帮扶服务等为内容的服务平台，形成综合性的规范化服务体系。

社会服务不仅包括物质生活方面的服务，还包括精神文化方面的服务。要克服重硬件建设，轻软件建设；重专业性文化艺术活动，轻基层群众性文化活动；重大型文化团体，轻民间文化和民营文化企业的现象，在政策上支持非营利性文化组织，扶持民营文化团体，引导带动和支持公共文化服务体系建设。鼓励社会力量积极参与公益性文化建设，提高文化产品和服务的供给能力。

（二）社会企业的发展和创新

在社会管理过程中如何创新社会组织，这是一个难题。发达国家一个很重要的经验就是社会企业。社会企业的概念是在 20 世纪 90 年代初提出的，之前，这些国家的非营利性组织已经有很大的发展，但也遇到一个问题，社会服务例如养老服务、残障儿童服务等，它其实很难盈利，发达国家这些公益性组织的活动经费基本上由政府来提供。但是随着需求不断扩大，财政的压力很大，有一些非营利组织就难以维持。如何能够既扩大社会福利服务的提供，又能够使这些组织有较强的自生能力？这是一个很大的课题。20 世纪 90 年代初，美国哈佛大学等学术团体率先对社会企业进行研究，做了一些社会实验，就是试图解决在提供社会服务的同时如何增强社会组织自身的自我维持能力问题。这就触及一个棘手的问题——非营利性组织是否可以营利？这好像自相矛盾，营利了就不能叫非营利性组织了，但是不营利它们又怎么生存呢？

美国学者对这种社会企业总结了一些特征：

第一，它是一种企业战略，而不是企业性质。

第二，结合营利和非营利的两种组织形式，它既是营利的，但在提供福利方面相对于企业的性质而言又是非营利的。

第三，它的营利仅仅是为了服务于一定社会公益的实现，不像炒股、投资，完全是为了获取利润。

第四，它以不同的服务方式来运作，可以收费也可以不收费，也可以免费、优惠等。

第五，资金一般采取民间自筹方式。①

社会企业的创新之点，就在于它可以像市场上其他企业一样运作，可以适当收费，但是，企业的经营范围不能超出它原来所设定的公益性目的，它的盈利只能用来扩大、改善它原来所既定的目标，这是最主要的含义。比如企业原定社会目标是提供养老服务，它可以面向不同老年人对服务的不同需求，提供不同的服务，对有较强缴费能力的老人，可以收费；如果提供特殊服务，可以多收费。但收益不能用于股东分红，只能用于养老服务等原定社会利益目标，可以提高服务水平，或者用于扩大规模等。这样，既增强了社会企业满足社会需要的能力，也增强了这些企业自我维持、自我发展的能力。

这种社会组织与我们原来所讲的"非营利组织"有明显区别，对我们国家来说，它可能更加符合我国福利需求量巨大而财政供给能力、个人缴费能力不是很强的基本国情。另外，在我国，也具备这类企业发育的适宜土壤。计划经济时期的社会福利企业、劳动服务企业（解决残疾人、烈军属、回城知青、失业下岗人员等的就业和生活问题），市场经济时期的非正规就业组织、民办非企业单位，都在一定程度上具有社会企业的性质。我们对这种组织创新有历史经验可作基础。

事实上，我国现在的一些企业正在向这种企业发展。比如，武汉百步亭社区，它的经营者就是一家房地产企业，为了满足小区居民的生活需求，比如解决小孩放学后无人管的问题、垃圾问题、交通问题、卫生问题、老人日常医疗问题等，这个企业先是让企业一些职工来做这些事情。

---

① 陈金贵：《社会企业家精神应用在非营利组织筹募资源的探讨》，载《社会福利模式：从传承到创新》，台北中华救助总会、财团法人中华文化社会福利事业基金会 2011 年版。

后来发现企业的人做得不够专业，企业就干脆出钱聘请社会上更专业的人来做这些事，其中就有社工师，但聘请这些人需要有一大笔开支，那就依靠房地产收入来支持，每年拿出一两百万元。后来，这家企业干脆在集团公司下成立一个相对独立运作、提供社区服务的中心，聘请专业人才提供服务，相当受欢迎。

最近，宁夏回族自治区在黄河边上创办"黄河善谷"，它是一项创新性的扶贫助残实践，是社会福利创新管理的重大探索。"善谷"将慈善事业与现代产业相结合，依托黄河河谷，建设慈善事业集聚区、现代产业高地，同时开展生态移民，将生活在自然条件恶劣、水资源奇缺的苦瘠环境中的困难群众逐步迁移过来，提供新的就业机会，提高他们的收入水平，给全国最困难地区的群众带来幸福生活。政府通过政策扶持，降低企业投资和经营成本，企业为困难群众提供就业岗位，或者将其所创造的部分利润注入专门的慈善基金，使企业既能赚取利润，又能完成慈善使命。目前，正在建设四个园区：在吴忠市创建社会企业园区，在红寺堡建设福利企业园区，在平罗县创建老年产业园区，在固原市创建生态产业园区。

可以预期，随着国家整体财力的提升，大量社会服务的开拓，以及企业家社会责任感逐渐增强，将会有大批企业投入社会公益事业，也会创办大批类似的社会企业，这种企业创新如果能够到处涌现出来，它们的生命力要比"非营利组织"这种形式要强一些。这样，在我们中华大地上就会形成政府、企业、个人通力合作，满足人民群众福利服务需求的新局面。

三　社工队伍建设：社会管理和福利发展的人才保障

长期以来，我国在人才培养和教育的思路方面存在着严重的偏向：重视科技人才，轻视社会科学人才；在社会科学人才中，重视科研和教学人才，轻视社会管理专业人才；在社会管理人才中，重视行政管理人才，轻视公共服务和社会服务人才。这些偏向造成在直接为群众提供面对面的日常生活服务的第一线，专业人才奇缺。因而，无法实现规范的、专业的社会服务，远远不能满足人民群众快速增长的社会服务需求。

（一）抓紧培养一支在规模上不亚于公安民警队伍的社会工作人才队伍，实现社会管理和服务专业化、柔性化、多样化

推进社会管理模式创新，实现社会管理和服务专业化、柔性化、多样化，不仅需要培养造就大批的打防管控和应急处置方面的人才以及信息科技人才，进一步提升社会管理的信息化、科技化水平，更迫切的是要加快建设一支规模较大、结构合理、素质优良的社会工作人才队伍，使他们在社会福利、社会保障、社会救助、社会慈善、残障康复、优抚安置、司法矫正、教育卫生等领域，广泛开展困难救助、矛盾调处、权益维护、心理疏导、行为矫治等专业化、职业化的社会管理和服务工作。

我们长期存在"重管理、轻服务"的倾向，现在应强调"服务优先"，"寓管理于服务之中"。重视社会服务，还要看到社会服务与公共服务的区别，公共服务的主要提供者是政府，它主要面向公共事务，如安全、交通、卫生、文化等基本生活条件和社会秩序；而社会服务主要面向群众的基本生活、社会福利、社会保障的需求，它的提供者是多元的，包括政府、企业、社会以及个人。

另外，我们还要区别行政管理和社会管理这两个概念。我们国家有个习惯，就是每遇到一种社会需要，就不断加大政府部门的权力。加强社会管理，那就理解成加大政府部门的管理；讲社区建设，那就首先加强政府在社区的建设。对于社会管理，政府当然有重要的责任。但社会管理从概念上就与行政管理不一样，社会管理有社会管理的专业，行政管理有行政管理的专业，专业的训练和要求也是不一样的。一定要培养出专业的社会管理和社会服务队伍，做职业训练，就像工程技术方面有工程师队伍、医疗有医师的队伍、教育方面有教授队伍，道理是一样的。社会管理的主体或说主要承担者是社会组织，是社会工作者，要使社会管理专业化就一定要加强专业化队伍的培养。所以，我们要在人才建设方面，加快建设一些规模较大、结构合理、素质优良的社会工作人才队伍。

（二）发展福利服务是壮大专业化社会工作队伍的最佳契机

社会管理要落到实处，最终要靠专门的人才队伍；福利建设也有一个福利提供的问题，不然也无法落实。我们以往讲社会保险、社会保障都特别强调资金保障，强调怎么提高社会保障资金的筹集水平和供给能力，这当然非常重要，且不说目前我们的资金保障水平并不高，就是今后，也还要提高资金方面的投入。但是从发达国家的经验来看，社会保障要想满足人民群众的要求，还要重视社会服务，这就有个由谁来提供服务的问题。发达国家的一条成功经验，是培养社会管理、社会服务的专业化的社工队伍。

为此，就要相应地解决两个重要问题：一是各个部门能够开发较多的社会工作岗位，不仅是民政事业要设置相当多的社工岗位，还有教育、卫生、公安、司法等部门以及各个人民团体都要拓展社会工作岗位，使社工专业人才能够及时就业。中国社会科学院研究生院的首届社会工作硕士班初次就业率基本达到百分之百，厦门大学的社工专业本科毕业生初次就业率高达97%，这说明社会特别需要这方面的人才。二是政府部门要采取项目管理的办法，政府设立项目、政府购买服务，从经费上支持社工在社区开展工作。从我调查的情况来看，各地社工待遇差别很大，很不规范，总体水平偏低。2010年，福州的社工月收入1200—1600元左右，厦门2500元；2012年，哈尔滨市社工月收入只有1000元，有些城市每月只给几百元补贴。就我所知，有许多地方在提高社工待遇方面做了很有价值的创新。济南市早在2008年就提出社工待遇要相当于职工平均工资水平，而浙江省嘉兴市出台了《嘉兴市社会工作人才专业技术职位设置及薪酬待遇办法》，明确规定事业单位社会工作者实行同职级专业技术职务聘任工资标准；城乡社区社会工作者平均薪酬不低于上年度城镇职工平均工资上浮10%的标准，并对取得国家职业证书的社工，每月给予100—200元的职称补贴；对民办社工服务机构社会工作者，建立以学历、资格、业绩、岗位等指标相结合的职业薪酬指导制度，薪酬标准达到上年度城镇职均工资上浮20%，提高了对专业社工的吸引力。

加强基层社会管理，重要的一条就是财政经费要向基层倾斜，并以优惠政策大力吸引社会资金投向基层、投向社区。使基层为老百姓直接提供服务的工作人员能够有较好的收入，社工这种职业系列不宜往行政级别上套，他们的待遇不要太行政化，不要太考虑他们相当于什么行政级别，一定要明确他们是一个专业系列，正如工程师系列、医师系列一样，否则他们的工资永远也高不了。北京市提出对农村进行社区化管理，对基层民警就要脱离类似行政工资的级别，否则这些基层民警的待遇上不去，难以吸引优秀人才安心在基层工作。我国的麻烦就在于行政化太严重，教育行政化、就业也行政化，现在社会管理也搞行政化，什么都行政化，事情就不好办。因为这里只讨论社会服务专业化问题，因此只谈到专业社工人员的待遇，实际上全体社区工作人员都存在待遇太低的问题。要发展社会服务，必须资金下沉，打破什么都往行政系列上套的习惯，让在群众身边直接提供服务的人员都有体面的待遇，而且要相对比较优厚。公务员系列固然需要素质较高的人才，直接为群众提供社会服务也需要高素质的人才，不能千军万马都去考公务员，要鼓励优秀人才愿意沉到基层，并且留得住。公务员也要有到基层为群众服务的经历和锻炼。这样，才能真正体现"以人为本"，体现"服务为先"。

（三）台湾培养社工人才的经验

台湾社会工作教育起步早，质量高；志愿服务队伍遍布各个社会领域；福利服务支出占比高于发达国家平均水平；社会工作有专门的立法保障。这四条很值得我们重视。

就社工教育而言，台湾高校开展社工专业教育要比大陆早得多，台湾大学、东海大学早在 1968 年就开设了社会工作课程，而大陆最早是北京大学 1987 年开设社工课程，其他高校到 20 世纪 90 年代甚至 21 世纪初才开设这一课程和设立社工系。台湾高校在社工课程设置、教育质量、专业水平方面都达到相当水准，值得我们借鉴。

台湾的社工在社会生活的方方面面都发挥了很突出的作用。社工的素质较高，很敬业，他们是一支训练有素、专业化的队伍，活跃在所有的公共场所，每一个公园、展馆、社会福利机构，以及医院、学校等处都有他们的身影。专业社工、还有大批志愿者成为提供社会服务的主体。

尽管大量的社会服务是由志愿者无偿提供的，但台湾的福利服务在社会总支出中所占的比例非常高，福利服务仅次于社会保险，在社会支出中占据第二位。这一比例甚至比许多发达国家占的比例都高，这一点很值得我们研究和思考。对社会福利来说，福利服务起的作用往往是资金保障难以企及的。

台湾还有一个方面值得重视，社工的立法比较完备。台湾在1968年颁布《社区发展工作纲要》，1969年颁布《社区建设纲领》，其中就有社会工作方面的内容，到80年代颁布《老人福利法》《残障福利法》《社会救助法》都把社会工作作为主要内容。特别值得一提的是1997年专门颁布《社会工作师法》，全面规范社工师的权利、职责和待遇等各个方面，在2001年颁布《志愿服务法》、2004年修订《社会福利政策纲领》。社工立法不仅比大陆早，在提升社工的专业化水平、规范社会服务方面的作用也是不可低估的。

（四）要像重视科技和经管人才一样重视社会工作人才

科技需要大批人才，经济管理需要大批人才，这在全社会都有高度共识。社会工作难道也需要专门人才吗？我们那么多年，社区里用些老大爷老大妈，或者非专业的"4050"下岗失业人员，不是也就这么过来了吗？现在提出加强社会管理，可社会管理也是一个专业。而且这是一个与老百姓的日常生活最密切相关的专业。我们致力科技发展的目的是什么？努力发展经济的目的是什么？最终都要落实到人民群众生活水平的提高、幸福感的增强上。过去讲"先生产、后生活"的时候，重经济、轻社会，经济发展要聚集优秀人才，基层社区就交给大字不识的老大妈去对付了。现在不同了，经济社会发展到新阶段了，人民群众的新期待也更多样了，相应地，经济社会发展目标校正过来了，经济与社会必须协调发展的理念已经成为科学发展观的基本要求，中央已经明确提出人财物要下沉到基层，向基层倾斜。因此，不光财政资金要加大对基层的投入，优秀人才也要向基层流动，这里，既包括要求公务员、各行各业的从业人员特别是医务工作者、教育工作者、文艺工作者、公安民警等要深入基层，到群众身边提供各个专业各个行业的服务，更要有大批社会工作专业人才，提供专业化的社工服务。目前，社会工作者承担着繁重的社会管理与服务工作，工作种类繁杂细致，工作量很大。但是，与巨量的社会工作需求相比，社工从业人员明显不足，尤其是一线社会工作服务人员严重短缺。如福州市第二福利院在岗工作人员37人、临时工10人，收寄养孤残智障人员157人，配比为 1∶3.3，远低于 1∶1.5 的规定标准。厦门市精神病院在岗工作人员 40 人、临时工 10 人，收寄养精神病人 251 人，配比更是仅为 1∶5。福清市、长乐市民政局反映，他们每年都要收养 20 至 30 名弃婴（多属残障），由于工作人员和经费不足，大部分只能寄养在农村家庭，无法做到有效救助和人性化服务。

四　结语

我们现在要加强的社会管理，是现代社会管理，它的职能是协调社会关系、规范社会行为、应对社会风险、提高生活品质。不是简单地"维稳"，不是片面地加强"控制"。现代社会有效管理是要有基础和前提的。

社会管理的重要制度基础之一，是社会福利制度。在此基础上，社会才能减少矛盾和冲突，在存在社会差距的情况下才能缓解社会紧张度，增加社会包容度，以此为前提，社会管理才能事半功倍。但也不是只要建立了福利制度就可以万事大吉，选择适当的福利模式具有关键意义。适宜的社会福利模式是社会管理创新的一个重要机制。

一个好的福利模式不仅包括制度机制，也包括福利组织、福利服务和队伍建设。同时，这些也都是现代社会管理必不可少的组成部分。

社会管理的重要组织基础之一，是福利组织，主要是非营利组织和提供公益性服务的社会企业。加强社会管理，特别是基层社会管理和社区建设，要防止行政化倾向，要让非营利组织和社会企业成为实施社会服务的主要力量。政府既要鼓励和支持非营利组织和提供公益性服务的社会企业发展，又要善于加以规范和管理，这是政府在社会管理创新中必须做好的功课。

一个好的福利模式，还应该具有一个与之相适应的人才结构。社会管理的重要人才基础之一，是社工专业队伍。同时要建立政府工作人员、社会工作人员、广大志愿服务人员，比例恰当、匹配合理的人才结构，形成各司其职而又密切配合的社会管理和社会服务大军。当前以及今后的重点，是鼓励和吸引优秀人才下沉基层、深入群众、服务群众，改变不合理的人才结构和流动导向。

　　总之，社会福利制度、社会组织、社会服务队伍，是创新社会管理的三项基础条件，是现代社会管理的必要前提。以福利模式创新为基础的社会管理，可以大幅度降低恶性事件的发案率，大幅度减少因福利待遇太低而导致的群体性事件，大幅度减少民事纠纷，增强社会和谐度，大幅度增强社会认同感、社会公平感，从而促进社会和谐，提高社会质量。

参考文献：

［英］保罗·皮尔逊编：《福利制度的新政治学》，商务印书馆 2004 年版。

陈金贵：《社会企业家精神应用在非营利组织筹募资源的探讨》，载《社会福利模式：从传承到创新》，台北中华救助总会、财团法人中华文化社会福利事业基金会 2011 年版。

高体健：《加强和创新服务管理　让流动人口共享经济社会发展成果》，《政协第十一届全国委员会第五次会议大会发言材料汇编》第六十九册，2012 年，第 681—690 页。

［美］多丽斯·A. 格拉伯：《沟通的力量——公共组织信息管理》，复旦大学出版社 2007 年版。

国家图书馆：《"两会"专题文献信息专报》，2012 年 3 月 5 日。

何小平：《加强和创新社会管理要注重基层》，《政协第十一届全国委员会第五次会议大会发言材料汇编》第一册，2012 年，第 1—10 页。

弗兰茨－克萨韦尔·考夫曼：《社会福利国家面临的挑战》，王学东译，商务印书馆 2004 年版。

景天魁：《底线公平：和谐社会的基础》，北京师范大学出版社 2009 年版。

景天魁：《社情人情与福利模式——对中国大陆社会福利模式探索历程的反思》，《探索与争鸣》2011 年第 6 期。

景天魁等著：《福利社会学》，北京师范大学出版社 2010 年版。

［美］托马斯·亚诺斯基、亚历山大·M. 希克斯：《福利国家的比较政治经济学》，姜辉等译，重庆出版社 2003 年版。

温家宝：《在第十一届全国人民代表大会第五次会议上所作的〈政府工作报告〉》，人民出版社 2012 年版。

徐学陶：《社会福利——台湾的经验》，台北松慧有限公司 2009 年版。

言恭达：《关于充分发挥公益性社会组织在社区服务中作用的建议》，《政协第十一届全国委员会第五次会议大会发言材料汇编》第七十七册，2012 年，第 761—770 页。

杨琳：《民政部民间组织管理局：社会组织面临难得发展机遇》，《公益时报网》2012 年 3 月 15 日。

杨玲玲：《韩国社会福利模式的特点、问题及对我国的启示》，《中国党政干论坛》2009 年第 9 期。

詹火生、杨莹、张菁芬：《中国大陆社会安全制度》，台北五南图书出版公司 1993 年版。

（本文原为《社会学研究》编辑部编《当代中国社会结构变迁与社会管理》一书第十三章的第三、四、五、六节，该书由社会科学文献出版社 2012 年出版。收入本文集时有所增删和修改）

第三篇

福利建设应用研究

建设中国特色福利社会

一　为什么现在要讨论建设福利社会的问题

在中国这样一个发展中国家，是否能提出建设福利社会的问题？大家知道，目前可以称得上是福利国家的都是很发达的国家，主要是欧洲一些国家，亚洲的日本也可以算是一个福利国家。在 OECD（经济合作与发展组织）那些国家中，美国的争议比较大，因为好多人不同意美国是福利国家。奥巴马现在很高兴他的医保方案通过了。他到处搞演讲说明为什么要搞全民医保的时候说过，在富裕国家中只有美国没有全民医保有点说不过去，这就是他的一个理由。到目前为止的一般看法是，要成为福利国家或福利社会是需要相当雄厚的经济基础的。过去我国没有提出福利社会这样一个概念，我们都是讲社会保障。当然，首先要说明的是，福利国家和福利社会这两个概念还是有区别的。按照吉登斯的说法，福利社会是对福利国家在某种意义上的否定。也就是说，福利国家有很大的问题。在反思的基础上，现在提出福利社会的问题。[①]

这个问题对我们来说具有一定的挑战性，即现在提福利社会是否合适。首先，在中国提福利社会有什么根据，是不是一个很恰当的提法？这个问题的提出是最近的事情，在十七大报告中，中央提出了以民生为重点的社会建设。中央在提出这个问题的时候，"民生"的含义就超出了社会保障的范围，即把过去一般不放在社会保障中的教育、住房、就业等问题

---

①　安东尼·吉登斯：《第三条道路——社会民主主义的复兴》，北京大学出版社、生活·读书·新知三联书店 2000 年版，第 122 页。

都放在了"民生"这个大概念中。十七大报告中还用了"老有所养、病有所医、住有所居、学有所教"这样一些类似于中国人非常熟悉的"大同社会"的话，这样就把大家的思想勾回到了中国自古以来憧憬的社会中。这在中国是有传统的，从《礼记》到康有为、谭嗣同、孙中山都延续了大同社会的思想。这就提出了一个问题，即我们以民生为重点所要建设的社会是什么社会？过去我们提"小康社会"。邓小平同志对"小康社会"的含义讲得很清楚，比较侧重于经济指标。后来，胡锦涛同志又提出"和谐社会"，这个概念比较侧重于社会关系，它是指一种社会关系的状态。它和现在包括六个大方面的"民生"还有一定的区别，但联系是很紧密的。自党的十七大以来，从中央到地方明显加快了覆盖城乡的社会保障和全体人民共享的社会福利制度的建设步伐。那么，社会建设的目标是要建设什么样的社会？从总体上说是全面的小康社会，从社会关系和状态来说是和谐社会，从民生本身而言是什么社会？近年来，学术界对此进行了热烈的讨论，提出了多种见解。如窦玉沛（2008）提出"适度普惠型社会福利"，徐道稳提出"构建发展型福利社会"[1]，郑功成提出"迈向中国特色社会主义福利社会"[2]，刘继同提出"构建中国特色福利社会"[3]，康新贵提出"多元化的福利社会"[4]，何平、李实、王延中提出"积极的社会福利体系"[5]，景天魁提出"普遍福利"概念并和毕天云提出"从小福利迈向大福利"的构想[6]，北京市等政府部门（2009）提出"大民政"概念等。这样，民生建设的目标是"中国特色福利社会"的论断就浮出水面。这种论断，在 2008 年金融危机爆发以来迅速得到强化。但同时，不论学术界还是政府部门，对"福利社会"的提法也有种种疑虑，归结起来就

---

① 徐道稳：《以发展型社会政策构建发展型福利社会》，《深圳大学学报》2008 年第 1 期。

② 参见郑功成《中国社会保障 30 年》，人民出版社 2008 年版，第 378—380 页；郑功成主笔：《中国社会保障改革与发展战略：理念、目标与行动方案》，人民出版社 2008 年版，第 107—110 页。

③ 刘继同：《社会福利制度战略升级与构建中国特色福利社会》，《东岳论丛》2009 年第 1 期。

④ 康新贵：《多元化的福利社会——对中国发展道路的探索》，《社会科学论坛》2009 年第 3 期。

⑤ 何平、李实、王延中提出"积极的社会福利体系"。

⑥ 景天魁："迈向普遍福利时代"，http://www.sociology.cass.cn/shxw/shgz/t20090708_22532.htm；景天魁、毕天云：《从小福利迈向大福利：中国特色福利制度的新阶段》，《理论前沿》2009 年第 11 期。

是：要不要建设福利社会、能不能建设福利社会和怎样建设福利社会？我想主要依据底线公平理论①对此做一些讨论和论证。

二　要不要建设福利社会

（一）建设福利社会不是主观的选择，而是社会发展的必然

社会福利发展的一般规律表明，从传统农业社会的"补缺型"福利转变为现代工业社会的"制度型"福利是必然趋势。现代社会福利制度是工业化、城市化的产物，也是社会现代化的主要标志。人类进入 20 世纪 40 年代以来，社会福利（保障）制度在全世界迅速普及，建立社会福利制度的国家数量急剧增长，到 20 世纪末期，世界上已有 172 个国家和地区建立了不同形式、不同程度的社会福利制度。② 在全球现代化的过程中，社会福利现代化的水平不断提高，发达国家无一例外地建立了比较完善的福利体系，即使在陷入深刻的金融危机、财力空前困难的情况下，美国奥巴马政府还把普及医疗保障制度作为克服金融危机的措施，要改变在发达国家中唯一一个没有覆盖全民的医疗保障的历史。许多发展中国家也在积极建设福利社会，这种趋势不是发达资本主义国家的专利，而是人类进步的共同追求。事实上，没有任何人、任何理论能够证明，即使中国富裕起来了，中国人也没有福分进入福利社会。正如郑功成所说："应当承认这样一个客观事实，即福利社会是人类共同的追求，并不因为肤色、民族及意识形态的差异而不同，不仅真正的社会主义一定是人民幸福的福利社会，而且以福利国家为代表的西方福利社会的发展实践总体上也是成功的，它不仅维系了并且还在继续维系西方世界的繁荣与稳定。"③ "迈向福利社会是人类社会发展的客观要求和必然趋势，是人类不懈追求的理想目标。"④

---

① 景天魁：《底线公平：和谐社会的基础》，北京师范大学出版社 2009 年版。

② 张彦、陈红霞：《社会保障概论》，南京大学出版社 1999 年版，第 24 页。

③ 郑功成主笔：《中国社会保障改革与发展战略——理念、目标与行动方案》，人民出版社 2008 年版，第 108 页。

④ 郑功成主笔：《中国社会保障改革与发展战略——理念、目标与行动方案》，人民出版社 2008 年版，第 107 页。

(二)建设福利社会不是未来的预期，而是现实的要求

现在提出建设福利社会的问题，是不是适时？我觉得也是适时的。理由是我们过去对"福利国家"和"福利社会"有所误解。因为，当中国人关心这个事情的时候，建设福利社会的欧美国家确实已经很发达了。这样就给我们一个印象，即搞福利社会或福利国家的必须是发达国家。其实，这个认识是不恰当的。欧美国家最初开始建立福利制度的时候，经济还谈不到多么发达，"二战"后欧美国家大幅度提高福利水平的时候，人均 GDP 基本上和我们现在差不多，大体上是 5000—6000 美元。最近，张秀兰发现一种规律性的现象，发达国家都是在城市化水平达到 50%、人均收入接近或达到 6000 美元时加速了建设福利制度的步伐。我国 2008 年的城市化水平、人均收入如按购买力平价计算，也接近这一数字。[①] 我们现在的城市化水平也接近 50% 了，但这要看怎么计算。我们国家很复杂，有常住人口和流动人口。2010 年，北京市的统计人口是 1700 万，实际居住人口大概 2200 万，光流动人口就有好几百万。他们算不算城市人口也是个有争论的问题。所以中国城市化率到底是百分之多少，也就是大概那么一说而已，也不是特别精确。从这两个指标来看，可以说我们基本具备了迈向福利社会的条件。

即使我们没有必要拘泥于数字本身，也总是说明在解决了温饱问题以后，人民群众有了新的期待，要求过上幸福生活的愿望更现实地提出来了，要求经济和社会发展能"给人民带来更多福祉"[②]。张秀兰把满足人民对福利的需求，提高到国家认同的高度。[③] 我在前两年也曾提出，如果说改革开放前期，我们靠带领人民致富，首先让一部分人先富起来，成功地获得了全国人民的认可和支持，巩固了党的执政基础，那么，今后几十

---

① 张秀兰：《金融危机与中国福利国家的构建》，载第五届社会政策国际论坛论文集（上），第 26 页。

② 胡锦涛：《高举中国特色社会主义伟大旗帜 为夺取全面建设小康社会新胜利而奋斗》，载《中国共产党第十七次全国代表大会文件汇编》，人民出版社 2007 年版，第 9 页。

③ 张秀兰：《金融危机与中国福利国家的构建》，载第五届社会政策国际论坛论文集（上），第 27 页。

年，我们必须靠带领人民共富，过上公平、和谐、幸福生活，才能进一步获得人民群众的认可和支持，进一步巩固党的执政基础。所以，建设中国特色福利社会正是集中体现了人民群众的新期待。

现实实践也提醒我们，该是到了建设福利社会的时候了。不然，就经济论经济，就连好多经济问题也解决不了。为什么邓小平曾经讲到 2000 年时就要突出地解决分配问题，而 10 年过去了，问题还是没有解决？为什么多年来一直讲扩大内需，可就是难以如愿？为什么一再强调缩小地区和城乡差距，可差距仍然在扩大？问题就是一个不合理的财富结构、利益结构、阶层结构已经形成了。而解决这些问题的新出路还有待探索，还没有形成强大的社会共识，更没有形成可行的社会政策。

不论资本主义还是社会主义的市场经济，都善于解决创造财富的问题，但不能很好地解决分配财富的问题。在世界范围内，财富增长速度越来越快，南北差距和贫富差距也拉得越来越大。我国实行市场经济以后，找到了快速致富之路，却没有找到公平分配之策。我们有解决穷人问题的经验，没有解决富人问题的经验，特别是在自己领导下冒出一个富豪阶层，怎么对待？不搞杀富济贫，还有什么高招？必须想办法叫富人自觉掏出钱来，最好的办法就是发展社会福利。

不明确提出福利社会目标，不足以扭转经济与社会的失衡、不足以有效缩小贫富差距、不足以有效增强国内消费能力，实现对内和对外的经济平衡。而提出建设福利社会，社会广泛支持，富人脸上有光，政策光明正大。

另外一个因素，是这次金融危机给大家的启发。这次金融危机对发展中国家，特别是所谓"新兴经济体"提出了严峻的问题。就是说，我们这些发展比较快的国家如果不及时考虑建设比较健全的社会保障体系或社会福利制度，就会严重影响这些国家抵御包括金融危机在内的各种危机的能力。这次金融危机发端于美国，受影响最大的是欧洲。吊诡的是，金融危机后欧盟主席巴罗佐讲了一段话，他说这次金融危机使欧美国家受到冲击最大，但欧美社会损失很小。美国和欧洲好多国家的失业率都达到或超过了 10%，但是饿不死人，基本上没有恐慌情绪。然而，经济发展较快的一些发展中国家，特别是东亚、中东、拉美的一些国家，虽然受金融危机的冲击并不严重，但社会损伤很大。例如，中国就有 2000 多万农民工返乡，他们没有失业保险，回去以后吃什么，喝什么？这和欧美有社会保障、社会福利国家的情况大不一样。所以，这就促使包括学术界、政府部门都考虑加快社会保障制度建设问题。再从远一点说，自"二战"以来全世界经济发展都很快，但社会发展差距是拉大的。最突出的表现就是经济越发展，世界范围内的贫富差距就越拉越大。穷国和富国之间的差距和一国内部穷人和富人之间的差距越拉越大。这说明二战后人们在如何发展经济的问题上动的脑筋太多了，在怎么顾好社会生活这个问题上动的脑筋太少了。提出怎么建设福利社会的问题，它背后的企图就是找到一种社会发展的深层逻辑。我们不要像二战以来大家一股脑儿都去想怎么发财、赚钱，要看看能不能建设好的社会状态。这也是这两年鲜明提出建设福利社会的一个背景。

但是，长期以来，我们习惯于从"小福利"即"民政福利"的概念上理解"福利"，那是主要由政府承担的，可以无偿享受的利益。社会福利应该指"大福利"即"普遍福利"，它的制度和机制都不同了。但这里涉及的不仅是概念问题，还有一系列的实际问题。无论在学术界还是在政府部门，还存在两个顾虑：建设福利社会，会不会形成福利依赖，降低社会活力；会不会减缓经济增长速度，影响实现既定的经济发展目标？

上述两个顾虑也是需要充分考虑的，因为这实际上提出了中国能够建设什么样的福利社会的问题。

三　建设什么样的福利社会

(一) 中国不能照搬西方福利国家模式，过去不能，现在和将来也不能

自改革开放以来，我们一直坚持从中国国情出发，坚持实事求是的原则，经济改革如此，社会改革也当然如此。一般来说，经济现象和社会现象都很复杂，但社会现象受到历史和文化等因素的影响还要更甚一些，因而，不同国家的社会制度之间的区别，往往要比经济制度的区别更大。在我国，社会主义市场经济尚且具有自己鲜明的特点，那么我们要建设的福利社会就更会与西方福利国家有实质性的不同。

其实在西方，福利国家概念与福利社会概念在历史上和内涵上也是有区别的。福利国家概念强调以国家的形式满足社会成员的福利需求，即使在经费由社会成员缴纳、由社会组织运作的情况下，政府也是主要的组织者和最后责任的承担者。在福利国家制度运行了几十年，暴露出许多弊病以后，在反思的基础上，提出了"福利社会"或"积极的福利社会"，本意是强调由社会成员和社会组织更多地承担福利责任，社会和政府合理分担。正如吉登斯所说："在最近的关于福利问题的文献中，用'福利社会'取代'福利国家'已经成为一个约定的基调。"①

（二）我国并没有"福利国家"的历史实践，但我们却有独到的福利思想渊源，有自己的福利社会的理想类型

古人的"大同社会"② 其实一直是中华民族锲而不舍、孜孜追求的福利社会理想。这一理想，不仅体现在邓小平的"小康社会"概念中，也吸收到他关于社会主义本质的论述特别是"共同富裕"概念中。而在党的十七大报告中，得到了充分的体现和升华，胡锦涛在报告中提出要"加快建立覆盖城乡居民的社会保障体系"，"努力使全体人民学有所教、劳有所得、病有所医、老有所养、住有所居"。③ 在 2009 年 5 月 22 日中共中央政治局第十三次集体学习会上，他又强调指出："要坚持广覆盖、保基本、多层次、可持续的方针"，重申了十七大报告中的与"大同社会"有着渊源关系的社会建设目标。④

这样，依据我国悠久的思想资源，依据我们党对社会建设目标问题长期探索的宝贵成果，依据我们从事的小康社会与和谐社会建设的丰富经

---

① 安东尼·吉登斯：《第三条道路——社会民主主义的复兴》，北京大学出版社、生活·读书·新知三联书店 2000 年版，第 122 页。

② "大道之行也，天下为公，选贤与能，讲信修睦。故人不独亲其亲，不独子其子，使老有所终，壮有所用，幼有所长，矜寡孤独废疾者皆有所养……"（《礼记·礼运》）

③ 胡锦涛：《高举中国特色社会主义伟大旗帜 为夺取全面建设小康社会新胜利而奋斗》（2007年 10 月 15 日），《中国共产党第十七次全国代表大会文件汇编》，人民出版社 2007 年版，第 36、38页。

④ 《努力使全体人民学有所教、劳有所得、病有所医、老有所养、住有所居》，《光明日报》2009 年 5 月 24 日。

验，可以形成中国特色社会主义福利社会的如下定义：中国特色社会主义福利社会，是全体人民都能够各尽所能，都对社会作出自己的贡献，同时能够公平地享有社会福利，合理地分享经济和社会发展成果，真正实现共同富裕的社会。其特点是：普惠性福利与工作福利相结合、权利与义务（即享受福利与承担相应的缴费义务及相关责任）相结合、无差别的公平与有差别的公平相结合。经过全体人民的不懈努力，逐步实现"幼有所育，学有所教，劳有所得，病有所医，老有所养，住有所居，弱有所助，贫有所济"等民生目标。

（三）中国没有必要照搬西方福利国家模式，我们的福利社会应该建立在更加科学的基础上

既然是福利社会，不论西方的还是中国的，当然应该有共同的属性。而对于西方的模式和经验，不论是"福利国家"还是"福利社会"都应该研究和吸取对我们有用的合理成分。但是，中国特色福利社会与西方"福利国家""福利社会"相比，不但社会和文化基础不同、历史和现实经验基础不同，科学基础也有所不同。

一个好的福利模式不是比多么理想，而是比实际效果，比可行性和可持续性，要在理想性和可行性之间找到结合点。西方福利国家模式有很多优点，但在许多方面不适合中国国情。它的主要缺点不是福利水平高，高福利待遇本身不一定是缺点，而是机制不灵活，过于刚性，缺乏柔性调节机制。福利国家的根本问题在现象上是福利水平高，实质上是缺乏柔性调节机制。

正因为西方福利国家是先行者，它们在制度设计时没有经验，当时对经济发展和社会福利的关系等许多问题没有经验体会，也没有科学的研究作为基础。后来经过几十年的运行，发现问题了，但要改革就不那么容易了。我们是后来者，有条件更深入地研究福利国家和非福利国家的经验，把我们的福利社会建设建立在更为科学的基础上。

四　怎样建设中国特色福利社会

（一）立足于中国经验，回答发达国家未曾很好回答的基本问题

这个基本问题就是经济发展与社会公正的协调和统一问题。也可以表述为无差别的公平和有差别的公平的关系问题，或者是福利刚性与柔性调节的机制问题。

西方人从十七、十八世纪继承下来的公平观就是一般公平、抽象公平，正是这种公平观使他们在设计社会福利制度时，只考虑公平的一般性和抽象性，而正是这种公平观埋下了福利刚性的种子，使他们错误地假设了福利供给能力的无限性，也忽视了福利需求的层次性和需求满足的阶段性。也正是这种公平观使他们忽视了福利对于经济和社会发生影响作用的两面性：福利既可以成为经济发展的动力，也可以成为经济发展的负担；既可以成为社会共识的基础，也可以成为道德风险的根源；既可以成为社会团结的基石，也可以成为社会动荡的诱因，后者，我们在近年多次发生的英法社会动乱中可以得到确证。[①]

真正的问题在于：单独讲经济发展，已经很难，但不是最困难，在一定意义上，人们已经想出了很多办法，可以实现快速发展；单独讲社会公正，已经很难，但也不是最困难，至少在理论上，人们也为实现公正想出了许多办法。真正困难的，至今在理论和实践上还没有很好解决的难题，是怎么实现发展与公正的统一，怎样把公平和效率结合起来，怎样把无差别的公平和有差别的公平结合起来——二者怎么协调，怎么互相促进，而不是相互分离。也就是要找到发展与公正的结合点和均衡点，找到一条线：平均主义走不通，福利国家走不通，小福利局限性已被突破，走底线公平的福利道路是可行的选择。而这个福利模式是建立在探讨福利社会建设的基本问题的基础之上的。

底线公平理论真正的发现，就是底线公平要比一般公平更有利于真正实现社会公平。这是福利建设的关键之点。

---

① 参见郑秉文《英法大罢工的制度根源社保模式》，中国养老金网 2006 年 4 月 26 日。

历史证明，靠"一般公平"、"一般平等"之类公平观，恰恰不能实现真正的公平。它也许可以带来富裕社会，却不能带来公平社会。自 19 世纪以来，世界财富总量剧增，但贫富差距也急剧扩大。

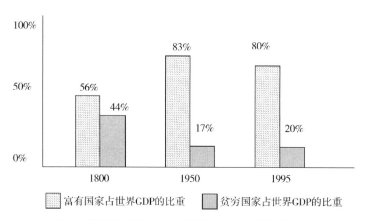

图1　富国和穷国 GDP 在世界 GDP 中的比重变化

图注：引自丁元竹《社会公平的历史考察与中国构建和谐社会的政策选择》，载《中国—欧洲社会政策论坛"社会政策与和谐社会"论文集》（2007 年），第 90—91 页。

马克思、恩格斯曾尖锐批评所谓"一般公平"、"一般平等"，指出所谓"一般公平"、"一般平等"其实是掩盖了不公平、不平等。① 底线公平超越了十七、十八世纪资产阶级思想家发明的"一般公平"、"一般平等"，根本区别于像普鲁东等人那样的"永恒公平"的废话，同时也不是马克思、恩格斯设想的只有在共产主义社会才能实现的公平公正。它是在社会主义阶段可能实现的适度公平。它不是只要低水平的公平，而是探讨怎样实现真正的、全面的、可持续的公平，怎样在公平和发展之间找到平衡。它是一个发展模式理论，也是制度理论、机制理论，而不是简单地对待社会福利是低水平还是高水平的问题。

---

① 马克思：《哥达纲领批判》，载《马克思恩格斯选集》第 3 卷，人民出版社 1995 年版，第 304—305 页；恩格斯：《论住宅问题》，载《马克思恩格斯选集》第 3 卷，人民出版社 1995 年版，第 147 页。

（二）认真研究福利社会建设的科学基础问题

至少有以下 10 个问题是基础性问题：福利支出占 GDP 的比重、福利支出占财政收入的比重、社会福利责任结构（含政府责任和市场机制的分工）、社会福利需求结构、社会福利供给结构、社会福利分配原则、社会福利分配方式、社会福利需求和供给的均衡度、社会福利调节机制、社会福利效益评估。既然是"基础性问题"，那它们就难以最终解决，只要福利建设还在进行，它们总会以某种形式表现出来；即使一时解决了，遇到条件的变化，或者发展到新的阶段，它们又会成为基础性难题；或者说，对这些问题的回答或解决，只能是相对的、暂时的、局部的。这里，只是从底线公平理论出发，对这些问题做初步的讨论。①

1. 福利支出占 GDP 的比重

福利支出所占比重是社会各利益方博弈的结果，到底福利支出与 GDP 的恰当比例多少为宜？既不是越高越多越好，也不是越低越少越好，应该有一个以科学论证为基础的合理结论。在理论上说，在一个确定的时间点上，应该有一个确定的比例，但在不同的时间点上，这个比例是变化的。所以，在一个时期内，这个比例应该分布在一个区间内，它不是一个固定的数字，而是一个恰当的关系和有效的机制。

以底线公平作为社会福利的基本理论，可以较为成功地确定福利支出占 GDP 的比例。为了论述的方便，本文将社会各领域中的福利分为底线部分福利（设为 BW）和非底线部分福利（设为 NBW）。非底线部分福利就是底线以上部分的福利。根据底线公平理论，底线部分的福利责任是由政府承担。底线以上部分福利的责任由政府、社区、单位、家庭等多个社会主体承担。

从现实社会福利运行来看，底线部分福利的特点是：项目内容弹性小、对象相对固定，容易测量；非底线部分福利的特点是：内容弹性大、对象复杂，因此，不容易测量。有了底线公平理论作基础，我们就可以在众多复杂的社会福利类型和内容中抓住相对稳定的、易测量的底线部分福

---

① 顾金土博士对本节的写作提供了帮助，特此致谢。

利，用这个变量值来探讨社会福利与 GDP 的关系。

社会福利总支出（W）分为底线部分福利和非底线部分福利，社会福利支出与 GDP 的关系也可以分为两个部分，一是底线部分福利与 GDP 的关系，二是非底线部分福利与 GDP 的关系。现实中，三者之间的关系会有多种变化：总福利占 GDP 比重可能适当、偏高、偏低，底线部分福利占总福利比重也可能适当、偏高、偏低，非底线部分占比也可能适当、偏高和偏低；三种变化可能交叉出现，如总福利占比适当，底线部分福利占比偏高，非底线部分占比偏低；总福利占比偏低，底线部分福利占比偏低，非底线部分占比偏高。他们之间呈现不同的关系代表社会福利存在不同的问题，需要分别对症下药。根据底线公平理论，底线部分福利是三者关系的关键，因为它是刚性的，而非底线部分福利是弹性的，因此，要让三者与 GDP 均有适当的比例关系，首先应该要让底线部分福利与 GDP 保持适当比例（令为 RBW）。

$$\text{RBW} = \text{BW}/\text{GDP} = \text{BW}/W \cdot W/G \cdot G/\text{GDP} = Q \cdot P \cdot H$$

式中的 G 就是国民收入总和，Q 的意思是底线部分福利占社会总福利支出的比重，P 的意思是社会福利支出占国民收入的比重，H 的意思是国民收入占 GDP 的比重。其逻辑关系是指底线部分福利占比与国民生产总值、国民收入、总福利支出的比重有关。

目前，我国底线部分福利占比偏低有直接和间接原因，直接原因是总福利支出占比还比较低，底线部分福利占社会福利总支出的比例偏低（这是一个社会福利的内部问题，根源在于建立以什么理论为原则的社会福利制度）；间接原因是社会福利支出占国民收入总和的比例偏低（这是一个二次分配问题，根源在于社会福利制度的推行的深度和广度不够），以及国民收入总和占 GDP 的比例也偏低（这是一个初次分配问题，根源在我国经济结构和初次收入分配制度）。非底线部分福利最终取决于 P 和 H，也就是说，只有经济增长和国民收入在 GDP 中的比例提高了，它才可能得到提高。

从这里我们可以看出，社会福利制度的运行是一个系统的问题，没有GDP 的增长，社会福利制度就难以进步，但仅仅有经济增长也是不够的，必须在初次分配、二次分配和社会福利内部分配三个环节都比较合理或处理合适，社会福利事业才能稳定、健康地发展。

从研究的角度看，明确这一比例，有几个必须给出科学回答的问题：（1）福利支出的准确计算；（2）不只是参照国外经验，而是找到决定这一比例的要素及其相互关系；（3）找到能够调节它们相互关系的机制。解决了这三个问题，这一比例才算有了科学依据，才能避免随意性。

这里的社会福利应该是总量概念，即政府投入、企业投入和个人投入，也即相关主体的社会福利责任的总和，也即二次分配数量在国内生产总值的比例。再分配的数量越大，可调节的社会福利越多，市场分配的空间也相对较小。

2. 福利支出占财政收入的比重

福利支出占财政收入的比重问题，主要是福利支出与政府其他支出之间关系如何处理的问题。根据底线公平理论，民生的基本需求是政府必须承担的责任。依据社会成员基本生活条件和现状，比照目前国家发展水平的要求，可以比较准确地衡量底线部分福利需求。财政支出可以分为三大块：福利支出、公共事务支出和政府自身支出。如果说公共支出（如国防、外交等）所占比重是执政方略问题，那么，政府自身支出所占比重就是执政廉洁和能力问题。所谓"执政为民"的最重要标志就是福利支出与政府自身支出在财政支出中所占比重。当然，从合理性来说，也不能认为福利支出所占比重越大越好，任何关系的合理性都要有一个依据科学的"度"。

这个"度"怎样确定？社会福利制度首先应该确定一条底线，界定财政支出对社会福利支出的责任，根据财政支出能力弹性地进行社会福利分配。按照底线公平理论，社会成员的基本生活需要，特别是中低收入者的基本生活需要是政府必保的，如此，社会福利支出占财政收入的比例问题就可以转化为"如何确定底线部分福利占财政收入的比重"问题。该问题的关键在于底线的确定。确定了底线，也就是确定了底线部分福利的需求量，也就可以将它与财政收入水平进行比较。经过一段时间的校正，我们也可以总结出两者之间比较合理的比例关系，然后，就可以建立两者之间的联动机制，保证底线部分福利（当然各个社会福利领域中的底线是不一样的，都需要时间的校正）处于合适的水平。比如低保水平的调节，如果社会福利总支出增长，那么，低保水平就可以根据低保金的总量以及低保对象数量合理地确定低保水平线。当然，这需要详细的经济社会基础调查。底线部分福利支出可以表达为

$$\text{BW} = \int (B - X) \ \text{dX}$$

$$B = f\,(\text{GF, NW})$$

X 为现有的底线部分福利，B 为应达到的底线部分福利，GF 为政府的财政收入，NW 是财政中的非福利支出。如果是动态情况，那么底线部分福利取决于上一年的财政收入和非福利支出的情况。

这个问题的实质就是上面所述 W 和 NW 的比值关系。关键是要分析那些非社会福利支出（行政管理费、军队费用、警察费用、产业性投资等）是否恰当、是否必要。

福利支出适度与否不能只看与经济增长情况的关系，好像经济增长快，福利支出增长也应该快。其实，二者的关系没有这么单纯，它是受政府的执政理念、政治制度、经济制度、文化传统和意识形态等多种因素影响的。20世纪80年代，都说北欧国家的福利水平太高，可是，当英国撒切尔政府和美国里根政府推行新自由主义，鼓吹缩减社会福利时，北欧国家却逆势而为，反而增加了福利总量，只是相对比例有所降低。他们认为高福利是基本适度的。可见，对于何为"适度"的评价标准还需要加强研究。

科学地解决福利支出占财政收入的比重，不能只有一个原则性的要求（社会保障水平与经济发展水平相适应），也不是只参照国外的做法和经验（因为不完全具有可比性），而是要真正找到确凿的根据，正确的比例关系，这是底线公平理论的初衷——在不稳定的因素中找出比较稳定的因素；在不确定的关系中，找出比较确定的关系；在相互交错的关系中找出具有标志性的关系；在难以把握的总体中找出有代表性的局部。由最低生活保障制度、义务教育制度以及公共卫生和医疗保障制度共同作为"底线公平"的标志性制度，绝不是说其他制度都不要了，或者都不重要。底线公平是在研究一个复杂问题时运用"分解法"的尝试，它可能有这样或那样的缺陷，但它讨论的问题是制度合理性、政策合理性，福利相关变量相

互关系的科学根据问题，不能简单地看做是福利水平高低以及公平概念的片面和全面的问题。

解决福利支出占财政支出的比重问题的关键是明确社会福利的责任结构。

3. 社会福利责任结构

社会福利的责任主体主要是政府（中央、省、市、县、乡（镇）政府）、市场、社会（企业、民间组织和社区）、家庭和个人。社会福利责任的配置原则就是把各方积极性都发挥出来，形成最佳组合。其中，明确政府责任的底线和市场机制起作用的边界十分重要。社会保障制度改革以来的经验教训告诉我们，很多问题就出在这上面。为什么计划经济时期经济水平那么低，并没有发生过考上大学却因贫困不能入学的问题；那时农村经济水平很低，依靠合作医疗，农民基本能够有医可就？为什么 20 世纪 90 年代以后，GDP 翻了几番，却出现严重的"上学难、上学贵""看病难、看病贵"问题？什么都推给市场，政府与市场没有明确的责任界限是要出大问题的。

社会福利制度要精心设计责任结构，发挥各方积极性，既要顾及经济增长的需要，又要适度满足人们的福利需求。根据底线公平理论，公共财政承担社会福利底线部分的责任，国家、社会、家庭和个人共同承担底线以上部分的福利责任。国家和社会的责任分担主要取决于社会福利项目的社会效应。如果福利项目的社会效应（有外部正效应和长远效应）越大（如义务教育、公共卫生、公共服务等），那么，政府和社会承担的责任就要更多。这样的配置原则既是为了充分发挥社会福利支出的效能，也可以限制社会福利需求的盲目增长。

在建立责任共担的筹资结构方面，我国在实践中有一些值得重视的探索。新型农民合作医疗制度的筹资结构就与欧美国家的医疗保险制度区别很大。我国有七八亿农民，他们的医疗问题怎么解决？完全由财政承担？承受不起；让农民自己负担？他们收入太低，缴不起费；农民没有工作单位，又不能像职工那样由企业和用人单位出大头。怎么办？责任共担。中央财政出一部分，地方财政出一部分，农民个人出一部分。刚开始是中央财政出 10 元，地方财政出 10 元，农民自己出 10 元。有的经办人员就说，农民自己只出 10 元，还要一家一家动员，干脆让中央财政全出算了。这个中央财政也确实出得起，但如果农民不出这十块钱，那对某些农民来说，医疗报销就成了不得白不得，不要白不要，不花白不花的公共资金，对另一些农民来说，反正自己没有病，他对合作医疗的运行就不关心。而让农民出这十元钱，他就有一份责任，有一份关心。所以，这个均衡机制是很巧妙的，筹资结构实际上也是责任结构、管理结构、监督结构。果不其然，在有的地方就出现"瞒报""骗保"现象，例如，有的县级财政不想出钱，就编造虚假的农民参保人数，例如，本来只有 1 万人参保，却上报中央财政说有两万人参保了，中央财政支出了应支付部分，但是县级财政却分文不出。就用中央给的两万人的费用来支付一万人的医疗补偿金。像此类问题，只有让群众广泛参与，他们都是利益攸关者，众人的眼睛都盯着，才能保证制度的健康运行。

4. 社会福利需求结构

社会福利需求因社会发展阶段、地方条件、文化、经济水平的不同而不同。底线公平理论中所指的底线部分福利是基本福利，它的弹性小，必须满足，一般也比较容易满足；非底线部分福利，如享受性福利以及部分发展性福利，需求弹性大，难以满足。对于预防社会风险效率高、长远利益大的福利，如公共卫生、教育等，政府必须优先予以满足。对于具有外部负效应的社会福利，如某些特殊（特权）福利，必须加以限制和约束。

合理的需求结构必须优先满足人民群众的基本生活需求，划分基本部分与非基本部分；在基本需求的满足上又要有优先次序。重在保证弱势群体或中低收入者的基本需求。要形成合理的需求结构，就必须有调节、有引导、有优先次序、有不同的需求满足策略。如果抽象地谈论机会平等，或者一般社会公平，不仅难以决定人们福利需求的合法性，而且也难以将社会福利输送到真正需要它的人手中。唱那种高调的实质结果，往往却是优先满足了富人的需求。谁有钱满足谁，谁缴费保障谁，缴费越多就给付越多，社会保险就办成了商业保险。本来应该促进社会公平的社会保障制度，反而帮助扩大了不公平。

5. 社会福利供给结构

任何社会任何时候任何情况下，福利总是稀缺的，即使一个社会富得流油，福利也是极易耗尽的。所以，福利供给总是一个难题。历史上，福利供给无非三种办法：一是抓阄式，这是最没有办法的办法，不管合理不合理，大家都没有话说；二是平分式，数人头，人人均得；三是有先后、有重点，次序和重点就是结构，就是政策。前两种没有什么科学合理性可言，后一种要做到科学合理也难。而从底线公平出发，就可以明确次序与重点。底线公平的思路是很清楚的，它是强调面向大多数人特别是中低收入群众的需求的，这是政府的责任，是社会政策的重点和灵魂。

底线公平与一般公平的根本区别在于：在存在着较大差距的情况下，表面上的一般公平，会因强势集团的作用形成利益导向，实际上造成福利向强势一方倾斜。政府就要出手维护大多数人特别是中低收入群众的利益，以财政手段满足他们的需要。福利供给是要有调节的，不能全都跟着市场跑，有的开发商不是声称他是专给富人盖房子吗，可以，那你按市场规则走，但是政府实行差别税率：对豪宅，每平米征很高的税，比如1万元；盖面向大众的商品房的，每平米只征500元的税；盖廉租房的，政府给以补贴，比如每平米倒补开发商500元。现在的问题是没有调节，没有政策，没有思路。政府要用政策调整供给结构，亮明自己的导向，也就是表明政府的性质。

6. 社会福利分配原则

保护劳动、维护基本人权和体现社会价值导向是社会福利分配的三个原则。

由于社会福利通常优先分配给没有劳动能力和丧失劳动能力的人，或者只要贫困，不论何种原因都给以福利补贴，以体现人道关怀。这种表象给人一种错觉，似乎福利与劳动没有关系。享受福利是基本人权。人权是要维护的，可是拿什么去维护呢？人权本身不能产生福利，福利是由劳动创造的。割裂了福利与劳动的关系，福利就成了无源之水。所以，实行普遍福利的同时，必须坚持就业优先政策，就业收入必须大幅度地高于失业待遇，以便刺激有劳动能力的人愿意就业，必须就业，珍惜就业岗位。一般情况下，最低生活保障金应明显低于最低工资标准、失业保险金应明显低于平均工资水平，甚至可以考虑把失业保险金大部分转为就业培训补贴。如属主动失业，可以把失业保险金降低到与最低生活保障金接近的水

平；如属被动失业（如国家产业政策调整或雇主裁员），用人单位要支付
生活保障金，直至再次就业为止，以此阻止随意裁员，减少被动失业。

保护劳动、维护基本人权和体现社会价值导向要三者兼顾，既体现社
会公平，又激发社会活力。

7. 社会福利提供方式

不同的福利内容要选择合适的分配方式：无偿、低偿、有偿，不在于
财政是否支付得起，而在于形成合理共担的机制。

无论社会福利制度多么健全，维持一个社会正常运转的基本条件是绝
大多数人拥有自立能力。通过自己的力量维持生计并实现发展，这种自立
能力对于每个人或家庭都是必要的。但他们还需要一个收入调节及保险机
制以推行这样一种再分配，既为他自己，又为别人，实现风险共担。以保
证能够满足那些缺乏自立能力的个人和家庭，满足他们的基本需要，并帮
助他们形成和增强自立能力。

因此，选择无偿、低偿还是有偿，不是取决于财政能力，好像财政充
裕就可以无偿提供福利，而是要看福利项目的类型，福利接受者的情形，
以及是否能够发挥福利项目的社会效益。一般地说，享受型福利通常采取
有偿或低偿提供方式，生存型福利一般采取无偿提供方式。发展型福利的
情形比较复杂，可以视情况采取无偿或低偿方式。

在具体实践中，各地创造了许多更细致的政策和规定，例如新型农村
合作医疗的住院报销比例，在县内就医与到市内、省内以及省外就医，报
销比例不同。

8. 社会福利需求和供给的均衡度

任何均衡的实现和保持都很难，而社会福利的需求永远大于供给，不
论国家多么发达，经济多么景气，福利供给能力总是有限的。因此，要实
现并保持二者的均衡，就必须探索并找到均衡点或均衡度。

流行的说法是，社会保障（社会福利）水平要与经济发展水平相适
应，要建立经济增长与福利增长的联动机制，听起来很有道理。可实际
上，不论是经济发展还是社会福利，都会出现难以预料的情况，吊诡的
是，越是在经济下行，甚至面临危机的时候，因为失业严重、企业经营困
难，物价上涨，所以社会保障和社会福利需求可能更强烈；而在经济顺利

增长时，因就业容易，企业赢利，职工收入增加，物价也往往不高，所以，此时虽然财政收入盆满钵溢，但社会保障（社会福利）需求压力却不大。

所以，底线公平理论主张区分基础部分与非基础部分，确保基础部分在任何情况下保持稳定，让非基础部分随情势波动，在这种有动有静中，寻求动态均衡。依靠基础部分的稳定性，保持社会保障和社会福利水平的确定性和可预期性，也就是保持人心和社会的基本稳定；让非基础部分去适应和调节经济波动，这既可以降低社会风险，又可以寻求福利需求与供给的动态均衡。

新型农村合作医疗的人均筹资水平并不高，从开始时的每人 30 元，到现在平均 200 元，增长虽然很快，人均水平还是很低。但几年运行下来，却没有出现大的亏空。为什么？就是在制度中设计了需求与供给的平衡机制——"起付线"和"封顶线"。因为新型农村合作医疗在开始阶段只面向大病住院报销，以解决农民看不起病和因病致贫问题，所以规定"起付线"；但因总的经费有限，不能满足所有人的需要，如果有一个或几个患大病的把所有经费都花光了，其他人就享受不到了，显然有失公平，所以设定"封顶线"。这两条线两头一卡，就能够控制总收入和总支出，所以新型农村合作医疗没有欠账。相比现行城市职工医疗保险，在需求和供给的平衡上就显得更有效。

9. 社会福利调节机制

社会福利是最具刚性的，上调容易，下调难。下调几乎没有可能性，近几年的英法大罢工，都是因为试图调低某项福利，结果引发社会动荡，导致政府首脑下台。其实，即使上调也未见得就容易，调多调少，得多得少也能闹得满城风雨。可是，经济是有波动的，有时还有危机；人口结构是变化的，也会有危机。因此，社会福利总是要调节的，不能软调，就得硬调。如果一个社会保障和社会福利制度已经定型了，人们的利益关系已经固定了，再想调节就难上加难。我国的社会保障和社会福利制度正在建立和完善的过程中，如能预先设计好调节机制，正像装修房屋时，预先铺好水、电、气、电话、上网管线一样，运行起来，需要调节，就方便了。我们要抓住这个难得的"窗口时间"，把调节机制设计和预装好。

社会福利调节分为外部调节和内部调节，前者主要是与经济发展状况的关系，后者主要是各福利主体之间的关系。外部调节机制建立在经济社会调查信息基础之上，有财政收入、国家安全支出，自然灾害损失、国际收支平衡程度，人均居民收入、基尼系数以及人口结构信息等。尼古拉斯·巴尔 2002 年 11 月在《致中国读者》中提到，"对中国尤为重要的是，建立养老保险的关键将取决于一系列公共部门和私人部门的前提条件，公共部门的前提条件包括：养老保险改革一揽子计划的政治支持；执行税收与缴付的行政能力；维持宏观经济稳定的能力；有效的监督管理。私人部门的前提条件是：充分完善的人口信息；金融资产与资本市场的存在；私人部门足以管理基金增值的能力。"内部调节机制建立在社会分层和流动、福利分配原则和方式、福利需求变化预测，供给能力及其持续能力的评估等的基础之上。

社会福利的供给和需求既有市场机制，也有计划机制；既有政府机制，还有社会机制。随着社会福利供给的增加，无论是总量的增加还是人均福利水平的提高，人们对于社会福利将产生更大的需求。必须考虑道德风险问题，及时掌握基础信息，以便采取预防性措施。

底线公平理论之所以把社会福利区分为基础与非基础部分，相应地，调节机制也分为刚性的与柔性的，目的在于明确政府责任与市场边界，明确福利供给的优先次序和重点，以刚性机制为主保障基本生活需要，以柔性机制为主调节非基本生活需要；以刚性机制为主保障中低收入者的基本需要，以柔性机制为主调节享受性需要。这样，刚柔相济，适时适度地调节与经济、政治等外部因素的关系，随其变化而变化，因变而生，因变而稳；同时，刚性和柔性结合，变与不变互补，以不变，维护弱势群体利益，保障全体社会成员的基本生活和发展需要；以变化适应条件制约。

10. 社会福利的社会效应

社会福利的有效调节，依赖于对社会福利效应的测量。确知福利支出的效应如何，各种调节机制和手段才能适当地发挥作用。例如，最低工资标准提高了一个幅度，它对职工生活发生了什么影响，对企业成本增加多少，就业状况有何变化，如此等等。从社会福利支出环节到人们福利得到改善，这中间有许多个环节，比如市场组织的参与、民间组织的服务、社区服务、家庭服务，需要经济社会调查信息和数据。

社会福利的社会效应主要体现在：基本生活需要的满足、发展潜能的开发、阶层关系的调整、社会稳定的维持、人力资本的提升、社会认同和道德水平的提高等方面。它们都可以用一系列指标加以测量。如贫困发生率、就业率、发案数、人均受教育程度，住院人数、人均预期寿命、社会参与度、满意度、认同度等。

利用对社会福利效应的测量，依据底线公平理论，我们可以确定底线部分社会福利向量，通过对它的控制来调节社会福利状态和社会福利效应之间的关系。其原理是，根据前期的社会福利效应指标，确定各项社会福利的底线部分支出，底线部分的社会福利支出会影响社会整体的福利状态，反过来，又会产生新的社会福利效应，形成一个反馈，然后进入下一轮调节过程。通过对社会福利运行数据的分析还可以优化输出反馈矩阵，改善系统性能，提高社会福利运行效率，改善社会整体福利状态。根据这个原理，结合社会控制论方法，我们可以建构社会福利的输出反馈控制系统。

$$x(k+1) = A x(k) + B u(k), \qquad x(0) = x_0$$
$$y(k) = C x(k)$$

式中，$x(k) \in R^{n \times 1}$ 为社会福利状态向量，$u(k) \in R^{m \times 1}$ 为底线部分福利支出向量，$y(k) \in R^{r \times 1}$ 为社会福利效应向量（可观测向量）。A、B、C 均为参数，通过实证数据加以确定。A、B 分别为第 $k+1$ 期社会福利状态与第 k 期社会福利状态和第 k 期底线部分福利支出之间的回归系数矩阵，C 为社会福利效应与底线部分社会福利支出之间的回归系数矩阵。H 为输出反馈矩阵，是待定的。

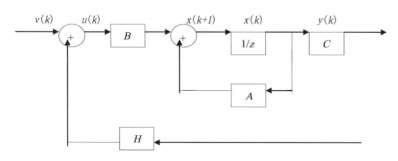

图 2　社会福利的反馈机制

由此，依据底线公平原理，我们就可以建立起福利反馈机制。也就是说，当福利支出发生以后，效果怎么样，能够鲜明地反映出来。不能像有的高福利国家那样，直到大街上懒汉成群了，才知道福利水平高了。但是福利又是刚性的，降不下去。我们把底线部分的福利支出当作一个向量，建立起福利反馈机制，就有了解决在福利社会中称为"老大难"的福利刚性问题的可能。

以上十个问题都是建设福利社会的科学基础问题。社会保障、社会福利搞了这么多年了，很多问题还是不甚了了。在社会保障、社会福利问题上，说空话、大话很容易，但毫无益处。靠唱高调、随意许诺、赚掌声、拉选票，是不负责任的。有意义的是冷静地、理性地对待每一个问题，讲究科学依据和科学论证，为中国特色福利社会奠定可靠的科学基础。

五 当前社会福利实践的主要难题

我国的社会福利建设已经进入快车道，需要解决的紧迫问题很多。当前以及今后一段时间，最难的问题有以下两个：

1. 运用底线公平理论解决社会保障普遍覆盖问题。现在农民工数量多、流动性大，要设计一个能够包容农民工的福利制度太难。在欧洲，社会保障最初是面向工人的，即保障那些有固定工作、固定收入的人。现在农民工收入不高，而且太不稳定，没办法定期定量地缴保险金，制度的成本太大了。所以，现在我们面临的第一个难题就是扩大制度的包容性、灵活性。这个问题怎么解决？这就用上了底线公平理论，可以区分基础部分和非基础部分。基础部分基本是财政支出的，部分是企业支出的，这是社会统筹部分。个人缴费部分主要是在个人账户上，因此，只要把社会统筹部分提高层次，全国一致就可以了。养老保险一定要全国统筹，不要搞那么大的差别。为什么农民工流动时难以把社会保险金全带走？主要是因为国内地区差距大、城乡差距大，这是我们与欧洲的最大差别，造成了制度衔接有问题。

2. 解决制度之间的整合问题。正因为存在地区差别、城乡差别，还有种种身份差别，以及历史原因，社会保障制度形成了被称为"碎片化"的问题，城市职工有医疗保险，现在又搞了城镇居民医疗保险，此外，还有新型农村合作医疗。新型农村合作医疗又是县级统筹，一个县一个办法。这就使制度相当混乱，进而产生各种不平等、不公平。现在，能不能把这些五花八门的制度整合起来？这个问题也可以按照底线公平原则来解决。

总之，制度覆盖面的问题和制度衔接、制度整合的问题是当前以及今后社会福利和社会保障制度建设的难点。如果能够解决这两个问题，我们的社会福利体系就能有很大的改观。

六　中国特色福利社会的实践基础

令人备受鼓舞的是，建设福利社会已经不是纸上谈兵，而是在全国兴起的生动实践。许多先进地区率先进行了建设福利社会的大胆尝试。例如，江苏省江阴市是全国著名的百强县（市），长期在经济发展上居全国县市之首，并于 2005 年率先达到江苏全面小康市指标。在巩固提升全面小康建设成果的基础上，江阴市对自身的发展理念和目标进行了冷静的审视，又一次开风气之先，提出了建设"幸福江阴"的新构想，果敢地超越多年来紧紧围绕 GDP 增长的路径依赖，把改善民生更多地纳入政府考核和社会协调发展体系中，实现由富裕江阴到幸福江阴的转型和跨越。顺应人民渴求幸福的愿望，激发人民创造幸福的热情，共建共享幸福生活。

尤其可喜的是，放眼全国，勇敢探索建设福利社会之路的，不光是东部发达地区，一些原本认为落后地区也闪亮登场，如陕西省北部的神木县，这个被作家路遥称为"没有比这更苦难的土地，没有比这更苦难的河流"的地方，正在打造成"中国第一福利县"。[①] 几年前，这里探明一个储量占全国 1/12 的大煤矿，神木很快跻身全国百强县之列，财政收入 10 年增长了 100 倍。由于是爆发型致富，仅 2008 年一年，全县就新冒出上百个亿万富翁，而一些穷人却依然看不起病，上不了学。在贫富悬殊的社会里，政府该如何作为？神木县领导们的思路很明确：必须考虑大多数人的利益、扶助弱势群体，动用公共财政，健全社会福利，让全体人民共享

---

① 施雪钧：《神木：设计"中国第一福利县"》，《文汇报》2009 年 7 月 30 日。

发展成果。于是，他们给住院医疗设计了较低的报销起付线，其余全免，同时实行 12 年免费义务教育，孤寡老人残疾人免费供养的福利模式。

我们看到，在落实科学发展观的过程中，全国各地的发展思路和社会气象出现了历史性的深刻变化：西部地区的经济发展速度超过了东部，农民的收入增长速度超过了城市，许多省市由扩大地方差距转为缩小差距，不论财政状况如何的省市都在推动和谋划社会保障的省级统筹，实现城乡之间、地区之间的公共服务均等化，各级政府开始积极承担起公共福利责任……总之，中央和地方、政府和民间、东部和西部、城市和乡村都在以理性的热情，主动或者被动地跨入中国新的发展阶段。

当今，中华大地正在涌动的，不是 20 世纪 80 年代村村点火、户户冒烟的大办乡镇企业的热潮，不是 90 年代县县引资、村村招商的工业化浪潮，也不是 21 世纪初的人人炒股、家家上市的虚拟经济狂潮，而是在科学发展观指引下，走向共同富裕，建设中国特色社会主义福利社会的高潮。这是 30 多年的改革发展成果真正落实到每个老百姓身上的伟大实践，是中国人的生活品质和幸福指数历史性提升的新阶段，是中华民族实现民富国强的新征程。

（本文原为作者于 2010 年 3 月 26 日在中央民族大学为纪念费孝通先生诞辰 100 周年而举办的讲座的讲稿，载《社会学名家讲坛》第一辑，中央民族大学出版社 2012 年版）

社会管理创新与福利社会建设

一 社会管理创新要以解决基础性问题为依归

我们现在强调社会管理创新，不是在一般的社会发展和社会转型背景下提出的，而是在面临诸多严峻挑战的重要关头，把它作为一种应对战略提出的。这种"战略"超出了一般所谓"管理"的含义，而具有根本性的、基础性的社会建设的意义。

首先，我国正在发生世界历史上空前绝后的人口大流动，长年有两亿左右农民工在城乡之间、东部和西部之间频繁流动；每到春节期间，中国就有一大奇观，几亿人回家过春节，飞机、火车、汽车都挤得水泄不通，这给社会管理带来极其严峻的挑战。其次，我们也是世界上规模最大、发展速度最快的网络社会，而且地区分布极不平衡。在东部有些省市非常集中，例如，人口仅列全国第 18 位的福建省，互联网在 2011 年初的域名总数就达到 119 万，居全国第 5 位；网民人数达到 1629 万，居全国第 8 位，互联网普及率达 45.2%，居全国第 6 位。厦门市人口并不算多，但它是全国互联网管理的一类城市，托管的服务器和虚拟网站占全国的 10%，占全省的 80%。如何应对互联网迅猛发展所带来的管理难题，也是一个非常艰巨的任务。第三，我国也是世界上社会差距迅速扩大，而且涉及面最广的国家。就收入差距来说，基尼系数已经达到 0.5，在世界上已不多见，而且差距拉大速度很快，2000 年到 2010 年的十年之内，就从 0.4 扩大到 0.5。特别是城乡差距，在全世界更是名列前茅，由于在公共设施、福利补贴等各个方面长期实行二元体制，致使城乡的实际差距可能达到 5∶1，或 6∶1。地区之间的差距历史上就比较大，改革开放以来，拉大的速度也很快。例如，上海市小学生的生均财政投入相当于贵州省的 30 倍，在如此大的差距面前，所谓起点公平真是无从谈起。所以，中央把我们现在的发展阶段概括为矛盾凸显期，既然是矛盾凸显期，社会管理如果不与这些基本问题的解决紧密结合起来，仅仅就管理谈管理，如何能有真正意义上的创新？

况且，我们对社会管理的要求标准很高，甚至比发达国家还要高。比方说，美国校园的枪击案频发，但国会却一再否决禁止个人拥有和携带枪支的提案，而我国校园前段时间出了点事情，我们就在包括幼儿园、小学、中学都派驻了公安民警。欧美国家三天两头就有游行示威，但我们国家这方面管得就很严，对进京上访者更是层层围堵。2011 年日本发生核泄漏，当日本人还没疏散的时候，我国老百姓就如惊弓之鸟，全国发生抢购食盐风潮，这说明老百姓对社会安全的承受能力、应对能力也很有限。如果我们首先下大力气解决前述凸显的基础性问题，同时加强社会管理，二者就可以相互促进、相得益彰；但是，在社会基础性问题未能根本触及的情况下，而又对社会管理提出过高要求，那就很容易造成追求短期效果，做表面文章，根本性问题却积聚下去，越发难以解决。

近年来，各地在社会管理方面创造了一些好经验，但成本很高，工作压力很大。例如，福建省晋江市在一个较大的旧城改造项目中，认真开展社会稳定风险评估，把矛盾纠纷化解在事前，不到 50 天内实现 4 个镇 15 个村、5000 多户的"和谐拆迁"，实属不易。北京城南的丰台区，去年拆迁 73 个行政村，拆迁户达几万人，没出什么纠纷。像在许多发达国家，要做这样的事情也是很困难的。日本东京的成田机场，到现在还有"钉子户"拆迁不了。台湾同胞看见大陆迅速建设的高速路，都非常羡慕，在台湾要想修个路、搞个拆迁不是那么容易。

我们在社会管理方面的力度不谓不大，但问题在于，我们今天面对的问题，只靠加大管理力度能够解决吗？或者说，是不顾成本地加大管理（打压管控）力度，赚取一时的稳定，还是把更多的人力、财力、物力投向解决前述基础性社会问题，赢得可以支持长治久安的社会基础？如果仍然延续打压管控的传统思路，不建设新的平台，就不可能有真正意义上的社会管理创新。我们认为，这个新的基础和平台，就是福利社会建设，福利社会建设可以为社会管理创新提供坚实的制度基础。

二　加强社会管理的前提是缓解社会紧张

社会管理是分为层次的，大致可划分为三个层次：

第一个层次，对一般的社会矛盾来说，矛盾或者处于酝酿阶段，或者只是初露端倪，基本可以自行化解。大量的日常生活矛盾都处于这种状态，可以通过沟通、调解或者其他方式得到解决。

第二个层次，矛盾不但已经产生了，并且已经外在化了，但是可以用非冲突、非暴力的方式解决。我们很多工作大体上是处理这一类问题的，尽管矛盾已经表现出来了，但是可以用比较温和的方式调解，在这方面，我国创造了很多经验，例如人民调解制度；调解不了的，也可以依据法律法规，理性地、平和地加以解决。

第三个层次，矛盾已经产生并发生了不良的社会影响，一般地说，必须采取强制的甚至暴力的方式解决。

划分了这三个层次之后，我们就可以做这样的假设：如果一种社会管理的措施能够把第三层次的状况变成第一或第二层次的状况，我们就可以说这种社会管理措施是上策，它的代价低，效果好。对于本来是第一、二层次问题就用解决第一、二层次问题的方法去解决，本来是第三层次的问题就用解决第三层次问题的方法去解决，这是中策；如果一种社会管理把第一、第二层次的状况变成了第三层次的状况，或者说，本来不是第三层次的问题，但却用解决第三层次问题的方法去解决，这是一种下策。例如，城市拆迁、农村征地过程之中发生的一些矛盾，本来可以通过其他办法解决的，但是，有些地方很轻率地就把公安民警派上去，往往反而不利于矛盾的化解。

为什么这样区分上中下三策？因为加强社会管理的前提就是要缓解社会紧张，不管什么样的管理措施，如果是在社会高度紧张的情况下，任何管理措施的作用都会大打折扣。某种意义上讲，一个管理措施是否有效，很大程度上看它增加了社会紧张还是缓解了社会紧张。从我们这些年的情况来看，之所以社会管理引起了中央和地方的高度重视，首先是因为我们国家这些年社会紧张度明显增强。一个主要表现是，在很多地方都会看到这样的情况：一方面，经济高速增长；另一方面，发案率增长速度更快。虽然不能绝对地讲，但大体上存在一种关联性：越是 GDP 增长快的地方，发案率可能就越高。好不容易创造的 GDP 并没有用来缓解和改善社会的状况，也没有体现在改善人民生活方面，反而造成很多的社会问题。中国东部城市出现了世界上少有的一个奇观，城市的楼房大都安装防盗门、防盗窗，有的能装到十几层楼，它也许对提高居民的安全感有好处，但是碰到地震、火灾就麻烦了，而且外观上也把居所搞得像监狱一样，它对于提高人民的生活品质很难讲有什么好处。由于社会矛盾突出，很多地方，特别是维稳部门的压力和任务非常重，南方有的镇，经济很发达，一年不得不花一亿元用于维稳的支出。东部城市外来人口多，农民工在人口总量中所占比例高，成为发案率高的主要因素。可是，这些农民工在农村的时候都是遵纪守法的，可为什么到了城市就成了"高危人群"呢？一个农民工来到城市找工作，兜里揣的钱不多，比方说只带 300 元，几天找不到工作，300 元钱花光了，饿一天、两天可以抗，饿三天就没招，他就得抢。所以说，社会的一些基本状况、基本建设，比如就业介绍、生活救助跟不上，它就会对社会管理造成很大的难题。安装再多的摄像头，也挡不住他铤而走险。

社会管理不是一两个部门的事，而是应纳入整个社会建设大局中看待社会管理。社会紧张度表现在很多方面，某种意义上讲，如果收入分配问题、收入差距很大这样的状况不能从根本上得到解决，社会紧张度不能得到缓解，采取多少社会管理防控措施其效果都只能事倍功半。

三 缓解社会紧张的上策是福利社会建设

社会福利和社会管理分属于不同部门系统，如果我们把社会管理只是理解为"打压管控"，社会福利和社会管理的关系就不是那么紧密，但从发达国家的经验来看，可以把社会福利建设看成很基础的社会管理。因为要想缓解社会紧张，它的上策就是福利建设，还找不出比社会福利建设更好的、能够从基础上缓解社会紧张的办法。为什么"铁血首相"俾斯麦率先搞起社会保险？为什么"二战"硝烟未落，贝弗里奇就跑到德国去取经，提出了"福利国家"的基本国策？为什么"二战"过后许多国家争先恐后地建立现代福利制度？显然不是突然善心大发，而是因为经验证明社会福利建设有三个无法替代的社会功能：

第一，提高穷人对贫富差距的容忍度。福利供给是穷人最欢迎的，即使是补缺型的、救助性的福利供给，也是雪中送炭。在实行市场经济的社会，收入差距较大往往难以避免，但是，如果对市场竞争中失利的劳动者、底层群众、困难群体及时地给予福利支持，它可以很明显地提高穷人对贫富差距的宽容度，在基本生活无虞的情况下，人们就容易理性地容忍贫富差距的存在，不至于采取过激的行为。研究证明，补缺型的福利供给虽可解生活急需，但对于调节收入分配却作用甚微，对基尼系数几乎没有影响，只有比较完善的福利制度，才可以发挥力度不同的调节收入分配的作用，从一些发达国家和发展中国家的经验看，只要适当加强社会保障和社会福利供给，将基尼系数降低0.1—0.2都是可能的。

在各项社会支出中，对底层群众、困难群体的福利支出还有一个重要优点，就是投入小，效益大。一般地说，底层群众、困难群体的需求是基本生活需求、低端需求，比较容易满足，消费量不大，而需求弹性很小，只要得到温饱就基本满足了，因而公共提供的福利不会有大的浪费，福利损失很小；而高端的福利需求，如保健型的医疗产品和服务、享受型的住房、消遣型的度假等，消费量大，难以得到满足，需求弹性很大，在很多情况下是福利提供越多，需求越大，形成无底洞，因而公共提供的福利容易被过度消费，损失就大，社会效益就差。

第二，激发富人的社会责任感。随着经济的发展，社会财富的增加，我国迅速形成了富人群体和富裕阶层，社会怎样看待他们，他们怎样确立自己的社会形象？不论对富人还是对社会，都是一个亟须解决的问题，不然，贫富矛盾就会成为社会不和谐甚至发生冲突的根源。

就富人而言，怎样看待财富，怎样看待自己，怎样对待社会？我国先贤圣人对财富是看得很透的，认为"福"与"祸"是相依而生的，财富是身外之物。尽管有些人占有财富的欲望是无止境的，但是，任何人消费财富的能力却是有限度的。过度占有，其实是祸；过度消费，其实是灾。

过度了，并不能给富有者带来有意义的享受，也不能对经济带来有意义的
刺激。

就社会而言，也有正确对待财富，合理引导消费的责任。正如宗教发
明了慈善事业一样，社会发明了福利事业，现代社会建立了完善的社会保
障和社会福利制度体系。经济发展确立了增进社会福利的目标，人类良知
树立了美好社会的理想，这在中国，自古以来被称为"大同社会"，在现
代，则叫"福利社会"。社会保障和社会福利制度就是现代社会解决贫富
矛盾，协调阶层关系，保障社会健康存在和良性运行的一项重大发明。

调整收入差距的措施虽然很多，但许多措施往往会遇到比较大的阻
力，比如劫富济贫的一些措施，推行起来就很不容易，而且效果也不一定
好。如果是搞福利，搞慈善，搞救助，既可伸张社会正义，又可弘扬社会
美德，富人得面子，穷人得实惠，社会得安宁，有社会责任感的富人意识
到这对于富裕阶层也是有好处的。因而，搞福利建设，也是富人最愿意接
受的。这几年，富人的社会责任感提升明显，2008年汶川大地震时，率先
捐助巨款的还是港台企业家，但是最近这种情况有明显的改观，内地企业
家也纷纷热心公益事业，改善职工福利，支持缩小收入差距，努力改善自
身的社会形象。

根据帕累托效率原则，一种福利再分配只要能够使一部分社会成员提
高福利水平，而又不至于降低另一些社会成员的福利水平，这种再分配就
是有效率的。照此说来，如果一种福利再分配能够使多数人提高福利，又
可以让另一些人增强社会责任心，改善社会形象，其实也提高了他们所拥
有财富的使用效益，那就是有很高效率的再分配，是公平与效率的统一，
是富裕阶层与贫困阶层的双赢。我们实行的再分配调节就是要达到这样的
社会效果。

第三，转变政府职能，增强执政的合法性。福利建设是政府最大的民
心工程，而且最易于操作。近年来，我国在福利建设方面推出了一系列措
施，效果十分明显。最初，充分显示福利建设对社会稳定起到意想不到作
用的是1999年应对下岗失业"洪峰"，当时，国有企业改革深化，有几千
万职工下岗，大部分集中在老工业区。例如，当时的沈阳市铁西区，工厂
一片凋敝，下岗职工非常困难。在这之前，我们城市虽然有最低生活保障

制度，但主要依靠地方财政，中央财政是不出钱的。但在一些国有企业集中的省份和城市，地方财政极其困难，中央财政必须出手，承担低保责任。于是，从1999年开始，中央财政拿出23亿元，2000年翻一番达到46亿元，2001年又翻一番达到92亿元，几年之间就把城市最低生活保障制度健全起来，使得我们国家能够在几千万城市职工下岗的情况下没有发生大的社会动荡，其社会效果不容低估。这么大规模的下岗失业要是发生在任何其他国家，政府肯定难以对付，而我们能渡过难关，低保制度花钱不多，却显奇效。

同样，到2002年，老百姓"看病难、看病贵"问题成为焦点，特别是广大农村呼声很高。我们又适时推出新型农村合作医疗制度，化解了民怨。什么是新型农村合作医疗？新就新在财政出钱。用老百姓的话说，就是"政府掏钱给群众看病"。过去的合作医疗，都不是财政出钱，人民公社时期靠给赤脚医生记工分，一根银针、一把草药，初步解决农民缺医少药问题。后来，集体经济瓦解了，合作医疗制度失去了经济支撑，全国各处只有在苏州的某些县市、山东招远县、广东肇庆地区高要市的少数农村勉强维持了农村合作医疗，其他地方的合作医疗都解体了。从2003年开始试点并在全国迅速推广的新型农村合作医疗，开始时，中央和地方财政补贴标准并不高，每人每年20元，农民自己出10元，以后筹资标准逐年提高。几年时间，农村医疗危机就基本化解了。

无论是发达国家的经验，还是我们的切身体会，都充分证明福利建设是缓解社会紧张的最基础的措施。穷人最欢迎、富人愿意接受、政府最易于操作，或者说，穷人得实惠，富人得面子，政府得选票，社会得安宁，这是福利建设最突出的几大优点。

总之，福利社会建设是积极地调整和改善社会结构的有效措施，是缩小社会差距，形成橄榄型社会结构的最稳妥、最便捷的途径，也是加强社会管理的代价最小、效果最好的上策。

四 福利社会建设是社会建设和社会管理创新的基础和平台

也许有人会问：目前西方国家正在陷入债务危机，这在很大程度上与它们的福利制度有关，而且它们自己正在对福利制度进行改革，在这种情况下，提出建设中国特色福利社会是否适宜？首先，"福利社会"与"福利国家"在概念上有明显区别，吉登斯等理论家是在对"福利国家"进行反思的基础上，作为替代，提出"福利社会"概念的，这是指一种积极的、有利于经济发展的社会福利制度。① 其次，"福利社会"即使在西方国家也有很多种模式，没有证据能够证明，任何一种福利社会都必然导致福利危机。再次，即使"福利国家"制度发生了危机，对它也不能全盘否定，特别是不能否定社会保障和社会福利制度对于稳定社会、健全社会所发挥的重要的、不可替代的作用。

对我们来说，应该汲取西方"福利国家"的经验教训，但不能以偏概全，更不能因噎废食。应该确信，福利社会是人类普遍追求的目标，但它有不同的类型或模式。"福利国家"只是西方国家在特定的历史阶段和情境中创造的一种实践模式和特殊的福利制度，我们完全可以并且必须依据中国的国情和文化特点，创造适合我们自己的社会福利模式，建设具有中国特色的福利社会。

与西方发达国家不一样，我们国家在福利制度建设上主要有三大基本国情：一是经济总量大，人均收入低。这是我们建设福利社会必须考虑到的基本情况。经济总量大，大到了居世界第二位，人均收入低，低到世界差不多第 100 位。总量大也有我们的优势，我们可以搞转移支付，但收入水平低，比如说新型农村合作医疗，如果像欧美那样搞社会保险的方法去搞，肯定是搞不起来的，农民自己交费是交不起的。所以，从 2003 年进行农村新型合作医疗试点的时候起，我们就把这个制度搞得比较灵活，国

① 安东尼·吉登斯：《第三条道路——社会民主主义的复兴》，郑戈译、黄平校，北京大学出版社、生活·读书·新知三联书店 2000 年版。

家财政补贴多一点，农民出一点，而且农民可以选择参保不参保，选择不同的档次，强制性和自愿性相结合，这样，我们就把西方国家制度的刚性变成柔性的，把强制性的制度变成强制性和自愿性相结合的制度，这就和西方医疗保险制度不一样。因为农民不是按月领工资，他们的医保费用无法直接扣除，所以，他们参保就有更多讨价还价的余地，那么我们制度运行的成本就很高。因此，基于这样一个国情，就把强制性和自愿性结合起来，这样，我们才能在几年之内尽快实现新型农村合作医疗普遍覆盖。

　　同样地，城镇职工养老保险、医疗保险，近两年连续推出的城市非职工的居民医疗保险、城市居民养老保险、新型农村养老保险，我们的制度设计都更加符合我国的国情。当然，也可能有其他方面的问题。不管怎么说，我们完全可以根据自己的国情创造出适合我们国家的福利制度，这个福利制度不是高福利也不是高税收，而是现在学术界称为的"适度普惠"。主要由财政承担的部分，我们把它称作基础养老金、基本医疗保险的社会统筹部分；由个人或家庭承担的部分，我们把它称作个人账户，这两部分结合起来。2004 年我提出底线公平理论，就是主张划分基础部分与非基础部分，基础部分是刚性的，非基础部分是柔性的，前者是政府承担责任的部分，后者是家庭、个人、社会承担责任的部分。这样做，我们的主体是多元的，方式是多样化的，制度结构是灵活的，这是我国福利制度建设的最大特色。

　　近年来，在理论上、在制度上，我们多有一些具有创新意义的东西，我们的路子就能走通，否则就走不通。大概从 2004、2005 年开始，我们年年强调社会保险要扩面，劳动保障部门花了很大力气，但从全国来讲，每年费九牛二虎之力，一年新参保的也就一千万人左右，这个数字对于小国家还可以，对于我们这么大的国家就不行，因为照这个速度，100 年才能扩面 10 亿人，那样的话，几代人都过去了，老百姓等不起。所以，我们立足于中国国情，有了制度上的创新，在制度设计上，加进了选择性，加进了自愿性，加进了不同的档次，区分了基础和非基础的部分，这样我们的路子就走通了。这两年我们在社会养老保险和医疗保险上打开了广覆盖的新局面。尽管目前我们的保障水平还比较低，但思路打开了，制度设计合理了，适合中国国情了，路就走顺了。

对于缓解社会紧张、改善社会管理来讲，要高度重视福利制度的建设。不管建设什么样的福利制度，欧美型的也好，中国特色的也好，都是经济发展到一定阶段的必然选择。如果不搞福利制度，不从根本上缩小社会差距，不从根本上改善不同群体之间的关系，那其他的社会管理措施的效果就会大打折扣。所以，搞福利制度建设是必然趋势，不是愿意搞不愿意搞的问题，也不是我们只要重视公安民警队伍建设就能解决的问题，经济社会发展到一定阶段应该解决何种问题是不可回避的。

搞福利制度建设当然需要一定的资金投入，但也不要以为搞福利就是"烧钱"。社会福利可以分为资金形式的福利和服务形式的福利。一定的资金形式的福利对于解决基本生活需要以及提高生活品质是必需的，但服务形式的福利也很重要，而且在人民群众基本生活需要满足以后将越来越重要。因此，不是只有钱多了才能搞福利，也不是只有发达地区才能建设福利社会，即使经济不太富裕，也可以发展福利服务。而且，以服务为主来发展社会福利，对社会管理更有效果，因为社会服务可以拉近人际关系，社区服务，便民服务，邻里互助，志愿服务，都主要靠社会组织来发动、来协调，不需要多大的资金投入，就可以收到引导社会关爱，密切社会联系的效果。我们中华民族本来就有这样的优秀传统，要维护和发扬，不能抛弃。大力开展福利服务，有可能是中国福利模式的最大特色。

周永康在"加强和创新社会管理，建立健全中国特色社会主义社会管理体系"的讲话中，强调要"以民生和谐促进社会管理的改善"，① 这是讲的社会管理事半功倍的道理。同样，也可以说，"以社会管理的改善促进民生和谐"，这是讲的根本目的、根本意义。

总而言之，福利社会模式和道路多种多样，我们不能搞西方那样的福利国家，但不等于就不能建设我们中国自己的、适合中国国情的福利社会。就以近几年的事实来看，我们大力地推进了中国的社会保障、社会福利制度建设，同时也成功地应对了 2008 年国际金融危机，而且保持了经济快速稳定发展，保持了社会稳定。经验证明，社会福利建设与社会管理

---

① 周永康：《加强和创新社会管理，建立健全中国特色社会主义社会管理体系》，《人民法院报》2011 年 5 月 4 日。

具有内在的密切关系，证明了福利社会建设对于社会管理创新具有基础性的作用，证明了"把民生优先作为社会管理的治本之策"是正确的。

　　当然，福利社会建设并不是万应药方，它的作用也是有限的，但它是一个必要的基础和平台，有了它，其他事情才可以逐步展开。特别是对于社会管理创新而言，这一点更应引起重视。

参考文献

安东尼·吉登斯：《第三条道路 社会民主主义的复兴》，郑戈译、黄平校，北京大学出版社、生活·读书·新知三联书店 2000 年版。

蔡汉贤、李明政、徐娟玉编著：《中华社会福利 经典选析》，台北松慧有限公司 2011 年版。

丁建定：《西方国家社会保障制度史》，高等教育出版社 2010 年版。

弗兰茨－克萨韦尔·考夫曼：《社会福利国家面临的挑战》，王学东译，商务印书馆 2004 年版。

景天魁：《底线公平：和谐社会的基础》，北京师范大学出版社 2009 年版。

托马斯·亚诺斯基、亚历山大·M. 希克斯：《福利国家的比较政治经济学》，姜辉等译，重庆出版社 2003 年版。

徐学陶：《社会福利——台湾的经验》，台北松慧有限公司 2009 年版。

[原载《北京工业大学学报》（社会科学版）2012 年第 1 期]

教育福利发展战略研究[*]

一　教育福利以及从福利看教育

（一）教育福利的概念

教育福利是社会保障的一项基本内容，是社会福利的一种重要形式。因此，应该在社会保障和社会福利的概念基础上确定教育福利的含义。也就是说，我们不需要重新定义"社会保障"和"社会福利"，只需要明确教育福利的特有属性（种差）。为此，我们需要简单讨论一下教育福利的提供主体和受益客体以及教育福利的主要功能。

1. 教育福利的提供主体

教育福利的提供主体，与其他社会福利并没有什么不同，不同的是教育福利的功能与地位。但是，正如对社会福利的提供主体存在着一些不同或不妥的理解一样，对教育福利的提供主体也有不同的理解，在实践过程中也出现过种种偏差。在计划经济时期，本来教育福利是由国家（财政）承担的，这是并无异议的。在实行生产资料公有制的情况下，所有的财富均由国家（通过各级政府）统一分配（即所谓"再分配经济"），这在制度逻辑上是顺理成章的。因此，那时候的教育是基本免费提供的，尽管当时的经济发展水平很低，却并没有出现哪个学生考上了中学或大学却上不起学的情况。当然，那时候的教育发展水平，包括各级学校尤其是高等学校的招生规模还是很有限的。到了20世纪70年代，主要是由于"文化大革命"对于工农业生产基本秩序的破坏，国民经济每况愈下，国家财政无力承担包括教育福利在

＊ 任凤荣、白文飞为本文的写作提供了有关资料，特此致谢。

内的各项公共事业的经费，教育经费特别是基础教育经费改由其所属的系统和单位承担，而各个系统和单位的财力情况差异很大，教育经费尽管还是由公家（单位）承担，但具体的承担主体如何确定，也就有了不同的选择。但是，尽管出现了教育福利的承担主体问题，在概念上有一点却是明确的，教育福利的提供主体不是个人和家庭，否则，就不成为"社会福利"。

公共财政应当承担提供教育特别是基础教育福利的责任，这是一条责任底线，不料，这条底线到了20世纪80年代中期，具体地说，从1986年开始就被正式突破了。标志性的转折点是中央财政不再承担基础教育福利的责任，教育福利责任的重心在各级财政体系中逐级下移，直至下沉到县乡村三级财政时，基础教育福利的危机就不可避免了：在农村实行家庭联产承包责任制以后，许多村级集体经济解体，乡镇财政能力很弱，基础教育福利成了无米之炊，底线必然彻底崩溃，基础教育经费主要依赖家庭，"义务教育不义务""教育福利无福利"的情况自然就出现了。

所谓"福利提供主体"，通俗地说，就是"这件事该由谁管"——谁来制定政策、组织实施，承担责任。如果说凡是有关的人、所有的参与者都是"主体"，那就等于什么也没说。因为教育这件大事，当然是人人有责，抽象地说是全社会的责任，但这样并不能明确责任"主体"——谁承担制定政策、组织实施的责任。毫无疑问，个人或家庭对自己子女的教育特别是义务教育，当然要承担责任，但那不是"社会福利"。个人或家庭特别是有能力的个人或家庭作为社会的一员，当然也要对他人子女的教育承担社会责任，但那主要是通过交税、捐献等形式尽到自己的责任，不是教育福利这件事可以追究责任的对象。企业也是一样，除非是企业自己办的教育，其福利问题当然要由企业负责，对于国家和政府举办的公共教育、义务教育，企业主要是通过交税、捐献等形式尽到自己作为社会成员应尽的社会责任，并不是教育福利问题可以追究责任的对象。诚然，国家和政府不是生产财富的"机器"，财政收入来源于企业和个人，但因为义务教育是国家（政府）提供的公共品，正是在这个意义上，我们说教育福利的提供主体是国家（政府）和社会组织（一些学校和教育事业是由企业和社会组织兴办的），主要是公共财政，其实这里是有一个责任结构的（本文后面还要具体讨论）。尽管社会是由家庭和个人组成的——他们是财政收入的重要来源，但不是提供教育福利的主体。

我们对于"教育福利提供主体"的界定，现在有了很好的经验注脚，就是以上所述的实践过程，那个过程表明，只要各级财政减少和不提供教育福利，而是转嫁给家庭和个人，教育福利就会萎缩甚至消失；而近些年各级财政特别是中央财政承担了并逐步加大了福利投入，教育福利（例如高等学校和高中的助学金制度、义务教育的福利保障）也就恢复并且逐步增大了。30 多年的实践证明了公共财政是教育福利的提供主体，这是一条不可含糊的责任底线。

2. 教育福利的受益客体

长期以来，我们习惯于把教育福利的受益客体局限为某些特殊群体，例如，贫困群体、某些需要特别照顾的对象，某些具有特殊身份或享有特权的群体或阶层。这种理解，虽然基本符合历史上以及现实中的实际情况，但其背后所依据的观念可能是陈旧的、落后的，甚至是错误的。

首先，教育福利只要是特殊性的，在受益者与非受益者之间，就难免存在着一定程度的社会歧视和社会排斥。

毫无疑问，特殊性的教育福利，对于反贫困，对于促进教育公平，对于推动教育发展，都起到了难以估量的作用。而且在一定的历史阶段，如果处于较低的经济发展水平上，教育福利只能是特殊性的，或者不能不在一定程度上带有特殊性。新中国成立以后，尽管经济上存在不少困难，我国还是实行了包括助学金、奖学金制度、对困难家庭子女的补助制度、特殊教育福利、九年义务教育、对经济落后地区、民族地区、革命老区的教育支持制度等，所有这些教育福利制度在推动我国教育事业实现历史性跨越式发展中发挥了不可替代的作用。从 1949—2009 年，我国文盲率从 80% 下降到 3.55% 以下，初中毛入学率从 6% 提高到 98.5%，2010 年，全国 15 岁以上人口平均受教育年限超过 8.5 年，新增劳动力平均受教育年限超过 12 年，均高于世界平均水平。总人口中大学以上文化程度的超过 8900 万人，位居世界第二。① 到 2010 年，高中阶段毛入学率已经达到

---

① 《教育奠基中国：新中国 60 年教育取得伟大成就》，《中国教育新闻网—中国教育报》，2009 年 10 月 10 日。

80%，高等教育毛入学率达到 25%。①

　　必须说明，特殊性的教育福利，主要是指因身份（如是否具有城市户口）、性别、地域（如农村）、经济和社会地位等而对受益范围作出特别限制的一种福利形式。例如，限制进城务工人员的子女在城市学校上学，要求在城市学校就读的持外地户口的学生必须回原籍参加高考等，这些都是明显的社会歧视和社会排斥。那么，对贫困孩子的补助，对残疾学生的照顾，是否也属于特殊性的教育福利？这种情况与因身份、性别等区别而依据社会歧视和社会排斥政策所实行的特殊性教育福利在原则上是不同的。贫困孩子、残疾学生，在一般情况下总是少数，他们因此而具有某种特殊性，但对他们实行补助和照顾的政策所依据的理念却是普遍的——任何学生，只要家庭收入水平处于规定的标准以下，或者身体情况属于某种规定的范围，都可以享受某种福利待遇。在这个意义上，对贫困孩子的补助，对残疾学生的照顾等福利待遇，虽然只有少数对象才能享有，因此也具有特殊性，但它所体现的政策理念，非但不是社会歧视和社会排斥，而是社会尊重和社会包容。

　　可是，我们也要看到另外一种情况，就以贫困的界定来说，总有一条线，例如，规定家庭月人均收入 300 元为贫困线，那么，只有在这条线以下的才能得到某种福利待遇，假定一个学生的家庭月人均收入略高于这条线，例如是 301 元，他就被排斥在这种福利范围之外，而其实他的家庭条件与那些符合条件的学生没有什么区别。但是，只要实行特殊性福利政策，线总是要画的，所谓边缘群体就总是难免受到排斥。所以，即使以社会包容为初衷，只要是特殊性福利政策，就不能完全避免社会歧视和社会排斥。

　　教育福利只有是普遍性的而非特殊性的，才能从根本上消除社会歧视和社会排斥。因为它根本不考虑受益对象本身的区别，所有人，不论穷富、男女、民族，也不论城乡和地区，都一视同仁。还有没有区别？当然还有，没有区别就没有政策。只是不在受益对象中找区别，区别是在教育之外，例如是家长的收入有差别，不是孩子的受教育权利有差别；是家庭

---

① 丰捷：《"公平之道"惠学子》，《光明日报》2010 年 10 月 14 日。

的经济条件和地位有区别，不是孩子的受教育地位有区别。收入有差别，用别的制度去解决，不由教育制度去解决，收入高的家长可以多缴税，可以缴教育福利税，收入少的可以少缴或不缴税，这些事情并不带入教育这片圣土之中。进了学校门，所有的孩子都免费，都可以享受大致相同的教育条件，都一视同仁。既然如此，也就不需要评什么助学金，发什么生活补贴，要发，也是给孩子的家庭发，不是给学生发。这样，所有的孩子，在社会地位上，在个人心态上，才能真正是平等的，这才是真正的起点公平。可见，只有普遍性教育福利制度，才能消除社会歧视和社会排斥，做到一视同仁。这是自古以来所憧憬的"有教无类"理想，它在芬兰等国已经基本成为现实（后面还会谈到）。

其次，教育福利只要是特殊性的，其提供者与受益者之间就很难建立完全平等的关系。

1948 年的《世界人权宣言》第 26 条第 1 款明确指出："人人都有受教育的权利，教育应当免费，至少在初级和基本阶段应如此。" 1966 年《经济、社会、文化权利国际公约》的第 13 条又进一步对此予以重申。我国宪法规定，受教育权是公民的基本权利："中华人民共和国公民有受教育的权利和义务"，"国家培养青年、少年、儿童在品德、智力、体质等方面全面发展"。[①] 教育不仅能够使人获取一定的知识和技能，进而过上体面的、有尊严的生活；教育还能够使人获得完整的人格、良好的素质。要想让人人成为社会合格的成员，社会就必须给他们提供良好的教育条件。然而，由于种种原因，在发展中国家主要是限于经济条件，当然也可能由于政治和文化等方面的原因，实际的教育福利往往是按特殊性原则提供的。在这种情况下，提供方就拥有了选择受益对象的权利，而受益方不得不处于被动地位，并事实上依附于提供方。提供方本来承担的义务，就转化为决定受益方权益的权利；受益方依法享有的权利，反而转化为提供方对受益方的恩惠和施舍；提供方拥有对教育福利的决定权、对受益方的控制权，而受益方往往失去了知情权、监督权、问责权和追究权。由此，本来以促进社会平等为己任的教育福利，就可能陷入某种形式的不平等。

---

① 《中华人民共和国宪法》，新华网 2004 年 3 月 15 日发布。

由上可见，特殊性的教育福利，虽然在一定历史阶段，在一定经济和社会条件下，是难以避免的现实选择，但它本身的局限性，又必然要求它向普遍性社会福利转变，只有这样，教育福利的阳光才是普照的，教育福利的本质（公益性和普惠性）才能得以真正彰显。

在我国经济和社会发展的现阶段，特殊性教育福利与普遍性教育福利是同时存在的，如果在政策上处理得好，也可以形成相互补充的格局。我们对于不同性质教育福利的分析，绝不意味着可以脱离现实发展阶段去简单否定某种福利形式。恰恰相反，我们应该通过制定合适的政策，发挥不同福利形式的积极作用，一方面，面向处于社会不利地位群体的受教育权、学习权保障问题，制定有针对性的教育福利政策，这些政策虽是特殊性的，但却可以扩大权利保障的覆盖面，其实有利于扩大教育福利的普遍性。[①] 另一方面，教育福利是以促进和保障教育权利公平为目的，以提高国民素质、推动个人和社会全面发展为宗旨的。这个宗旨和目的要求它必须把所有公民视为受益对象，针对所有公民的受教育权保障问题，通过各种制度安排保障公民享受到令人满意的优质教育。在我国，正在实施的春蕾计划、希望工程、下岗职工子女解困助学基金、免费师范生等政策，与正在推行的义务教育均衡发展政策，就是相互补充、相互促进的，共同推动了我国教育福利的发展。

随着我国经济社会的发展、社会保障制度的健全和社会福利制度的完善，教育福利必然从特殊福利迈向普遍福利。现在，我国正经历着"社会福利不断拓展和深化的过程，这个过程的实质就是从小福利迈向大福利的过程"，这里说的"大福利"就是普遍福利，它是指"以社会成员的基本福利需求为中心"的福利。与特殊福利（小福利）相比，普遍福利的特点是：（1）对象的广泛性（包括全体社会成员）；（2）内容的基本性，社会成员的一个基本福利需求就是教育福利需求，它与就业（工作）福利、健康福利、养老福利和住房（居住）福利等集中反映了民生的基本内容，所以它也可以叫做以民生为本的社会福利；（3）以公共财政为主体的福利提供的多元性；（4）以体现公平和平等为原则的福利提供方式的多

---

① 尹力：《多元化教育福利制度构想》，《中国教育学刊》2009 年第 3 期，第 37—40 页。

样性①。

3. 教育福利的主要功能

教育事业的所有功能都是离不开教育福利的。在教育对经济社会发展所能发挥的诸多功能中，教育福利都具有举足轻重的作用。例如，防止贫困的代际传递、提高全民的基本素质、提升人力资源的品质，增强经济和社会发展活力，如此等等。

在作为教育事业整体功能的一个重要部分发挥作用的同时，教育福利的主要功能是促进教育公平，进而也就从起点上促进社会公平。教育本身不一定能够自然而然地促进社会公平，特权性的教育、垄断性的教育还是造成社会不公平的手段和原因。教育福利首先是要促进教育本身的公平，然后通过教育公平，促进社会公平。教育福利的这一功能具有根本性、无可替代性，它是教育福利所有功能的核心，也是教育能否公平以及能在什么程度上达到公平的决定性条件，是教育公平性乃至社会公平性的标志。

教育福利功能是不可或缺的。教育福利的普及程度，标志着教育现代化的发展程度；教育福利的发展水平，标志着教育现代化的实现水平。在现代社会，教育福利制度已经成为整个教育制度、社会保障和社会福利制度中的一项重要制度，也是社会政策的一个重要组成部分。它不但是政府的一项重要职能，也是政府不可推卸的责任。政府在制定公共政策时要将教育福利放在优先地位，毫不含糊地履行义务，为所有公民尤其是适龄儿童和青少年提供必要的教育条件和均等的受教育机会。

教育福利功能是不可替代的。在 20 世纪 80 年代中期到 90 年代末期，在经济体制市场化改革的带动下，有些人以为市场机制无所不能，不仅适用于经济领域，也适用于社会领域。在这种思潮影响下，市场机制也被引入教育领域，于是，教育福利被大幅削减，教育也被当作"产业"对待，不要说非义务教育，就连义务教育的性质也被扭曲了。义务教育本来应当是国家对适龄儿童和青少年所实施的免费的和普及的基础教育，它应当是

---

① 景天魁、毕天云：《从小福利迈向大福利：中国特色福利制度的新阶段》，《理论前沿》2009年第 11 期。

一种"普惠型福利",即让所有社会成员都享有一定年限的受教育权利和机会的福利,这是基本人权的组成部分,也是国家、政府和家庭的责任。但是,由于受"教育产业化"思潮的干扰,各级财政减少了对教育的支持,许多学校办学经费紧张,特别是农村中小学,大批民办教师长年领不到工资,一些困难家庭的孩子被迫辍学。正像 1958 年"大跃进"时期农民挖土窑"炼钢铁"一样,许多中小学校不顾条件也办什么"校办工厂",一时间,教学秩序混乱,义务教育遭到严重冲击。更可怕的是,教育公益性和普惠性遭到质疑,一些人在批判计划经济时期的教育体制的时候,把教育公益性和普惠性也当做计划经济的产物而全盘否定了。

其实,公益性和普惠性是现代教育的本性,这不因教育事业所处的经济条件而改变,不论计划经济抑或市场经济,教育特别是社会主义的现代教育,该是什么属性还是什么属性,正如此人本来姓王,不能因为搞了市场经济,他就必须连血统也要改变一样。我们说市场经济是讲等价交换、自由竞争的,不等于社会的所有领域都必须等价交换、自由竞争,那样的话,就不是市场经济,而是"市场社会"了。如果不是出于对市场经济的误解,那就很容易明白,市场经济并不要求社会生活的方方面面都必须实行市场原则。计划经济时期建立起来的福利制度是不是也要市场化?不市场化就不符合市场经济的要求?要搞市场经济,就必须什么都要"适合市场经济的要求"吗?为什么市场经济就不需要适合别的什么要求,例如社会自身的要求,社会福利的要求、教育福利的要求?一阵风吹过来,要么一切"计划化",要么一切"市场化",要搞市场经济了,好像计划经济体制下的无论什么东西都要不得,好像教育福利只能是计划经济的产物,必须进行重大改革,必须建立起"与社会主义市场经济相适应的新型社会福利制度"。什么是"与社会主义市场经济相适应的新型社会福利制度"?福利制度就是福利制度,计划经济时期的"助学金"与市场经济时期的"助学金"能有多大区别?福利制度有其自身的原则,并不一定以市场原则为原则,它不市场化,也可以与市场经济"并存",既然私有制尚且可以与公有制并存,为什么社会福利就不可以与市场经济并存?社会福利制度完全可以与市场经济制度并行不悖,相辅相成。搞市场经济并不意味着什么都要市场化,"市场化社会"是一个怪胎,经济就是经济,社会就是社会，各有各的运行机制，各发挥各的基本功能，二者要协调发展，也就要相互适应，只要一个适应另一个，就要出偏差。在市场经济国家，即使是私立学校，一般也不以营利为目的。国外著名大学的校长，没有听说哪个因为办教育而成为大富翁。要想发大财，可以去别处投资，不要办教育。教育是培养人的地方，不是造机器、创利润的地方，育人不同于养动物，根本区别在于培养人格、国格。正如杨福家院士所说，教育的"根本在于育人，第一职责是为国家培养高素质的公民，引导每个学生树立好价值观、人生观，有理想、有信念"①。

　　4. 小结：教育福利的定义

　　综合以上对于教育福利的提供主体、受益客体以及主要功能的分析，我们可以得出教育福利的如下定义：教育福利是国家和社会为保障国民的受教育权利，提高国民素质，促进教育公平，而承担的责任和义务，以及为此提供的公共资源和优惠条件。

　　一般地说，福利提供主体的不同，决定着福利的性质（国家福利、企业福利、单位福利），主要反映的是提供者与受益者之间的关系；受益对象的不同，决定着福利的类型（补缺型的或普惠型的），主要反映的是不同受益对象群体之间的关系或区别；一种福利的功能决定该福利的地位，功能越强地位越高。当然，这不是一种很严格的区分，有时候性质也可以表现为类型，反之亦然；功能强的，有时候地位不一定就高，在存在着特权的情况下，某些对社会没有多少积极意义的福利形式，地位可能很高。所以，以上的区分只是为了解释概念，并不具有绝对的意义。

（二）教育福利的定位

　　对于教育福利，可以从许多视角加以观察，各种视角所见不同，是很自然的，无须强求一致。例如，企业家自然要追求经济效益，但如要涉及教育，则必须公益为先；而政府必须讲究公益，承担对于教育事业的责任。但是，不论什么视角，不论什么角色，有一个原则必须是共同的，那就是首先要从国家发展战略高度看待教育福利。

---

　　①　许琦敏报道：《大学的根本在于育人》，《文汇报》2010 年 9 月 3 日。

1. 从国家发展战略高度看待教育福利

所谓教育福利的定位，首先是指它在国家发展战略中的定位，然后才能依次明确它在社会保障体系中的定位、在社会建设中的定位、在社会发展全局中的定位。不然，就连在这些体系和布局中应不应该有教育福利，以及即使有的话，到底应该放在哪个范畴里，都长期争论不清楚，当然也就不可能准确地给教育福利定位了。

教育福利在国家发展战略中的定位，取决于教育在这个大战略中的位置。而后者现在已经十分清楚。刚刚发布的《国家中长期教育改革和发展规划纲要（2010—2020年)》（以下简称《教育规划纲要》），已经明确了在未来十年内要建成人力资源强国的目标。而要达到这个目标，如果没有教育福利，那是难以想象的。《教育规划纲要》提出的主要目标是到2020年"实现更高水平的普及教育。基本普及学前教育；巩固提高九年义务教育水平；普及高中阶段教育，毛入学率达到90%；高等教育大众化水平进一步提高，毛入学率达到40%；扫除青壮年文盲。新增劳动力平均受教育年限从12.4年提高到13.5年；主要劳动年龄人口平均受教育年限从9.5年提高到11.2年，其中接受高等教育的比例达到20%以上，具有高等教育文化程度的人数比2009年翻一番。"[1] 要"实现更高水平的普及教育"，"普及"的难度在哪里？

第一，不在富裕阶层，他们的子弟即使考不上大学，也可以自费上学，或者出国留学。难点在贫困阶层，对于他们的子弟来说，如果没有教育福利的支持，不要说考上大学上不起，有些孩子可能连义务教育也难以完成，只有他们才可能拉低入学率、普及率，降低平均受教育年限，从而影响到"更高水平的普及教育"的实现。

第二，重点不在城市，而在农村。就城市而言，普及高中阶段教育问题不大，多数城市的高等学校毛入学率已经接近和超过40%，像北京就已经超过70%；而农村地区，特别是中西部地区的广大农村，普及水平还很

---

[1]　见《国家中长期教育改革和发展规划纲要（2010—2020年)》，《文汇报》2010年7月30日。本文从教育福利的角度，认为到2020年，某些指标应该更高一些，以便届时更符合"基本实现教育现代化"对于相应指标的要求，也更便于在2020年以后向教育强国的远大目标前进（详见第二、三节)。

低。它们要"实现更高水平的普及教育",必须在很大程度上依靠教育福利的支持,主要是依靠中央财政的转移支付和地方财政增加福利支出。这是我国贫富差距大、城乡差距大、地区差距大这样一个基本国情所决定的。历史经验已经证明,离开教育福利的不断增进,就连普及低水平的义务教育都难以实现,更何谈普及高水平的教育?

可见,如果说强国必先强教育,这是国家发展战略,那么,强教育必先强教育福利,这是战略之重,是战略中的战略。

2. 社会保障体系中的教育福利

教育福利属于社会保障体系的一个基本内容,本来应该是没有争议的。世界上的一些发达国家和发展中国家,很重视教育福利在社会保障体系中的独特地位。但在我国,不但在计划经济时期的社会福利体系中,而且直到改革开放以后经过改革的社会福利体系中,也往往不单独列出"教育福利",而是把它作为一种"补贴"放在"社会补贴"大类中,"特殊教育福利"也是放在"残疾人福利"之中,"教育福利"并不具有作为单独一项的资格。① 发生这种情况,并不一定是因为不重视教育福利,事实上,在计划经济时期也是很重视教育福利的,那时的免费义务教育和非义务教育阶段的助学金制度相当健全。也许是由于在概念的界定上过分考虑到实际工作部门的职责划分。教育福利是由各级教育部门管的,并不归属专门的社会保障和社会福利部门管,所以一讲"社会保障",养老、医疗、就业等都是少不了的,一讲"社会福利",儿童、妇女、老人等也是少不了的,教育福利因为是由教育部门管的,好像就可以不提,至少就不单独提。

20世纪90年代,郑功成在他绘制的"新型社会福利体系结构图"中,把"教育福利"从"社会补贴"大类中拿出来,并把它与"社会补贴"并列为社会福利的"子系统",② 据我所知,这是第一次,或者是较

---

① 参见郑功成《中国社会保障论》所列"中国现行社会福利体系图",湖北人民出版社1994年版,第221页。

② 郑功成当时提出的"新型社会福利体系"是"以社区服务为基础,以各种社会化福利(包括残疾人福利、老年人福利、儿童福利、妇女福利、住房福利、教育福利、社会津贴等)为主体,以职业福利为补充。与传统福利体系相比较,新型体系将产生如下变化:一是三个层次取代了层次不分;二是摒弃了传统福利项目设置不规范,考虑了福利项目的分工与内在规律性,并适应了群体对象的需求,如将教育福利纳入新的社会福利体系"(郑功成:《中国社会保障论》,湖北人民出版社1994年版,第479页)。

早的之一。其意义是凸显了教育福利的地位。从社会保障的角度看，将教育福利纳入社会保障体系，可以增强后者的发展性与可持续性；将教育福利纳入统一的社会福利体系，可以促使福利体系的转型，均有助于社会保障和社会福利体系的完善。

在通常的理解中，教育福利所提供的保障，与一般所说的社会救助、社会保险等社会保障子系统有所区别，它提供的不是社会成员的生存保障，也不是基本的生活水平保障，而是满足社会成员的教育需求，这是发展型需求，属于社会成员较高水平或较高层次的社会保障需求。不过，在现代社会中，发展型的教育需求，特别是普及性的教育需求，其实对社会成员也是一种应有的生存需求，从发展的角度看，如果缺少基本的科学文化知识和技能，在现代社会中是很难就业、很难立足，很难体面生活的。所以，教育福利所提供的保障其实是一种基础性的保障，是社会保障体系不可或缺的组成部分。

3. 社会发展全局中的教育福利

在社会发展全局中，教育福利的地位是十分突出的。因为教育福利既是社会发展的手段，也是社会发展的目的。

说教育福利是社会发展的手段，这很容易理解，在这方面也有大量研究，例如，计算教育投入的回报率，平均受教育年限每增加一年，个人收入水平可以提高多少；家庭对子女的教育投入，对于改变家庭的经济和社会地位可以起到多大的作用，如此等等。尽管教育投入的经济、政治和社会效益其实是难以准确计算的，但并没有理由怀疑教育投入包括教育福利投入的积极作用。问题并不在于基本道理，而在于利益计较，即教育福利投入的当期效益。所谓"十年树木，百年树人"，既然是百年之计，就不是可以计较短期效益的，短期效益很不明显，人才培养就个人来说，需要十几年、二十几年，甚至更长时间；就一个地区和国家来说，需要几代人的持续努力，才能形成优良的人才成长环境，这都不是可以急功近利的。如果只追求眼前效益，就必然把教育福利投入当作负担。可见，教育福利即使作为发展手段，也是说起来容易做起来难。

说教育福利也是社会发展的目的，就连理解起来也不大容易了。教育福利既然是全体国民的普遍权利，而这一权利是由国家和社会予以保障的，那么，普遍权利就会逐步转变为普遍福利。这一过程，在有些发达国家（例如芬兰等国）已经有所呈现。当然，教育福利作为一种普遍福利，其含义首先是指人人可以获得基本满意的、可以基本满足个人发展需要的教育，从而实现如马克思所说的每个人自由而全面的发展——这是社会发展的根本目的。

教育福利的实现形式可以是多种多样的，就提供责任来说，不一定完全由公共财政承担，应该有一个合适的责任结构；就受益形式来说，不一定完全是免费的。当然，正如义务教育的年限应该不断扩大一样，教育福利的覆盖范围也应该不断扩大，福利水平也要不断有所提高。可以考虑，随着经济实力的增强和个人收入水平的提高，开征教育福利税，鼓励企业和个人为教育福利作贡献，同时，增强公共财政的教育福利支付能力，增强社会组织和个人支持教育福利的能力。另一方面，教育福利的受益权利，在原则上对全体社会成员一视同仁。正如前面谈到义务教育时所说的，所有社会成员的区别是在教育权利之外依据收入水平的差距承担对教育福利的不同责任；而在教育范围以内，享受教育福利的权利则是一致的。这样，教育福利也就从普遍权利转化为普遍福利。教育福利也就成为社会发展的目的，并且实现作为社会发展手段和目的的统一。

二　教育福利的层次与发展任务

（一）幼儿教育福利①

温家宝总理指出："学前教育在各级各类教育中是一个十分薄弱的环节，人民群众意见较多。要推动全国城乡学前教育普遍发展。抓紧解决群众反映强烈的'入园难'问题。学前教育资源不足地区，要搞好幼儿园规划建设。要特别重视发展农村、中西部地区、偏远地区、民族地区的学前教育。进一步健全公办民办并举的办园体制，政府要增加投入，同时大力

---

① 本文使用"幼儿教育"，不使用"学前教育"，是因为后者一般指小学学历教育前的一年、二年，而我认为小孩从出生或一岁开始，就应该纳入教育福利范畴。

扶持民间资本发展学前教育事业。"①

为什么"人民群众意见较多"？一是家长普遍认识到了幼儿教育对孩子一生的重要性，需求强烈，增长迅猛，而客观条件跟不上，供需矛盾突出；二是"入园难"，收费高，家长负担沉重。在计划经济时期，托儿所、幼儿园是公办的，老师和管理人员的工资全由国家、企业、单位和村集体承担，入园（所）基本免费或只付很低的费用。20 世纪 80 年代以后，原先的企业、单位和村集体举办的园（所）基本解体，新出现的民办的、私营的园（所）质量参差不齐，管理不规范，收费节节攀升，公益性严重缺失，幼儿教育秩序非常混乱，有的父母甚至无力负担幼儿的教育费用。有些农村的幼儿园条件很差，缺乏有专业素养的老师，其实就是看着孩子，谈不上够质量的教育，对儿童智力的发展极为不利。现在全社会都懂得教育的重要性，国家适时把幼儿教育纳入义务教育范围，已经具备了社会条件，至于如何一步一步地实现，需要具体研究。

国家无论穷富，福利无论多少，要让孩子从小就知道，国家是对他负责的，社会是关爱他的，不能让他以为只有父母管他、爱他。我们要求每个人热爱社会、奉献社会，那社会应该怎么做？光说教不行。一些国家小孩一出生就有津贴，如家庭津贴制度、日托津贴制度和单身母亲津贴制度以及免费的医疗制度，免费或减费的学前教育制度，基本上满足了幼儿的生活和学习需要。在幼儿心田里播种下的种子，就是社会承认你是它的一员，社会欢迎你、关心你、对你负责；反过来，小孩自然就有了要对社会、对国家负责、尽责的意识，这比多少说教都管用，这是制度产生的自然结果。我们今天认识到了幼儿不光是管他吃喝拉撒睡，还要早早开发智力；其实这很不够，更重要的是培养心性——良心、爱心、责任心、同情心、感恩心，以及相应的习惯和行为。文明的进步，要从幼儿开始！这不是钱多钱少问题，不是有钱就做没钱就可以不做的事情。穷人家再没有钱，也要给孩子压岁钱，没有一元、两元，有一毛、两毛也行，杨白劳只给喜儿扎了一根红头绳，也足以表达父亲的爱。不在钱多钱少，而在于有

---

① 温家宝：《强国必强教 强国先强教——2010 年 7 月 3 日在全国教育工作会议上的讲话》，《北京日报》2010 年 9 月 1 日。

没有这个制度，有了这个制度，就表示国家和社会想到每个孩子了。我们能够想到对自己的孩子该怎么办，为什么不能想到对全社会的孩子该怎么办？现在，如果不能一时建立起儿童津贴制度，应该建立幼儿教育福利制度。

在所有的福利中，儿童福利优先；在儿童福利中，教育福利优先。在这方面，不论发达国家还是发展中国家，都有比美国做得好的。但美国为儿童教育福利制度起的名字很好，叫"提前开始"。一般是为3—4岁儿童提供接受学前教育福利服务，有些州只面向低收入家庭儿童，有些州面向所有3—4岁儿童。所需资金主要由各州政府财政预算支出或负责筹措。

我国的《教育规划纲要》提出了到2020年基本普及学前教育的目标，强调"学前教育对幼儿习惯养成、智力开发和身心健康具有重要意义。遵循幼儿身心发展规律，坚持科学的保教方法，保障幼儿快乐健康成长。"并且要求"积极发展学前教育，到2020年，全面普及学前一年教育，基本普及学前两年教育，有条件的地区普及学前三年教育。重视0—3岁婴幼儿教育。"[1] 这个指标，对于"基本实现教育现代化"来说，并不算高。现在有些地方（例如浙江宁波市），已经把学前3年纳入义务教育，先行者的经验应该能够带动儿童教育福利的更快增长。我认为将来应该逐步地把幼儿教育纳入义务教育范围。

（二）小学和初中教育福利[2]

从小学到初中的九年教育，目前在我国属于义务教育。义务教育是国家依法统一实施的具有强制性的免费教育，是教育福利的最主要内容。

新中国成立后，党和国家就提出要普及教育，1985年颁布的《中华人民共和国义务教育法》提出到20世纪末基本普及九年义务教育的目标。

---

① 《国家中长期教育改革和发展规划纲要（2010—2020年）》，《文汇报》2010年7月30日。

② 小学和初中教育，目前在我国属于义务教育。但在分类上，小学和初中，与后面的高中、大学等属于同一个序列的概念，而义务教育是与非义务教育相对的概念，在福利研究上，称小学与初中教育福利可以保持分类上的一致性。另外，义务教育的范围是可以改变的，事实上我国目前有些先进地区的义务教育已经突破了九年，作者也主张应该向前和向后延伸，故此，这里称"小学和初中教育福利"。

但当时并没有建立完善的资金保障体制，由于城乡二元结构的存在，"城市公益事业政府办，农村公益事业农民办"。直到 2006 年税费改革以前，我国农村义务教育实行的是三级办学、两级管理的体制，即县、乡、村三级办学，县乡两级管理。城乡有别的教育筹资制度不仅加重了农民的负担，更进一步拉大了城乡义务教育的差距。由于政府对农村的教育投入一直很少，在村集体经济基本解体、乡镇财力极其有限的地方，教育经费基本上是农民自行负担，"义务教育不义务"背离了教育福利的理念。教育乱收费、民办教师领不到工资，有些学生辍学，"上学难、上学贵"的问题凸显。国家将义务教育全面纳入财政保障范围势在必行。

2006 年颁布的《中华人民共和国义务教育法》明确规定义务教育是国家必须予以保障的公益性事业。实施义务教育，不收学费、杂费。义务教育经费保障机制得以确立，从此进入顺利发展的新阶段。特别是为了改善西部地区的义务教育福利，国家实施了"西部地区两基攻坚计划"，要求基本普及九年义务教育，基本扫除青壮年文盲。初中毛入学率达 90% 以上，青壮年文盲率下降到 5% 以下。到 2008 年，全国"两基"人口覆盖率达到 99.3%。[①] 为了改善农村地区的义务教育福利，普遍实行了"两免一补"政策。"两免一补"即免杂费、免课本费、补助寄宿生生活费。从 2004 年秋季起，中央财政把免费教科书发放范围扩大到中西部地区所有家庭经济困难的 2400 多万名中小学生。从 2005 年春季开学起，财政部、教育部加快了全国 592 个国家级贫困县"两免一补"的实施步伐，中央财政向包括国家贫困县在内的中西部地区农村义务教育阶段约 3000 万贫困家庭学生提供免费的教科书，地方财政同时免除了国家级贫困县农村义务教育阶段约 1400 万贫困学生的学杂费，并逐步落实寄宿生补助生活费。2007 年，所有家庭经济贫困的中小学生都享受到了"两免一补"政策。[②] 2008 年 9 月 1 日，我国城乡义务教育阶段 1.6 亿学生的学杂费全部免除，全面实现了城乡免费义务教育。

目前，义务教育福利正在从保障适龄儿童"有学上"向"上好学"

---

① 2004 年《中国教育绿皮书——中国教育政策年度分析报告》，第 32 页。
② 《中国义务教育发展现状研究报告》，中国民主法制出版社 2006 年版，第 69 页。

的较高层次迈进。巩固义务教育的普及成果，完善义务教育福利，是当前以及今后较长时期的主要任务。为此，应重点解决以下几个问题：

1. 农民工子女的义务教育福利。

为保障进城务工农民子女接受义务教育的权利，国家先后出台了一系列政策和措施：明确由流入地政府负责进城务工就业农民子女义务教育工作，以全日制公办中小学为主接收进城务工就业农民子女接受义务教育。建立经费筹措保障机制，对接收农民工子女就学较多的学校给予补助；城市教育费附加中要安排一部分经费，用于农民工子女义务教育。切实减轻农民工子女教育费用负担。通过设立助学金、减免费用、免费提供教科书等方式，帮助家庭经济困难的农民工子女就学。

由于户籍制度等原因而形成的对农民工子女的歧视，是必须努力解决的问题。即使国家明令禁止收取借读费和择校费，有些城市基础教育机构也往往通过设置障碍（如需要"几证齐全"等），试图将他们排斥在城市教育之外。农民工子女、进城经商人员子女在农民工子弟学校、私立学校就读的占 18.5%。[①] 即使是在公立学校就读，有些管理者也以管理、教育便利和其他原因为由将他们单独编班。这实际上人为地造成了他们与城市职工子女之间的隔离，不利于二者之间的交流融合和健康成长。

由于我国城乡教育存在着质量差距，农民工子女、进城经商家庭子女，往往存在着一定的学习困难。对北京民工子弟学校的调查显示，所调查的民工子女"来京后学习有明显进步的孩子只占 5.3%，有 37.5% 的受访者学习差是因为不努力，有 40.6% 的人认为学习是最心烦的事"。[②] 同时，城市新移民子女在进入城市学校之后，存在学习不适应、环境不适应的问题，如果解决不好，难免直接影响到他们学业成绩的提高。

2. 调整义务教育投入结构。投入结构的不合理主要表现为：（1）省级在对三级教育（普通高校、普通高中、义务教育阶段学校）的经费分配中，义务教育阶段学校处于弱势地位；（2）在义务教育经费的构成来源中，县级财政负担偏重；（3）区域、城乡、校际间义务教育投入不均衡。

---

① 邹泓等：《中国九城市流动儿童发展与需求调查》，《青年研究》2005 年第 2 期。

② 刘治敏：《农民工子女是怎么想的》，《中国改革》（农村版）2003 年第 12 期。

　　农村税费改革后，农村义务教育被明确纳入公共财政保障的范围，经费来源从以农民为主转向以财政为主，实行"分级管理、以县为主"的体制。由于目前阶段我国的教育行政管理体制与财政管理体制尚处于不断变革中，义务教育的经费分担与保障机制还不完善，农村义务教育经费比较短缺。财政状况较差地区的农村学校硬件设施落后、有些学校危改资金缺乏，卫生条件很差；师资力量薄弱，骨干教师大量流失。

　　解决目前义务教育存在的问题，有必要加大中央和省级政府对义务教育的财政供给比例，完善义务教育财政保障体制，提高经费使用效率。

　　3. 随着经济社会的发展，义务教育的年限应该进一步扩大。有条件的地方，应该往前延伸到学前教育，往后延伸到高中和中等职业教育。应该认真研究，到 2020 年，作为基本实现现代化的教育，义务教育应该以几年为好；作为人力资源强国，人均受教育年限必须达到多少。从许多国家已经达到的水平来看，12 年义务教育是一个必须确立的目标，问题只在于我国何时能够实现。

（三）高中教育福利

　　因为目前我国高中属于非义务教育阶段，高中教育福利主要靠奖学金和助学金制度来实现。

　　大力发展普通高中教育是有效提高国民素质的一项重要举措，也是实现高等教育跨越式发展的一个重要前提。但是，由于它不属于义务教育，政府并没有法律规定的责任和义务。除了一些示范性高中获得了特殊发展的机遇以外，多数普通高中学校的发展依然面临着诸多困难。

　　首先，高中阶段的高额学费成为广大城镇和农村家庭沉重的经济负担。我国大部分地区公立高中学费占生均经费的比例超过 10%，不少地区超过 25%。各地高中生均学费占城镇居民家庭收入的比例大多处于 10%—25% 之间；若是与农村家庭收入情况相比较，各地学费标准超过了农村人均收入的 30%。[①] 2006 年的全国数据表明，对于收入最低的 5% 和 10% 的城镇家庭，供养一个高中阶段学生所需的学杂费占其人均可支配收

---

　　① 陆璟：《高中学费政策的比较研究》，《上海教育科研》2006 年第 9 期。

入的 40%—70% 和 31%—56%。而对于收入最低的 20% 和次低的 20% 的农村家庭，供养一个高中阶段学生所需的学杂费占其人均纯收入的 95%—170% 和 50%—90%。① 许多发达国家也包括一些发展中国家，高中阶段教育是免费的，即使收费也是象征性的。如日本东京都的都立、市立高中学费均占东京都工薪阶层平均家庭年收入的 1.8%，大约相当于普通工人收入的 2.5%。② 2004 年韩国首尔市工薪阶层平均家庭年收入为 8077 万韩元，学费占家庭年收入的比例为 1.6%，学费、管理费及支持费合计占家庭年收入的比例仅为 1.9%。③ 所以，我国高中阶段的高收费，迫使许多贫困家庭的孩子即使很有才能，也只能终结于初中阶段的义务教育，这就严重阻碍了高中教育的正常发展和人才的培养。

其次，由于全国性的普通高中学生资助制度尚未建立，责任主要由各级地方政府承担，这就必然造成很大的差距。应该肯定，各级地方政府已经意识到提供高中阶段学生资助的重要性，并已经提出了相应的政策解决方案，为普通高中贫困学生提供资助。截至 2009 年底，江苏省是唯一建立了省级普通高中助学金的省份。《江苏省普通高中政府助学金管理办法（暂行）》提出建立一个普通高中政府助学金体系，资助面应占高中在校生数的 10%，资助标准为平均每生每年 1000 元。明确提出贫困生资助覆盖面和资助水平，有利于政府资金优先保证"扶贫"的需要，确保教育经费分配的公平性。④ 另外，2007 年底，中央财政安排 3 亿元彩票公益金，用于资助中西部地区 22 个省份、新疆生产建设兵团县镇和农村普通高中家庭特困学生，资助名额为 30 万人，资助标准为每生每学年 1 千元。⑤

普通高中教育作为非义务教育，政府应该准许普通高中办学形式和培养目标的多样化，鼓励社会力量积极参与办学。但是，政府不应由此放弃

---

① 刘泽云、杨钋：《高中阶段教育财政与发展》，教育部财务司内部报告，2008 年。

② The Japan Institute for Labour Policy and Training. Japanese Working Life Profile 2005/2006 - Labour Statistics。

③ 陆璟：《高中学费政策的比较研究》，《上海教育科研》2006 年第 9 期。

④ 杨钋：《高中阶段学生资助政策分析》，《教育发展研究》2009 年第 11 期。

⑤ 同上。

在普通高中教育中的投入主体资格，而应该采取适当的方式，对社会力量承办的普通高中予以资助，确保普通高中教育的公共性和福利性。

为了提高高中阶段教育的可负担性、保障贫困高中学生顺利完成学业，政府应参照高等教育的学生资助体系，尽快建立全国性的普通高中学生资助体系。普通高中作为介于义务教育和高等教育之间的一个特殊学段，政府在处理与普通高中教育的关系时，需要充分考虑到其性质、地位和任务等因素的影响，确保这个重要的中间环节不要成为薄弱环节，从整体上保障普通高中学校的发展。

《教育规划纲要》提出，"到 2020 年，普及高中阶段教育，全面满足初中毕业生接受高中阶段教育需求。"① 怎样"普及"？是叫家长去普及，还是由国家来普及？如果主要是前者，恐怕难以真正普及，因为总会有一些家长无此能力，也会有一些地方无此能力，还是要靠国家。所以，将高中阶段教育纳入义务教育范围势所必行，只要想当教育强国，就必须适时推出这个制度，何谓"适时"？总不可能在建成教育强国之后，因为那样的话，教育强国是不可能建成的。所以必须在建成教育强国之前，"前"到什么时候？如果能提前当然很好，至迟也应该在 2020 年"基本实现教育现代化"的时候。

建议随着经济社会的发展和教育现代化步伐的加快，在 2011—2015 年期间，建立省级统一的高中生奖学金、助学金制度；在 2016—2020 年期间，建立全国统一的高中生奖学金、助学金制度；到 2020 年争取将高中阶段教育纳入义务教育范围。

（四）职业教育福利

改革开放后特别是进入新世纪以来，党和国家把发展职业教育放在更加突出的位置，确立了大力发展职业教育的方针。面向人人、面向全社会，以就业为导向，中等职业教育迅速发展，高等职业教育快速崛起，形成了大规模培养技能型人才的能力。2008 年，全国中等职业教育和高等职

---

① 《国家中长期教育改革和发展规划纲要（2010—2020 年）》，《文汇报》2010 年 7 月 30 日。

业教育招生总规模达到 1100 万人，在校生超过 3000 万人。[1]

我国中等职业教育存在的主要问题之一是经费相对不足。教育经费支出不仅绝对量和相对值较小，而且中等职业教育所占全部教育经费支出的比重还有逐年减少的趋势。在 1999 年到 2003 年期间，这一比重从 11.47% 逐年下降到 2003 年的 7.40%，减少了 4.07 个百分点。而同期全国教育经费支出中，高等教育经费支出绝对量从 711.51 亿元增加到 1802.65 亿元，增加了 1.53 倍，相对比重也上升了 8.09 个百分点。[2]

中等职业教育学校数量也处于下降趋势，2004 年最低为 14454 所，比最高年份 1997 年少 7775 所。中等职业教育的教职工数量总体上也呈下降趋势。[3] 中等职业教育办学条件和基础普遍较差，加上这几年招生规模持续扩大，办学压力加重，办学投资力度远远跟不上职校规模的发展速度，经费投入不足制约了职业教育质量的提高。

《教育规划纲要》指出，发展职业教育是推动经济发展、促进就业、改善民生、解决"三农"问题的重要途径，是缓解劳动力供求结构矛盾的关键环节。要把职业教育纳入经济社会发展和产业发展规划，促使职业教育规模、专业设置与经济社会发展需求相适应。要健全多渠道投入机制，加大职业教育投入。

各级政府要进一步加大财政投入，确保职业教育硬件建设经费的逐年增长。《教育规划纲要》明确要求逐步实行中等职业教育免费制度，完善家庭经济困难学生资助政策。

（五）高等教育福利

新中国成立 60 多年来，我国高等教育事业有了长足进步和发展。但是直到 1998 年，普通本、专科在校生数仅 340 多万人。1999 年，党中央、国务院作出大幅度扩大高校招生规模的重大决策。2002 年，我国高等教育毛入学率达到 15%。实现高等教育大众化，是我国教育发展史上的又一次

---

[1] 《教育奠基中国：新中国 60 年教育取得伟大成就》，《中国教育新闻网—中国教育报》2009 年 10 月 10 日。

[2] 资料来源：《中国教育经费统计年鉴》，2004 年。

[3] 《中国教育年鉴》，1995—2004 年；《中国统计年鉴》，2005 年。

历史性跨越。2008 年，全国普通高校招生 608 万人，是 1998 年的 6 倍；普通本、专科在校生达到 2021 万人，是 1998 年的 6 倍，是 1949 年的 172 倍多。2009 年，全国各类高等教育在学人数达到 2907 万人，毛入学率达到 23.3%。[①] 2010 年，高等教育毛入学率达到 24.2%，大学生数量居世界前列。但是与发达国家相比，我国大学生占总人口的比重还较低，从长远看我们还要适度扩大高等教育规模。

目前，我国的高等教育福利主要包括以下几种形式：

（1）奖学金。国家奖学金是为激励普通本科高校、高等职业学校和高等专科学校学生勤奋学习、全面发展而设立的，奖励标准为每人每年 8000 元。国家奖学金每学年评审一次，实行等额评审，坚持公开、公平、公正、择优的原则。

（2）国家助学贷款。国家助学贷款是利用金融手段完善我国普通高校资助政策体系，加大对普通高校贫困家庭学生资助力度的一项重大措施。它是由政府主导、财政贴息、财政和高校共同给予银行一定风险补偿金，银行、教育行政部门与高校共同操作的专门帮助高校贫困家庭学生的银行贷款。借款学生不需要办理贷款担保或抵押，但需要承诺按期还款，并承担相关法律责任。每个学生每学年的贷款金额最高不超过 6000 元。

（3）国家助学金。国家助学金资助全日制在校农村学生和城市家庭经济困难学生。中央高校国家助学金的资助名额由财政部有关部门确定。地方高校国家助学金的资助名额由各省（自治区、直辖市）根据财政部、教育部确定的总人数，以及高校数量、类别、办学层次、办学质量、在校本专科生人数和生源结构等因素确定。资助标准是每生每年 1500 元（过去每年资助 1000 元），国家资助 2 年，第三年通过工学结合、顶岗实习取得部分报酬用于助学，从每年 1000 元增加到 1500 元。

（4）减免学费。国家对公办全日制普通高校中部分确因经济条件所限，交纳学费有困难的学生，特别是其中的孤残学生、少数民族学生及烈士子女、优抚家庭子女等，实行减免学费政策。其中在校月收入（包括各种奖学金和各种补贴）已低于学校所在地区居民的平均最低生活水准线，

---

① 《教育奠基中国：新中国 60 年教育取得伟大成就》，《中国教育报》2009 年 10 月 10 日。

学习和生活经济条件特别困难的学生免收全部学费；对其他一般困难的学生可适当减收部分学费。

（5）师范生免费制度。2007年5月9日，国务院颁布《教育部直属师范大学师范生免费教育实施办法》（试行），决定从2007年秋季入学的新生起实行师范生免费教育。师范生在校学习期间免除学费、免除住宿费、补助生活费，所需经费由中央财政负责安排。

（6）国家励志奖学金。为了促进普通本科高校、高等职业学校在校生中家庭经济困难的学生勤奋学习、努力进取，在德、智、体、美等方面得到全面发展，政府面对二年级以上学生设立了国家励志奖学金，奖励标准为每人每年5000元。

实现高等教育基本免费，是我国应该争取达到的目标。它将标志着教育福利发展的更高阶段。

（六）继续教育福利

《教育规划纲要》指出，继续教育是面向学校教育之后所有社会成员特别是成人的教育活动，是终身学习体系的重要组成部分。更新继续教育观念，加大投入力度，以加强人力资源能力建设为核心，大力发展非学历继续教育，稳步发展学历继续教育，广泛开展城乡社区教育，加快各类学习型组织建设。

继续教育福利，既是"工作福利"的重要组成部分，也是面向所有国民的普惠型福利和面向行业、企业、社区的多种福利的基本形式。国家要承担普惠型的继续教育福利的基本责任，行业主管部门、企业和协会也要承担所属成员的继续教育福利责任，并负责制定继续教育规划和组织实施。继续教育福利也是社区福利的重要内容，鼓励学校、科研院所、企业等相关组织开展继续教育。加强城乡社区教育机构和网络建设，开发社区教育资源。

要健全继续教育激励机制。鼓励个人多种形式接受继续教育，支持用人单位为从业人员提供继续教育。到2020年，努力形成人人皆学、处处可学、时时能学的学习型社会。

（七）特殊教育福利

党和政府高度重视残疾人事业，关心和支持特殊教育福利。1994 年 7 月颁布《特殊教育学校建设标准》后，基本实现了"以特殊教育学校为骨干，普通学校附设特殊教育班和随班就读为主体"的特殊教育格局。2004 年，全国特殊教育学校达 1560 所，比 2000 年增加了 29 所；在校残疾学生 37.2 万人，其中在普通学校随班就读的残疾儿童达到 24.3 万人，占特殊教育在校生总数的 65.3%。[①]

《教育规划纲要》要求，到 2020 年，基本实现地市和 30 万人口以上、残疾儿童较多的县都有一所特殊教育学校。鼓励和支持各级各类学校接受残疾人入学，不断扩大随班就读和普通学校特教班规模。中央和地方政府加大对特殊教育的投入力度。鼓励和支持接收残疾学生的普通学校为残疾学生创造学习生活条件。加强特殊教育师资队伍建设，采取措施落实特殊教育教师待遇。在优秀教师表彰中提高特教教师比例。加大对家庭经济困难残疾学生的资助力度。明确要求逐步实施残疾学生免费高中阶段教育。

三 增进教育福利的基本原则

（一）绝对优先

"优先发展教育"，源于中华民族重视教育的优秀传统，也是社会普遍接受的共识，已经充分体现到了 2010—2020 年的教育发展纲要中。而在优先发展的教育中，教育福利又应该处于优先发展的地位，所以，增进教育福利的原则就可以叫作"绝对优先"。

"优先发展教育"的理由是，没有任何其他产业、行业、事业的发展不依赖教育的发展，教育的发展有利于国家、社会和每个人的发展；没有任何社会主体（政府、企业、家庭、个人）的利益不系于教育，教育的发展有利于增进所有社会主体（政府、企业、家庭、个人）的利益。所以，没有任何理由不优先发展教育。为什么在优先发展的教育中，教育福利又

---

① 《教育奠基中国：新中国 60 年教育取得伟大成就》，《中国教育报》2009 年 10 月 10 日。

要优先呢？因为教育发展的"短板"不在别处，而在不平衡，城乡之间、地区之间、阶层之间差别太大，而教育的发展最终是要落实到个人的，光说大学毕业生的总量不行，还要看它在人口中所占的比例，要看人均受教育年限。而在存在着严重不平衡的情况下，教育投入就会自然向城市、向富裕地区、向强势阶层倾斜，进一步加剧教育的畸形发展。这已为前些年的事实所证明。要扭转这个趋势，就要解决教育的均衡发展问题，实现均衡发展的第一步是先要统筹，如果连城乡统筹、地区统筹都做不到，何来均衡？怎么统筹，拿什么去实现统筹？实现城乡统筹就要城市支援农村，实现地区统筹就要财政转移支付，缩小阶层差距就要资助贫困生、贫困地区，这些就是教育福利要解决的问题，是教育福利必须优先的现实理由。

从长远来看，教育的福利性必然越来越增强，经济发展了，要惠及社会，惠及老百姓，首先就要惠及教育。而惠及教育，反过来又最有利于促进和保证经济的继续发展。所以，国家现代化系于教育现代化，而教育现代化也意味着教育福利性的增强。

总之，不论从现实还是从长远来看，教育福利的优先地位是绝对的。

诚然，我们还是一个发展中国家，在很多地方不能盲目与发达国家相比。特别是在福利水平、工资待遇、生活享受等方面，我们要有长期艰苦奋斗的思想准备。但是，我们是不是什么都不要与发达国家比呢？如果什么都不与人家比，我们怎么能够也有一天成为发达国家呢？那么，我们应该优先与发达国家比什么？全世界的发展经验都证明，中国几千年的优秀传统也证明，第一应该与发达国家比的就是对教育的重视，对教育的资金投入，特别是教育投资在公共支出、社会支出中所占的比重。

同样，在社会福利之中，其他的福利，尽管养老福利、医疗福利以及各种生活福利都很重要，但我们不能不顾实际经济水平，一概去与发达国家比。而教育福利，至少在相对比例上，可以比，正所谓"再穷不能穷教育"。所以，我们只能说在教育福利的人均绝对数量上不能与发达国家比，但在教育福利占教育经费的比例、教育经费占财政支出的比例、教育支出占国民生产总值的比例上，必须与发达国家比。

（二）　相对均衡

《教育规划纲要》指出："均衡发展是义务教育的战略性任务。"[1] 教育福利的均衡发展自然是排在第一位。均衡总是相对的，在 2020 年以前，应该先于整个教育的均衡发展，提前基本实现教育福利的均衡发展。

一是实现城乡之间的教育福利均衡。经费不足曾经长期是制约农村义务教育发展的突出问题。为了扭转这种局面，近些年来，政府对农村义务教育投入的增长率高于城市，生均拨款的城乡之比有所缩小。2000—2004 年，全国小学、初中生均预算内事业费的城乡之比由 1.5：1 缩小为 1.2：1；全国小学生均预算内公用经费城乡之比由 2.6：1 缩小到 1.4：1，初中生由 2.4：1 缩小到 1.3：1。

近几年，我国把九年义务教育的工作重点放在农村，2006 年已把西部农村地区义务教育全面纳入了公共财政的保障范畴。2009 年，已经在全国城乡实行了免费义务教育，把义务教育经费全面纳入国家财政保障范围，对所有农村义务教育阶段学生免费提供教科书。这是我国教育福利的一个历史性跨越。

但由于城乡差距积累已久，缩小城乡差距仍是艰巨的任务。"十二五"期间，应建立城乡一体化的义务教育发展机制，在财政拨款、学校建设、教师配置等方面进一步向农村倾斜，东部地区率先实现教育福利的城乡均衡，到"十三五"全国实现教育福利的城乡均衡。

二是实现发达地区与落后地区之间的教育福利均衡。2000 年代，我国普通小学和初中生均预算内事业拨款在地区之间差距悬殊，最高的上海与最低的河南相比，小学是 11 倍，初中是 7 倍。普通小学和初中生均经常性经费支出，最高的上海与最低的贵州相比，小学是 9 倍多，初中将近 7 倍。[2] 进入 21 世纪以来，随着中央财政对中西部支持力度的加大，情况有所好转，但差距仍然很大。必须继续努力缩小区域差距，加大对革命老区、民族地区、边疆地区、贫困地区义务教育的转移支付力度。

---

[1] 《国家中长期教育改革和发展规划纲要（2010—2020 年）》，《文汇报》2010 年 7 月 30 日。

[2] 曾天山：《促进义务教育均衡发展的基本思路》，《教育研究》2002 年第 2 期。

三是实现不同层级学校之间的教育福利均衡。现有的相关政策往往将投入的重点朝高等教育倾斜，相对忽视了对基础教育的投入。对高等教育的投入，特别是对校舍、大学城等硬件设施的投入，最容易凸显政绩。所以，从中央到地方都将财政支持的重点放到了高校，尤其是重点高校身上。"九五"期间，国家预算内教育经费对普通高校的拨款大幅度增加，从1995年的197亿元增至2000年的504亿元，增幅为155.8%；而对义务教育的拨款增幅仅为98%，大大低于普通高校。2003年高等教育经费占国家预算内教育经费的比重高达24.29%，而基础教育经费所占比例自2001年以来却连年降低。

四是实现基础教育中各类学校之间的均衡。重点学校与薄弱学校之间的经费配置严重不均，"择校"进一步拉大了校际经费差距；区际间与校际间的不均衡引发了大量的择校行为，"以钱择校"和"以权择校"盛行。① 公共财政的投入和教育福利的供给更多地偏向优势地区、优势学校，而落后地区、弱势学校享受到的待遇较差。实现基础教育福利的均衡性依然是个长期的目标。

(三) 底线公平

底线公平的含义不是就福利水平、保障水平而言的，更不是就公平的程度而言的。底线是不可含糊、必须坚持的界限，在社会福利、社会保障问题上主要是指政府责任的底线，是政府与市场的关系。底线公平所界定的实质上是社会政策的性质与取向。在公民权利的意义上，它界定的是基本的、必须保障的无差别的权利与非基本的、可以灵活对待的、有差别的权利的界限；在制度和机制的意义上，它界定的是刚性和柔性（制度和机制）之间的界限。

福利国家的福利水平、保障水平已经比较高，如果底线公平是就福利水平、保障水平而言的，那些国家岂不是就没有底线公平问题了？其实不然。它们仍然要面对政府与市场的关系、公平与效率的关系、福利刚性与

---

① 陈静漪、袁桂林：《城市义务教育均衡目标下的经费配置机制研究——机制设计的理论视角》，《教育科学》2008年10月第5期。

能否建立柔性调节机制的问题，这些其实是社会政策的基本理念问题。福利水平、保障水平主要是由经济发展水平、政治制度与文化等因素决定的，如果经济水平太低，不论多么讲公平，福利水平和保障水平也不可能多高。可见，这个问题与底线公平要回答的问题不可混同。

底线公平是指，对于基本的福利权益政府必须予以保障。哪些需求构成了必须保障的基本需求？基本生活、教育与健康。通俗地说，就是吃饭、上学、看病。具体到这里所讨论的教育福利问题上，就是要明确教育福利必须保障的重点。

如果说，绝对优先原则是在次序的意义上而言的，相对均衡原则是在关系的意义上而言的，那么，底线公平原则是在重点的意义上而言的。对于教育福利，政府责任的重点应该放在哪里？在城市与农村之间，重点在农村；在地区之间，重点在中西部，特别是贫困地区、边远地区和民族地区；在义务教育与非义务教育之间，重点在义务教育；在贫困群体与富裕群体之间，重点在贫困群体；在优势学校与弱势学校之间，特别是在义务教育阶段，为了保证起点公平，应该重点扶持弱势学校。

改革开放以来，教育发展的曲折经历证明，教育福利的命运所系，在于如何处理政府与市场的关系。底线公平之所以强调政府责任的底线，就是因为看到一旦处理不好政府与市场的关系，搞什么教育产业化，把不该推给市场的也一律推给市场，把不该推给家庭的也一律推给家庭，那么，上不起学的现象就会很快出现，起点公平、机会公平就无从谈起，社会公平的基础就会陷入危机。所以，按照底线公平原则，必须坚持教育的公益性和福利性，这与《教育规划纲要》的基本精神是完全一致的。

四　实现目标的步骤

《国家中长期教育改革和发展规划纲要（2010—2020 年）》提出了到 2020 年基本实现教育现代化，基本形成学习型社会，进入人力资源强国行列的战略目标，并对未来十年教育改革和发展的主要任务和重大政策措施作出了明确部署。《教育规划纲要》特别提出到 2012 年要实现教育财政性支出占国内生产总值 4% 的目标。本文基本上依据《教育规划纲要》来规划实现教育福利发展目标的步骤，但因为我们主张教育福利发展应该"绝对优先"，我们规划的步骤也许在某些方面略显超前一点。①

实现中国教育福利的发展目标要分三步走：第一步（2011—2015 年），先实现基本统筹的教育福利；第二步（2016—2020 年），实现基本均衡的教育福利；第三步（2021—2049 年），实现现代强国的教育福利。

（一）2011—2015 年：基本统筹的教育福利

《教育规划纲要》已经规定，到 2012 年财政的教育支出要达到国民生产总值的 4%。到 2015 年，这一比例应该继续逐年增加。增加多少？按照已经明确的今后教育投入的增长速度应该高于 GDP 增长速度的原则，2015 年财政的教育支出要达到国民生产总值的 4.6%—4.8%。而每年教育经费的增加部分又应该优先保障教育福利的增长（限制那些标志性建筑和面子工程之类）。

教育经费特别是教育福利经费的增加部分，应主要用于解决教育福利的统筹问题，原有的教育经费支出结构也应该加以调整，扩大教育福利支出所占比重。只有先实现统筹，经过一个统筹过程，才能在统筹的基础上实现均衡。

基本统筹的教育福利主要是：城乡统筹，重点向农村教育倾斜；地区统筹，支持中西部地区；不同教育层级的统筹，重点向基础教育倾斜，尤其是增加幼儿教育的福利。重点改善家庭困难学生、进城务工人员子女、女童、特殊教育对象的就学条件。

到 2015 年，义务教育应达到市（地区）级统筹，有条件的地区，鼓励率先实现省级统筹。非义务教育阶段，应提高资助体系的层级，建立省级的普通高中学生资助体系，实现免费的中等职业教育。统筹中等职业教育与高等职业教育发展。幼儿教育福利要有新举措，开创新局面，大力发展公办幼儿园，积极扶持民办幼儿园。制定和规范学前教育办园标准和收费标准。重点发展农村学前教育，努力提高农村学前教育普及程度，保证

---

① 由于实际的实现步骤必然受到各种具体条件的影响和制约，这里所说的步骤只能是粗略的估计。

留守儿童入园。新建扩建托幼机构，在小学附设学前班，支持贫困地区发展学前教育。东部地区尽可能做到把学前一年教育纳入义务教育范围，鼓励和支持有条件的地方把学前二年、三年教育纳入义务教育范围。

（二）2016—2020 年：基本均衡的教育福利

实现基本均衡，是教育福利发展的核心任务，也是体现社会公平的重要标志。虽然我国的教育福利不均衡程度相当严重，实现均衡的任务极其艰巨，但是，从现在到 2020 年还有 10 年时间，应该达到这一目标。既然《教育规划纲要》已经规定到 2020 年要基本实现教育现代化，那么，一个连教育福利的基本均衡都达不到的教育，是没有理由称为"基本现代化的"。

所谓基本均衡，是指在城乡之间、地区之间、不同收入水平的阶层之间，所有的应该接受和愿意接受教育的对象都能上得了学，都能获得较好的教育。具体地说，在城乡之间、不同地区之间，虽然由于某些难以克服的原因（如，山区孩子的家庭到学校的距离一般要远于平原地区或城市）、短时间难以消除的原因（物价水平、生活水平、生活习惯等），在生均教育经费的水平上会保留一定程度的差距，但在教育福利水平上，应该基本接近；幼儿入园率、学生毛入学率、巩固率、升学率应该大体相当；同类学校的硬软件设施水平应该大体相同；教学质量要逐步接近。总体上满足机会公平的基本要求，让人民群众基本满意。

为了实现基本均衡，到 2020 年，义务教育应普遍达到省级统筹，义务教育年限应有所延长。《教育规划纲要》已经规定："到 2020 年，全面普及学前一年教育，基本普及学前两年教育，有条件的地区普及学前三年教育。重视 0—3 岁婴幼儿教育。"[①] 问题不在于想不想"普及"和"重视"，而在于怎么实现"普及"和"重视"、由谁来保障"普及"和"重视"？如果是由家庭来"普及"和"重视"，那等于是一句空话，因为中国的绝大多数家庭对孩子的教育本来就是重视的；如果是由家庭来承担普及的责任，那甚至是一句错话，因为家庭是不能承担"普及"责任的。必

---

① 《国家中长期教育改革和发展规划纲要（2010—2020 年）》，《文汇报》2010 年 7 月 30 日。

须明确各级财政对于"普及"和"重视"的责任，而最有保障的就是纳入义务教育体系。所以，到 2020 年，应全部将学前一年教育纳入义务教育范围，大部分地区应将学前两年教育纳入义务教育范围，有条件的地区将学前三年教育纳入义务教育范围。

到 2020 年，要建立全国性的普通高中学生资助体系，有条件的地方将高中阶段教育纳入义务教育范围；基本实现免费的高等职业教育。

惠及全民的、更高水平的、更加公平的普惠型教育，是到 2020 年基本均衡的教育福利应该达到的目标。当然，基本均衡只有在教育福利总体水平稳步提高的基础上才能真正实现，均衡不是平均主义"瓜菜代"，实现基本均衡的过程是教育福利总体水平持续提高的过程。我们要到 2020 年基本实现教育现代化，首先要保证财政的教育支出占国民生产总值的比重基本达到或接近发达国家的水平，公共教育经费占 GDP 的比重，世界平均水平为 4.9%，发达国家为 6.2%。① 由此看来，我国在 2015 年财政的教育支出达到国民生产总值的 4.6% 的基础上，到 2020 年这一比例应上升到 6%，年均增长幅度应比 2004 年以来较快的增长速度还要高。

（三）2021—2049 年：现代强国的教育福利

2020 年基本实现教育现代化以后，中国教育发展的目标是成为世界教育强国。到那时，中国人口将达到 14 亿—15 亿，这样一个国家能够成为教育强国，那对于人类文明的贡献是不可估量的。

作为一个教育强国，义务教育年限应该达到 15 年（学前 3 年，小学到高中阶段 12 年），高等教育和继续教育应该基本免费或大部分免费，国民平均受教育年限应该达到或超过 18 年，85% 以上劳动人口应该具有大学本科以上学历。全民的创造能力空前增强、创新机会空前充裕。如此等等，还只是根据世界上现有的教育强国已经达到或接近达到的水平，所做的一点推测。

未来几十年，现有的教育强国的教育发展也未可期，中国成为教育强国会如何刷新教育发展的各项指标，那就不仅需要推测，还需要想象。未

---

① 杨会良：《当代中国教育财政发展史论纲》，人民出版社 2006 年版。

可预期的事情实在是太多了。但有一点是可以肯定的：那时的教育一定是福利性的，普惠型的。

人人皆可得、处处皆可得、时时皆可得。

这样的教育水平要求财政的教育支出占国民生产总值的比重达到多少？从目前一些教育较强国家的实例看，至少应该在8%以上。教育强国，人人所欲，国国皆求，谁能达到，谁肯定达不到，第一个硬指标就是公共教育支出占国民生产总值的比重。没有足够的投入，哪里会来像样的回报？而从中国喊了几十年增加教育投入，至今仍把达到4%作为两年后才能达到的目标来看，这一比例在4%的基础上再翻一番，绝对不仅是个数字问题，它要求财政体制、国民经济体制、国家发展战略作出空前深刻的改革。讨论如此宏大的问题，是本文难以承担的。以下，仅仅依据已经公布的《教育发展纲要》，谈一谈在教育福利发展方面目前可以预期的措施和对策。

五　措施与对策

（一）制度改革

教育部长袁贵仁在谈到《教育规划纲要》时强调："如果说教育公平和教育质量两者缺一不可，那么教育优先发展和教育改革创新两个一个都不能少。"① 如果说教育发展关键在于改革，那么，教育福利的发展关键也在于改革。《教育规划纲要》提到的教育改革有六大任务：人才培养体制改革、考试招生制度改革、学校制度改革、办学体制改革、管理体制改革、通过开放促改革，这些改革都直接或间接与教育福利制度的改革有关。而教育福利制度改革，当然首先是要增加投入，但又并不单纯是增加投入的问题，它也反过来与许多其他制度和机制相互联系。正如袁贵仁所说："过去我们投入主要在发展方面，到了现在这种程度，如果按照原来的模式和体制，我们加大投入可能是事倍功半。我们需要用新的体制推进

---

① 中央新闻办介绍《国家中长期教育改革与发展规划纲要（2010—2020年）》征求意见工作情况，新华网2010年2月28日。

事业的发展。"① 有鉴于此,我们这里,不仅要讨论资金投入的制度改革,其他一些方面,如教育福利的责任分担问题、布局优化问题、法律保障问题也要有所涉及,这些问题,既是制度改革的不同方面,又是各有不同功能和作用的措施和对策。

(二) 资金投入

如果没有相当的资金投入,教育福利就是无米之炊,所以,投入问题及其相关的制度改革,自然是前提和基础。据财政部副部长丁学东介绍,从 2004 年到 2008 年,我国财政性教育经费年均增长 23.7%,占 GDP 的比重从 2.79% 提高到 3.48%,年平均提高 0.17 个百分点。② 只要保持这一比重逐年有所提高,到 2012 年财政性教育经费占 GDP 4% 的目标是可以达到的。由此看来,实现教育福利增长的关键是在教育体制内部的改革。

首先,是要在教育经费投入总量中,解决义务教育福利水平整体偏低的问题。

长期以来,我国教育经费在高等教育与基础教育之间的分配结构是"头重脚轻",与发达国家的情况正好相反。以 1998 年的数据为例,OECD 国家政府教育支出结构为:在初等教育和中等教育经费中,政府平均负担了 91%;在高等教育经费中,政府平均负担了 58%,前者远远高于后者。而在同期,我国政府负担了高等教育经费的 60.2%、普通中等教育经费的 54.3%、小学教育经费的 60.49%。③ 我国政府财政对义务教育的资金投入比例过低。高等教育经费筹集本应由市场机制发挥较大作用,我国政府却包揽过多,而在基础教育阶段却把本应由政府财政承担的责任推给了家庭。可见,教育经费内部结构不合理只是现象,本质上是政府与市场关系的扭曲。而市场是不会自动地解决福利问题的,所以,要解决义务教育阶段福利水平偏低问题,必须强调政府的责任。

其次,是扩大义务教育阶段福利供给的普及程度,把农村家庭经济困

---

① 中央新闻办介绍《国家中长期教育改革与发展规划纲要 (2010—2020 年)》征求意见工作情况,新华网 2010 年 2 月 28 日。
② 同上。
③ 王磊:《公共教育支出分析—基本框架与我国的实证研究》,北京师范大学出版社 2004 年版。

难和城镇低保家庭子女接受学前教育纳入财政资助范围。提高农村义务教育家庭经济困难寄宿生生活补助标准，改善中小学学生营养状况。

由于我国在相当长的时间内，普及义务教育所需资金由城乡政府各自负责筹措与分配，这实际上使义务教育的发展取决于城乡各自的财政收支状况。由于城乡经济发展不平衡，城乡教育一直存在着比较悬殊的差距，广大农村孩子难以公平地接受义务教育。为了改变这一状况，2005年12月国务院颁发了《关于深化农村义务教育经费保障机制改革的通知》，要求将农村义务教育全面纳入公共财政保障范围，建立中央和地方分项目、按比例分担的农村义务教育经费保障机制。

2006年，十届全国人大常委会全面修订了义务教育法，明确了国家建立农村义务教育经费保障及投入机制。近年来，城乡义务教育经费相差悬殊的状况有所扭转，但由于农村教育经费欠账太久，改变农村义务教育福利水平总体偏低的问题仍然需要作出长期努力。

再次，在资金使用结构上，人员经费支出所占的比重过高，尤其是在基础教育阶段，教育行政系统庞大，行政部门机构臃肿，且效率低下，吃掉了大量的教育经费，导致学校的办学条件和教学设施水平很差，本来应该用到孩子身上的福利却被大人占用了。可见，教育福利问题，也与解决教育行政化问题密切相关，必须严格限制行政经费所占比例，提高并明确教育福利经费所占比重。

最后，要完善义务教育财政转移支付制度，尽快解决地区间、城乡间义务教育发展不均衡问题。中央对地方财政转移支付形式主要包括不规定用途的一般性转移支付和规定用途的专项转移支付。一般性转移支付的主要作用是实现地区间财政水平的平衡，受益的地方政府可以根据自己的情况统筹安排使用，其目的是确保地方政府有财政能力提供全国大致相当的义务教育服务。义务教育专项转移支付一般用于特定项目的补助，资金的使用有明确规定，下级政府无权变动。专项转移支付数额很小，中央对地方只有"贫困地区义务教育工程"专款、"义务教育危房改造工程"专款，以及用于中小学教师工资的专款等，仅为义务教育总支出的0.95%。现行义务教育财政转移支付制度的主要问题是地区间投入不均衡。经济发达的东部沿海地区，教育投入有较强的地方财政支持能力，投入义务教育的经费比较充裕；而中西部地区经济相对落后，财政收入十分有限，教育投入杯水车薪。要根本解决这个问题，必须在努力促进西部地区经济发展，增强其自身财政能力的同时，提高财政转移支付的层级，加大中央财政对义务教育的投入比例。

（三）责任结构

既然教育的优先地位是绝对的，这个道理不难理解，也不难在社会各界、在各级政府间取得共识，那为什么会出现教育投入不足的问题？因为教育是个公共品，对它的投入有个责任结构问题。

1. 调整中央财政与地方财政在义务教育经费投入上的责任

1985 年，《中共中央关于教育体制改革的决定》规定我国义务教育实行"地方负责，分级管理"的财政体制，提出"把发展基础教育的责任交给地方"，对基础教育开始实行"分级办学、分级管理"，地方各级政府成为筹措基础教育经费的直接责任者。所谓"地方负责，分级管理"，具体地说，就是义务教育投资实行"县、乡、村三级办学，县乡两级管理"的体制，县、乡、村要负担农村义务教育的大部分经费。

1986 年颁布的《中华人民共和国义务教育法》，将义务教育"实行地方负责，分级管理"以法律的形式确定下来。1992 年又颁布了《义务教育法实施细则》，进一步明确了我国多渠道筹资、地方负责的义务教育的财政体制框架。

1994 年，我国开始实行分税制财政体制，中央政府和地方政府的财政收入比例发生了重大变化，由改革前的 38∶62 变为 1998 年的 52∶48，此后大体维持在这一水平。县级以上三级财政，财政收入所占比例高达 80%，而义务教育的责任主要由地方政府（主要是县级）承担。分税制实施使中央政府收入增加，但"事权"没有适当上移。地方政府的财力日益吃紧，却担负着普通教育、医疗等公共服务的重任。

2001 年国务院《关于基础教育改革和发展的决定》提出了"实行在国务院领导下，由地方负责，分级管理，以县为主"的农村义务教育新体制。2002 年 5 月国务院办公厅《关于完善农村义务教育管理体制的通知》进一步强调了县级人民政府对农村义务教育负有主要责任，并规定和划分了各级人民政府责任，特别是在财政分担上，建立了义务教育经费保障机制，以保障农村义务教育的投入。这一体制增加了县级政府对义务教育的投入，相应减轻了农民的负担。但是，在实施"以县为主"的管理体制后，县级财政压力加大，尤其是一些经济落后地区的县级财政不堪重负。

"以县为主"的农村教育管理体制，县级政府要筹措本县大部分教育经费。由此导致农村义务教育投入严重不足，不同地区间投入差异很大。为此，《义务教育法修订稿》第七条提出："义务教育经费，实行国务院和省、地（市）、县级人民政府分担的制度。"今后的以县为主，将主要是指一般性的教育管理。

在目前的财政收入格局下，中央政府适当加大义务教育方面的财政投入，是有助于体现财权与事权统一的。

2. 加强社会投入，扩大社会资源支持教育福利的途径

优先发展教育既然是强国富民的根本大计，那就不仅是政府的责任，而是人人有责，人人必须尽责。在教育福利尤其是义务教育投入方面，以上重点强调了政府的责任，但这绝不意味着可以减轻社会的责任。恰恰相反，中国要想成为教育强国，必须营造浓厚的全民重教、全民兴教的氛围。中华民族之所以在历史上能长期雄居世界，首先依靠的就是重视教育的传统，这是中华优秀传统中最值得继承和发扬的。我们强调政府责任，除了那确实是政府应尽的责任这个基本含义之外，也还包含一层意思，就是希望政府能带个好头，把本身应该承担的责任漂漂亮亮地承担起来，给社会作出表率。近年来，随着社会的发展、个人收入的增加，社会成员投身于公益事业的热情与能力也有了很大的提高。通过社会力量，比如个人捐助与社会捐助，达到补充基础教育福利的目的，得到了社会各界的一致赞同与大力支持。

在中央和地方各级政府的倡导鼓励下，国内社会各界积极参与支持普及义务教育事业。一些民间机构如中国扶贫基金会、中华慈善总会、中国青少年发展基金会、宋庆龄基金会等开展了以普及小学教育、助学助教、女童助学等为主要内容的扶贫支教活动，取得了突出的成就，如：由中国青少年发展基金会发起，以资助贫困地区农村特困生继续学业为宗旨的"希望工程"，自 1989 年 10 月开始组织实施以来，累计筹集捐款达 21.5

亿元人民币，援建"希望小学"9000多所，使贫困地区250多万失学孩子重返家园；由全国妇联、中国儿童少年基金会发起的"春蕾计划"，旨在帮助贫困女童完成义务教育阶段的学习，在14年的时间里累计筹集资金5亿多元，救助130万女童重返校园，还兴建了200余所"春蕾学校"，开办了大量"春蕾女童班"。①

以个人名义对义务教育的捐助，也是可喜可敬，渐成风气。如，香港企业家李嘉诚捐资兴建了1万个西部乡村学校远距离学习资源中心。旅居美国的华裔科技教育界人士于20世纪90年代开始为贫困地区乡村建图书馆，截至2003年，已帮助内地约3万所农村小学建立了图书馆。内地企业家、广大干部群众以及许多收入菲薄的普通人，都有捐资助学的善举。

教育福利的发展，必须调动全社会参与的积极性，形成以政府为主导、各社会阶层、社会团体和个人共同参与的举国福利体制。

3. 总结经验，建立和完善能够保障教育福利健康持续发展的责任结构

我国教育福利制度的发展，经过新中国成立60多年、改革开放30多年来不断的探索和实验，有些制度建了再改、改了再建，有些福利兴了再废、废了再兴，有些政策范围宽了变窄、窄了变宽……可以说，各种各样的制度和政策，差不多都用过了，"学费"交了不少，经验也积累了很多，不论是成功的还是失败的，都是可贵的，背后都藏着一代一代人、一批一批人的故事——抓住机会的，一生幸运；失却机会的，终身懊恼。应该在认真总结经验的基础上，建立和完善一个教育强国应有的教育福利制度，造福于子孙后代，其中，最关键的就是要形成一个健康、可持续的责任结构。

《教育规划纲要》显然意识到了这个问题的极端重要性，关于各级政府、社会各界，对于各类教育的责任，特别是经费方面的责任给出了明确的规定。

在义务教育方面，明确要"将义务教育全面纳入财政保障范围，实行国务院和地方各级人民政府根据职责共同负担，省、自治区、直辖市人民

---

① 《中国义务教育发展研究报告》，中国民主法制出版社2006年版，第73页。

政府负责统筹落实的投入体制。进一步完善中央财政和地方财政分项目、按比例分担的农村义务教育经费保障机制，提高保障水平。尽快化解农村义务教育学校债务。"① 这一提法，我们理解为在义务教育的财政保障上，责任中心要适当上移。

在非义务教育方面，《教育规划纲要》提出：要"实行以政府投入为主、受教育者合理分担培养成本的投入机制。学前教育实行政府投入、社会举办者投入、家庭合理负担的投入机制。普通高中实行以财政投入为主，其他多种渠道筹措经费为辅的体制。随着财力增强，逐步提高高中阶段教育财政投入水平。中等职业教育实行政府、行业和企业及其他社会力量等多渠道依法筹集经费投入的机制。高等教育实行以举办者投入为主、受教育者合理分担培养成本、学校设立基金接受社会捐赠等多渠道筹措经费的投入机制。中央财政对中西部地区高等教育发展予以扶持。"② 这一提法，基本肯定了目前的现状，仍然把学前教育（不分一年、二年、三年）和高中阶段教育（不论时间和阶段）统统放在非义务教育里。因为本文的战略建议规划到2049年，《教育规划纲要》是到2020年，时间范围不同，但是，不论对于未来的教育强国的目标，还是对于到2020年基本实现教育现代化的目标而言，义务教育年限的延长、教育福利覆盖范围的扩大，尽管可以是逐步的，但却都是不可避免的。

总之，在关于教育福利的责任结构问题上，本文的意见可以概括为三句话：教育福利的责任重心适当上移，教育福利的受益重心适当下移（学前教育、义务教育、农村和贫困地区、弱势群体），教育福利的覆盖面适当扩大。

（四）法律保障

既然我们主张教育福利要"绝对优先"，那么，很显然，这种绝对地位没有法律保障是不行的。其实，就是"相对均衡"和"底线公平"的原则，要想真正做到，也必须依靠法律的保障。

---

① 《国家中长期教育改革和发展规划纲要（2010—2020年）》，《文汇报》2010年7月30日。
② 同上。

　　我国目前的社会福利立法还很不健全，真正的教育福利立法尚付阙如。就是已经明确的所谓"义务"，也并没有明确、细致的法律规定作保证。教育福利立法是一个亟待研究和解决的大问题。

　　首先，要明确在一个准备基本实现教育现代化的国家、对于想要成为一个教育强国的国家来说，公民应有的教育福利权利是什么。既然要讲法治，就不能太随意，就不能现在做到了什么就把它固定下来，那样实质上是丢弃了法律对于教育发展的促进和保障作用，甚至只能导致逃避法律责任。

　　例如，需要明确规定，在一个准备基本实现教育现代化的国家，学前儿童、小学生、中学生、大学生，以及每个成年人，可以享受到什么样的教育福利权利，这些权利由谁负责、如何实现，如果实现不了如何惩罚。家庭、社会、企业、政府都要承担什么责任，如果不履行职责或侵犯了有关权利，如何惩戒。再具体地说，学校里发生了饮食卫生问题、教室倒塌等安全问题，由谁负责，如何追究；往大处说，教育经费如何增长，如何保障，由谁负责，说 2000 年把教育经费提高到占国民生产总值的 4%，没有法律依据，结果拖了 10 年也没达到，无人出来解释和道歉，谁也不需要承担责任，现在承诺到 2012 年实现这一目标，所有人就只有继续等待和期盼，如果到时达不到，也照样不会有人承担责任，倒是如果真的达到了，那是巨大的政绩，是功劳，值得感谢。所有这些问题，从小到大，从易到难，全没有法律约束，说明我们伟大的教育强国战略，根本没有纳入法制的轨道。

　　其次，所谓法律保障，不仅要保障相关的权利，还要保障相关的制度。制度也是不可以朝三暮四，因人而异的。像考试制度、招生制度，是基本的教育制度，也与千千万万人的福祉和命运息息相关，是不可以说废就废，说立就立的，经过了哪一级、哪一届人民代表大会批准？这一次的《教育规划纲要》，强调要"按照全面实施依法治国基本方略的要求，加快教育法制建设进程，形成比较完善的中国特色社会主义教育法律体系。根据经济社会发展和教育改革的需要，提请全国人大及其常委会修订职业教育法、教育法、学位条例、高等教育法、教师法、民办教育促进法，制定有关考试、学校、终身学习、学前教育、家庭教育等法律。加强教育行政法规建设。"① 实在是一个应该肯定的进步。

再次，有了依法规定的权利、依法规定的制度，还要全面推进依法行政、依法治校，保障教师和学生的权利，履行相应的教育福利责任，保证教育福利事业尽快顺利走上法治轨道。

参考文献

奥莉加·鲁班：《芬兰腾飞的奥秘》，载俄罗斯《专家》周刊 2004 年 6 月 1 日，转引自《参考消息》2004 年 6 月 23 日。

保罗·皮尔逊编：《福利制度的新政治学》，汪淳波、苗正民译，商务印书馆 2004 年版。

《国家中长期教育改革和发展规划纲要（2010—2020 年)》，《文汇报》2010 年 7 月 30 日。

《教育奠基中国：新中国 60 年教育取得伟大成就》，《中国教育新闻网—中国教育报》2009 年 10 月 10 日。

景天魁：《底线公平：和谐社会的基础》，北京师范大学出版社 2009 年版。

景天魁、毕天云：《从小福利迈向大福利：中国特色福利制度的新阶段》，《理论前沿》2009 年第 11 期。

王磊：《公共教育支出分析—基本框架与我国的实证研究》，北京师范大学出版社 2004 年版。

温家宝：《强国必强教 强国先强教——2010 年 7 月 3 日在全国教育工作会议上的讲话》，《北京日报》2010 年 9 月 1 日。

吴忠民、刘祖云：《发展社会学》，高等教育出版社 2002 年版。

吴佩芬、张博颖：《和谐社会与社会公正问题研究综述》，《云南行政学院学报》2008 年第 3 期。

"完善农村义务教育财政保障机制"课题组：《"两免一补"政策实施的宏观效果与前瞻》，《中国农村经济论坛》2005 年第 7 期。

杨会良：《当代中国教育财政发展史论纲》，人民出版社 2006 年版。

尹力：《多元化教育福利制度构想》，《中国教育学刊》2009 年第 3 期。

袁贵仁：在中央新闻办介绍《国家中长期教育改革与发展规划纲要（2010—2020 年)》征求意见工作情况会议上的发言，新华网 2010 年 2 月 28 日。

袁振国：《教育均衡发展：构建和谐社会的基础》，《教育发展研究》2005 年第 4 期。

曾天山：《促进义务教育均衡发展的基本思路》，《教育研究》2002 年第 2 期。

---

① 《国家中长期教育改革和发展规划纲要（2010—2020 年)》，《文汇报》2010 年 7 月 30 日。

郑功成:《从福利教育走向混合型的多元教育体系——中国的教育福利与人力资本投资》,
　　清华大学《教育研究》2004 年第 10 期。

郑功成:《中国社会保障论》,湖北人民出版社 1994 年版。

郑功成主笔:《中国社会保障改革与发展战略——理念、目标与行动方案》,人民出版社
　　2009 年版。

中华人民共和国教育部发展规划司:《中国教育统计年鉴》,人民教育出版社 2003 年版。

（原载郑功成主编《中国社会保障改革与发展战略》（救助与福利卷），人民出版社
2011 年版,第 197—229 页）

围绕农民健康问题：政府、市场、社会的互动

在中国的 13 亿人口中，至今还有 7 亿多农民，这是世界上最庞大的社会群体。而在全球化、城市化过程中，相当多的农民失去了原有的自然资源和社会网络，在市场竞争、就业能力、收入获得等方面处于弱势。这种弱势地位的突出表现，就是直到 2005 年全面推行新型农村合作医疗制度之前，他们中的大多数人未能享有医疗保障，看病需要自己付费。一个农民家庭中，只要有一个人患了大病，全家就可能陷入贫困。医疗问题在全球化、城市化过程中，显得比以往更加尖锐。那么，在中国这样一个人均收入较低，并且存在着严重的城乡差别和地区差别的国家，能不能解决农民的医疗问题？这对社会政策研究是一个巨大的挑战。如果这个问题能够成功解决，那对改善全球弱势群体的生存状况将是一个重大的贡献。

一　不公平性是中国卫生体系最突出、最关键的问题

近年来，关于导致"看病难、看病贵"的成因，大致有三种看法：政府投入不足，医疗卫生系统"创收"和卫生健康公平性问题。这三种看法都有道理，但到底关键在哪里？我认为，卫生医疗费用的公共支出总量太小是一个问题，但不是最突出、最关键的问题；卫生医疗服务的效率偏低也是一个问题，但也不是最突出、最关键的问题。从近年来社会公众的反映和社会调查的结果看，不公平性问题是目前卫生体系最突出、最关键的问题。

2000 年世界卫生组织对各国卫生服务业绩进行了评估，并发表各国排序结果。中国卫生系统总体成就排名第 132 位；卫生系统整体效能排名第 144 位。中国在卫生资源提供的公平性上，排在第 188 位，在所有国家的排列中倒数第 4 名。

　　"看病贵",贵到何种程度?据统计,2006年我国个人年均医疗费用的支出已由1980年的14.51元上涨到512.5元,增加了30多倍!由于经济原因,有48.9%的群众有病不敢上医院,城镇有29.6%、农村有65%应住院的患者不能住院,很多人因无力支撑高额医疗费只能选择小病扛着,大病拖着。① 另据卫生部2004年12月2日公布的《第三次国家卫生服务调查主要结果》,在调查地区的患者中,去医疗机构就诊的占51.1%,自我医疗(不去医院就诊,自己到药店购药)占35.7%,未采取任何治疗措施的占13.1%。也就是说,患者未就诊比例为48.8%(城市为57.0%,农村为45.8%)。即使到医院就诊的患者中,医生诊断应该住院治疗而没有住院治疗的比例为29.6%(城市27.8%,农村30.3%)。② 以上数据来源不同,也有明显差别,但即使按照最低的比例数来看,农民患者未就诊的比例也接近二分之一,而且是经济原因所致。

　　2005年国务院发展研究中心的一项调查结果显示:近3年内农民因看不起病,在家死亡的占到了78.6%,其中西部为82.1%,中部为71.9%,东部为79.6%。③

　　"看病难",主要难在医疗资源配置的不合理。医疗资源过分向大城市尤其是少数特大城市集中,广大农村却严重缺医少药。例如,北京市1200万人,有三级甲等医院57家。而有些千万人左右的地级市,却连一家三级乙等医院也没有。公共财政的医疗支出严重偏向城市,以1998年为例,财政对医疗拨款,用于农村的比例不到16%。财政补助主要流向大医院,政府对三级甲等医院的补助费,比对一级医院的补助高出100倍还要多。这就导致80%医疗资源集中于大城市,其中80%又集中于大医院。④

　　从城镇来看,搞了20年的医疗保障制度改革,社会保险的覆盖范围

---

① 俞祖彭:《关注民生 真解决"看病难,看病贵"问题》,《政协第十届全国委员会第四次会议大会发言材料汇编》,2006年,第51册,第13页。

② 张振忠、华章:《2007年中国卫生改革与发展》,《中国发展高层论坛(2007):迈向新增长方式的中国》,第199—200页。

③ 任启兴:《破解群众看病难、看病贵问题的对策建议》,《政协第十届全国委员会第四次会议大会发言材料汇编》,2006年第69册。

④ 任玉岭:《医疗改革重在解决"贵"和"难"》,《政协第十届全国委员会第四次会议大会发言材料汇编》,2006年第1册,第7—8页。

不是扩大而是大大缩小了。改革开放以前，医疗保险几乎覆盖全体城镇居民，但到 2003 年，城镇居民享有医疗保险的只有将近一半人口，其中，新的社会医疗保险（社会统筹加个人账户）也只覆盖了 30% 的城镇人口，其余则为延续原有社会保险的人口（其中，继续享受公费医疗的占城镇人口总数的 4%，劳保医疗占 4.6%，合作医疗占 6.6%）。[①]

从以上情况看，医疗卫生体系存在的问题，是结构性问题，是政策取向性问题。这种问题不解决，公共财政对卫生医疗的投入再增加，资源势必进一步流向大城市、流向大医院，不但广大农民的卫生医疗问题未必能得到解决，城乡之间、地区之间的差距还会进一步拉大。如果用财政对医疗卫生的投入去解决医疗系统"创收"问题，这虽然是必需的，迟早要解决的，但在目前情况下，即使"创收"问题解决了，其结果仍不过是有限的财政资源进一步流进了大城市、大医院。可见，关键是要解决卫生医疗系统（资源配置、服务提供）的不公平问题，其本身的结构问题。这当然不是说增加财政投入不重要，更不是说不需要，而是说增加财政对卫生医疗事业的投入只是一个必要条件，即使有了这个条件，也只有解决不公平问题，农民的卫生医疗问题才可能真正得到解决。

二　基本假设

如果能够解决卫生资源配置、卫生筹资和卫生服务的公平性问题，那么，即使以现有的卫生保健资源，也可以实现人人享有初级卫生保健的目标。如果财政对卫生医疗的总支出（包括城乡）在现有基础上再增加 50%，那么，在提高公平性（增加对农村的投入比例）和有效性的前提下，就可以在农村普遍实行新型合作医疗，进而为实现全民的基本卫生医疗保障打通道路。如果不能有效解决不公平的问题，即使公共财政的卫生医疗支出大幅增加，医疗机构停止创收，问题还是难以根本解决。

我国政府曾承诺到 2000 年实现"人人享有初级卫生保健"的目标，

---

① 杨利霞：《关于建立全民医疗保险体系的建议》，《政协第十届全国委员会第四次会议大会发言材料汇编》，2006 年第 87 册。

但由于越来越拉大的城乡差别，7 亿多农民的卫生医疗问题迟迟未能得到有效解决，我们至今看到的情况仍然是农村缺医少药，相当一部分农民看不起病。那么，我国从总体上说是否真的"缺医少药"呢？不然。2002年，我国每 10 万人的医生拥有量为 167 人，比英国（164 人）、新加坡（135 人）还多，与日本（197 人）、韩国（173 人）也相差无多。① 这些国家都较好地解决了国民的卫生医疗问题，英国以少于中国的人均医生拥有量甚至能够成功地实行"全民健康保障"，我国怎么反而造成 7 亿多农民缺医少药呢？

广大农民未能解决卫生医疗问题，是不是因为我国还是发展中国家，人均收入特别是农民的人均收入不高所致？诚然，我们国家并不富裕，希冀马上达到较高的卫生医疗水平是不现实的。但是，世界上也有许多国家，人均收入水平和我国差不多，甚至比我国还低，他们怎么就能做到人人享有基本的卫生医疗？据联合国《2003 年人类发展报告》提供的数字，2000 年，古巴人均卫生保健支出 193 美元，斯里兰卡 120 美元，印度只有71 美元，都有覆盖城乡的卫生医疗服务，尽管水平不一定多高，但却是免费的。我国 2000 年人均卫生保健支出达到 205 美元，比上述国家高得多，如果不是存在着严重的卫生医疗资源配置不合理，城乡之间、不同收入阶层之间的不公平，何至于让那么高比例的农民不医而亡？

改革开放以来，医疗费用增长过快。2000 年，我国医疗费用占 GDP的比例已经高达 5.4%，比世界上中等发达国家的平均水平还高 0.6 个百分点。如果考虑到医疗费用城乡分布的不合理，可以看到，我国城市的医疗费支出水平比发达国家也不相上下。然而，英国的医疗费用占 GDP 的7%—8%（较高年份达到 10% 左右），却做到了全民免费医疗；香港的医疗费用占 GDP 的 5%，全体市民看病免费；新加坡甚至只用了占 GDP 3%的医疗费用，就实现了全民健康保障的体制。跟相邻的地区和国家比，我国即使只以目前的卫生医疗费用支出水平，实现"人人享有初级卫生保健"，难道还应该成为一个问题吗？

现在，几乎众口一词，要求大幅增加政府对卫生费用的财政支出。这

---

① 联合国开发计划署：《2003 年人类发展报告》，2003 年。

当然是必要的。但是，如果按现有体制，公平性问题不解决，政府对卫生医疗的财政支出也只能流入大城市的大医院，农民的卫生医疗问题还是解决不了。那么，怎么解决公平性问题？在一时难以根本解决的情况下，如何加快实现普遍覆盖的卫生健康保障？公平性问题的解决不可能一蹴而就，现实一点说，可行的解决办法主要是"填谷"（补助贫困群体、农村和经济困难地区），适当"削峰"（减少对大医院的财政补助比例）。那么在这个过程中，只能主要是靠政府增加财政支出，缓解中下收入者以及其他一些弱势群众的卫生医疗需求。

以现有基础而论，2006年用于卫生医疗的财政总支出预算为1185亿元，仅为当年基本建设预算支出的1/4，也相当于当年教育预算支出的1/4，仅占当年财政预算支出总额（3.8万亿元）的3%，而发达国家用于卫生保健的公共支出一般与用于教育的公共支出不相上下。即便如此，以现有预算额而言，如果增加50%，即592.5亿元，也是可以为在农村建立新型合作医疗提供财政支撑的，如果能够吸引农民广泛参与，达到较高的交费额，新型合作医疗就有望普遍建立起来。

为了实现这一目标，还需要从需求和供给两个方面作出努力。

三　需求分析

为了使新型农村合作医疗能够健康地、可持续地发展，必须把医疗需求限制在一个合理的范围内。无限地满足任何医疗需求即使在发达国家也是做不到的，而合理的需求水平的确定，是政府、企业、医疗机构、社会组织、个人和家庭之间反复博弈所达到的一种均衡。一种简单的甚至是错误的做法是，以为靠统计现有的患病或就诊人数，计算他们发生的卫生医疗费用就可以了。其实，这种统计和计算方法虽然有用，但却是不够的。需求水平永远是在与供给能力的关系中得到确定的。

卫生保健需求，是一个相对的概念。抽象地讲，在一定时期内，卫生保健需求总量应该是一个客观的、绝对的量，但是现实历史上，需求总是在与供给相统一的关系中才可能加以谈论。极而言之，13亿人民如果都要到北京协和医院这样的国内一流水平的大医院去看病，那么这个医院建得像北京市那么大也恐怕装不下全国的求医者。即使真正建一个日门诊量在100万人的巨大医院，在现实条件下，这个医院也不可能具有协和医院的水平。

一个亿万富翁，他有病可能要去纽约或巴黎的医院诊治，他有这个选择的自由，也有这个支付能力，那是他自己的事，政府无须考虑，社会无须支持，社会医疗保障机构也无须过问。新型农村合作医疗是面向广大农民群众的，特别是面向交费能力较弱甚至没有交费能力的农民家庭的，这就既要根据需求量确定供给量，也要根据供给能力把需求调整到合适的范围内。关键是找到需求和供给之间合适的平衡点。

新型农村合作医疗试点自2003年下半年开展以来，受到广大农民的欢迎。但是，这项制度在开始时筹资水平过低：中央财政给每个参加新型合作医疗的农民补助10元，地方财政补助10元，农民个人出资10元，总共每人每年30元。而根据全国性的统计数字，2004年农村居民人均医疗保健支出为130.6元，人均30元的新型合作医疗总筹资额显然无法为参保者提供较好的医疗保障。[①] 因为筹资水平低，尽管中央和地方财政出了大头，农民的参保积极性仍然不高，他们知道靠这点钱解决不了问题。从2006年起，财政提高了出资的比例：中央财政给每个参加农村合作医疗的农民补助20元，省、市、县财政共计补助20元，农民个人出资仍为10元，总共50元。筹资水平提高了，对农民的吸引力会更大一些。一些得了大病，从合作医疗基金中报销了部分医疗费的农民感激地说："即使自己的亲兄弟也不一定能给你几千元，还是合作医疗好！"但是目前的筹资水平、保障层次、保障的程度都是比较有限的，还很难从根本上解决农民"看不起病"、"因病而贫"的问题。

那么，就目前经济水平来说，合作医疗的筹资水平以多高为好？

广东省佛山市顺德区于2004年1月实施城乡居民合作医疗保险，具有该区常住户口的城乡居民以家庭为单位由区、镇（街道）财政补贴部分保费参加。保险费标准为每人每年150元，其中由参保人负担100元，另外50元由区、镇（街道）财政各按50%的比例予以补贴。低保对象和五

---

① 顾昕：《中国医疗体制改革：现状与挑战》，《2006年中国社会形势分析与预测》，社会科学文献出版社2006年版。

保户由区、镇两级财政全额补贴保费参加。年度内的最高保险金额达到每人6万元[①];东莞市从2004年6月份开始实施农(居)民医疗保险,具有该市农村户籍和城镇户籍居民以村(居)民委员会为单位由市、镇(区)两级财政补贴参加,年度最高支付限额为3.5万元。这两地已基本实现了人人享有医疗保障的目标。[②]

浙江省义乌市自2004年起实行城乡一体的大病医疗保险制度,个人每年交纳36元(小额)或240元(大额),由市财政和镇(街道)补贴每人每年54元,其中,对五保户、低保户、特困残疾人、退职民办教师等困难群体由财政专项资金解决,参保人员在医疗年度内最高报销额可达3万元(小额)或4.8万元(大额)。到2005年底,实施一年多,参保人员达到46.1万人,占全市应参保人数的74%。已有12660人次报销,占参保人员总数的2.7%;报销费用达2418.09万元,平均每人次1910元。

江苏省苏州市是全国最早开展农村合作医疗的地区之一,也是少数长期坚持这一制度的地区之一,为在全国推广这一制度提供了宝贵经验。从1970年代到1990年代筹资渠道和水平在不断改进,特别是2000年代以来,随着率先全面建设小康社会步伐的加快,经济发展水平的显著提高,筹资水平也有了大幅提高。2004年苏州市所辖12个市(区)全面实行了以大病医疗统筹为主的农村合作医疗保险制度,年人均基金标准81—501元,平均105元,其中,财政补助占55.8%,集体补助占7.9%,个人筹资占36.3%。医疗费补偿一般在1000—10万元之间,最高实际补偿在5万元左右,个别地区最高实际补偿金额达到15.2万元。[③]

以上的苏州、东莞(为地级市)和顺德、义乌(为县级市)均为发达地区,他们自己设计的制度,中央财政不出资,省级财政也不出资,完全根据自己的财力量力而行。他们设计的筹资水平既然能够解决当地城乡居民的基本医疗需求,那么,可以认为,这样的筹资水平在全国来说就算是不低的了。换言之,按目前每人每年50元的筹资水平,可以明显缓解

---

①　佛山市财政局:《顺德区实行城乡合作医疗保险制度情况》,2005年4月1日。

②　易洪深:《东莞市基本医疗保险》,《人民政协报》,2006年3月11日。

③　府采芹、韩卫、卢水生:《苏州新型农村合作医疗运行效果研究》,上海市现代服务业网站,2006年。

农民看病难、看病贵的问题；如果达到每人每年 100 元的筹资水平，就可以做到在全国农村普遍实行基本能够解决问题的新型合作医疗制度。① 为此需要财政出资多少？7.5 亿农民按全国平均财政出资占 2/3 计算，需要 500 亿元；按全国平均财政出资占 4/5 计算，需要 600 亿元。相当于前述 2006 年用于卫生医疗总支出预算额 1185 亿元的一半，约占 2006 年预计财政收入 3.8 万亿元的 1.5%，这是财政承担得了的！以这样一笔支出可以让 7 亿多农民解除缺医少药之苦，这是非常应该的！这笔投资换来的健康收益，可以形成巨大的发展能力，这是完全值得的！

在这项制度建立起来以后，农民的健康状况改善了，发病率就会降低；而随着农民收入的提高，农民自己的承担比例可以慢慢提高，不会给财政造成越来越重的负担。

解决 7 亿多农民的卫生医疗问题，确实不只是一个财政出多少钱的问题。从需求分析的角度看，把医疗需求约束在一个合理的水平和范围内，对新型合作医疗制度的成功与否具有关键的意义。每一个人都想去大医院，看有名的医生，用高级的设备，吃昂贵的药品，那在任何一个国家都是做不到的。约束需求，也就是约束个人选择的自由。从目前我国的实际情况出发，大部分农民的医疗需求的满足只能限定在县乡（镇）两级，即小病由村卫生室治疗，一般医疗卫生服务由乡（镇）卫生院提供。大病医疗服务由县级医院提供。到县以上的医院就诊只能大部或全部由个人和家庭负担，或者寻求其他医疗救助。各地可根据具体情况拉大或缩小各级医疗机构之间缴费或报销比例的级差。需要严格约束时，扩大级差；条件较好，有能力满足更多需求的地方可以适当缩小级差。随着经济水平的提高，可以逐步（缩小）医疗缴费和报销的级差。

把医疗需求约束在合理范围内，只靠中央政府是难以胜任的，必须发

---

① 当然，新型农村合作医疗每人 100 元的筹资水平还不足以真正解决农民的医疗问题。从 2007 年各地的实践看，上海市已经达到每人 400 元。如果与城市医疗保险的水平比，那还是低的。将来随着国家财力的逐步增强，农民收入水平的不断提高，新型农村合作医疗的筹资水平还将逐步提高。本文写作于 2005 年到 2006 年初（发表于《河北学刊》2006 年第 4 期），当时新型农村合作医疗还处于试点和初步推广阶段，近两年推进速度很快，经验也丰富了，现在看来，本文当时的这一提法还是偏低。——2008 年 1 月 30 日编后记。

挥各级政府的积极性。就目前中国各级政府的能力来说，发挥县级政府的作用尤为重要。一些有条件的地市，或有条件的省市，能够实现管辖区域内统筹的，可以提升统筹和管理的层次。

经过这样约束的需求水平，在目前来说，可能是不高的，但不一定是很低的；可能是广大农民群众不特别满意的，但未必是不满意的。事实上，我国绝大多数县级医院是可以胜任大病治疗任务的，绝大多数农民是以到县级医院就医为现实且比较满意的选择的。需要到县级以上医院就医的，无非是两种情况：一是疑难病（县级医院治不了的病），二是病人及其家属有能力，寻求比县医院更好的医疗服务。

要搞好农村新型合作医疗，只抓需求方不行，更主要的是抓好供给方。供给方面做好了，需求的费用可能降低，使新型农村合作医疗走上健康发展之路。

四　供给分析

（一）政府责任

造成"看病难、看病贵"的第一责任者是政府，主要的承受者是农民。分析在农民的卫生医疗问题上政府的责任，就成为整个问题的关键。一个经济发展水平不高的农业大国的政府，对广大农民群众的卫生医疗到底应该和能够承担什么样的责任？如何看待投资于经济和投资于健康的关系？政府应该以什么样的方式承担这个巨大的责任？对于这些问题，只有良好的愿望是不行的，一味道义的指责是无益的，需要做理性的分析。

中国的农村合作医疗制度兴起于20世纪60年代，到70年代普及了90％的生产大队（大致相当于行政村）。各村都有了"赤脚医生"和医务室，"赤脚医生"像其他社员一样在生产队记"工分"，其报酬水平与其医务活动特别是与患者无关。当时的筹资水平一般是每人每年0.5元，相当于一个农民2—10个工作日的报酬。这笔钱在生产队年终分配时按人头扣除，归生产队统一使用。社员在本村看病拿药免费，患大病住院治疗可以享受补助，补助额视各生产队的具体情况而定。这个制度虽然筹资水平不高，但当时农村主要使用自采的中草药，医院的收费水平也不高，所以，尽管主要解决了医疗服务的可及性问题，但还是受到了广大农民群众的欢迎，也得到了世界卫生组织和国际社会的高度赞誉，曾被称为以最低廉的成本解决世界上最庞大人口的医疗问题的"中国模式"。这是第一次农村合作医疗。其特点是：农村合作医疗是农村合作经济的一个组成部分，"合作"是农民之间的合作，政府不承担财政责任。

自 1978 年开始改革开放以来，农村实行家庭联产承包责任制，集体经济迅速解体，农村合作医疗制度失去了依托的基础。到 20 世纪 80 年代末，只有上海市郊区、苏州地区以及山东省招远县等少数地区约占全国 4.8% 的行政村还坚持了合作医疗制度。由于当时的医疗费用连年上涨，有条件的地方只好提高筹资水平，例如，招远县的筹资标准为每人每年 7 元，其中，村级组织出资 2 元，乡镇出资 5 元，农民个人不出资。这样的筹资水平虽然不能为农民提供足够的医疗保障，但总比完全失去合作医疗的保护，全部靠自费医疗的全国大多数地区的农民要好一些。

正当第一次农村合作医疗制度解体的时候，整个国家卫生医疗环境却出现了对农民更加不利的变化。一方面，全国城乡医疗体系和医疗服务的市场化改革，导致医疗资源进一步加快向城市集聚，乡村赤脚医生队伍解散了，乡镇卫生院近乎断炊了，农民的医疗可及性发生危机，只好小病忍着，大病跑到大城市，极大地增加了医疗成本。另一方面，政府某些部门借市场化改革甩包袱，不负责任地把整个医疗卫生事业推向所谓"市场"。在卫生总费用的结构中，政府负担减轻，居民个人支出负担急剧增加，政府的卫生支出占卫生总费用比重已经处于国际最低水平。2001 年政府支出占卫生总费用的 75.75%，其中扣除行政事业单位医疗经费，用于公共卫生服务的经费只占卫生总费用的 11.11%，而卫生事业费仅占卫生总费用的 6.71%，这些指标综合反映了政府对健康投资，特别是对公共卫生领域的投资与宏观经济发展不相适应，其结果是影响国民的健康状况，并造成一系列社会问题。① 到 2002 年，政府对卫生医疗的投入占财政支出的比例，进一步从 20 世纪八九十年代的 6% 降为 4%，2005 年 3 万多亿元的财

---

① 郭永松、赵栋：《卫生服务公平性——政府职能与作用研究》，《医学与哲学》2004 年第 25 卷第 6 期。

政预算中，卫生医疗费用支出只有1200亿元，这一比例，不但远远低于发达国家，也低于大多数发展中国家。

自1994年—2002年，中央政府曾多次推动恢复和坚持合作医疗制度，称为第二次合作医疗。1997年出台的合作医疗政策规定，"在政府的组织和领导下，坚持民办公助和志愿参加的原则"，"筹资以个人投入为主，集体扶持，政府适当支持"。在实际运作中，虽经大力宣传发动，农民参与积极性仍然不高。主要问题是"集体扶持，政府适当支持"都不落实，"以个人投入为主"也就难以做到。且不说许多地方的农民并没有投入健康的能力，就是有交费能力的农民也因合作医疗制度的几起几落而对此信心不足。因此，虽经多年努力，参加合作医疗的农民到1998年时仅占农村人口的6.5%，第二次合作医疗未能成功推开。

农村合作医疗的发展历程表明：

（1）解决农民的医疗问题，首要的问题是筹资。当年第一次合作医疗的成功并不在于有多么复杂的制度设计，而在于集体经济制度可以方便地解决筹资问题。一般采取的办法是在年终分红时直接扣除，每人一份，数额相等，这种办法实际上带有强制性。但这种强制是与分红联系在一起的，又是人人有份的平均主义式的，当事人不会有强烈的感觉。正如我们现在每月发工资前统一扣除人人参加的工伤保险一样。

（2）政府必须出资。第二次合作医疗之所以搞不起来，主要是因为政府特别是县以上的财政不出资，乡镇财政能力有限，村级经济大多解体，农民个人又是自愿出资，单凭这两条，第二次合作医疗的命运已被铁定了。医疗卫生事业涉及国计民生，关系到广大群众的切身利益，应该是国家公共事业投入的主要方向之一。在欧洲发达国家，医疗卫生费用约占GDP的7%—10%，其中80%—90%由政府负担。从具体投入内容看，公立医院的病房建设、设备购置和更新、人员工资这些支出必须绝大部分由政府投入来提供，而不能依靠医院从病人身上赚钱来解决。现在政府拨款只占公立医院总收入的10%左右，而90%要依靠医院赚钱。① 农民的人均

---

① 汤燕雯：《看病贵、看病难 群众反响强烈 政府是第一责任人》，《政协第十届全国委员会第四次会议大会发言材料汇编》，2006年第74册，第11—12页。

收入还不到城市居民人均收入的三分之一，城市居民都承受不了的高额医疗费用，农民怎么可能承受得了？正是从这一现实需要出发，并吸取以往多年几起几落的历史教训，新型合作医疗明确规定了中央和地方财政的出资责任，这在思想认识上是一个历史性飞跃。

（3）政府与农民合作共担。"政府出钱给农民看病"，如果从医疗救助的意义上说，并不稀奇，那是一种给予关系。现在是合作关系，不光是农民个人（家庭）之间的合作，还有政府与农民的合作，这是一种责任共担。

为什么需要建立责任共担关系？之所以提"责任共担"，而没有使用"费用共担"，并不是说这里不存在"费用共担"的问题，而是说，这里并不简单是一个经济关系问题。政府出资，标志着政府与农民关系的一个新模式，城乡关系的一个转折点，标志着中国的工业化和城市化已经发展到了由以往几十年的农业支援工业、农村支援城市转变到工业反哺农业、城市支援农村的新阶段。

新型农村合作医疗的重大制度创新是形成了全新的筹资模式和合作模式，政府不仅出资，还以政府出资为主，按目前的比例，占到了2/3—4/5，形成了政府（中央和地方）、农民（个人和家庭）、村级组织和社会组织以及卫生医疗服务方（村医务所，乡镇卫生院和县以上医院）的合作联盟。这种合作模式为解决7亿多农民的卫生医疗问题开辟了光明的前景。它的成功运作还有待于解决一系列制度和机制问题，其中很重要的一个问题就是市场机制和非市场机制的关系。

（二）市场作用

计划经济时代的公费医疗存在着效率偏低的问题，于是就从20世纪80年代中期开始，随着经济体制市场化改革的大潮，也出现了卫生医疗体制改革的主导性思路：卫生医疗服务的市场化。具体做法主要是在缩减对卫生医疗费用的公共负担比例的同时，允许卫生医疗服务部门"创收"：把卫生医疗服务作为提高医务人员收入的主要来源。十多年来的实践表明，这种让公立医院以营利性取代公益性的所谓"市场化"的结果，导致医疗费用飞涨，看同样一个病，改革前后相比，医疗费用（尤以药费为最）可能上涨几十倍，甚至上百倍。也许在某些有限的方面效率提高了（例如大医院医生的日均诊疗人数增多），但总体上出现了社会反响最强烈的"看病难、看病贵"问题。7 亿多农民的医疗问题，也因第一次合作医疗制度在 20 世纪 80 年代的衰落，90 年代第二次合作医疗试验的失败而越发没有保障。

　　20 世纪 90 年代中期以来，各级医院和卫生防疫机构已经全面走向市场化。来自政府的拨款占其收入的比重已经微不足道，而所谓的"业务收入"，也就是医疗服务收入和出售药品的收入，成为其收入的主要来源。因此，所有医疗服务提供者成为以服务换取收入的组织。造成医疗费用快速上涨的主要原因，在于医疗服务提供者利用医患之间严重的信息不对称，通过对患者进行不必要的检查，开大处方等，无端增加患者的花费，而此时又正值对原有的公费医疗制度进行改革，改革的主要导向就是由原来的看病由公家出钱，改为部分由患者出钱，而那些脱离原工作单位的下岗职工、自谋职业和灵活就业者（这些人所占的比例逐年增大），以及大批进城农民工则未被社会医疗保险制度所覆盖，看病完全自费，从而造成严重的"看病难、看病贵"问题。这种情况到 20 世纪初愈演愈烈，2003 年以来年年成为社会议论的热点。在反对还是肯定这种"改革"的争论下面，一个不可回避的问题显现出来了：卫生医疗服务是否具有公益性，怎样看待公益性与营利性的关系？

　　以往在对医疗机构进行市场化改革时，忽视了一个不应该忽视的基本问题：医疗机构不同于一般企业，公立医疗机构不同于国有企业，对医疗机构进行市场化改革也不同于通常所谓"经济改革"。企业与顾客之间的关系可以单纯地看做是经济关系；医院与患者之间也有经济关系，供求关系，也服从供求规律，但首先是人道关系、道德关系，是救死扶伤。政府与医疗机构之间的关系也不同于政府与企业的关系，在市场化改革中，政府改变在计划经济体制下对国有企业的父爱主义庇护，把企业推向市场，不再干预企业的经营活动；而在医疗体制改革中，政府就不能只把医疗机构推向市场了事，还要加强管理，只不过管理方式、内容和机制有所改变。否则，如果政府管理缺位，就会如顾昕所说："在这样的制度安排下，不单单是 2/3 没有任何医疗保障的人，而且相当一部分已经拥有医疗保障的人，都是作为单个病人出现在医疗服务机构。无论是公立还是民营，医疗服务提供者在面对如此庞大的单个病人组成的医疗服务市场时，都无法抵御过分提供服务的诱惑。简单地说，根本没有人去控制医疗服务的费用，这正是中国医疗服务费用不断攀升的重要原因之一。"①

正由于医疗体制改革的这种复杂性，我们在思路和提法上就不能过于简单，不能追求那种概莫能外式的统一提法，甚至也不要轻言"化"，因为"化"本身就带有边界扩张的意味。我以为对医疗体制改革既不要提"市场化"，也不要提"公益化"，而是该引入市场机制的地方就用市场机制，该坚持公益性的地方就坚持公益性，如果要讲"化"，可以叫多样化的综合体系。政府的职责和能力就在于把各种资源整合起来，把各种机制协调好，满足不同层次的需要，保障人人享有基本的卫生医疗。

就政府而言，医疗卫生工作具有普遍的公益性，是政府公共服务的重要组成部分。是公立医院就应该坚持公益性，以悬壶济世、治病救人为己任。当然，公益性并不意味着对所有人都免费，且不说目前我国不具备这个能力，就是将来发达起来了，从原来实行的公费医疗和福利国家的教训看，也不宜采用政府全包的模式。但对于就医困难的群体，政府应确定一部分公立医院，其人员、业务、事业发展经费由政府百分之百投入，其目标是确保全社会所有的人，不因没有钱而看不起基本的常见病、多发病。要按照"底线公平"原则，像建立"最低生活保障线"那样，建立"最低医疗保障线"。

大部分公立医院的人员工资、设备购置和基本建设，应由政府负责，医疗费用由社会医疗保险基金和患者按比例支付，基金管理机构应作为第三方负责审核与监督。而在医疗机构的人员聘用和业务管理领域，则可引入市场机制。

私立、合资等多种投资方式的医疗卫生单位，允许其在合法的大框架（即各种准入条件）的限定下充分放开其医疗、服务收费，政府不予任何资金投入，目标是满足不同层次特别是高收入阶层的医疗服务需求。政府

---

① 顾昕：《中国医疗体制改革：现状与挑战》，《2006年中国社会形势分析与预测》，社会科学文献出版社2006年版。

对市场化运作这部分单位的收入可以收取一定税收以补充公益性单位的经费不足。①

（三）公平博弈：医疗体制改革由政府主导还是市场主导？

中国的国情决定了医疗体制改革的方向必然要以政府为主导，而不能以市场为主导。这是因为如前文所述，改革的主要目的和任务是解决医疗资源配置和医疗服务提供的公平性问题。不可否认，在"改革到底改什么，为谁而改革"的问题上，20 年来，人们在认识上是经历了一个变化过程的，这期间确有许多需要认真反思之处。

在以市场化为取向的经济体制改革之初，人们普遍高估了市场化的好处，以为不论什么难题都可以交给市场去解决。对于也可能"市场失灵"只是听说过，没有真切体会；对于市场化可能带来的负效果，更是未曾考虑。20 世纪 80 年代，眼见着农村合作医疗解体了，政府没有施以援手，而是让几亿单个的农民去面对迅速走向市场化的医疗机构。20 世纪 90 年代，随着国有企业改革的深化，企业也把职工医疗的重负甩给社会，社会是谁？报销不了的医疗费单据只能在职工手里揣到作废为止，政府此时还是想祭出市场之神，市场铁面言道："人民医院朝南开，手中没钱别进来。"

就市场而言，这是它的"自然法则"，市场并没有错。不仅如此，趁政府不出手的当口，市场还有足够的动力去把优质的卫生医疗资源集中到大城市，去实现利润最大化的神圣目的。于是在短短几年内，卫生医疗资源分布的城乡差距、地区差距迅速拉大，出现了前述"农村有 65% 应住院的患者不能住院"，"在家死亡的占到了 78.6%"的境况。对于农民来说，"没有什么，不要没有钱；有什么，不要有病"。没有钱，英雄气短；有了病，连英雄也不敢称了。

围绕着农民健康问题，存在着最复杂的博弈关系。参与博弈方至少有：（1）政府（中央和地方）、（2）企业（医药产品提供方）、（3）农民（个人

---

① 赵金城：《解决国人看病难、看病贵问题必须尽快实行"两个分开"》，《政协第十届全国委员会第四次会议大会发言材料汇编》，2006 年第 72 册，第 26—27 页。

和家庭)、(4)村级组织和社会组织以及(5)卫生医疗服务提供方(村医务所,乡镇卫生院和县以上医院)。从公平性的角度,还应该考虑到城乡差别、地区差别和居民之间的收入差别,因此还应该加上第(6)方——城市居民特别是其中的既得利益阶层,而在农民中也有小部分富有者或者已经得到某种形式和程度医疗保障的幸运者,但(3)还是可以包括目前的大多数农民。

在以上各博弈方中,处于优势地位的是供方(2)和(5),由于医务人员认识上的缺失,凭借政府强力推行市场化的势头,他们过度使用手中权力以及医院为补偿支出等原因,导致畸形的医疗模式和过度医疗,不仅造成大量医疗资源浪费,对患者权益带来损害,更严重的是侵蚀了医疗卫生队伍本身,过去社会公众所称颂的"白衣天使"屡屡陷入与患者的利益冲突之中。不论公立还是私立医院统统以营利为目的,目前我国还没有非营利的公立医院,医院的经费、职工工资和奖金等均由患者在用医疗费维持。对将公益性的医院推入市场,广大医务人员也是反对的。但在为己方利益而进行的博弈中,手术刀天然占有优势,病人的谈判能力自然处于弱势。

在我国,由于社会组织不健全,第(4)方也没有什么力量支援农民;而作为第(6)方的城里人也由于既得利益的关系,时常对于进城就医的农民给他们带来的不便而颇有微词,在围绕医疗问题的博弈中城乡居民也形不成结盟关系。

在这场多方博弈中,唯有政府不仅有力量,而且有动力和责任保护农民,政府与农民结盟,这场博弈才可能找到平衡点。由此,前面提到的"卫生医疗体制改革到底改什么,为谁而改革"的问题就自然有了明确的答案:这场改革不是为了减轻政府负担特别是财政负担,市场不可能替政府去承担对农民健康的责任;这场改革也不是为了减轻企业的负担,企业在任何时候都不能推卸应负的社会责任,社会也不可能代替企业去承担其应负的责任。这场改革的正确方向是实质性地解决卫生医疗资源配置和服务提供的不公平问题。"三农"问题是"重中之重",农民卫生医疗问题又是这"之重"的核心。只有抓住了这个核心,改革才真正能够使大多数人民受益,从而得到大多数人民的支持。

（四）公平博弈：重点发展大医院还是重点发展基层医院和卫生保健机构？

在我国这样一个发展中国家，城乡居民人均收入水平较低，特别是农民人均收入水平更低，广大人民群众的基本卫生医疗需求还不能得到满足，危害人民群众健康的常见病、多发病还不能得到有效防治，在这种国情下，有限的卫生医疗资源怎样配置，是重点发展大医院还是重点发展基层医院和卫生保健机构？实质上是卫生医疗事业的方向性问题，也是讨论卫生健康公平性的一个关键问题。

新中国成立58年来，我国的卫生医疗事业得到了长足发展，不论从整体规模还是从医疗水平来说，相比大多数发展中国家还是较好的。到2005年末，全国共有卫生机构30万个，其中医院、卫生院6万个，妇幼保健院（所、站）2964个，专科疾病防治院（所、站）1470个。医院和卫生院床位307万张。卫生技术人员445.6万人，其中执业医师和执业助理医师193.8万人，注册护士134.0万人。全国疾病预防控制中心（防疫站）3592个，卫生技术人员16.1万人；卫生监督所1925个，卫生技术人员3.8万人；乡镇卫生院4万个，床位65.3万张，卫生技术人员84.8万人。[①]

有如此规模的卫生医疗资源却出现严重的"看病难、看病贵"问题，一个重要原因是卫生系统内部结构不合理，政策偏好的导向作用难辞其咎。2003年，全国卫生总费用的机构流向构成情况是：在卫生费用的分配总额中，城市医院费用占51.2%，县级医院费用占8.2%，仅相当于城市医院费用的16%；卫生院费用占7.2%，仅相当于城市医院费用的14%。流向县级医院和卫生院的费用加起来也只相当于城市医院的30%。这与我国城乡人口的比例（2003年时大约为3∶7）恰好相反。

如所周知，一些常见病、慢性病、多发病等完全可以在社区医院和县级及其以下的医疗机构解决。在我国三级医疗网的功能定位中，一级医院承担的是解决附近居民常见病、多发病和预防保健任务，二级医院承担的是一般性的专科医疗服务，三级医院解决的是全省或全国范围内的疑难病

---

① 郭红松：《切实解决百姓看病难、看病贵》（制图），《光明日报》2006年3月11日。

症。而现在状况是什么呢？一方面是大医院人满为患，一方面是基层医院没有患者，处于亏损状态，造成大量医疗资源的闲置和浪费。人们无论大病小病，都去大医院，同样造成了大医院医疗资源的浪费，影响了医疗体系运行的效率。

市场力量主宰资源配置的结果就是大部分医疗资源流向了城市医院，而且越高级的医院吸收的资源越多，从而导致了基层医院、农村的医疗机构服务量不足，越是这样，越会进一步导致医疗资源日益向城市（尤其是大城市）集中。这就导致了资源流向的恶性循环。打破这个恶性循环的关键，就是政府干预，加强基层和农村医疗机构的能力建设、社区医疗卫生服务体系的建设、推动公共卫生事业的发展。政府绝不应该迎合市场的导向，反而把财政资源也主要投向大城市、大医院，那只能造成难以收拾的困局。

第一次合作医疗期间的一个现在被忽视了的经验就是重视中医药。中医药相对于西医药具有自己的特色优势，而且在广大农村也有着较高的信誉度，应该大力发展中医药，尤其是在农村基层广为推广。这些年贪大求洋的倾向，也给合作医疗乃至整个医疗事业造成了严重的困难。从卫生部公布的统计数字来看，全国共有西医院 16800 个，中医院 2600 个，二者之比为 6.46:1，而且中医院的规模普遍较小。

山东省昌乐市等一些地市通过加强县中医院建设，发挥中医药的优势，形成了与县医院平等竞争的实力，降低了医疗费用，较好满足了城乡居民的医疗需求，有效地缓解了"看病难、看病贵"问题。

（五）公平博弈：合作医疗保险以大病统筹为主还是以门诊医疗（小病、常见病）为主？

在合作医疗的多方博弈中，农民是需方，又是谈判能力最弱的一方。不论是面对医疗服务提供方，面对药品经营商，还是面对政府，面对合作医疗管理部门，农民手中都没有制约对方的力量。在新型合作医疗的制度设计中，有一条被农民抓住了，那就是"自愿原则"。凭借这一条，农民可以施展理性计算的能力，不合算就不参加。本来不应是自愿原则，因为社会保险如果没有强制性，就难以做到普遍参与，而社会保险赖以存在的基础就是参与的普遍性。现在是实验阶段，有自愿这一条，可以了解农民的真实态度，这是对农民的尊重，也是对农民的保护。那么，到目前为止，农民是怎样运用这条自愿原则的？

按照常理，新型合作医疗的筹资方式，不论按照最初那种 30 元的方案，还是按照现在 50 元的方案，对农民都是有利的。前者，只要自己出 10 元，就可能得到 3 倍的收益；后者，可能得到 5 倍的收益，何乐而不为？但自新型合作医疗开始试点以来，参加合作医疗的比率（简称"参合率"）达到 70%，观望者还是不少。对此，可能的解释当然很多。其中，一种解释是农民收入低，交费有困难。听起来很有道理，的确，农民的交费能力并不强。但仔细一想，还是有些疑问。2005 年，我国农民人均收入达到 3255 元，东部地区不少省份达到人均四五千元，西部省份一般也在两千元左右，每人一年交 10 元，相当于人均收入的 0.3%，就算是农民人均收入中的现金收入并不多，那到底有多少家庭交不起这些钱？或许，一些并不富裕的家庭一年烧香拜佛的花费也不止这些。还有一些解释，例如，合作医疗曾经几起几落，挫伤了农民的积极性；农民群众对基层干部信任度不高，担心管不好。这些解释都有道理。但现在的问题，首先还是如何进一步完善制度设计，增强对农民的吸引力。

新型农村合作医疗制度定位于"以大病统筹为主"的农民医疗互助共济制度。制度设计的主要目标是防止因患大病而致贫，初衷当然是好的。但是，以大病统筹为主会遇到很棘手的逆向选择问题，身体较好的人特别是年轻人，估计短期内不会患大病，参合积极性就不高。如果只管大病统筹，不管门诊医疗，他们会感觉不公平。年长体弱者愿意参加，但患病比例大，基金压力大。为防基金入不敷出，就必须抬高起付线、压低封顶线，这样一来，农民治疗大病的费用报销比例太小，其余费用农民仍然出不起，影响了相当数量的农民参合积极性。

为了提高参合率，就要解决大多数农民常见病、多发病的门诊医疗费用问题。但患小病、常见病的比率显然比患大病的比率高得多，门诊医疗费用的报销比例就会压得更低，有的地方只能报销 15% 左右，还有一系列繁杂的手续要办，这也影响了参合积极性。

既然"以大病统筹为主"和"以门诊医疗为主"都有问题，何不将二者兼顾呢？事实上，如前所述，以目前的筹资水平，要想将二者兼顾势必捉襟见肘。可见前面讨论的筹资水平问题在目前确实是顺利推进新型合作医疗的必要条件。只有达到应有的筹资标准，比如每人每年 100 元、150 元或更多，才有可能在大病统筹和门诊医疗之间安排一定的资金比例，比如对半开、四六开，使得在两个方面的报销水平都有可能在一定程度上解决问题。由于我国地区差别较大，目前又是实行县级统筹，筹资标准可以有所不同。不同地区农民收入水平相差二三倍，个人交费标准也可以有较大差异。前述一些发达地区农民个人交费几十元、上百元，只要制度设计让农民满意，能够真正解决卫生医疗这件大事，又坚持自愿原则，证明效果是好的。当然，在经济实力不强的地区，必须从实际出发，量力而行，循序渐进，切忌急躁冒进。

新型农村合作医疗由于得到各级政府，特别是中央财政和地方财政的强力支持，目前正在全国农村迅速推开。2003 年全国首批启动的试点县（市、区）有 304 个，2004 年增加到 333 个。截至 2005 年 6 月底，全国已有 641 个县（市、区）开展了试点工作，覆盖 2.25 亿农民，其中有 1.63 亿农民参加了合作医疗，参合率为 72.6%。全国共补偿参加合作医疗的农民 1.19 亿人次，补偿资金支出 50.38 亿元，平均每人次 42.34 元。温家宝总理在 2006 年《政府工作报告》中，要求当年把试点范围扩大到全国 40% 的县，到 2008 年，要在全国农村基本建立新型合作医疗制度和医疗救助制度。实际 2006 年新型农村合作医疗试点范围已经扩大到 1451 个县（市、区），占全国总数的 50.1%，有 4.1 亿农民参加。参加合作医疗的县（市、区）数和农民人数均比 2005 年大幅增加。2007 年将把试点范围扩大到全国 80% 以上的县（市、区），有条件的地方还可能搞得更快一些，仅中央财政安排补助资金就达 101 亿元，相当于 2006 年（42.7 亿元）的 2.36 倍。[①] 原定 2008 年达到的指标可望提前一年实现。

合作医疗本是政府与农民的合作，中国农民没有把健康保障当成自己应有的权利，而是把光荣归于政府，感谢政府出钱给农民看病，这在中国历史上确实是划时代的一项制度建设。相信随着我国经济实力的增强，执

---

① 温家宝：《政府工作报告》，2006 年 3 月 5 日。

政为民理念的进一步落实，合作医疗的筹资水平会逐步提高，为广大农民群众提供基本的医疗保障。合作医疗这项多方博弈的最复杂的制度能够不断完善，一劳永逸地结束几起几伏的历史，走上健康发展的坦途！此为 7 亿农民之福，亦为中国之福！

参考文献

陈家应、龚幼龙、严非：《卫生保健与健康公平性研究进展》，《国外医学卫生经济分册》2000 年第 4 卷第 17 期，第 154—157 页。

佛山市财政局：《顺德区实行城乡合作医疗保险制度情况》，2005 年 4 月 1 日。

府采芹、韩卫、卢水生：《苏州新型农村合作医疗运行效果研究》，上海市现代服务业网站，2006 年。

葛洪才：《中国改革报》2006 年 3 月 12 日。

郭永松、赵栋：《卫生服务公平性——政府职能与作用研究》，《医学与哲学》2004 年第 25 卷第 6 期。

郭红松：《光明日报》2006 年 3 月 11 日。

国家统计局：《中国统计摘要》，中国统计出版社 2000 年版，第 96 页。

高丽敏：《卫生保健的公平性》，《中国卫生经济》1998 年第 2 卷第 17 期，第 15—16 页。

顾昕：《中国医疗体制改革：现状与挑战》，《2006 年中国社会形势分析与预测》2006 年。

蒋中一：《对完善农村新型合作医疗制度的思考》，《学习月刊》（武汉）2005 年第 11 期。

姜垣、王建生、金水高：《卫生筹资公平性研究》，《卫生经济研究》2003 年第 3 期，第 8—9 页。

凌莉、方积干、汤泽群等：《广东省卫生资源分布》，《中国卫生资源》2002 年第 5 卷第 2 期。

联合国开发计划署：《2003 年人类发展报告》，2003 年。

李顺平、孟庆跃：《卫生服务公平性及其影响因素研究综述》，《中国卫生事业管理》2005 年第 3 期。

李韶辉文章，见《中国改革报》2006 年 3 月 12 日。

连建伟文章，见《光明日报》2006 年 3 月 11 日。

李杰、徐凌中、邱亭林等：《东营市卫生资源公平性研究》，《现代预防医学》2003 年第 30 卷第 6 期，第 799—801 页。

毛丽梅、方鹏骞、杨年红等：《中国贫困地区特困家庭经济、健康状况卫生服务利用分析评价》，《中国妇幼保健》2002 年第 17 卷第 7 期。

孟玮、杨士保、谭红专等：《湖南省洞庭湖洪灾区卫生服务公平性研究》，《中国卫生事业管理》2003 年第 3 期，第 138—139 页。

欧水生：《关注城镇困难群众的医疗保障问题》，《医保研究动态》（增刊）2002 年第 7 期
　　第 14 页。

任玉岭：《医疗改革重在解决"贵"和"难"》，《政协第十届全国委员会第四次会议大会
　　发言材料汇编》2006 年第一册，第 7—8 页。

宋文虎、张正华：《2000 年世界卫生报告给我们的启示》，《中华医院管理杂志》2001 年第
　　5 卷第 17 期，第 263—265 页。

宋沈超、罗实：《贵州省卫生资源分布公平性研究》，《中国卫生经济》2003 年第 22 卷第
　　2 期。

汤燕雯：《看病贵、看病难 群众反响强烈 政府是第一责任人》，《政协第十届全国委员会第
　　四次会议大会发言材料汇编》第 74 册，第 11—12 页。

卫生部统计信息中心编《中国卫生服务调查研究：第三次国家卫生服务调查分析报告》，
　　中国协和医科大学出版社 2004 年版，第 16 页。

王绍光：《政策导向、汲取能力与卫生公平》，《中国社会科学》2005 年第 6 期。

王绍光：《中国公共卫生的危机与转机》，《比较》2003 年第 7 辑。

王瑟、耿建扩、张国圣文章，见《光明日报》2006 年 3 月 11 日。

吴静、靳蕾、任爱国等：《21 个县卫生保健服务利用公平性及变化趋势》，《中国生育健康
　　杂志》2003 年第 14 卷第 1 期，第 21—241 页。

修燕、徐飚：《卫生服务公平性研究》，《中国卫生事业管理》2002 年第 6 期。

易洪深文章，见《人民政协报》2006 年 3 月 11 日。

于浩、顾杏元：《贫困农村卫生服务利用的公平性研究》，《中国卫生经济》1997 年。

俞祖彭：《关注民生 认真解决"看病难，看病贵"问题》，《政协第十届全国委员会第四次
　　会议大会发言材料汇编》2006 年第 51 册，第 13 页。

张兵、王翌秋：《新型农村合作医疗制度的政策选择》，《中国农村经济》2005 年第 11 期。

赵金城：《解决国人看病难、看病贵问题必须尽快实行"两个分开"》，《政协第十届全国
　　委员会第四次会议大会发言材料汇编》2006 年第 72 册，第 26—27 页。

郑建中、韩颖、贺鹭等：《山西省农村卫生资源公平性研究》，《山西医科大学学报》2002
　　年第 33 卷第 2 期，第 113—115 页。

中国人民大学农业与农村发展学院课题组：《论"能力密集型"合作医疗制度的"自动运
　　行"机制——中国农村基本医疗保障制度的可持续发展》，《管理世界》2005 年第
　　11 期。

朱伟、田庆丰、朱洪彪：《河南省农村地区卫生服务公平性研究》，《卫生经济研究》2001
　　年第 1 期，第 27—29 页。

Henderson G. , Akin J, Li ZM, et al. , Equity and the Utilization of Health services：Report.

World Health Organization. The World Health Report 2000：Health System：Improving Perform-
ance Printed in France，2000. 144—150.

（原载《河北学刊》2006 年第 4 期）

底线公平与残疾人保障[*]

底线公平理论是我在 2004 年提出的，主要是针对社会保障制度建设的，应该适合用来解释残疾人保障问题。我尝试看看它能不能对残疾人保障问题有一点解释力。

一　对于残疾人保障一般地讲平等是不够的

毫无疑问，残疾人保障要讲平等，但是我觉得仅仅是抽象地讲平等还是不能解决残疾人的保障问题。我们看到，不论在中国还是在世界，都出现了一个很值得深思的现象，就是一方面经济发达了，实现或者正在实现工业化、现代化了，但是贫困和不平等在某种意义上讲却越发严重了。这样一个问题，在欧洲 20 世纪 70 年代中期引起了学术界和政府部门的重视，他们发现按照通常的理解，一个社会富裕起来了，现代化了，按理说应该基本上消除贫困现象，消除严重不公平现象，但实际上这些已经很富裕的欧洲国家却出现了所谓新的贫困，出现了更为广泛的社会不平等。为了研究和解释这种现象，就提出了"社会排斥"的概念。试图用这样一个概念来重新解释在重大的经济和社会转型的背景之下社会弱势群体的状况。法国学者勒内·勒努瓦（Rene Lenoir）于 1974 年界定了受排挤人群的一些特征或者分类，他认为在法国这种人约占法国总人口的 1/10：精神或身体有残障者、自杀者、老年患者、受虐儿童、滥用药物者、过失者、单亲母亲、多问题家庭、边缘群体、叛逆者以及其他一些不适应社会环境

---

* 本文是作者于 2007 年 12 月 3 日在山东大学"社会发展与残疾人事业国际学术研讨会"上的发言录音整理稿。

的人。

在我们中国，也可以观察到这种现象，就是一方面不论是总的还是人均的 GDP 增长很快，社会财富以惊人的速度增长；但是另一方面社会差距也在拉大，对包括残疾人在内的弱势群体的社会排斥不是减弱了而是加剧了。事实证明，在这种情况下，一般地、抽象地讲平等不足以解决残疾人的保障问题。当然，平等是需要的，是正确的，不是说不应该讲，而是说我们可以看到很多现象，比如就业，如果让残疾人和正常人简单地、抽象地讲平等，那么残疾人的就业问题实际上总是处于被排斥的状态。所以，只有靠特殊的制度安排，有倾斜的保护和支持，残疾人平等参与的权利才有可能实现。

二　对于残疾人保障一般地讲人道也是不够的

对于残疾人保障讲人道是正确的，但是仅仅讲人道也是不够的，甚至是消极的。毫无疑问，残疾人保障应该讲人道主义，但是人道主义是个理想性的概念，缺乏具体性和可操作性。怎么就叫人道？怎么就叫不人道？怎么才能保证实现人道？不明确。所以，人道主义喊了几百年，包括残疾人保障在内的问题，到底怎么解决，还是不甚了了。现在从人道主义走向权利主义，就认为残疾人的保障不是一种施舍，不是一种怜悯，不靠慈悲，而是残疾人应该有的权利。但是权利怎么保障呢？过去一般地认为是通过法律手段来保障，但是法律怎么落实，现在看来仍然是一个问题。为了解决这样一些问题，包括阿马蒂亚·森这样一些学者又提出能力主义，就是解决贫困、饥饿、疾病这些问题不仅要讲权利，还要讲能力，有了能力，权益才有保证。他以能力被剥夺来解释贫困、失业、不平等的发生。因此，提高能力，"增能"才能"增权"。

三　对于残疾人保障,市场机制是不适用的

残疾人保障问题与怎么看待市场作用关系极大，一般地讲，市场竞争越激烈，社会排斥就越严重，残疾人的保障就越难以实现。所以，研究残

疾人的保障问题，必须破除对市场的崇拜，市场不是什么问题都解决得了。我们从这些年的现实情况也可以看到，实现残疾人保障的公平底线遭到了严重冲击，公平的底线没有守住。所以，在市场经济之外，要强调社会保障、社会公平机制，我们应当提倡尊重，提倡合作。前不久在上海召开的残奥会也可以说明这个问题。奥运会是比谁跑得快，比谁跳得高，但是在残奥会上我们看到的是另外一种情景，有的项目也许可以比快、比高，有的项目不能比快、比高，有的残疾人上场以后，他不往前跑而往旁边跑，还要在老师的引导下才能完成这个过程。这样一种比赛，就应该有另外一种标准，另外一种规则，就是看谁更认真、更投入、更顽强、更有毅力，那就不一定是快不快、高不高的问题了。

因为社会发展的这样一种现象或者这样一种矛盾，就会出现社会越发展社会排斥越严重的问题，仅仅一般地讲平等、讲人道还不够，不足以解决残疾人保障问题，在这里，底线公平就有了发挥作用的余地。

四　残疾人保障的公平底线

公平底线主要指三个方面：生存保障、教育保障、健康保障。从残疾人保障的实际情况看，在这些方面基本上都处于公平底线以下。

1. 从生存保障来说，可以看两个方面：第一是就业。全国城镇残疾人口中，在业的残疾人297万人，不在业（就业年龄段）的残疾人470万人，在业比例只占应在业人口的38%。这样一个失业比例大大高于全国平均失业率（4%）。第二，从低保来说：城镇残疾人口中有275万人享受到当地低保，占城镇残疾人口总数的13.28%；农村残疾人口中有319万人享受到当地低保，占农村残疾人口总数的5.12%。当然，残疾人中有一些是有自立能力的。但是，这样一个比例大大低于不在业的城镇残疾人口享受低保的比例（62%）。可见，不在业而又没有享受低保的残疾人，他们的生存保障是由家庭承担的。

2. 从教育保障来说，15岁及以上残疾人文盲率为43.29%，这是2006年调查的数据，大大高于全国平均水平；6—14岁学龄残疾儿童246万人，正在普通教育或特殊教育学校接受义务教育的占63.19%，大大低于全国普及九年义务教育的平均水平。

3. 从健康保障来说：残疾人有医疗服务与救助需求的有 72.78%，有救助或扶持需求的有 67.78%，有辅助器具需求的有 38.56%，有康复训练与服务需求的有 27.69%，但曾接受过上述服务和救助的比例依次仅为：35.61%、12.53%、8.45%、7.31%。可见，享受到这种服务的与应该享受或者需要这种服务的相比，其人数相差甚远。①

五　以底线公平作为残疾人保障的理论基础

考虑到以上几个方面，我感到底线公平理论可以作为残疾人保障的理论基础。

1. 残疾人保障是社会保障的难中之难，守住公平底线是关键。全国残疾人口中，60 岁及以上的人口为 4416 万人，占 53.24%，比 1987 年第一次抽样调查时的该年龄段残疾人数增加了 2365 万人，占全国残疾人新增总数的 75.5%，成为养老保障中最难的部分。② 也就是说，残疾人保障恰恰是社会保障中那些最难做的部分，底线最容易失守的部分。老年人、残疾人医疗和看护需求大大高于一般人，就业难度也远远大于一般人。所以，底线公平原则特别适合残疾人保障。

2. 一般地讲公平、平等、人道，虽然都是非常必要的，但不足以解决残疾人保障问题，要以底线公平为基础建立资金支持体系、底线伦理体系、底线权利体系，以及保障底线公平的社会关系体系。

3. 守住底线首先是政府的责任。经验证明，在残疾人保障的运作中，可以适当发挥市场的作用，但依靠市场机制不可能守住底线。因为守住底线归根到底与市场追求利益最大化、优胜劣汰的原则是冲突的，这样的原则根本无助于解决残疾人保障问题。守住底线，可以发挥社会组织的力量，但只靠社会组织也是不够的。因为他们对资源配置没有强制力，靠自愿原则固然可以动员一些资源，但不足以守住底线，特别是在经济和社会

---

① 第二次全国残疾人抽样调查主要数据公报（第二号），参见《社会保障制度》2007 年第 8 期。
② 第二次全国残疾人抽样调查主要数据公报（第一号），参见《社会保障制度》2007 年第 7 期。

面临较大风险的情况下，就更加守不住底线。

而政府有超经济的强制力，有超社会的动员能力，有严密的组织能力。更重要的是，政府负有对弱势群体保护、扶持的责任。当然，政府负责，不一定完全靠政府财政负担，政府可以多方调动社会资源，但在底线失守的情况下，政府必须优先保证弱势群体包括残疾人的公平底线，做到悠悠万事民为先。从我国现在的收入水平来看，这一点是完全可以做到的，也就是说，对于整个社会保障来说（包括残疾人保障），因为我们的人均收入水平并不高，虽然经济总量很大，但是人均 GDP 还是很低的，在世界上是一百位左右。在这样一种情况下，要想给 13 亿人统统提供高水平的社会保障是不现实的，做不到的。但是，我国的财政能力却是非常强的，虽然我们的经济总量没有日本高，但是我们的财政总量却大大高于日本。所以，政府有能力解决少数弱势群体的特殊保障问题，特别是守住他们的公平底线。

六　残疾人保障的提供方式不同于一般的保障

残疾人保障的提供方式，首先要强调自强的原则。残疾人自尊心特别强，给他们提供的保障，应该特别适合他们精神方面的需要。比如，有一个腿部残疾的女孩，和她的母亲一起生活，有一个向她母亲求爱的男子，同时送给她母亲和她各一条裙子，这女孩就把给她的那条裙子剪碎了，那男子就没有想到这个女孩是特别怕暴露自己的腿的。所以，我们给残疾人提供保障，一定要采取尊重残疾人的方式。

其次，就是交换。残疾人可能在劳动能力方面，在某些方面比较弱，但是仍然可以鼓励他们采取交换的方式获得福利和社会救助，这当然不是对等的交换。比方说，一些残疾人当他在一些场合比如我们的会场，他给你递一杯水，你就会特别感动，和正常人给你递一杯水的感觉就不一样。所以，残疾人的服务有时候会有更好的社会效果，而这是一些残疾人可以做到的。

残疾人保障提供方式总的原则就是物质保障与精神保障要兼顾。

七　以残疾人保障作为推动和谐社会建设的途径

当前的社会分化已经比较明显，形成了许多不平等的社会群体。在这些不平等的群体中，残疾人是占有社会资源最少的群体，无论是经济地位、社会地位还是权力，在这些方面残疾人都一般处于劣势。

残疾人保障可以唤起社会成员的爱心、责任心、同情心，从而弥合社会裂痕，增强社会团结；残疾人保障可以提高政府的号召力、动员能力，建立政府与民间组织的合作关系，从而形成新型的政府与社会的关系；残疾人保障可以在市场竞争之外，建立一种充满关爱、合作的另一个世界；在市场原则之外，实行另一种更有利于保护弱势群体的原则。

可见，残疾人保障事业可以在最基本的方面，即政府与社会、政府与市场、人与人的关系方面有效地推动和谐社会的发展，推动整个社会建设。

所以，残疾人保障不仅仅是8000多万人的问题，实际上是13亿人的问题，不仅仅是某一个特殊群体的问题，实际上是所有群体的问题。它关乎整个中国的健康发展。

（本文原为《底线公平——和谐社会的基础》第十九章）

在社会服务创新中发展非营利组织*

　　加强社会服务，建设社会服务组织和体系，是社会建设的重要内容。换言之，在社会建设概念中，应该包括社会服务的内容；在社会建设实践中，应该更加重视对社会服务的投入和管理。而社会服务的实施主体是非营利组织，如何在社会服务创新中加快非营利组织发展，是当前社会建设和社会管理的一项迫切任务。

一　中国大陆社会服务需求进入急剧增长期，为非营利组织的发展和壮大展现了空前广阔的空间

　　随着持续30多年的经济快速发展，中国大陆人均GDP从1978年的381元增长到2011年的3.5万元；到2012年底，城乡居民的社会保障基本可以实现全覆盖，在得到资金保障之外，对社会服务的需求爆发式增长。加之长期以来存在着"重经济，轻社会"、"强管理，弱服务"的政策偏向，城乡社会服务基础薄弱、设施匮乏、人才短缺、体制落后、欠账太多，致使社会服务的供需矛盾非常突出。特别是在长期的经济发展中，造成和积累了一些"有中国特色"的新问题，更使社会服务面临空前巨大的压力，迫切需要社会服务加快发展。

　　一是"未富先老"。中国大陆老龄人口正以每年3.28%的速度增长，约为总人口增长率的5倍，预计到2030年老龄人口将近3亿。其中，到

---

　　* 本文原为2012年4月21日在云南大学召开的海峡两岸社会福利论坛的主题演讲稿，此次发表，作者做了修改。

目前为止，中国大陆城乡失能和半失能老年人已达 3300 万，占老年人口总数的 19%。① 老龄人口、失能和半失能老人的养老服务需求特别迫切，而社会养老服务体系建设仍然处于起步阶段，与新需求严重不相适应，加快社会养老服务体系建设已刻不容缓。近年来，从社区养老服务来看，与快速增长的社会需求相比仍相差甚远，服务功能单一，规模过小，质量偏低，规范性差，没有形成产业化格局，政策不够配套，责任主体不明确。从机构养老情况来看，养老服务床位严重不足，而且绝大多数不具有护理服务功能；养老服务队伍严重短缺，初步估计中国大陆需要 1000 万以上养老护理员，但经过正规培训的护理人员目前只有 20 万人。

二是快速增加的空巢家庭。由于子女外出打工或者异地工作，城乡空巢家庭比例很高。目前中国大陆 1.8 亿 60 岁以上老年人中，40% 过着子女不在身边或没有子女的"空巢"生活，有的城市空巢老人家庭比例已高达 70% 以上。空巢老人面对的最大问题，不仅是日常生活照料，更主要的是精神生活方面的心灵孤独。常年的空巢生活，使老人陷入孤独、失落、抑郁、无助的情绪中，不仅加剧衰老，还可能由心理疾患演变为生理病痛。按照现有趋势，未来十年、二十年，空巢老人家庭比例或将达到 80%—90%，届时将有超过两亿的空巢老人，这对社会服务创新提出许多新的要求。② 在服务内容方面，不仅包括生活照料、医疗保健、还包括精神慰藉、问题疏导和法律服务，还要鼓励和吸引老年人主动走出家庭，走向社会，减少寂寞和孤独感。在服务提供方面，在政府建设敬老院、老人福利院的基础上，应大力引导社会资金投向社会养老服务事业，鼓励私人企业开办老年公寓等养老助老服务实体，对"空巢老人"实行有偿服务，合理收费，集中管理，动员和吸引"空巢老人"入寓入院。

三是庞大的流动人口以及留守儿童、留守妇女和老人群体。第六次全国人口普查数据显示，2010 年中国大陆流动人口已达 2.21 亿，约占人口总量的 16.5%。不仅流动迁移日趋活跃，而且出现一些新的特征：一是新

① 宋林飞：《积极推进养老服务平台与体系建设》，《政协第十一届全国委员会第五次会议大会发言材料汇编》第 41 册（401—410）。
② 姚爱兴：《创新社会管理 关爱空巢老人》，《政协第十一届全国委员会第五次会议大会发言材料汇编》第 42 册（411—420）。

生代流动人口逐步成为主体；二是人口持续向沿海、沿江聚集，13个较大的城市群成为流动人口的重要吸纳地；三是流动人口举家迁移和长期居留趋势明显，流动儿童比例已经超过留守儿童比例。[①]

流动人口与社会服务滞后的矛盾相当突出：首先，以户籍制度为基础的现行社会服务管理体系导致流动人口在劳动就业、权益保障、子女教育、技能提高、生活居住、公共服务、社会融合等方面面临诸多困难与障碍，难以实现与流入地居民"同城同待遇"。[②] 其次，流动人口生存发展存在不少问题，如就业的流动人口中有30%以上未签订劳动合同，50%以上未参加社会保险，70%以上没有将养老保险转移到现工作城市，80%以上既无职业技术职称、也未接受过职业培训。再次，全国大部分农村很少有40岁以下的青壮年，留守儿童、妇女和老人的数量激增，农业生产、农村养老、社会治安等问题也十分突出。解决问题的根本之策是变农民工劳动力转移为家庭式迁移，促进农村发展方式转变，但这需要不断创造一系列物质条件，提供一整套政策措施，需要一个较长的时期才能解决。

四是大量社会服务需求虽然不是中国大陆独有的，但由于人口总数庞大，社会变化急剧，需求增长旺盛，给社会服务造成的压力却是"独大的"。例如，在"老有所养"的问题远远没有得到解决的同时，"老有所医"的问题已经非常突出了。一些老年人，特别是高龄老人，不仅生活不能自理，同时患有诸多的慢性病，这些老年人寻找适宜的养老机构是迫切的需求。而目前集长期医疗护理、康复促进、临终关怀为一体的"因病托老"机构或老年护理院却是难以寻觅。

再如，近年来，东部发达地区社会服务刚刚有所发展、有所改善，相比之下，西部地区的落后状态就愈发凸显，地区差距不但没有缩小，还明显拉大。特别是西部少数民族地区，由于历史、自然、经济、文化等诸方面因素制约，公共卫生服务还存在不少困难和问题。以凉山彝族自治州为例：按国家规定的标准计算，全州卫生机构平均缺员率为50%，县卫生机

[①] 高体健：《加强和创新服务管理》，《让流动人口共享经济社会发展成果》，《政协第十一届全国委员会第五次会议大会发言材料汇编》第69册（681—690）。

[②] 同上。

构缺员率为30%，乡（镇）卫生院缺员率达70%以上。众多基层医疗机构缺乏医疗设备，仅能提供打针、输液服务。已建立的村卫生室由于缺乏医生，难以提供最基础的常见病诊治和基础性的公共卫生服务。[①]

社会服务需求急剧增长的压力，同时也是大力发展社会组织的动力，特别是在提供社会服务方面具有优势的非营利组织发展迎来难得的历史机遇。大力培育社会组织、发挥社会组织在社会服务中的作用，已经成为政府和全社会的共识。2011年以来发生的一系列涉及社会组织的事件，进一步推高了公众对于社会组织健康发展的关注度。社会各界对于加快培育社会组织，加强规范管理，为社会组织健康发展创造条件的呼声日高。国家"十二五"规划纲要首次设专章阐述未来五年加强社会组织建设的工作思路，民政部也按中央部署将促进社会组织健康发展列入民政事业"十二五"发展规划的重点内容。在2012年的《政府工作报告》中，"理顺政府与公民和社会组织的关系"也被纳入"当前和今后一段时期深化改革的重点领域和关键环节"之一。[②] 民政部部长李立国在第十三次全国民政会议上提出，把基本公共服务外的养老服务、社区便民服务，运营各种类型的民政服务机构、慈善超市和捐助管理站等交给社会组织或市场主体，实现行政职能和社会力量的有效结合与良性互动；着力扩大民政事业的社会参与；协调制定和施行政府购买社会服务、资金补助等制度，制定和落实社会力量提供社会服务的优惠政策，推进民政服务机构公办民营、民办公助，鼓励社会力量通过独资、参股、合作、租赁、并购等方式参与社会服务。

当前我国"社会组织正面临着难得的发展机遇"。然而，目前包括非营利组织在内的社会组织的现状远远不能适应要求，迫切需要创新。创新包括：社会服务方式和非营利组织的创新、社会服务体系和社会类型的创新。

---

① 阿什老轨：《促进基本公共卫生服务逐步均等化 逐步缩小城乡居民基本公共卫生服务差距 提高全民健康水平》，《政协第十一届全国委员会第五次会议大会发言材料汇编》第20册（191—200）。

② 温家宝：《政府工作报告》（2012年3月5日在第十一届全国人民代表大会第五次会议上）。

二　社会服务创新，首先是服务本身的创新

在提供社会服务方面，非营利组织既不像政府那样具有强大的资源动员能力，又不如营利组织那样具有便利的市场运营机制，非营利组织只有靠服务理念、服务方式、服务态度的创新，才能打开一片天地。如果服务能力不强，服务质量不高，单靠为市场所不愿为，为政府所不便为，即使面对巨大的发展空间，非营利组织也恐难有很大发展。

目前，大陆非营利组织发展滞后，原因固然很多，但打铁先要自身硬，提高服务能力是首要的。而现在的突出问题是非营利组织自身能力不足，服务内容单一，规范化程度不高。关键是缺乏高素质的人才，服务需求的增长与服务人员的数量、质量之间明显存在矛盾。一些公益性社会组织的服务人员大部分是"4050"下岗失业者，平均年龄偏高，专业知识欠缺；或者大多数是进城务工人员，缺乏专门训练，并且就业稳定性较差。

因此，加强对社会服务从业人员提供包括免费培训在内的各种职业培训是首先要解决的问题。同时，应鼓励和吸引更多大中专毕业生、社会优秀人才和专业护理人员从事社会服务工作，在高等院校和中等职业学校设立有关社会服务的各项课程，如医疗护理、心理咨询、康复保健等专业课程，加快培养医疗、护理、营养和心理等方面的专业人才。制定服务岗位专业标准和操作规范，对社会服务从业人员进行职业资格和技能等级管理认证，实现持证上岗，加快实现社会服务人员的职业化、专业化。[①]

三　社会组织层面的创新

非营利组织应是提供社会服务的基本主体，但是长期以来，由于政府包揽太多，没有很好地发挥各方面的社会力量参与社会服务。当前，要转变观念，创造条件，采取得力措施，推动非营利组织健康有序发展，积极

---

① 宋林飞：《积极推进养老服务平台与体系建设》，《政协第十一届全国委员会第五次会议大会发言材料汇编》第41册（401—410）。

培育引导各类社会组织（如公益性组织、社会团体、行业组织、志愿者组织等）参与和提供社会服务。

　　全国各地在推动非营利组织发展方面，正在创造一些新的经验。例如，苏州市改革和创新公益性社会组织的登记和管理方式，搭建培育平台，率先提出了建设社会组织"孵化园"和"苏州公益园"的目标。在社区服务方面，大力推进社区服务设施建设，形成了一批管理比较规范、服务比较系统、项目较有特色的社区服务品牌。上海市公益性社会组织发展迅速。近年来，围绕社区居民基本生活服务需求，以公益性为宗旨，以非营利为目的，通过政府购买服务、建立公益孵化园等措施发展公益性社会组织，为社区居民提供优质廉价、无偿或低价的民生服务。2009 年 12 月成立全国首家"公益孵化器"——浦东公益园，目前入驻公益性社会组织 20 多家，通过公益创投和公益招投标活动，扶持一批公益性社会组织。①

　　鉴于目前公益性社会组织自身发育能力较弱，东部较发达地区大多采取构建孵化平台，建立公益园区的办法，加快培育和发展各类公益性社会组织。政府部门向社会组织转移职能，向社会组织开放更多的公共资源和领域，重点培育和优先发展经济类、科技类、公益慈善类和社区服务类社会组织，积极扶持发展行业协会、公益慈善类组织、农村专业经济协会和城乡社区社会组织。推进社会组织登记管理创新，拓展社会组织直接登记范围，探索登记管理和业务主管职能一体化，推行社区社会组织社区备案制度。按照社会化、专业化的要求，进一步推进政社分开，加强社会组织制度建设，积极解决社会组织发展中的困难和问题，加快社会组织专职工作者职业化、专业化进程，营造社会组织发展的良好制度环境。加强对社会组织的管理和监督，完善法制监督、政府监督、社会监督、舆论监督和自我监督相结合的监管体系，加大对违法违规社会组织和非法组织的查处力度，健全社会组织退出机制，提高社会组织的公信力。

---

　　① 言恭达：《关于充分发挥公益性社会组织在社区服务中作用的建议》，《政协第十一届全国委员会第五次会议大会发言材料汇编》第 77 册（761—770）。

四 社会服务体系的创新

社会服务创新，不仅是技术层面的创新，也不仅是组织层面的创新，而是包括服务主体、服务内容、资源供给、政策供给、管理机制等在内的体系性的创新。

从服务主体来说，必须多元化。所谓创新是指如何从原来政府这个单一主体转变为多元化主体。这个转变从根本上说，是由于客观需要的推动。就以养老服务来说，单一的机构养老，不可能满足需要；单一的传统家庭养老，功能严重弱化。而正在发展中的社区养老是适应我国社会转型期老龄化特点的一种新型养老模式，它的服务主体必然是多元化的：一是家庭，它具有传统优势，可以维系老年人的亲缘氛围，容易被老年人接受，子女也便于履行扶养老人的天职，家人对老人的关爱是无法替代的。二是社区，具有地缘优势，互助性强、富有人情乡情，可以发挥熟人社会特有的感情交流功能；社区最方便老年人之间开展互助服务，建立互助网络，发挥身体健康、有能力的老年人的余热，使老年人在互助中老有所为，老有所享。三是政府，通过政策倾斜与资金支持赋予社区居家养老更多的资源，实施各种优惠措施，通过政策引导和舆论倡导，发挥主导作用。四是非营利组织、专业社会工作人员、志愿者队伍，开展公益服务活动，在全社会形成浩大的社会服务大军。总之，要想推动我国社会服务的发展，必须构建一个政府、社区、家庭、公益性与专业性机构、社工和志愿者群体共同参与的多元化服务体系。

从服务内容来说，必须多层次、多样化。社会服务是面向社会，面向全民的，而社会是分层的，不同阶层的社会成员对于社会服务内容的需求是有差异的。因而，在满足人民群众的基本需要和弱势群体的生活需要时，要体现福利性和公平性；在满足个人、家庭和特定群体的需要时，要体现自主性和自助性。与此同时，也应在一定程度上体现社会服务的商品属性，运用市场机制，以满足多层次、多样化的需求。福利性社会服务、邻里互助社区服务以及有偿社会服务构成多层次服务网络。

城乡社区是提供社会服务的基础和平台。社会服务要侧重基层，贴近群众，整合社区资源，建设以社区养老服务、法律服务、就业服务、卫生医疗服务、困难群众帮扶服务等为内容的服务平台，形成综合性的规范化服务体系。

社会服务不仅包括物质生活方面的服务，还包括精神文化方面的服务。要克服重硬件建设，轻软件建设；重专业性文化艺术活动，轻基层群众性文化活动；重大型文化团体，轻民间文化和民营文化企业的现象，在政策上支持非营利性文化组织，扶持民营文化团体，引导带动和支持公共文化服务体系建设。鼓励社会力量积极参与公益性文化建设，提高文化产品和服务的供给能力。

从资源供给来说，应多个渠道、多种方式，既发挥政府的主导作用，又发挥市场配置资源的基础作用。坚持政府、企事业单位、社会组织、个人等投资主体共同参与。除了政府向专业机构购买社会服务以外，要积极调动各种正式与非正式资源，动员家属、朋友、邻里以及各种志愿性组织积极参与，培育和发展社会服务的内生性、持续性支持网络。

民政部民间组织管理局局长孙伟林在接受《瞭望》新闻周刊记者采访时表示，政府将加大对社会组织发展的资金支持力度，建立利用财政资金支持社会组织参与社会服务的机制；加强对服务能力强、公信力高、影响力大的社会组织服务品牌的宣传推广，引导社会组织大力发展公益项目；鼓励、支持和指导各地建立社会组织培育支持基地、设立社会组织发展基金、实施社会组织培育发展项目，通过这些措施，进一步增强社会组织综合实力。①

从政策供给来说，应建立统一、合理、普惠的社会组织税收优惠政策体系，扩大社会组织所得税优惠的范围和幅度。而社会组织税收优惠体系的建立和完善，需要登记管理部门的积极推动，更需要财政、税收等相关部门的大力支持，相互配合。

对非营利组织等社会服务组织的政策支持，要落实到人，体现到对投身社会服务的专业和非专业的工作人员的保障和激励。广大社会工作者是

---

①　杨琳：《民政部民间组织管理局：社会组织面临难得发展机遇》，《公益时报网》2012 年 3 月15 日。

从事社会服务的前沿队伍，他们最贴近基层，面对群众，应该完善社会工作人才薪酬补贴、评估表彰、选拔任用等政策措施，建立社会工作人才队伍激励机制。同样，对社区工作人员、广大志愿服务人员也要提供良好的制度环境。

从管理机制来说，应规范化、法制化。构建"统一登记、各司其职、协调配合、分级负责、依法监管"的社会组织管理体制，建立社会组织监管信息平台，形成登记审批、日常监督、税务稽查、违法审查、信息披露、公共服务、行政处罚等各环节信息共享、工作协调的社会组织管理机制。

在社会组织管理机制方面，各地创造了许多新经验。广东在行业协会实行"五自三无"改革，实现协会"自愿发起、自选会长、自筹经费、自聘人员、自主会务"以及"无行政级别、无行政事业编制、无行政业务主管部门、无现职国家机关工作人员兼职"。从今年7月1日起，所有社会组织均直接登记。北京、天津、浙江、安徽、湖南、海南等省市也先后探索双重管理体制改革，实行直接登记。为适应公共管理和服务重心下移，各地探索、实行由县（区、市）民政部门统一备案，由街道办事处（镇、乡政府）作为业务主管单位并履行指导监督职责的备案管理制度，使得大量活跃于社区、为基层群众服务但又暂不具备法人条件的社区社会组织能够取得合法地位。上海、山东、江西、陕西、宁夏等地大力推动登记和备案双轨制，据不完全统计，目前全国备案的社区社会组织已超过20万个。[①]

五　社会类型的创新——建设服务型社会

既然全面地、多层次地进行服务方式、服务能力本身的创新，适合中国文化传统和社会结构特点的社会组织层面的创新，整体协调政府、企业和非营利组织、社区、家庭、个人等多元主体的服务体系创新，那么，我

---

① 杨琳：《民政部民间组织管理局：社会组织面临难得发展机遇》，《公益时报网》2012年3月15日。

们所讲的社会服务创新，就不仅是技术层面的创新，也不仅是社会组织层面的创新，而是要创造一种新的服务型社会。这是我对社会服务创新趋势的预测，也是衷心的期待。对非营利组织的发展要从这样一个高度去认识，要在创造服务型社会的过程中，发展和壮大非营利组织。

那么，怎样定义服务型社会，为什么中国需要创建服务型社会？

"服务型社会"是孙希有博士创造的一个概念，他形成这个概念主要基于生产性服务业的发展，他认为"当今社会，人们的一切经济和社会行为都是为他人、进而也是为自我提供服务，服务是推动社会发展的手段和动力，是社会生产力发展的独立要素"。他的定义是："'服务型社会'是指一切机构或行业均以服务为理念、以服务为手段、以服务为形式、以服务为目的方能取得成功的这样一种社会类型。"[①] 我引用这个概念，更多地立足于对生活服务业在社会生活和社会发展中举足轻重地位的强调。从这个角度看，服务型社会的特征是：

第一，生活服务业不仅与生产服务业一起，构成经济产业的基础，而且生活服务业还成为社会事业的基础。从对就业的贡献率来说，生活服务业提供的就业岗位将大大多于生产服务业；从对生活品质的贡献率来说，生活服务业的贡献远大于生产服务业；即使就对 GDP 的贡献而言，生活服务业也可与生产服务业相比肩。

第二，社会服务成为社会团结的基本纽带，体现并渗透到社会生活的方方面面。在工业化、城市化、全球化加速推进的过程中，人们之间的关系难免出现疏离化、冷漠化的情况，像富士康连续发生的跳楼事件、"小悦悦事件"等，所呼唤的不仅是人们的良知，也是要求社会关系的重建。社会服务就是重建社会团结的基本纽带。例如，北京市民一度对河南农民工有些议论，他们之中少数人的某些不当行为，曾经招惹坊间非议。但近年来，朝阳区的河南农民工，成立了青年志愿者组织，积极开展社区服务，赢得了市民的好评和信任，加速了外来打工人员与本地居民的融合，表明了社会服务对于加强社会团结具有非常有效的突出作用。

第三，非营利组织成为实施社会服务的基本主体。面对十几亿人的社

---

① 孙希有：《服务型社会的来临》，中国社会科学出版社 2010 年版，第 10 页、封内。

会服务需求，政府的作用总是有限的；况且，大量的社会服务需要面对面地直接提供，行政化的方式是难以收到预期效果的。而营利性组织是市场的主体，但社会不是市场，社会服务更多地是一种基于道德、基于责任、基于情感的活动，与冷冰冰的市场交易、精细的利益计较格格不入，因此，尽管营利性组织对于提供某些层次和种类的社会服务有着存在和发展的空间，但不能和难以成为提供社会服务的基本主体。非营利组织具有公益性、直接性、广泛参与性等优点，是实施社会服务最合适的基本主体。

第四，服务型政府与服务型社会，不能用前者代替后者，也不能以后者取代前者。服务型政府要在推动服务型社会的建设中实现自身的转型，服务型社会也只有在服务型政府的建设中才能顺利形成。相对于服务型社会来说，政府不见得越小越好、越弱越好；相对于服务型政府来说，服务型社会也不是越单一越好，越依附越好；二者越合作、越互补、越协调、越齐心协力越好。

我之所以预测和期盼服务型社会的到来，是因为像中国大陆这样的总量很大、人均水平很低的经济体，即使总体上实现工业化、城市化了，单靠这个过程所带来的现代因素和制度模式，也难以让14亿或15亿之巨的中国人整体过上真正现代水平的幸福生活。我们不仅需要适应工业化、城市化、全球化的趋势，发挥现代性因素的作用，还要发挥中国文化和社会的优势资源，将二者恰当地结合起来——既维护家庭作用，又加强社区功能；既激励个人自立自强，又强调社会互助共济；既重视物质保障，又重视服务保障、精神保障；国家与社会之间、社会与家庭之间，不是一味分离、更不是一味对立，而是有分有合、各司其职，密切合作。这样我们就可能以较低的成本，解决西方国家用较高成本才能解决或者没有很好解决的问题，为占世界总人口五分之一的国人提供温馨满意的社会服务，不仅化解社会服务和社会发展的压力，还能够为世界贡献新的社会服务体系模式。

参考文献

阿什老轨：《促进基本公共卫生服务逐步均等化　逐步缩小城乡居民基本公共卫生服务差距　提高全民健康水平》，《政协第十一届全国委员会第五次会议大会发言材料汇编》

第 20 册，第 191—200 页。

［英］保罗·皮尔逊编：《福利制度的新政治学》，商务印书馆 2004 年版。

［美］多丽斯·A. 格拉伯：《沟通的力量——公共组织信息管理》，复旦大学出版社 2007 年版。

高体健：《加强和创新服务管理让流动人口共享经济社会发展成果》，《政协第十一届全国委员会第五次会议大会发言材料汇编》第 69 册，第 681—690 页。

国家图书馆：《"两会"专题文献信息专报》，2012 年 3 月。

何小平：《加强和创新社会管理要注重基层》，《政协第十一届全国委员会第五次会议大会发言材料汇编》第 1 册，第 1—10 页。

何雨：《社区居家养老：潜力巨大的养老模式》，《中国社会科学报》2012 年 2 月 20 日。

郑惠强委员的发言《政协第十一届全国委员会第五次会议大会发言材料汇编》第 42 册，第 411—420 页。

景天魁等：《福利社会学》，北京师范大学出版社 2010 年版。

宋林飞：《积极推进养老服务平台与体系建设》，《政协第十一届全国委员会第五次会议大会发言材料汇编》第 41 册，第 401—410 页。

孙希有：《服务型社会的来临》，中国社会科学出版社 2010 年版。

魏铭言：《民政部：社会组织可承担养老服务》，《新京报》2012 年 3 月 22 日。

温家宝：2012 年 3 月 5 日在第十一届全国人民代表大会第五次会议上所作的《政府工作报告》。

言恭达：《关于充分发挥公益性社会组织在社区服务中作用的建议》，《政协第十一届全国委员会第五次会议大会发言材料汇编》第 77 册，第 761—770 页。

杨琳：《民政部民间组织管理局：社会组织面临难得发展机遇》，《公益时报网》2012 年 3 月 15 日。

姚爱兴：《创新社会管理　关爱空巢老人》，《政协第十一届全国委员会第五次会议大会发言材料汇编》第 42 册，第 411—420 页。

伊丽苏娅：《关于发展老龄事业的几点建议》，《政协第十一届全国委员会第五次会议大会发言材料汇编》第 65 册，第 641—650 页。

（本文原载《教学与研究》2012 年第 8 期）

社会福利与社区建设

从滕尼斯提出"社区"概念（1887 年）以来的 120 多年间，社会福利有了长足的发展，社区也发生了历史性的演变。在这个发展和演变过程中，社会福利和社区越来越紧密地联系在一起，终于形成了"社会福利社区化"的概念，展开了社会福利和社区建设的新画卷。那么，社会福利与社区建设为什么会结合起来，其时代背景与现代化进程的关联是什么，"社会福利社区化"对于现代文明的发展具有何种意义？本文拟通过讨论社会福利与"回归社区"的必要性、与社区服务的开展以及形成的社区福利的不同模式，尝试回答上述问题。

第一节　社会福利与"回归社区"

社会福利与社区建设的内在关联，既有理论上的，也有实践上的。追溯这些联系，可以更深入地理解社区建设的重要性和社会福利的发展道路。

（一）　社会福利与社区建设的必要性

1. 社会福利与社区建设紧密联系是中国社会转型的必然要求

改革开放前，中国社会管理体制的最大特点是与"行政制"紧密结合、什么都管的"单位制"，那时的职工福利是"单位福利"，生老病死、交通住房等，统统由单位负责。即使有所谓"社区"，也大都是"家属区"、"宿舍区"，是由"行政单位"管理的。

改革开放后，原有的单位逐步转变为功能单一的利益主体，企业就是企业，学校就是学校，机关就是机关，不再承担更多的社会事务，企业和事业单位剥离了办社会的职能，越来越多的社会成员也从对本单位有极强依赖性的"单位人"变成自主性越来越强的"社会人"、"社区人"。由此，社会成员对社区的依赖程度也日益加深，社区的地位和功能日益增强。于是，社区开始积极地回应社区成员的需求，包括福利需求，原来由"单位"承担的福利职能也向社区转移，例如，社区提供就业服务、退休职工养老金的社会化发放、困难补助、低保户的申请、甄别以及生活保障金的发放等，这就推动了政府的公共服务转化为主要由社区及其成员和组织提供的社会服务。

2. 社会福利与社区建设紧密联系是现代文明发展的必然结果

任何社会进步所带来的社会影响都具有两面性，作为现代文明的两个主要趋势的工业化和城市化，在给人们的社会生活带来大量的积极变化的同时，其负面影响也是巨大的。

从空间特点看，现代城市虽然人口集中，但居住格局单元化、封闭化，居住稠密而关系疏远，不像传统社区的邻里间、家族内的交往那么密切。楼上楼下、左邻右舍，相邻多年，互不相识，在城市是司空见惯的。这种空间特性导致人际关系陌生化、孤立化，居住在同一区域的人们缺乏共同体意识。

从人员构成看，城市居民来自四面八方，他们之间大多缺乏血缘关系，即使具有血缘联系的人也不一定居住在同一地区。城市居民的异质性，使他们感到生活在"陌生人的世界"。这些陌生人不知从何而来，为何而去，人与人之间产生疏离感，很难形成传统意义的"社区"那种亲密无间、同质性的社会生活共同体。

从人际交往特点看，城市人以快节奏从事自己的活动，总是来去匆匆，相互之间情同路人，加之人们参与社会生活的范围扩大，所以，一般说来，城市居民在人际交往中情感色彩比较淡薄，照章办事、人走茶凉、就事论事的交往方式比较普遍。

总之，现代文明在给人们带来活动和交往的自由空间的同时，也使"共同体"关系日趋衰微，守望相助的"熟人社会"被个人日常生活孤立化的城市生活方式所取代。现代社会逐步丧失了传统社区所蕴涵的某些有价值的东西，导致了社区精神的失落。[①]

　　社区建设是要将特定区域内的社会成员、社会力量动员和凝聚起来，重塑共同体意识，消除人们之间的陌生感，增强亲近感，唤起共同的社会责任感，大家都关心和参与社区公共事务，维护和实现社区的共同利益，更好地解决社区存在的问题，保障社区生活和秩序的正常运行。

（二）逆滕尼斯过程：从社会到社区

1. 从社区到社会

滕尼斯把社区和社会区别开来，认为它们是人类社会的两种类型，也是社会发展的两个阶段。其中，"社区"是指在一定地域内生活并具有成员归属感的人群所组成的生活共同体。社区成员一般具有共同习俗和价值观念，同质性较强，而且关系密切、互动频繁。与社区相对应的社会则是由具有不同习俗和价值观念的人们组成，彼此有分工、异质性较强，一般靠契约维持关系。

从传统社区到现代社会的演进，是一种必然的历史趋势。现代城市社会是现代文明的标志，与工业化相伴随的专业分工，市场制度带来的理性计较，必然导致人际关系的疏远；社会流动加快，必然造成传统联系的减弱甚至瓦解。于是，"熟人社会"渐渐消退，"陌生人世界"日益形成，充满人情味的传统社区也就被冷漠的、理性化的城市社会所取代。

滕尼斯首先在概念上区分了"社区"和"社会"，并且用这两个概念描述了西方工业化、城市化、理性化的历史过程，所以，我们把从社区到社会的演进称为"滕尼斯过程"。而他对这一过程的思考和怀疑，也对我们反思这一历史过程提供了启发。

2. 从社会回归社区

在现代化发展过程中，随着工业化、城市化、理性化对社会生活的负面影响日益显现，人们开始不断地思考和探索重建"社区"的可能性，这不是情感上的"怀旧"，也不是对现代化的简单否定，而是一种自觉的、

---

① 陈正良、戴志伟、龚桐主编：《人文社区——构筑和谐社会的基石》，宁波出版社2005年版，第8页。

更为理性的反思。这时的"社区"也不仅是一个用于描述和分析的概念，而是一种社会实践，并且，就其具有明确的目的性、鲜明的组织性、广泛的动员性等特点而言，也可以说是一种社会运动。这并不是要返回到前现代的社会阶段，而是要复兴传统"社区"那种亲和的人际关系、温馨的社会环境和良好的社会秩序，寻求和形成更有利于提高居民生活品质、实现人的全面发展的现代社会结构。这就是组织现代社会生活的一条"回归社区"的道路。

20世纪20—30年代，欧美国家就提出了"社区重建"的口号，出现过"睦邻运动"、"社区组织运动"等，培养社区居民的自治精神和互助精神，动员他们参与改造社区生活的活动。1951年联合国经济社会理事会通过390D号议案，计划建立社区福利中心，推动全球经济、社会的发展。①

20世纪中叶以来，复兴社区、回归社区逐渐形成了一股世界性的潮流。国外的社区发展，最初的启动是从慈善、救济等社会福利开始，通过开展社区互助、社区照顾等活动，增强社区的凝聚力。在此基础上，社区建设已经向社区的经济、社会、教育、生活全面参与的方向发展，社区发展的目标包括了政治、经济、社会、文化各方面的改善。②

重建社区，主要目的在于解决工业化、城市化所带来的社会问题，但它又是在肯定工业化、城市化的积极成果的基础上进行的，毋宁说，社区建设是现代社会建设的新形式、新途径。在这个意义上说，所谓"从社会回归社区"是经由社区发展来推动社会发展。从发展理念上说，这是现代化的更符合人类本性和需求的新阶段。所以，从传统社区到现代社会符合社会前进的方向，从社会回归社区也是社会前进的方向，是社会发展的必然。

社区是人们日常生活中直接接触的社会环境，通过加强社区建设，可以使它成为增进社会福利的良好载体。完善的社区机制、良好的社区设施

---

① 陈正良、戴志伟、龚桐主编：《人文社区——构筑和谐社会的基石》，宁波出版社2005年版，第11页。

② 黎熙元、童晓频、蒋廉雄：《社区建设——理念、实践与模式比较》，商务印书馆2006年版，第70页。

是解决与工业化、城市化相伴随的社会问题的重要条件。把社区建设成为更有人情味的生活共同体，能够削弱现代社会对人的异化，克服人们之间的冷漠和疏离，使人们获得幸福感、安全感和归属感。在这个意义上，回归社区，也是关于社会发展的价值观念的提升。

社会发展不是片面地而是整体地推进的，一个方面的发展总会以另一方面的不同的仿佛是反向的发展作为补充。如工业化、城市化既瓦解了传统社区，又要求在新的意义上回归社区一样，经济全球化既冲破了地区性的交往屏障，扩大了各种资源的流动范围，但奇怪的是，它也成为推动社区重建的新动力。吉登斯认为："全球化进程的推进使得'以社区为重点'不仅成为可能，而且变得非常必要，这是因为这一进程产生的向下的压力。'社区'不仅意味着重新找回已经失去的地方团结形式，它还是一种促进街道、城镇和更大范围的地方区域的社会和物质复苏的可行办法。"①

第二节　社会福利与社区服务

社区是最贴近社会成员的基层组织，社区服务因其具有便捷性、有效性和亲近感，而成为社会福利的主要内容和主要载体。如果说，社会建设主要是通过加强管理来实现的，那么，社区建设主要是通过提供服务来实现的，社区服务是社区建设的基石。

（一）社会福利社区化

为了适应改革开放和社会转型的需要，20世纪80年代中期以来，我国民政部门一直推动社区服务（包括无偿的福利服务、低偿的便民利民服务和有偿服务），社区功能逐渐由管理型向服务型转变，服务主体也由单一的行政化和半行政化机构向多样化的基层组织转变。

20世纪90年代中期，我国加快经济体制改革，国有企业建立现代企业制度、集体企业也进行产权制度的改造，原由企业兴办的社会事业，如

---

① 安东尼·吉登斯：《第三条道路》，北京大学出版社2000年版，第83页。

学校、医院、服务性事业单位等与企业脱离，一大批职工回到社区，退休职工的福利保障也随之推向社会，大量服务性工作改由社区承担，于是，社区提供服务包括福利服务的功能得到强化。另外，由于社会流动加大，传统的家庭保障功能逐渐弱化，也将福利服务的责任越来越多地转移给社区。这样，社区自然成为社会福利的重要载体，社会福利就被社区化了。

2000 年，中共中央办公厅、国务院办公厅联合转发了《民政部关于在全国推进城市社区建设的意见》，将社区服务作为社区建设的主要组成部分而加以推展。进入 21 世纪以来，我国经济发展驶入快车道，社会流动性加大，流动人口激增；与此同时，我国进入老龄化社会，社区管理和社区服务任务加重。在新形势下，各地进一步加大对社区服务的支持力度，社会福利社区化保持着强劲发展的势头。

社会福利社区化并不是我国特定时期的特殊现象，它在国际上是普遍的潮流，发达国家或地区在这方面起步较早，已经取得了可观的成绩。国外的事实也已证明，社区建设可以带动社会福利的发展。美国前总统克林顿在 1998 年的一次关于社区发展授权的招待会上，曾高度评价社区建设对社会福利以及对改善社会状况的促进作用："在不到 6 年的时间里，我们创造了 1600 万个工作岗位，是 28 年中失业率最低的时期，是 25 年中犯罪率最低的时期，是 29 年中我们的人民依赖福利百分比最低的时期，是在 29 年中第一次平衡预算并有赢余的时期，是多年来通货膨胀最低的时期，是历史上家庭所有制身份最高的时期，几百万人利用家庭许可法，获得了他们以前不能取得的养老金。"[1]

从国内外的经验看，尽管社会福利社区化的内容有所不同，具体做法也有不小差别，但对社会福利社区化概念的理解还是基本一致的。社会福利社区化是指以社区为平台的社会福利实施与服务，它是社会福利体系与社区功能相结合的一种福利提供模式；也是把社会福利落实到社区基层，并由社区内各方力量共同参与、共同建设社区社会福利的过程。[2]

---

[1] 转引自夏学銮《社区发展的理念探讨》，《北京行政学院学报》2001 年第 4 期。
[2] 周沛：《社会福利体系研究》，中国劳动社会保障出版社 2007 年版，第 246—247 页。

（二）社区服务的含义和性质

社区的一切工作都应当着眼于提高居民的生活质量，因而社区建设的主要内容是开展社区服务，社区服务则是以增进社区福利为目标。在我国不同时期，不同情境下，关于社区服务的称谓有很多，"社会服务"、"社区福利服务"、"社区照顾"、"社区照顾服务"、"社区公共服务"等。尽管这些称谓的含义有所区别，本节为简明起见，统称为"社区服务"。

社区服务的范围有宽狭之分。从服务对象来说，狭义的社区服务对象仅指社会中的弱者，如老人、儿童、残疾人、病人、贫困者、优抚对象等；广义的对象指社区中的所有居民；从服务内容来说，狭义的社区服务仅包括满足服务对象的基本生活需求，如老年照顾、医疗福利、儿童照看、生活补助等，广义的服务内容包括为提高社区居民的生活品质而提供的所有服务，如安全服务、教育服务、便民服务等；从服务性质来说，狭义的社区服务仅指由国家和社会提供的无偿和低偿服务，不包括有偿服务，广义的社区服务既然是指由国家和社会旨在提高居民生活品质而提供的服务，那就可以包括有偿服务，至少是相当一部分有偿服务，例如某些便民服务、休闲服务、健身服务、娱乐服务，尽管服务本身是有偿的，但国家和社会提供这些服务仍然具有某种程度的福利性。

社区服务范围之所以有宽狭之分，与人们对社会福利有不同的理解密切相关。在以上服务对象、服务内容和服务性质三个方面，狭义的理解对应的是"小福利"概念，这是民政系统长期以来使用的概念，也为社会大众所熟悉，因而，它们作为社区服务的重要内容是没有疑义的。对以上三个方面的广义的理解，是最近才在社区服务实践中不断扩展的，各地因时、因事、因具体条件的不同，做法上也很不一样，因此，在概念的理解上出现差别，也是很自然的过程。

第一种意见认为，社区服务只具有福利性和公益性。它主要面向社区中的弱势群体成员及其家庭，也包括面向全体居民的公益性服务活动。一般为无偿或低偿提供。这种意见的一大特点，是坚持福利性应当是社区服务的基本宗旨，并且将福利性与营利性决然区分开来。按照这种理解，社区服务首先以维护、确保社会弱势群体如老年人、残疾人及其他特殊群体的基本生活为出发点和归宿，这是它的福利特性最明显的体现。同时随着国家和社会支持力度的不断加大，社区服务的对象也在日益扩大，直至将社区全体居民包括于其中。这方面的社区服务包括面向全体社区居民的便民利民的生活服务、文化娱乐服务、卫生保健服务、环境保洁服务等。这些服务以提高全体居民的生活质量、增强社区凝聚力和整合度为目标，是社会工作所追求的更高一个层次的目标。①

李迎生具体归纳了社区服务与商业性或市场化服务的区别："其一，社区服务主要面向社会弱势群体成员；而商业性服务面向全体居民，主要为非弱势群体成员，因为只有他们才能实际购买商业性服务。其二，社区服务运作的主体主要为政府、社区组织、各种非营利机构及居民等等；而商业性服务的运作主体是各种营利组织（企业）等。其三，社区服务不以营利为目的，所追求的是社会效益；商业性服务则以营利为目的，追求利润的最大化。其四，社区服务采用福利性服务与市场机制相结合的运行方式，即便是有偿服务，也是收费低廉的，不实行等价交换原则；商业性服务采取市场化方式运作，实行等价交换原则。"②

第二种意见强调社区服务产业化。而且认为社区服务产业化是社区服务发展的必由之路。社区服务产业化主要包括以下几个方面的内容：一是社区服务多元化。传统的社区服务是政府部门办的，不是针对全部社区居民的，而是针对少数社区居民的，社区服务主体只有多元化，才能促使社区服务业的全面繁荣。二是社区服务市场化。狭义的社区服务往往带有福利性质，广义的社区服务必须引入市场机制，大多数社区服务可以是经营性的。三是社区服务规模化。社区服务规模化可以促进专业分工，进一步拓展社区服务的内容；社区服务规模化可以进一步降低服务成本和服务价格，从而扩大社区服务的需求。③

---

① 李迎生：《坚持福利性的基本宗旨推进城市社区服务》，《社区福利服务新取向》（2008 年两岸社会福利学术研讨会文集）第 225 页。参见江立华、沈洁《中国城市社区福利》，社会科学文献出版社 2008 年版。

② 同上。

③ 杨宜勇：《社区就业：中国城市就业新的增长点》，《宏观经济研究》2001 年第 5 期。

事实上，社区服务产业化是 20 世纪 90 年代到 21 世纪初一度盛行的提法。1992 年，中央《关于加快发展第三产业的决定》提出，大部分福利型、公益型和事业型第三产业单位要逐步向经营型转变。1993 年底，民政部等部委颁发了《关于加快发展社区服务业的意见》，推动社区服务从单纯的福利型服务向福利型服务与有偿性服务相结合转变。在此期间，一些城市社区兴办"社区经济"，商业性市场性服务有所发展，而福利性服务却有所萎缩。可见，社区服务产业化的实践背景是经济体制的市场化改革，经济可以市场化，社区服务、公共教育、卫生医疗等公益性事业是否也可以产业化，引入市场机制？福利性事业引入市场机制是否会解决可持续性的困难？与社区服务产业化同时，也提出并实行了教育产业化、"医院创收"、"以药养医"，等等。到 2003 年的"非典型性肺炎"流行引发的社会危机，激起全社会的反思，"上学难上学贵"、"看病难看病贵"成为社会不满和热议的焦点。党中央及时提出科学发展观和建设社会主义和谐社会，为正确认识政府与市场的关系，处理福利性、公益性、商业性和市场性的关系，推动社会福利、社会保障以及所有公益性事业的更好更健康的发展，指明了方向。上述第一种意见，就是在反思社区服务产业化的背景下形成的，在一定程度上是对"产业化""市场化"以前的社区服务福利性基本认识的回归，当然是在反思基础上的回归，因而有了新的理解；下面第三种意见则是另一种反思性的认识。

第三种意见认为社区服务包括三个层次：福利性服务、公益性服务和微利性服务。福利性服务主要是以满足服务对象的基本生活需求为目的的服务，其对象是老年人、残疾人、孤残儿童、优抚对象等传统社会福利对象；公益性服务是以改善全体社区居民的生活环境和生活质量为目的的服务，主要指社区内的道路、绿化、环卫、社区治安建设等社区公共物品建设和服务；微利性服务是以提高社区居民生活质量和筹集福利社区化资金为目的的服务，服务对象主要是有经济支付能力的社区居民。[①] 这种意见将微利性服务包括在内，微利也是营利，并不是一般的"有偿"。在服务主体上并不排除企业，在服务性质上也不绝对排除营利性

---

① 周沛：《社会福利体系研究》，中国劳动社会保障出版社 2007 年版，第 246—247 页。

（市场性），只是限定要"以提高社区居民生活质量和筹集福利社区化资金为目的"。

在总结实践经验，进行理论反思的基础上，学术界和实际工作部门对社区服务的含义和性质取得了许多共识：

（1）就服务对象而言，首先要面向各类困难群体和优抚对象开展福利服务；同时要面向社区所有居民，满足多方面、多层次的生活需要。

（2）就服务理念而言，要强调以人为本，重视民生，把不断满足社区成员的物质文化需求作为出发点和归宿，尤其要把解决困难人群的基本生活需求作为社区服务的首要任务。

（3）就服务内容而言，要包含涉及民生的所有方面，凡是社区居民生活需要的，都要尽可能地提供服务，如，面向失业人员、毕业学生和流动人员等开展就业再就业和社会保障服务；面向老人、病人、儿童、残疾人等开展社区照顾等福利性、公益性服务；面向青少年和所有社区成员开展多层次、多类型的教育服务；面向普通居民开展便民生活服务；面向社区内的企事业单位和机关团体开展"后勤保障"服务；为所有社区成员提供安全服务、健康服务、文化娱乐服务、环境维护服务，等等。

（4）就服务性质而言，首先要强调和提供保障和改善民生的福利型服务和公益性服务，同时，面向不同收入水平的社区成员可以力所能及地提供非福利的经营性服务。区别不同服务对象、不同服务内容，采取无偿、低偿和有偿服务等多种形式。政府提供的公共服务要坚持福利性和公益性；社会组织提供的多方面的社区服务也要尽可能地突出福利性和公益性，而以商业性、市场性经营服务为补充，把市场机制作为开展社区服务的工具，在有利于满足民生需要、提高居民生活质量的前提下，开展营利性经营活动；在服务项目的选择上，把福利、微利和经营性服务结合起来，以利于增强社区服务的可持续性，增强社区服务的丰富性，增强社区居民的满意度，增强社区居民的共同体意识。

（5）就服务方式而言，要大力提倡志愿服务、邻里互助服务，动员社区成员积极参与；鼓励所有社区成员关心社区、爱护社区、做社区的主人；同时强调和落实政府责任，发挥政府的主导作用，增加政府对社区服务的投入，兴办基础性、示范性的社区福利服务设施和服务项目，资助社会力量兴办社区福利事业。①

总之，社会福利社区化要求以社区内的所有居民为服务对象，但要首先满足弱势人士的基本生活需要；以满足居民的生活需要，提高居民生活质量为目的；以提供福利型公益型服务为重点。在此前提下，只要是以社区为平台，以社区居民为主要服务对象，不论是由政府、社会还是由家庭和个人提供的，不论是无偿、低偿还是有偿的服务，都属于社区服务的范围。

（三）社区服务的主要内容

社区服务的内容十分丰富，人民群众的需求十分迫切，而且要求越来越高，因而，社区服务的发展前景是十分广阔的。在不同时期、不同发展阶段，不同社区针对不同服务对象，服务内容自然有所不同。

这里，只简单介绍几种当前比较主要的社区服务内容。

1. 社区就业服务

为弱势群体创造更多就业机会，提供比较满意的工作岗位，是社会福利的重要内容，是最有利于发挥社会成员的能力，使之最体面地获得福利的好方式。对社会而言，也是提高福利支出的社会效益的好方法。因此，国外提出了"工作福利"的概念，即对有工作能力的福利服务对象而言，要以参加工作亦即就业作为获得福利服务的前提或条件。而社区就业是克服贫困、消除社会排斥的一个主要途径。20世纪70年代以来，欧美国家为了缓解就业压力，促进经济发展，特别是为了给弱势群体创造就业机会，以利于降低社会排斥，实现社会团结，开始重视社区就业与社会福利的关系，重新"发现"和"回归"社区，大力促进社区就业服务。

社区就业服务是政府、企业、社区和福利组织在社区层面为在市场上难以获得就业机会的弱势群体提供的就业机会与就业支持服务。这里的弱势群体是指那些在劳动市场和社会生活中处于不利地位和处境的群体，例如失业者、青年和老年求职者、有劳动能力的残疾人、妇女、移民和少数

---

① 郑杭生：《破解在陌生人世界中建设和谐社区的难题——从社会学视角看社区建设的一些基本问题》，《学习与探索》2008年第7期。

民族等。

在我国，随着 20 世纪 90 年代国有企业和集体企业改革的深入，数千万职工下岗，进入社区，迫切需要再就业，政府的一部分就业服务职能也进入或转移给社区，社区发挥贴近服务对象、信息沟通方便灵活的优势，在就业服务中发挥了独特的作用，许多城市迅速建立了社区就业服务站，杭州等城市建立并完善了三级或四级就业服务网络，社区就业成为重要的平台。

社区就业存在着巨大的发展潜力，通过发展社区服务业促进就业应该成为就业和再就业工作的重点。由于人口老龄化、生活现代化、家庭小型化、住房单元化等一系列的社会变化，以及社会流动性加剧等因素的影响，社区服务需要量激增，社区服务中的临时性和非固定性的工作岗位日益增多。发达国家的社区就业份额为 20%—30%，发展中国家的社区就业份额为 12%—18%，而我国在 2001 年只有 3.9%。① 据一项调查显示，全国大城市有 77.6% 的家庭需要社区服务，而目前居民这类需求的满足率只有 26.1%。② 与此同时，大批的失业人员、新增劳动力、毕业学生迫切需要就业机会。鼓励和支持他们通过参加社区服务实现就业，改变"有活没人干，有人没活干"的状况，就具有了加快社区建设和实现再就业的双重功效。上海市下岗职工再就业工作起步较早，全市累计有 139 万下岗职工，通过再就业工程已经使 100 多万人重新就业，其中通过社区服务解决再就业近 30 万人次。大量成功经验证明，社区就业是目前最具有活力的就业增长点，对促进我国经济社会发展，实现社会的稳定和进步都有着十分积极的意义。因此，社区就业并非一时之需，应急之策，而是一种前景良好的产业，也是意义重大的社会建设事业。从社会长远发展看，社区服务业将是一项支柱产业，随着人民群众需求范围的扩展和需求水平的提高，应该积极发展社区服务，促进社区就业，全面提升社区服务业在经济和社会发展中的地位和作用。

社区就业的目的是服务社区，根据服务对象或内容的不同，社区就业

---

① 杨宜勇：《社区就业：中国城市就业新的增长点》，《宏观经济研究》2001 年第 5 期。
② 左焕琛：《关于大力促进和发展社区就业的建议》，中国网 2003 年 3 月 6 日。

岗位一般可分为四大类：一是面向老年人、儿童、残疾人、贫困家庭、优抚对象等的社会支持性和福利提供型服务；二是公益性服务类，与面向少数人的高消费类服务相区别，公益性服务具有为大众服务，使大众受益的特点，属于非盈利性，社区建设和管理的许多内容都属于这一类，当前要结合对退休人员实行社会化管理的需要，开发健身、娱乐以及老年生活照料等工作岗位，结合社区组织建设、公共管理和公益性服务的需要，大力开发社区治安、市场管理、环境管理等社区工作岗位，特别是开发社区保洁、保安、保绿、车辆看管等社区公益性就业岗位；三是便民利民服务类。社区以居民为主体，凡是与居民吃、穿、住、行、娱乐、健身等方面有关的服务，都可以为居民提供便利，当前要大力开发托幼托老、配送快递、修理维护等便民利民服务岗位，特别是面对居民家庭和个人的家政服务岗位；四是后勤保障服务类。除社区居民外，驻在社区内的各类单位所需要的服务也是多种多样的，随着国有企业逐渐剥离社会职能、机关事业单位和高校后勤保障社会化等改革步伐的加快，后勤保障类的服务需求将会大幅度增加，需要大力开发物业管理、卫生保洁、商品递送等社会化服务岗位。[①]

　　社区就业服务组织是劳动者自发或者自愿组成的。可以分为两类：一类是有能力的个人或多人组织起来从事非正规就业的，叫非正规劳动组织；另一类是由政府资助、具有托底性质的生产自救机构，叫公益性劳动组织，主要为再就业竞争中的弱者提供就业岗位。社区就业服务一般是由政府统筹安排，劳动部门牵头，社会各方支持的一种新的就业促进形式。政府要促进社区服务就业组织的建立，实行优惠政策和规范管理。要运用市场机制，推动建立各种社区就业组织，通过组织的建立促进就业，尽可能地降低社区服务组织注册的门槛，简化手续，提供优惠。同时要加强管理，减少社区就业组织的非正规性和临时性。

　　2. 社区照顾

　　社区照顾是社区服务的最主要内容，它最能体现社区服务的福利性和

---

① 劳动和社会保障部、国家发展计划委员会、国家经济贸易委员会、财政部、民政部、建设部、中国人民银行、国家工商总局、国家税务总局：《关于推动社区就业工作的若干意见》，劳社部发〔2001〕7号，2001年5月8日。

公益性。社区照顾最早于 20 世纪 50 年代兴起于英国，是指在政府的推动和支持下，动员社会资源，使社会弱势人群（主要是指老弱病残者及儿童）能在自己生活和熟悉的社区内获得各种照顾和支持。在这里，照顾与支持包括了行动照顾、物质支援、心理支持和社会关怀等不同层面的含义。仅就老年人照顾而言，英国社区照顾已成为区别于传统养老的一种新型模式。在社区内对老年人提供服务和供养，使他们在自己的家或"像家似的"环境中受到帮助。

社区照顾包含"社区内的照顾"和"社区性的照顾"。"社区内的照顾"是在社区内由专业工作人员进行的照顾。如利用社区中的服务设施，对孤老及生活不能自理的老年人进行开放式的院舍照顾。"社区性的照顾"就是由家人、朋友、邻居及社区志愿者提供的照顾。如为有各种需要的老年人提供家庭服务，这样老年人便不用脱离他们所熟悉的社区，继续过习惯的生活。

社区照顾与传统的家庭养老和集中院舍养老相比，具有很大的优越性，它把传统的家庭养老和集中院舍养老的优点结合起来，既便于体现对老年人心理和情感上的关怀，又能够提高老年人的生活质量，是一种深受老年人欢迎的新型养老模式。

社区照顾是社区服务中的日常工作，也是最基本的社会福利项目。它是从以人为本的观念出发的，基本理念是丧失能力的人有权获得援助，有权过上有尊严的生活。在社区层面开展社会服务，有利于节省资源，有利于增进社区成员的互助互爱关系。动员和组织社会成员参与社区照顾，让受助人感受到人间温暖，从而感觉到自己仍是社会的一员，仍有社会成员的自尊，可以同时激发施助和受助双方的社会责任，有利于促进社区和谐。

社区照顾的参与者是全体社会成员，包括政府工作人员、专业人士和受助者的亲人等，其中最主要的是志愿者队伍。而老年人既是受助对象，也可能是施助者、志愿者。一个社会如果把老年人同社会中的大多数人隔离开来，那么它就不是一个包容性的社会。老年不应当被看成是一个只享受权利而不承担责任的阶段。随着社会的发展和进步，"老年期"已经变得越来越长；老年人在总人口中所占比例越来越大，因此老年人也越来越成为社会中的一股不可忽视的力量；老年人越来越多地参与工作和社区活动，这使得他们有更多的机会与年轻人建立联系。[①] 现在，很多人担心老龄化社会，把老年人纯粹视为社会的负担，其实，老年人也是社会的资源、社会的财富，既然能够高寿，至少其中一部分老年人也有承担社会责任的能力。老年人参与社区照顾，低龄的照顾高龄的，身体好的照顾身体差的、心情好的劝慰心情不好的，不论对于施助者还是受助者，效果都很好。广州市逢源街道的经验就是生动的证明（见第三节），这些经验同时也证明社区照顾在中国是有灿烂的发展前景的。

3. 社区教育

社区是生活场所，也应该是教育场所，要把生活与教育结合起来，实现大众化的生活化的普遍教育，使社区教育成为提高全民族素质、形成高素质的人力资源的重要途径。提高全民族素质，让每一个人都有机会提高自己、发展自己，这是一个持续的、终身的学习和教育过程，必须把正规教育与非正规教育衔接起来，把工作的、职业的培训与社区教育结合起来。社区具有最方便的条件，可以随时随地开展或接受教育，这是社区的独特优势。教育要普及、高等教育要实现大众化，必须大力发展社区教育，使教育生活化，生活教育化。

美国、加拿大、澳大利亚等国是世界社区教育最发达的国家。在2001—2002 学年，美国共有社区学院 1151 所，在校学生 1040 万人，其中，540 万为学历教育的学生，500 万为非学历教育的学生；63% 为部分时间制学生，37% 为全日制学生。美国大学生的 44% 是在社区学院学习的。[②] 美国、加拿大的社区学院提供高中后非大学本科教育和各种形式、各种领域的培训。社区学院不仅承担学历教育、职业教育、继续教育，同时发挥社区服务功能：社区学院可以为本社区的政治、经济、文化发展提供各种服务，例如，开展科普活动、举办文体活动、进行咨询论证、召开各类会议等，从而成为本社区的文化教育活动中心。

---

① 安东尼·吉登斯：《第三条道路》，北京大学出版社 2000 年版，第 125 页。
② 杨进：《美国加拿大社区教育与社区学院印象》，《职教论坛》（南昌）2003 年第 14 期，第 61—63 页。

　　社区学院向社区居民提供具有开放性和公平性的高等教育机会，它不分贫富、财产状况及学历程度，敞开大门，为一切有志向的学习者提供收费低、学制短、灵活实用的学习条件。社区学院设在社区内，相当一批学生不用住校，可节省吃、住方面的费用。学院所需经费，大部分由政府财政拨付，政府对社区学院支持的力度明显大于对大学的支持力度，所以，向学生收取的学费、杂费一般低于对学生的培养成本。学院课时安排一般较灵活，双休日、假期、晚上都可适当安排一些课程，方便了一部分在职学员。社区学院可以开设相当于普通大学一、二年级的某些课程，也可以开设各种短训性质的或文化娱乐性质的、面向青壮年甚至老年人的各种培训、补习、研修课程等。学生毕业后可转入大学，继续学习大学三、四年级及以上课程，也可以就业。社区教育不但为企业培养了所需要的人才，而且打破了经济与社会障碍，使所有居民都有满足其学习需要的机会。①

　　澳大利亚政府积极支持社区教育，鼓励所有离开学校的人员参加一项培训课程，帮助他们尽快就业。目前提供社区教育的主要机构包括技术及继续教育学院、高等教育机构、省属各种教育委员会、社区组织、图书馆、博物馆等。目前澳大利亚的社区教育影响面很宽，每 10 个成年人就有 6 人参加过社区教育。②

　　我国社区教育是从 20 世纪 80 年代中期兴起的。社区教育从作为学校教育的延伸，逐步拓展为以提高社区全体成员的素质和生活质量为宗旨的全民教育。进入 21 世纪以来，建设学习型城市、学习型组织、学习型社区、学习型家庭的活动，已在我国特别是一些发达地区广泛兴起。截至 2008 年，全国已经确定了四批社区教育实验区，在把社区教育与学校教育相结合、正规教育与非正规教育相结合、专职和兼职教育工作队伍相结合、打造覆盖全民的终身教育体系等方面创造了许多适合中国国情的好经验。各地还探索建立社区教育的经费保障机制，采取"政府投入、部门分担、社会捐助、受教育者支付"等办法，多渠道筹措社区教育经费，并且

---

　　①　黎熙元、童晓频、蒋廉雄：《社区建设——理念、实践与模式比较》，商务印书馆 2006 年版，第 50—51 页。
　　②　管正：《简谈澳大利亚的社区教育》，《首都师范大学学报》1999 年增刊。

成立专户或专账，专款专用。一些先进地区把社区教育推广到农村，建设农民教育培训平台。一些地区的村、居委建立了社区学校分校，对广大农民开展技术技能、文化、法律、政治思想和道德教育。

尽管我国社区教育还处于起步阶段，但已经展现出非常广阔的发展空间，它对于我国从人口大国变成人才大国必将起到难以估量的作用。

4. 社区安全

为居民提供安全的生活环境，是社区服务的重要内容。和谐社区建设，首先是解决社区安全问题。目前，大量社会矛盾沉淀在社区，集中在社区，如果一个社区一边是富豪、一边是穷汉，在这样的社区，违法犯罪都相对严重。我国当前正处在矛盾凸显的时期，社会治安也就最困难、最艰巨。最近几年，全国各地大力开展的"平安社区"建设，取得了明显的成效。

流动人口犯罪，是社会治安的一个突出问题，在加强流动人口管理方面社区可以发挥重要作用。各地社区普遍建立了流动人口信息化管理平台，及时掌握和交流流动人口的基本情况和动态信息，同时加强对流动人口的各项服务，帮助他们了解政策法规、熟悉城市环境，增强融入社会的能力；开展对出租屋分类管理，各地创造了"以房管人"的新经验，大部分社区在推行以来，刑事案件明显下降，居民安全感普遍提高。

由于当前普遍存在工作单位和生活社区相脱节的情况，城市主要社会成员（职业群体）的主要社会活动不在城市社区之中，这就给社区管理带来许多难题。社区本应该是生活共同体，但社区成员却互不往来、实际上使社区成了"陌生人世界"。社区成员对社区安全只有需求，不尽责任。因此，在社区安全治理方面，必须加强宣传教育，使广大居民增强社会治安主人翁意识，自觉投身社区安全防范。社区组织居民因地制宜开展各种形式的治安防范活动，不断实现社区安全的自我防范和自我监督，许多社区由志愿者组成了义务巡逻队，社区还设立了治安网络公示栏，将各楼座的治安责任人和租房户情况一一明示，从而形成居民共同维护平安又共同享受平安环境的局面。[①]

---

① 青岛日报记者戴谦、通讯员王人栋：《创新治安网络推进安全自治 夯实社区平安工程基石》，《青岛日报》2004 年 11 月 23 日。

为了创建"发案少、秩序好、社会稳定、群众满意"的安全社区，大连等城市实现巡警、刑警、外勤民警"三警联勤"，并且积极探索警民联动、警民互助的社区治安防控网络。民警在社区走访中了解到，许多居民都对本区曾发生过哪些案件、应该采取什么防范措施十分关注，他们希望警方能以适当方式作出预警或提醒。大连市实行"治安预报"以后，抢劫、诈骗、盗窃案等可防性案件大幅下降，群众根据"预报"提示及时发现线索并进行举报，从而为公安机关破获案件提供很大帮助。①

第三节　社区福利发展模式

社区福利的发展必然受到当时当地具体条件的制约，因而最具有"本土化"的特点。在中国社区福利的发展过程中，各地依据实际情况创造了不同的模式。判断和评价不同模式的标准应该看它能否满足社区群众的福利需求。我们侧重从促进社区福利发展的主体和方式的角度，总结出几种有中国特色的模式。同时，由于社会福利建设是最贴近生活、贴近基层、贴近群众的具体实践，因此，我们对所谓"模式"的总结也要依据具体的范例。

（一）山东：党建带动模式②

总的说来，社区建设的中国特色主要体现在党委领导、政府负责、社会协同、公众参与的格局中，这符合中国的实际，实践效果也是好的。社区基层党组织是最成熟、最有力量的社会组织，它以为人民服务为宗旨，自然在社区福利建设中处于核心地位。基层共产党员就生活在群众中，参与社区福利事业，为社区居民排忧解难，既是党员应尽的责任，又是群众的要求。所以，以加强基层党组织建设带动社区建设是顺理成章的。在学

---

① 张鑫垚、赵华：《治安预报进社区 大连市民应对安全问题有办法》，新华社（大连）2002 年 9 月 26 日电，新华网 2002 年 9 月 26 日。
② 2008 年 6 月 16—25 日笔者参加全国政协"和谐社区建设"考察组到山东调研，受到山东省委、省政府和济南、德州、潍坊、青岛市委、市政府以及调查所到城乡社区工作人员和群众的热情接待，本节内容来自他们的介绍和提供的资料，特此致谢！

术上，曾经讨论基层党组织建设与社区建设是什么关系？从各地的经验看，党建带动社区建设的效果是肯定的。山东省的实践就是很好的证明。

山东省是全国最早开展社区建设的省份之一，工作基础较好，基层党的建设基础也好，在以基层党的建设带动社区建设，推动社区福利事业发展方面创造了许多经验。特别是山东省的 A 型社区管理模式对于探索有中国特色的社区发展道路具有重要意义。

1. A 型社区管理模式的结构和含义

和谐社区建设的关键，是协调好社区内各种机构、各种组织、各种社会力量之间的关系，照顾各方关切，兼顾各方利益，形成共识，形成合力。谁来协调，如何协调？谁来整合，如何整合？"A 型"社区管理模式对此作出了明确的回答：核心（中间一横）是党的领导，以直选产生的社区居委会为一翼，以街、居聘任的社区工作者组成的社区服务站为另一翼，实现党的领导、居民自治和社区服务的有机统一。

山东省在所有社区建立党组织，加强党对社区工作的领导。在社区建党（委）支部、楼院建党小组，在楼栋建党员联系点，形成多维辐射的社区党组织网络。

社区居委会主要采取直选方式产生，完善社区居民大会，居民代表会议、社区民主协商议事会等民主管理制度，凡是涉及居民利益的重大事项必须由居民大会或居民代表会议讨论决定。在管理方式上更多地通过民主性、自治性原则推进社区化管理。

社区服务站由 3—5 人组成，在社区党组织、社区居委会的领导下开展工作，主要承担党委、政府交办的行政性事务，落实社区居民代表会议决定事项和居委会部署的服务性工作，使社区居委会得以从繁琐的行政事务中脱离出来，摆脱行政化倾向，集中时间和精力考虑如何做好社区居民自治和社区事业的发展。

在政府部门与社区的关系上，积极探索"权利下放、重心下移、权随责走、费随事转"的基层管理体制，政府部门将权利、职责、人员、经费同步下放到社区，面对面为群众解决最关心、最迫切需要解决的问题，缩短办事流程，提高办事效率，为居民提供更加方便快捷的服务，同时也便于接受社区居民的监督和评议。

A 型模式坚持了党的核心地位，便于理顺党、政、民、企等的相互关系，便于整合社区资源，做到"有人办事、有钱办事、有地方办事"，而且管理有序，群众是满意的。

2. A 型社区管理模式的特色和意义

A 型社区管理模式不同于西方社区模式，但却符合中国国情，凸显了中国特色。

首先，西方社区的发育过程，是先有民间组织，然后在此基础上形成社区。我国民间组织不发达，需要有一个逐步发展和规范的过程，显然不能等各种社会组织发展起来以后再建设社区。为了满足群众生活和社会管理的需要，我们的社区建设是在党和政府领导下进行的，所以，基层党的建设和社区建设自然就结合在一起了。

其次，社会服务是社区建设的主题。与西方政党为选举服务不同，共产党强调为人民服务，这正好回应了基层群众的迫切需求。山东各地积极创建"党建示范社区"、"党员示范岗"、"党员联系户"（有条件的党员帮扶困难群众）、"党员一帮三"（一名党员帮助一名孤寡老人、一名个体户、一名下岗职工）。强调以人为本，以满足社区居民的需求为出发点，以社区居民满意为评价标准。"党员十大员"——文明风尚宣传员、社区自治议事员、环境绿化监督员、社区安全协管员、未成年人辅导员、社区民事调解员、文化活动教育员、健康心理咨询员、法律法规指导员、日间家庭托管员，带动了社区志愿者队伍的形成，增强了社区居民的参与意识，推动了社区服务和各项活动的开展。从实践效果看，这不但没有妨碍而是有利于实现居民自治。

3. 党的建设带动社区建设要以解决民生问题为重点

山东省逐步建立覆盖社区全体成员、服务主体多元、服务功能完善、服务质量较高的社区服务体系。一是全面开展社会保障和社会救助服务。推进社会保险社会化服务，全省街道、乡镇普遍建立了劳动保障工作机构，企业离退休人员实行社区管理。开展分类施保，对城市低保对象中的重病、重残、孤老等特殊困难家庭，适当提高救助额度，进一步缓解了特殊困难家庭的实际困难。建立城市医疗救助制度，全省 140 个县（市、区）全部建立起城市医疗救助制度。加快社区慈善超市建设，全省已建立

慈善超市 210 个，使近 50 万困难群众直接受益。二是积极开展社区养老
服务。组织实施"社区老年福利服务星光计划"，探索开展社区养老服务，
构建居家养老、机构养老等社区养老服务形式，对"三无老人"、困难家
庭老人由政府财政出资购买养老服务；对有子女或有收入的"空巢"老人
实行低偿服务；对经济收入相对稳定的老人实行有偿服务；对有一定生活
能力的老人实行家庭互助服务。三是深入开展社区医疗卫生服务。2007
年、2008 年省财政对东、中、西部地区分别按不同标准补助社区公共卫生
服务经费。全省 17 市中心城区全部开展城市社区卫生服务，并逐步向县
级市和较大的县城辐射。全省所有社区卫生服务中心和服务站都开展了建
立社区居民健康档案工作。社区卫生服务机构提供的家庭出诊、家庭病
床、社区巡诊等服务业很受居民欢迎。①

（二）广州逢源街道：志愿服务推动模式②

1. 社区福利模式的形成和特色

逢源街位于广州市荔湾老城区，老年人特别是孤寡老人多、特困残疾
人士多。2008 年 60 岁以上老年人占街总人口的 27%（全国这一比例为
11%），随着许多离退休老人由"单位人"转变为"社区人"，对社区照
顾的需求越来越大。

从 20 世纪 90 年代开始，逢源街就广泛开展志愿者服务，吸收香港义
务工作经验，先后成立了青年志愿者队伍、长者义工联队、侨心义工队、
廉政监督义工队、国防教育宣传义工队、少年义工队、社区矫正义工队等
多支志愿者和义工队伍，吸引来自机关、企事业单位、消防中队、广州大
学、护士学校、社区群众 6600 多人加入义务工作队伍，开展一系列有特
色的活动，扶贫济困、帮老助残、互助友爱，在社区建设和社区服务中发
挥了重要作用。

1996 年逢源街道成立了广州市第一个街道慈善会。发动社会各界热心

---

① 山东省人民政府：《全省和谐社区建设工作情况的汇报》，2008 年 6 月 16 日。
② 2008 年 12 月，笔者到广州市荔湾区逢源街道调查，得到办事处毕美玉副主任、穗港综合服务
中心李伯平副主任以及康龄中心工作人员和老年朋友的热情接待，本节文字也主要来自他们的介绍和
提供的文字资料，特此致谢！

人士共襄善举，有钱出钱、有力出力、有物出物；街道领导和干部、居委会骨干和积极分子带头捐款；区属有关部门和辖区内单位以及辖区内外的个体户、私营企业和居民积极捐助；同时吸纳外地善款，特别是香港文昌邻舍辅导会和香港居民的慷慨捐赠。

街道党工委和办事处十分重视老龄工作，投入项目经费，配备 25 名专职人员，与香港邻舍辅导会合办康龄中心，学习借鉴香港老人服务经验，创办穗港两地合办社区福利事业的模式。

逢源街道的社区福利模式，因其在活动经费方面以民间办的慈善会和政府的项目经费投入相结合、活动主体以基层党政部门的有力领导与社区居民的广泛参与相结合，以及采取穗港两地合办的活动方式，曾有学者将之概括为"准自治的社区老年人服务模式"[1]。我们侧重从促进社区福利发展的主体和方式的角度，而不是从自治程度总结社区福利模式，考虑到健全优良的志愿服务是逢源街道社区服务的突出特色，所以将之称为志愿服务推动福利发展的模式。

2. 老年人参与社区服务的成功实践

逢源街道老年服务的一大特色，是引导老人从单纯接受福利服务转变为积极参与社区服务，老年人既是服务受益者又是（对有一定服务能力者而言）服务提供者，鼓励老年人发挥个人潜能，参与力所能及的公益活动，既服务他人，又使自己晚年生活丰富多彩。为此，逢源街道成立了广州市第一支长者义工队，凡热心社会公益服务的长者均可自愿申请参加，目前社区长者义工已有 350 多名。他们根据各自的兴趣和专长编成 7 个开展特色活动的小组："爱心大使组"服务社区内孤老和残疾人，"亲善大使组"探访病人或发生变故的家庭，"关怀义工组"策划和表演文娱节目，"康龄探射灯"担当义务记者、采访各项活动，"园丁组"编订课程、教授知识和技能，"乐善组"协助和支援中心各项活动，"万能组"负责健康体检和设备维修等。许多七八十岁甚至 92 岁高龄的长者义工，活跃在社区，探访病人，安慰丧偶者，与孤独老人聊天解闷，代不识字的老人

---

① 黎熙元、童晓频、蒋廉雄：《社区建设——理念、实践与模式比较》，商务印书馆 2006 年版，第 215—217 页。

写信，宣传计划生育，表演文艺节目，以独特的服务，赢得了社会各界的赞誉。长者空余时间多，人生阅历丰富，参与义工服务，本来是被服务者却转变成为服务者，改变了社会上那种认为老年人只是"负担"的偏见；长者义工在服务他人的同时，自己也学习了新鲜知识，增强了自尊感，改变了消极情绪，积极地度过晚年。

逢源街道老年服务经验，对于中国解决日益繁重的老年服务问题具有重要的启发意义。我国现有的退休人员，有很大一部分年龄不到50岁，身体很好，也愿意从事社会活动，希望得到社会的肯定；即使相当一部分年龄在60—70岁的老人，身体也很健康，现在北京、上海等大城市的人均预期寿命都超过了80岁，而其中，60—70岁的"年轻"老年人占大多数，通过社区志愿者组织，把这些人发动起来，对于解决社区老年服务问题是一支不应忽视的重要力量。老年服务的一项重要内容是精神慰藉，消除孤独感、恐惧感，而老年人之间，经历相近，感同身受，共同语言很多，沟通容易，效果很好，老年人之间的相互服务具有特殊的优势。

3. 服务老人，青年争先

老年服务是多方面的，任务繁重，老年人的相互服务虽有特殊优势，但毕竟能力有限，主力军还是青年人。另外，老年服务问题本质上就不仅仅是狭义上的"服务"，而是一个社会公正、社会道德问题，这是任何一个"好社会"都必须认真对待的问题。在这个意义上说，青年人尊老敬老，为老年人服务，是良好的社会秩序的基本标志，也是社会健康发展的基本条件。

青年志愿者对老人特别是孤老和特困老人开展以慰问探访、精神慰藉、家务助理为主的结对子上门服务。广州市护士学校数百名学生坚持利用课余时间到残疾人康复中心提供康复服务，上门护理有病的孤老；区街机关、医院、企事业单位的团员青年为老人提供了周到体贴的服务。从事老年服务，对青年人来说，既是对社会的奉献，又是一项必不可少的学习和训练，学习和体验对社会的责任，训练与人沟通的能力和技巧，了解社会与人情，提升道德和文明素质。因而，逢源街道的康龄中心被青年人当作一所学校，不仅吸引辖区内的学生和青年经常参与老年服务，辖区外的广州大学、培英中学等多所学校的学生甚至香港青少年也愿意到逢源街道康龄中心为老年人服务。

4. 干部带头，人人参与

为保障辖区内130多位独居老人的生活，街道进一步开展"认养"活动，区委书记、区长和街道党委书记、办事处主任带头签订"认养协议书"，每人认养一位孤老或特困老人。区、街道的机关团体、企事业单位也集体认养了43名孤老。110多位居民积极参与认养，志愿承担孤老和特困老人的生活费用。

为实现社区"老有所养"，街道慈善会发动开展助养活动，除按照原来的政策提供最低生活保障外，每月发给这些老人50元至219元助养费，不定期发给粮油、衣物和生活用品。辖内的个体户商业点档和私营企业业主，发出了6000多个慈善卡，长期无偿地为孤老、特困老人提供粮油、餐饮、肉菜、日用品和理发、洗衣等服务。对丧失生活自理能力的10位孤老，街道办事处实行家庭敬老院式的护理，有专人上门照顾老人的起居饮食；对6名自理能力和家居环境较差的孤老，则送到街道托老中心集中供养和护理。

为解决社区老人的医疗问题，逢源社区建立社区卫生服务站，由街道提供场地和拨款装修，由区卫生局派出医务人员和配置医疗设备，采用合作形式兴办。社区卫生服务站为3000多位老人建立医疗档案，设立家庭病床和慈善病床；开设慈善门诊，邀请市、区多家医院的医生和专家定期或不定期为老人和社区居民义诊；慈善会为享受慈善门诊的孤老和特困老人每人每月支付50元医疗费用，并发放诊病慈善卡，持卡到辖内医疗单位诊病免收挂号费，优惠药费；街道定期组织孤老体检，发现病症及时治疗，小病治疗不出社区。①

（三）武汉百步亭花园社区：社企合作模式②

1. 社企合作模式的由来

百步亭花园社区发端于武汉安居工程发展有限公司的房地产投资项

① 黎熙元、童晓频、蒋廉雄：《社区建设——理念、实践与模式比较》，商务印书馆2006年版，第221—223页。

② 本节文字主要来自武汉市百步亭集团董事局主席茅永红的介绍和提供的资料，特此致谢！

目。在投资和建设过程中，该项目拓宽了企业的发展空间，进入社区建设和管理领域，把作为经济组织的企业和作为社会组织的社区有机结合起来，将房地产的开发建设、政府对社区的公共管理和社区的物业服务三者结合起来，从而形成了企业与社区合作的运作模式。[①] 百步亭社区公共服务的特点是，政府主导、社区兴办、市场运作、企业投资。政府的公共服务、企业的市场服务和社区互助服务相互补充，实现了社区公共服务的社会化和市场化，形成了独具特色的百步亭社区公共服务体系及其运行机制。

百步亭社区房地产开发商结合社区开发初期遇到的实际问题，积极承担起企业的社会责任，按照安居工程的产权归政府，政府又将经营权授予企业的运营方式，由企业为社区提供公共服务。政府部门也将部分国家、集体、单位资产转化为社区公共资产，由社区服务中心负责管理。社区服务中心是为社区居民提供公共服务的非营利性社区法人组织，它坚持以居民需求为导向，探索社区公共服务项目、内容及实现形式，形成了涉及社区教育、就业、福利、体育、文化等各个方面的"五大体系"。

2. 社企合作的特点

（1）企业：社会责任高于营利目标。

一个好企业，一定要有强烈的社会责任意识。诚然，既然是企业，就是营利性经济组织，能营利既是企业的目标，又是好企业、强企业的标志。但是，对于所谓"市场化经营"不能片面地甚至歪曲地理解，好像"市场化"就是不顾一切地赚钱，能赚多少赚多少，甚至昧着良心去赚钱。中国历来讲"儒商"，以仁为本，西方市场经济讲法治，也是生财有道。道是道理，也是道德，有道才能"德"（得）。当一个企业打算涉足社会服务、社区福利领域时，虽然不能要求企业亏本经营，可以微利，可以适当赢利，如果服务得好，群众高兴，并且有支付能力（例如在富人社区），企业也可以有可观的收益。但是，一定不能唯利是图，在这个领域，"社会责任高于营利目标"。不然，企业可以不涉足这个领域，在其他领域以

---

① 李光、周运清、张秀生、王树义：《中国城市社区建设新探索——百步亭花园社区研究》，武汉出版社 2002 年版，第 37 页。

不同的形式尽到应尽的社会责任。

百步亭社区房地产开发商是有强烈社会责任感的企业。在房地产开发的同时，企业主动履行了公共服务的职能，投巨资于社区公共服务事业，仅建成的社区公共服务设施已是原规划的数倍，保证了百步亭业主在入住时即可享受到优良的社区公共服务。百步亭集团首倡"理性利润"观念，追求"长远利润"和"共赢效应"的义利观，以企业发展促进社会进步。

百步亭集团将房地产开发转变为"建设社区"，由"建设住宅"拓展到"服务社区"，做到"居民需要什么，企业提供什么"，为居民提供了周到便捷的生活服务产品。集团将自己的物业公司交给社区，由社区支配和管理，800多名物业人员全部作为社区工作者服务在社区，利润一分钱不上缴集团，全部留在社区。集团每年支持社区管理资金达400多万元。为了切实解决好与人民群众生活密切相关的具体问题，百步亭社区实施"亲情管理、用心服务、从小事做起、从好事做起"的服务宗旨，建立了一套完整的服务网络体系，服务做到"三全"：全方位、全天候、全过程。做到小事不过夜，大事不过天，件件有记录，事事有回音。[①]

（2）政府：改变行政主导，坚守为民责任。

百步亭社区建设的实践突破了我国传统社区管理的行政化模式。在社区管理中，政府主要提供政策、法律等支持；企业作为经营服务社区的主导者，在社区为居民提供服务。这种社区建设体制，依靠利益共同体实现社会资源的合理配置。社区管委会和物业管理公司协调整合社区事务；业主委员会、社区居委会等群众自治组织独立开展活动；物业公司不以营利为目的，变成准公益性质的组织。从而探索并形成一种"小政府、大社会、强管理、优服务"的管理体制。[②]

但是，在新的管理体制中，对政府服务的要求不是减弱了，而是更高了：转变作风、贴近群众。派出所、城管执法队、交通会所、工商站、流动法庭等政府职能部门进驻社区，政务前移；社会保障、计划生育等部门

---

① 武汉百步亭花园社区：《以人为本 以德为魂 以文为美 以和为贵，创建具有中国特色的百步亭和谐社区》，2008年5月。

② 李光、易晓波、黄涛、李明传：《中国和谐社区建设——百步亭花园社区研究Ⅱ》，武汉出版社2007年版，第118—119页。

进驻社区服务中心,实行"一站式"服务。派出所把"知民情、解民忧、创无盗、保民安、零投诉"作为目标,承诺为居民提供全天 24 小时服务。所有进驻社区的公务员工作怎么样,要由社区居民评判。他们主动上门服务,"不收居民一分钱,不吃居民一顿饭",每年要向居民述职,接受居民质询和考核。

(3)社区服务组织:以追求社会效益最大化为目标。

百步亭社区公共服务,注重发挥社区服务组织的作用,通过市场化运作,增强社区服务能力建设。社区服务组织与企业组织的区别在于非营利性,即不以追求利益最大化为目标,而以追求社会效益、提供公益性服务为目标;它与传统社区公共服务的区别在于,百步亭社区服务组织具有独立的法人地位,而不是隶属于政府部门的一级行政组织,高效率的市场运作机制代替了政府包办的低效率的运作方式。社区服务社会化的实现形式,理顺了社区公共服务设施的所有权、经营权和业主使用权益的关系,体现了国家引导、企业投资与业主共建的和谐性。①

居民自觉参与是搞好社区服务的最有效途径。居委会、业委会等居民自治组织都由居民选举产生,他们按照"自我管理、自我教育、自我服务、自我监督"的原则,"走千家门,解千家难,暖千家心"做好社区服务工作。广大志愿者在社区服务中发挥重要作用,他们结对帮困、化解矛盾,做到"小事不出楼栋、大事不出小区",实现了无一起越级上访、无一起集体上访、无一个上访老户的和谐局面。②

(4)解决民生问题是社区服务的根本所在。

安居乐业是社区群众的头等大事。百步亭社区积极采取多种途径帮助失业人员再就业,一是将社区内的物业保洁、饮食服务等岗位优先安排给他们;二是将商业门点一律不卖,低价出租给他们经营;三是成立巾帼家政服务中心,组织妇女开展家政服务;四是居委会组织就业到家庭,引进手工艺品加工厂,让残疾人和有家务的居民可以把工作领回家,在家中实

---

① 于燕燕:《社区公共服务模式的思考——百步亭社区公共服务的启示》,《学习与实践》2007年第 7 期。

② 武汉百步亭花园社区:《以人为本 以德为魂 以文为美 以和为贵,创建具有中国特色的百步亭和谐社区》,2008 年 5 月。

现再就业。社区推行"感情再就业"工程，动员富裕家庭多请钟点工，动员失业人员做钟点工，家庭互帮互助，很多家庭由此成了亲戚。社区还发出号召，只要有劳动能力的人，都要自食其力，自立自强，不吃国家低保。在百步亭社区，只要不挑不捡，都能实现再就业。

百步亭集团投巨资办学，建成 5 所幼儿园、4 所小学、2 所中学、1 所老年大学，还兴办党校、市民学校、家庭教育学校等，形成了配套的学校教育体系。社区实施"爱心工程"，捐款 200 万元作为基金，在社区内成立武汉安居教育援助会和武汉安居慈善援助会，为家庭困难的孩子上学提供帮助，对社区弱势群体给予救助。

为了解决居民"看病难、看病贵"问题，百步亭集团投资 400 万元建起了 6000 多平方米的社区中心医院，并与市中心医院联合，借鉴国外的管理办法，让医疗保健进家庭，让居民能拥有自己的保健医生。

百步亭社区居民入住 10 年多了，社区做到了"十个没有"：没有一户居民家中被盗、没有一辆自行车被盗、没有一起刑事案件、没有一起交通事故、没有一桩大的邻里纠纷、没有一个越级上访、没有一起黄赌毒、没有一起未成年人犯罪、没有一起火灾、没有一名法轮功活动者。居民拥有安全感、幸福感，这对于一个已经占地 2.5 平方公里、入住 10 万人的居民新城来说，实属不易！

（四）江阴：区域发展战略模式

江苏省江阴市是全国著名的百强县（市），并于 2005 年率先达到江苏全面小康市指标。在巩固提升全面小康建设成果的基础上，江阴市对自身的发展理念和目标进行了冷静的审视，又一次开风气之先，提出了建设"幸福江阴"的新构想，果敢地超越多年来紧紧围绕 GDP 增长的路径依赖，把改善民生更多地纳入政府考核和社会协调发展体系中，实现由富裕江阴到幸福江阴的转型和跨越。顺应人民渴求幸福的愿望，激发人民创造幸福的热情，共建共享幸福生活。

建设"幸福江阴"，就是制定区域发展战略，整合各种社会力量，促进区域福利发展，增加人民福祉，提高全社会幸福感。江阴市在全国率先打破以 GDP"说话"的考核体系，突出"民生考核指标"，成功地做到了幸福指数与 GDP 同步攀升。2006 年，财政用于惠民保障的各项支出占到可用财力的 15%（全国的这一比例不到 12%），社会事业全面提升，实现了城市社会保障、农村社会保障、被征地农民社会保障覆盖率三个 100%，社区卫生服务覆盖率 100%，全面落实城乡低保全覆盖。高质量地推进发展教育和体育事业，做到了村村体育设施健身点全覆盖。在大力推进社会建设的同时，经济持续健康发展，全市人均 GDP 突破 1 万美元，已接近世界上中等收入国家的平均水平；实现地区生产总值 980 亿元，预算内财政收入 140 亿元，同比分别增长 29%、25%。江阴的实践证明，在经济发展的同时，通过不断改进民生福祉、促进社会发展，完全可以实现幸福指数与 GDP 的同步攀升。在 2006 年 6 月对全市各类人口、各个行业、各个年龄段的 1200 名市民抽样调查中，有 97.23% 的人为自己是一个江阴人感到自豪和幸福，对自己"幸福感"的打分平均达到 86.29 分。①

江阴经验启发我们思考，在从温饱到小康、再到全面小康的不同阶段，经济增长和社会发展相互关系变化的规律性。在全面建设小康社会、提升小康水平的阶段，大力发展教育，就是效益最大的投资；关注健康，就是最富于远见的投资；改善民生，增强人民的幸福感，并不是纯粹的消费，也是投资，而且是最合理的投资。政府和社会资源，投向以改善民生、提高人民幸福感为主的社会建设，是符合经济社会发展的客观规律的。

"幸福江阴"建设实践坚持以民生为本，力求"个个都有好工作"；以民富为纲，力求"家家都有好收入"；以民享为先，力求"处处都有好环境"；以民安为基，力求"天天都有好心情"；以民强为重，力求"人人都有好身体"。

民生：让每一个江阴人都有就业机会。力求人人都有好工作，解决的是民生问题，就是要让每一个人都有公正平等的就业机会，让无业者有业、就业者乐业、有志者创业。江阴市积极推进就业服务体制创新，通过政府补贴形式，在全市各行政村设立劳动保障专职管理员，形成了以市职

---

① 中共江阴市委办公室、研究室：《巩固提升全面小康成果，加快推进"幸福江阴"建设》，《调查与研究》（中共江苏省委研究室）第 60 期（2007 年 9 月 19 日）。

业介绍中心为龙头、乡镇职业介绍所为依托、村级劳动保障专职管理员和社区再就业服务站为基础的多层次、全覆盖的就业服务体系。同时，政府出台各类创业政策，充分发挥"培训促进创业，创业带动就业"的就业倍增效应，创业培训成为促进就业的"助推器"，全市在职职工培训率达到55%以上。在农村，大力实施新型农民科技培训工程，开展实用技术、经营管理等培训，培育了一批有文化、懂技术、会经营的新型现代农民。

民富：让发展成果更多体现在百姓生活宽裕上。江阴坚持富民优先方针，促进人民生活从宽裕走向富裕。广开增收渠道，鼓励更多的群众有股份、有物业，资产性收入成为居民新的致富途径。加大农村合作组织建设，让农民享受到集体资产的收益分配，严格执行最低工资规定，规范企业工资支付行为。社会保障既突出全面覆盖，更注重提升水平。江阴建立健全以社会养老保险、医疗保险、失业保险、被征地农民基本生活保障、最低生活保障为主的"五道保障线"。全面实施的"城乡扩面"制度让所有城乡企业职工纳入"城保网"，60万新市民也将全部入网，越来越多的城乡居民正从日益完善的社会保障政策中受益。①

民享：让环境保护成为发展的重要内容。江阴发挥有山有水、有江有河的独特自然生态环境优势，坚持从源头上保护环境，从生态上修复环境，"生态江阴"已成为全市上下的共同追求。截至2006年，全市森林覆盖率达到43.5%，地表水水质达到功能区水质要求，饮用水源水质达标率为100%，空气优良率达到90%以上。

民安：让平安和谐更加贴近百姓生活。平安是群众最大的心愿。江阴把法制建设作为幸福江阴建设的重要基础。严格落实维护稳定工作责任制，坚持领导接访、下访蹲点和信访稳定工作包线包片等制度，切实加大社会矛盾纠纷排查和调处力度，努力使矛盾纠纷化解在萌芽状态，切实增强人民群众的安全感。

民强：让社会事业不断满足群众的需求。江阴把"强民智、健民身"放在突出位置，全力推进全民教育、医疗卫生、体育锻炼等社会事业服务体系的城乡全覆盖。在发展普通教育上，江阴从改革办学体制入手，保证

---

① 中共江阴市委办公室、研究室：《江阴展露幸福新表情——科学发展观在江阴的实践与探索》。

所有学生都有学可上，上得起学，让更多的学生享受教育发展和教育改革成果。同时，大力发展职业教育、成人教育，为人民群众创造多层次、多样化的学习机会。在医疗卫生方面，江阴在全国率先实施以大病统筹为主的农民住院医疗保险，建立完善了政府推动、专业保险机构运作、卫生行政部门监管、群众积极参与的新型农村合作医疗体系，创造了农村医疗保险工作的"江阴模式"。在强身健体方面，大力推进"村村体育健身工程"，全市 220 个行政村都建成了以篮球场、乒乓球室为主体的健身设施，节假日的长假体育、周末体育、日常体育生活圈已经形成。①

　　以上侧重从促进社区福利发展的主体和方式的角度，总结出几种有中国特色的模式：以基层党建带动社区福利发展、以志愿服务推动社区福利发展、以企业和社区合作实现福利发展、通过区域战略规划整体促进社区福利发展。毫无疑问，在社区建设的丰富实践中，各地已经并将继续创造许多好经验，从不同角度也一定能够总结出更多的新模式。

　　　　　　（本文原为《福利社会学》第十章，该书于 2010 年由北京师范大学出版社出版）

---

　　① 中共江阴市委办公室、研究室："江阴展露幸福新表情——科学发展观在江阴的实践与探索"；"巩固提升全面小康成果，加快推进'幸福江阴'建设"，《调查与研究》（中共江苏省委研究室）第60 期（2007 年 9 月 19 日）。

后 记

　　这本文集是关于同一主题的，而且完全集中在底线公平理论这一个话题上，我从提出底线公平概念到形成底线公平理论的时间跨度足有十年，不同时候发表的论文放在一起，肯定有重复问题。要想完全取消重复，就需要把一些文章重要的甚至是核心的部分挖掉。但作为文集，每篇论文又是独立的、完整的，不像专著有全书统一的章节安排。所以，在编辑过程中，虽然做了很大努力，但有些内容仍难免一再出现。对于本书存在的虽想努力消除但终未完全消除的重复现象，谨向读者致歉。

　　我在北京大学读书时的同窗好友王绍贤、我的博士生郝彩虹（已毕业）、王阿龙（在读）冒着酷暑，通读了全部书稿，贡献了宝贵的修改意见。中国社会科学院社会学所社会发展研究室李炜主任对"底线公平概念和指标体系"一文提出修改建议，卫生部卫生经济研究所邹珺副研究员对我写作该文的卫生公平性部分提供了诚恳支持；在我准备"建设中国特色福利社会"讲稿时，河海大学顾金土副教授曾给予大力帮助；在我写作"社情人情与福利模式"一文时，社会学所刁鹏飞副研究员曾帮我查询OECD 国家有关资料；有多篇文章是在高校、论坛和会议的讲稿基础上修改而成的，参与讨论的专家和同学在提问和对话中给予我很多指教和启发；多篇文章在杂志发表时也曾得到编辑朋友的建议和帮助；更不用说许多文章的写作都有赖于我做实地调查时各地朋友的热情帮助，实在无法一一提及，在此一并表示衷心感谢！同时也对中国社会科学出版社的编辑们所付出的辛劳深表谢意！

景天魁

2012 年 9 月 1 日